中国近代史

1919—1949

ZHONGGUO JINDAISHI

龚书铎 主编

方敏 马克锋 耿向东 编著

中华书局

图书在版编目(CIP)数据

中国近代史:1919~1949/龚书铎主编;方敏,马克锋,耿向东编著. —北京:中华书局,2010.3(2025.1 重印)
ISBN 978-7-101-06723-1

Ⅰ.中… Ⅱ.①龚…②方…③马…④耿… Ⅲ.中国-近代史-1919~1949-高等学校-教材 Ⅳ.K25

中国版本图书馆 CIP 数据核字(2009)第 066691 号

书　　名	中国近代史(1919—1949)
主　　编	龚书铎
编 著 者	方　敏　马克锋　耿向东
责任编辑	欧阳红
装帧设计	王铭基
责任印制	管　斌
出版发行	中华书局
	(北京市丰台区太平桥西里 38 号　100073)
	http://www.zhbc.com.cn
	E-mail:zhbc@zhbc.com.cn
印　　刷	北京盛通印刷股份有限公司
版　　次	2010 年 3 月第 1 版
	2025 年 1 月第 19 次印刷
规　　格	开本/880×1230 毫米　1/32
	印张 13⅞　插页 2　字数 350 千字
印　　数	155001-175000 册
国际书号	ISBN 978-7-101-06723-1
定　　价	34.00 元

前　言

中华人民共和国成立后,史学界关于中国近代史的断限,一般认为,上限起自1840年鸦片战争,下限迄于1919年五四运动前。随着学术研究的发展,史学界对中国近代史下限的认识也有变化,认为不能以新旧民主革命作为划分的标准,而应以社会性质为划分的标准,1919至1949年中国的社会性质仍然是半殖民地半封建社会,则下限应至1949年中华人民共和国成立前。据此,《中国近代史》以1919年五四运动前为下限已不能适应学术发展的情况,有必要延至1949年中华人民共和国成立前。这就是《中国近代史(1919—1949)》之所以编撰的缘由。

本书起于1919年五四运动,迄于1949年中华人民共和国成立。这30年的历史,包括中国共产党的成立、国民革命的兴起和失败、国共两党的合作和分裂、日本发动侵略中国战争和中国的抗日战争、国民党政权的统治和崩溃,以及思想文化等。

参加本书撰写的有首都师范大学历史系方敏教授(第一、二章)、中国人民大学历史学院马克锋教授(第三、四、五章)、北京师范大学历史学院耿向东研究员(第六章)。全书由北京师范大学历史学院龚书铎教授通阅统改。中华书局历史编辑室欧阳红同志为本书的出版付出了辛勤劳动,谨此表示感谢。

编　者

2009年6月

目　录

第一章

北洋军阀统治的继续　新民主主义革命的开始

第一节　五四运动

一、五四爱国运动

北洋军阀统治时期,中国社会的半殖民地半封建化继续加深,中国人民继续为中国的独立、民主、富强而不懈探索、奋斗。这时期,中国社会发生了一些新的变化,以下两个方面特别引人注目:一是社会进步力量的增长。由于辛亥革命的积极影响和第一次世界大战期间列强对中国经济侵略的放松,中国的民族资本主义经济有了较大的发展,这给中国社会结构带来了新变化。民族资产阶级和工人阶级的力量有了很大的发展,城市小资产阶级即小商人、小手工业者、自由职业者以及新知识分子的人数也大大增加。其中,工人阶级的成长尤其令人瞩目。1919年,产业工人的人数已超过了200万人,这相当于俄国19世纪90年代产业工人的数量。工人阶级的政治觉悟也不断提高,他们的反帝反封建斗争已经从经济斗争扩展到了政治斗争,开始在中国的政治舞台上表现出越来越重要的作用。近代中国的国情决定了工人阶级是中国社会各阶级中最先进最革命的阶级。工人阶级的成长为中国革命的新发展和中国社会发展道路的新探索提供了重要的社会基础。

二是思想文化领域的变革。1915年兴起的新文化运动,严重动摇了封建思想文化的统治地位,带来了中国社会空前的思想解放,这为中国人民进一步探索中国革命和社会发展道路创造了条件。就在这时,十月革命的爆发给中国送来了马克思列宁主义,马克思主义是当时世界上最先进最科学的理论。于是,一些中国人开始运用十月革命和马克思主义的某些观点思考中国问题,马克思主义逐渐在中国传播开来,而以李大钊为代表的一部分先进分子则很快转变成为马克思主义者。中国社会的思想解放和马克思主义的传播,为中国革命的新发展和中国社会发展道路的新探索提供了重要的思想基础。伴随着中国社会出现的上述新变化,中国革命逐渐向新民主主义革命方向发展,中国社会出现了新民主主义、社会主义的发展方向。

中国革命向新民主主义革命方向发展,中国社会出现新民主主义、社会主义的发展方向,发端于五四运动。

五四运动爆发的基本原因是帝国主义对中国侵略的加紧和皖系军阀的黑暗统治。五四运动前的几年中,欧洲列强虽因忙于第一次世界大战而放松了对中国的侵略,但日、美却加强了对中国的侵略。日本夺取了原德国在中国的大量权益,还通过"二十一条"、"西原借款"、《中日共同防敌军事协定》等获得了更多的在华利益,逐渐成为列强中侵略中国最积极、掠夺中国权益最多的国家。1917年"蓝辛—石井协定"签订后，美国协调了与日本的侵华步骤，对中国的侵略尤其是经济侵略也不断扩大。大战结束后，欧洲列强又卷土重来。到"五四"前夕，中国的民族危机再一次加深，中华民族与帝国主义的矛盾日益尖锐。在国内，控制着中央政权的皖系军阀与其他军阀之间的争斗接连不断，政治上发生了段祺瑞为首的国务院先后与黎元洪、冯国璋为首的总统府之间的激烈政争，军事上发生了皖系军阀与西南军阀之间的对抗与战争，等等。皖系军阀为发展自己的实力，还不断借参战之名搜刮民脂民膏，甚至不惜出卖主权来换取日本的支持。"五四"前夕，军阀政治十分黑暗，人民生活极为困苦，中国人民与封建军阀的矛盾日益尖锐。在这种形势下，一场大规模的革命风暴正在酝酿着。1919年，巴黎和会上中国外交的失败，终于点燃了这场革命风暴的导火线，导致了五四运动的爆发。

1918年11月，第一次世界大战以德、奥等同盟国家的失败而告终。1919年1月，战胜国在法国巴黎召开"和平会议"，处理战后问题。参加会议的有27个国家，但实际的决定权却操纵在美、英、法、意、日五国手中。中国在大战中参加了协约国一方，也以战胜国的资格派出由陆徵祥（北京政府外交总长）、顾维钧（驻美公使）、施肇基（驻英公使）、魏宸组（驻比公使）、王正廷（南方军政府代表）五人组成的代表团出席了会议。

中国人对这次和会曾寄予热切期望。第一次世界大战结束后，美、英等国和北洋政府都大肆宣扬大战的结果是"公理战胜强权"。美国总统威尔逊在其提出的《和平条款十四条》中高唱反对秘密外交，主张民族自决。这些都给中国人带来了美好的幻想，陈独秀在《每周评论》发刊词中称颂威尔逊是"现在世界上第一个好人"。人们希望通过这次和会，中国能争得在国际上的独立平等地位。

会议开始后，中国代表向和会提出了七项希望条件：废弃势力范围；

撤退外国军队、巡警；裁撤外国邮局及有线无线电报机关；撤销领事裁判权；归还租借地；归还租界；关税自主等。后在中国留欧学生的呼吁下，又提出了取消"二十一条"的要求。但上述提案和要求均被和会最高会议所拒绝，理由是这些提案的内容都不在和会权限以内。

会议与中国相关的，只有德国在山东的权益问题。山东问题是在讨论处置德国在远东太平洋和非洲的殖民地问题时列入议程的。中国代表在 1 月 27 日的会上陈述了胶州湾租借地、胶济铁路及其他权利均应直接归还中国的理由，并于 3 月 7 日提交了关于山东问题的详细说帖。日本以武装占领的既成事实和中国方面曾有"欣然同意"的换文为借口，蛮横坚持德国在山东强占的权益应无条件让予日本。英、法、意与日本订有密约，积极支持日本。美国从自身利益的出

五四运动时的纪念章

发，反对日本独霸山东，并提出了交由美、英、法、日、意五国共管的建议。但由于日本强烈反对并以退出和会相威胁，美国最后还是向日本妥协。4 月 30 日，美、英、法三国会议在邀请日本参加，拒绝中国代表出席的情况下，决定将德国在山东的权益全部转交给日本，并在对德和约即《凡尔赛和约》中作了明文规定。战胜国之一的中国，竟和战败国一样受到宰割。

巴黎和会上中国外交的失败，彻底暴露了帝国主义国家的强盗嘴脸，暴露了北洋军阀政府无能和卖国的嘴脸，粉碎了中国人原先对和会所抱的幻想，使中国人认识到不能向帝国主义、北洋军阀政府乞求独立、自由，只有依靠自己才能决定国家的命运。陈独秀发表《两个和会都无用》的文

章指出:巴黎和会"与世界永久和平,人类真正幸福,隔得不止十万八千里,非全世界的人民都站起来直接解决不可"。李大钊发表《秘密外交与强盗世界》的文章指出:现在的世界,就是"强盗的世界"。巴黎和会上中国外交的失败,大大激化了中华民族与帝国主义、人民大众与封建军阀的矛盾,一场大规模的反帝反军阀的爱国运动终于爆发。

巴黎和会关于山东问题的决定传出后,中国人民极为愤慨。5月3日晚,北京大学学生和北京中等以上学校的学生代表在北大集会,决定4日齐集天安门,举行学界大示威。当晚,北京高师的工学会也召开会议,决定次日举行大示威时对卖国贼曹汝霖(订"二十一条"时任外交次长)、章宗祥(驻日公使)、陆宗舆(订"二十一条"时任驻日公使)等采取激烈行动。

5月4日下午,北京大学、北京高师、汇文大学、中国大学、高等工业学校等13所学校的学生3000多人,来到天安门前集会。学生们手执写有"还我青岛"、"取消二十一条"、"拒绝在巴黎和会上签字"等口号的旗帜,一致要求惩办曹汝霖、章宗祥、陆宗舆三个卖国贼。集会讲演后,即举行游行示威。为表达坚决反对巴黎和会决定的意志和决心,学生们决定首先向东交民巷使馆区进发。学生们到达东交民巷西口时受到了使馆巡捕和军阀军警的拦阻,相持多时仍不能通过。学生们义愤填膺,决定去找卖国贼曹汝霖问罪。游行队伍转而奔向赵家楼胡同曹汝霖住宅。曹汝霖闻讯后慌忙躲避起来。愤怒的学生冲进曹宅后,痛打了当时正在曹宅的章宗祥,并火烧曹宅。北洋军阀政府出动大批军警,逮捕了未及时撤离的32名学生。5月5日,北京专科以上学校学生代表举行会议,决定自即日起实行北京学界总罢课,要求政府释放学生,惩办卖国贼,拒签和约。6日,北京中等以上学校学生联合会成立,学生运动也进一步扩大。迫于压力,军阀政府不得不于7日释放了被捕学生。

北京学生的爱国行动,使北洋军阀政府十分震惊。4日晚,国务总理钱能训召开内阁紧急会议,密谋对策。5日,教育部下令各校严禁学生游行集会,不守约束者"立予开除"。6日,大总统徐世昌发布命令镇压北京学生爱国运动,对不服弹压者即"逮捕惩办"。5月8日,徐世昌下令严禁学生干政,并要求将已被释放的学生送交法庭审办。与此同时,军阀政府还对北大校长蔡元培施加压力。9日,蔡元培被迫辞职出走。学生们在要求惩办卖国贼和拒签和约之外,又掀起了挽留蔡元培的斗争。11日,北京各大专学校教职员联合会成立,决定和学生们一起进行爱国斗争。5月19日,北京学生再次实行总罢课。学生们组织了"救国十人团",奔赴大街小巷开展讲演活动和抵制日货运动,还组织了护鲁义勇队,进行军事训练。

学生爱国运动的发展,引起了帝国主义的恐慌,日、美、英、法等国驻华公使联合向军阀政府施加压力,要求加紧镇压学生爱国运动。北洋军阀政府遂于6月1日连下两道命令:第一道命令公然为三个卖国贼辩解,说这三个人在外交、财政任内,"各能尽维持补救之力,案牍俱在,无难复按";第二道命令诬蔑学生爱国行动是"纵火伤人"、"举动越规",宣布查禁学生联合会、义勇队,并令学生即日上课。军阀政府的压制并没有使学生屈服。6月3日,北京20余校数百名学生上街讲演,军阀政府派出大批军警驱散听众,逮捕学生178人。4日,学生更大规模出动讲演,又被捕去700多人。6月5日,更有5000多名学生上街讲演。

五四运动在北京爆发后,得到了各地的积极响应,爱国热潮迅速席卷全国。山东人民5月4日以前就已掀起反日斗争,其后规模更加扩大。在济南,从5日起各校学生纷纷组织学生团体,上街进行爱国宣传。7日,山东各界召开国耻大会,要求力争青岛,惩办国贼,开释学生。23日,济南中等以上学校学生罢课。天津各学校学生于5月7日举行集会和示威游行。14日,天津学生联合会正式成立。接着,天津女界爱国同志会宣告成立。23日,天津市 15 所大中学校学生举行罢课，并提出了拒签和约、取消二十一条、诛卖国贼等六项要求。在上海，5 月 7 日，60 多个团体 2 万余人举行国民大会，并游行示威，要求拒签和约，惩办卖国贼，释放被捕学生。10 日，参加国民大会的各团体组成了"国民大会事务所"，以"随时讨论执行各种事宜"。11 日，上海学生联合会成立。26 日，上海学生总罢课。参加罢课的 60 多所中等以上学校学生 2 万多人举行罢课宣誓大会，会后游行示威。武汉、长沙、广州、南京、苏州、杭州、安庆、南昌、开封和其他地方的学生都纷纷起来举行罢课游行，组织讲演团，抵制日货。法国、日本等国的中国留学生也开展了各种爱国活动。

从 5 月 4 日至 6 月 3 日，是五四运动的第一阶段。在这一阶段，运动以北京为中心，以青年学生为主力。广大青年学生的英勇斗争，打击了帝国主义的侵略气焰和北洋军阀政府的统治，显示了青年知识分子的革命先锋作用。但这一阶段的运动基本上限于知识分子的范围，没有工人及市民群众的广泛参加，运动缺乏深厚的社会基础，因此也难以取得较大的成果。

"六三"大逮捕事件以后，运动进入第二阶段。运动突破了知识分子的范围，有广大工人举行罢工，商人举行罢市，使运动发展成为一个以工人阶级为主力，包括城市小资产阶级、民族资产阶级在内的广泛的群众爱国运动。运动的中心也由北京转移到上海。

北京"六三"大逮捕的消息于 6 月 4 日传到上海。6 月 5 日，上海日资的内外棉第三、四、五纱厂的工人首先举行罢工。紧接着，日华纱厂、上海纱厂、商务印书馆和中华书局的工人也在同日罢工。6 日以后，工人罢工规模不断扩大，电车工人、机器厂工人、铁厂工人、自来水厂工人、码头工人、海员等也相继加入罢工的行列。10 日，上海工人罢工达到高潮。自 6 月 5 日至 11 日，上海罢工的企业有 50 多家，工人达六七万人，在政治上、经济上给帝国主义和北洋军阀政府以沉重打击。

上海商人从6月5日起举行罢市。罢市店铺门首悬挂着"为国家,今罢市,救学生,除国贼"、"万众一心"、"抵制日货"等旗帜,或贴着"罢市救国"、"不办卖国贼不开门"、"为良心救国牺牲私利"等标语。这样就实现了工人、学生、商人同时罢工、罢课、罢市。在"三罢"的当天,商、学、工、报各团体举行联席会议,宣布成立"上海商学工报联合会"。工、学、商联合起来同国内外敌人斗争,这在中国革命史上是第一次,它表明中国人民的觉悟和组织程度有了迅速的提高。

从上海开始的"三罢"运动,迅速扩展到全国22个省的150多个城市,给帝国主义和北洋军阀的统治以沉重打击。在全国人民的压力下,一些买办、地方大员和在野的直系军阀也都要求政府莫犯众怒、释放学生、惩办卖国贼。在这种形势下,北京政府被迫于6月10日下令免去曹、章、陆三个卖国贼的职务。五四运动取得初步的胜利。

三个卖国贼虽被罢免,但山东问题还没有解决。6月10日后,要求拒签和约成为了五四爱国运动的中心内容。6月17日,北京政府曾电令出席巴黎和会的中国专使在和约上签字。此举激起了全国人民更大的愤慨,各地又迅速掀起了拒签和约运动的高潮。19日,全国学联致电北京政府,表示誓不承认和约。20日,山东省议会、教育会、学生会、农会、商会、律师公会、报业公会等团体,派出80名代表进京请愿。天津各界联合会派出10名代表赴京与山东代表共同行动。25日,全国学联发出紧急宣言,号召全国不承认和约。27日,山东、天津、北京、陕西等地代表联合到总统府请愿。与此同时,上海各界群众举行万人集会,反对在和约上签字,并要求废除中日间一切不平等条约。全国各地还纷纷直接向中国代表团发电报,要求拒签和约,电报总计达7000多封。旅居法国的华工和中国留学生,也积极参加了拒签和约的斗争。6月28日巴黎和约签字这一天,旅法的中国工人、留学生包围了中国代表住所,不准他们前往签字。出席和会的中国代表顾维钧等,也不同意无条件地在列强拟定的和约上签字。最终,中国代表没有出席签字会议,拒签了和约。这是五四爱国运动取得的又一个胜利成果。

至此,历时50余天的爱国运动,实现了直接斗争目标而告一段落。此后,全国反帝反军阀的群众运动仍在继续。8月,各地代表在北京进行联合请愿斗争,要求取消山东戒严令、惩办镇压学生运动和残杀回族爱国人士的济南镇守使马良,得到了北京各界和全国人民的声援。11月10日,由全国学生联合会和天津各界联合会发起的全国各界联合会在上海正式成立,孙中山也派代表参加了成立大会。11月,驻福州的日本暴徒枪击刀伤当地中国学生,造成"福州惨案"。全国各地由此掀起了抗议日本帝国主义暴行、抵制日货的斗争浪潮。12月,因湖南军阀张敬尧镇压爱国学生运动和抵制日货运动,湖南人民掀起了"驱张运动"。1920年1月,天津学生开展的反对中日直接交涉山东问题和抵制日货的运动受到天津警方的镇压,天津各界人民进行反抗斗争,得到北京、上海、杭州等地的群众团体积极声援。这些斗争都不同程度地打击了帝国主义和北洋军阀的统治。

五四运动具有伟大的历史意义。第一,五四运动是一场伟大的群众爱国运动。它的斗争对象直指帝国主义和北洋军阀政府,它表现出来的反帝反封建的彻底性是历史上从未有过的。它充分发动了群众,工、商、学实现了广泛联合,农民也部分地参加了进来,实际上揭开了全民族进行彻底的反帝反封建斗争的序幕。第二,五四运动是一场深刻的思想解放运动。它使中国人民进一步认识了帝国主义侵略的本质和军阀统治的黑暗,进一步提高了中国人民反帝反封建的觉悟。它促进了中国人民对改造中国问题的反思和探索,促进了新思潮的蓬勃兴起和马克思主义的传播。第三,五四运动揭开了中国新民主主义革命的序幕,是中国新民主主义革命的开端。无产阶级登上政治舞台、人民力量得到广泛发动、马克思主义得到广泛传播等,这些不仅使五四运动本身具有了新民主主义革命的基本内涵,还直接为中国共产党的成立创造了阶级、思想、干部上的条件。

二、新文化运动的发展

"五四"前的早期新文化运动主要是一次反封建的思想文化运动,是辛亥革命在思想文化领域的延续和发展。其内容相对比较单一,主要是反对封建专制文化、宣传资产阶级民主主义和科学思想;其思想来源相对比较狭隘,主要来自西方早期的资产阶级革命民主主义和19世纪的古典自由主义;其参加者范围比较小,主要是一些激进的资产阶级和小资产阶级知识分子。但是,早期新文化运动所带来的思想解放却为后期新文化运动的发展创造了条件。五四运动爆发后,中国人民有了进一步的民族觉醒、政治觉悟大大提高,探索如何改造中国的热情更加高涨。这样,在五四运动的推动下,新文化运动有了更广泛和更深入的发展。由于早期新文化运动与后期新文化运动之间、新文化运动的发展与五四爱国运动之间有着密切联系,史学界通常将早期新文化运动和后期新文化运动统合而称其为五四新文化运动。

"五四"后,新文化运动在性质、思想文化的内容、思想文化的来源、宣传新思想文化的社会群体等多方面都比"五四"前有了很大的变化。世界上主要的一些发达国家的各种社会思潮蜂拥而至,当时凡是不同于中国封建传统文化的国外社会思潮,不论是社会主义国家苏联还是各资本主义国家的社会思潮,不论是资本主义启蒙时期还是资本主义发展时期、帝国主义时期的社会思潮,社会主义、民主主义、其他各类社会学说等,几乎都被中国人视为新思潮而得到不同程度地介绍和宣传。由此,中国思想界出现了新思潮竞起、各种新思潮在"改造中国"的旗帜下澎湃激荡的局面。在这些新思潮中,流传较广、影响较大的有马克思主义、实用主义、基尔特社会主义、无政府主义、工读主义、新村主义、泛劳动主义、合作主义、平民教育等。其中,马克思主义的传播最为迅速、广泛,引领风骚,新文化运动逐渐发展成为以马克思主义的传播为主流的思想文化运动。

1. 马克思主义的传播

中国人很早就接触到了马克思主义。根据目前的研究,中国出版的首次提到马克思及其学说的著作是《泰西民法志》。该书原是英国人克卡朴的著作,比较系统地介绍了欧洲各种社会主义学说。1898 年,受英国传教士李提摩太的委托,经中国人胡诒谷译成中文后,该书由广学会在上海出版。该书以后又以《社会主义史》为名被翻印或再版。在中国人自己办的报刊上,最早介绍马克思及其学说的是留日学生主办的《译书汇编》。1901 年,该刊 1—8 期连载了译成中文后的日本人有贺长雄的著作《近世政治史》一书,其中介绍了马克思及其学说,并将马克思的学说称为社会主义。此后,中国人对马克思主义的介绍逐渐多了起来。20 世纪初,资产阶级改良派、资产阶级革命派、无政府主义者、中国社会党等,都对马克思主义进行过介绍,但都没有把马克思主义作为观察和改造中国社会的理论根据。

十月革命爆发后,少数先进分子开始接受马克思主义,并把马克思主义作为观察和改造中国社会的理论根据,马克思主义开始在中国得到真正意义上的传播。这期间,大力传播马克思主义并接受了马克思主义的主要有李大钊、李达、李汉俊、杨匏安等人。李大钊是中国大地上大力宣传马克思主义的第一人,也是在思想上接受马克思主义并成为马克思主义者的第一人。1918年,李大钊发表《我的马克思主义观》、《庶民的胜利》、《布尔什维主义的胜利》等文章,宣传了马克思主义,歌颂了十月革命,提出了中国要走十月革命的道路。其中《我的马克思主义观》一文,介绍了马克思主义的唯物史观、剩余价值理论、阶级斗争理论。该文的发表标志着李大钊已经转变为马克思主义者。

五四运动爆发后,中国社会出现了比以往更有利于马克思主义传播的历史条件。第一,在五四运动中,正在日益壮大的工人阶级开始独立地登上政治舞台,思想觉悟有了很大提高,这使马克思主义的传播有了比较坚实的阶级基础。第二,五四运动向人们充分显示了广大民众的伟大力量,使越来越多的中国人认识到,只有依靠广大民众的力量,改造中国才有希望。而俄国十月革命正是依靠民众力量取得革命成功的典范。这就促使一些先进的中国人开始重视向苏俄学习,信仰马克思主义。第三,第一次世界大战的进行和巴黎和会的召开,严重暴露了资本主义发展道路的弊端,使一些先进的中国人对西方资本主义的发展道路产生了怀疑和失望情绪,他们也由此开始转而向社会主义的苏俄学习,转而信仰马克思主义。第四,苏俄对中国的友好态度对马克思主义在中国的传播产生了积极的影响。1919年7月25日,苏俄以副外交人民委员加拉罕的名义,发表《俄罗斯苏维埃联邦社会主义共和国对中国人民和南北政府的宣言》,宣布无条件地将沙皇政府在中国掠夺的一切权利,一律放弃,支持中国人民争取自由的斗争。苏俄的这一态度,与巴黎和会上列强的蛮横产生了鲜明的对比。当该宣言在中国报刊上发表后,立即在中国社会引起了强烈反响,越来越多的中国人开始研究和宣传马克思主义,以至最终确定了对马克思主义的信仰。在上述多种因素的促动下,马克思主义在中国迅速、广泛地传播开来。

"五四"后,马克思主义在中国的广泛传播主要表现在以下几个方面:

第一,各地出现了一大批宣传马克思主义的进步刊物。其中,对传播马克思列宁主义起了较大作用的有:"五四"前出版的《新青年》、《每周评论》、北京《晨报》副刊、上海《民国日报》副刊《觉悟》等;"五四"后创刊的由毛泽东主编的《湘江评论》、瞿秋白和郑振铎等编辑出版的《新社会》、少年中国学会南京分会编辑出版的《少年世界》等。

第二,各地陆续出现了一批宣传和研究马克思主义的团体。其中,对传播马克思列宁主义起了较大作用的有:由李大钊倡导、邓中夏等组织成立的北京大学马克思学说研究会,陈独秀等在上海发起组织的马克思主义研究会,蔡和森、毛泽东等在长沙组织的新民学会和文化书社,恽代英等在武汉组织的利群书社,周恩来等在天津成立的觉悟社,山东的齐鲁书社和王尽美等成立的马克思主义学说研究会等。

第三,各地翻译出版了大量的马克思主义著作。到1920年前后,翻译出版的马克思、恩格斯的著作有:《共产党宣言》、《社会主义从空前到科学的发展》、《雇佣劳动与资本》、《〈政治经济学批判〉序言》、《资本论自叙》(即初版序言)、《科学的社会主义与唯物史观》(《反杜林论》第三编中的一部分)等。翻译出版的列宁的著作有:《民族自决》(即《在俄共(布)第八次代表大会上关于党纲的报告》)、《过渡时代的经济和政治》(即《无产阶级专政时代的经济和政治》)、《从破坏历史的旧制度到创造新制度》、《苏维埃政权当前的任务》、《俄国的政党和无产阶级的任务》、《国家与革命》等全文或部分。此外,还翻译出版了一些介绍性的论著,如考茨基的《马氏资本论释义》、《阶级斗争》,马尔西的《马克思资本论入门》、《马克思经济学说》,河上肇的《马克思唯物史观》等。

第四,各地涌现出了一批积极传播马克思主义的先进分子。其中,李大钊、陈独秀、李达、李汉俊、杨匏安、毛泽东、周恩来、蔡和森、恽代英、瞿秋白、陈望道、邓中夏、赵世炎、张太雷、向警予等人,是最杰出的代表。

马克思主义在中国的广泛传播,意义深远。它使中国人找到了新的改造中国的理论工具,中国革命的指导思想开始发生新的转换。它为中国共产党的成立准备了思想上、干部上的条件。

2. 各种新思潮的流行

除马克思主义外,在当时流传较广、影响较大的新思潮还有以下一些:

(1)实用主义 这是 19 世纪末 20 世纪初在美国发展起来的一种哲学思潮。胡适在美国留学时接受了美国哲学家、教育家杜威的实用主义。1919 年初,胡适连续发表《不朽》、《实验主义》等文章,对实用主义作了比较系统的介绍。他把实用主义称做实验主义。五四运动爆发前夕,杜威来华讲学,在中国停留了两年零两个月,曾到 11 个省讲演。他的讲演集再版过十几次,《新青年》刊出了杜威专号,实用主义在中国风行一时。

从当时胡适的介绍来看,实用主义过于看重人们对客观世界的主观认识,因而实际上进入了否认世界客观存在的误区。例如,它认为世界就像一个"很服从的女孩子",可以由人任意"涂抹装扮"。实用主义否认真理有其客观标准,它认为真理是"人造的","造出来供人用的"。认为一种观念能否冠以"真理的美名",全看它是否"大有用处"。胡适在宣传实用主义时,提倡"存疑主义",认为"天下没有永久不变的真理",主张"重新估定一切价值",这具有反封建的积极意义。胡适宣称实用主义的哲学"只是一种研究问题的方法",他把这种思想方法概括为"大胆的假设,小心的求证",宣扬这是普遍适用的科学方法。就方法论而言,有其积极因素和合理成分。

"五四"时期,实用主义在一定程度上是反封建的思想武器。但是,在哲学上它是唯心主义的,与马克思主义是根本对立的。在政治上,它主张一点一滴的改良,反对马克思主义的社会革命论。实用主义在传播过程中和马克思主义发生了激烈论战。

(2)基尔特社会主义　也叫行会社会主义,是 20 世纪初产生于英国的一种改良主义思潮。"五四"时期,积极传播基尔特社会主义的是以梁启超、张东荪为首的研究系。1919 年 9 月,张东荪等人创办了《解放与改造》杂志,发表了《第三种文明》《罗塞尔的"政治理想"》《我们为什么要讲社会主义?》等文章,全面介绍基尔特社会主义。1920 年 9 月,英国著名哲学家、基尔特社会主义者罗素来华讲学,在中国停留了 10 个月,先后到过江苏、北京、湖南等地,对基尔特社会主义的传播起了推动作用。1921 年 9 月,张东荪等人又在《时事新报》上开辟《社会主义研究专栏》,宣传基尔特社会主义。

梁启超、张东荪等人在宣传基尔特社会主义时,揭露了资本主义发展所带来的许多弊端,认为资本主义文明已经破产,而社会主义已成为"全人类反对现状的一个共同趋向",这具有一定的积极意义。但是,他们宣传的基尔特社会主义是与科学社会主义相对立的,他们反对以革命的方式改造中国,认为"改造世界的方法以罗塞尔的主张为最好"。罗素来华期间,批评了十月革命和苏俄政府,认为中国由于实业不发达而暂时无法实行社会主义,提出中国的当务之急是发展实业、兴办教育。这些主张得到了梁启超、张东荪等人的附和和发挥。基尔特社会主义与马克思主义之间显然存在着严重的分歧,双方展开了激烈论战。

(3)无政府主义　这是一种小资产阶级的社会思潮。20 世纪初被当作一种社会主义学说介绍到中国。最初介绍无政府主义的是一些旅法、留日的知识分子和同盟会会员。1907 年,在法国的巴黎和日本的东京,最早出现了由中国人创办的鼓吹无政府主义的刊物和团体。辛亥革命后,无政府主义开始在国内流传,并有较大的发展。刘师复发起组织了无政府主义团体晦鸣学社、心社、无政府共产主义同志社,出版了《晦鸣录》、《民声》等刊物,积极开展无政府主义的宣传。在他的推动下,各地出现了许多无政府主义的组织。刘师复死后,以黄凌霜、区声白为代表的无政府主义者继承了刘师复的衣钵。1919 年初,他们将几个无政府主义的小团体合并组成进化社,并出版《进化》月刊。五四运动后,无政府主义继续发展,从 1919 年至 1920 年,无政府主义的团体有近 50 个,刊物近 70 种。

无政府主义者主张个人绝对自由,反对强权和国家,幻想通过宣传和暗杀等手段建立一个生活平等、工作自由、各尽所能、各取所需、互助互爱的无政府共产主义社会。"五四"前,无政府主义在反对封建专制、封建礼教方面起过积极作用。"五四"前后,很多人还分不清马克思主义与无政府主义的区别,无政府主义极容易被那些不满于中国社会的黑暗,向往没有阶级、没有人剥削人社会的小资产阶级知识分子所接受。所以,"在起初各派社会主义的思想中,无政府主义是占着优势的"[1],不少早期共产主义者都曾受过它的影响。随着马克思主义的进一步传播,特别是马克思主义与无政府主义之间发生激烈论战后,无政府主义的影响就越来越小了。

(4)工读主义或"工读互助主义"　这是主要综合了当时流行的俄国克鲁泡特金的"互助论"、俄国托尔斯泰的泛劳动主义、日本武者小路实笃的新村主义等"新思潮"而形成的。1919 年 12 月,少年中国学会执行部主任王光祈发表了《城市中的新生活》一文,把这种城市"新生活"的小组织定名为"工读互助团"。从 1919 年底到 1920 年初,北京组织了工读互助团四个组,引起了很大反响。随后,南京、上海、天津、武汉、广州等地也先后成立了工读互助团。工读主义主张劳心与劳力、工与读相结合,教育

---

①　刘少奇:《五四运动的二十年》,《中国青年》第 1 卷第 2 期,1939 年 5 月。

与职业合一,学问与生计合一。工读主义者们希望把工读互助团办成"人人工作,人人读书,各尽所能,各取所需"的新组织,将来各地的这类小组联络起来,实行"小团体大联合",创造一个新社会。工读主义的提倡与实践,表现了青年知识分子改造中国的热切愿望,但它的空想性决定其必然失败。北京和其他地方的工读互助团仅仅存在几个月就因经济困难、内部不统一等原因而解散了,流行一时的工读主义也随之而烟消云散。

(5)**新村主义**　新村主义作为一种空想社会主义思潮最早出现在法国和美国。"五四"以前,中国的一些知识分子主要是无政府主义者,曾对法国和美国空想社会主义者组织的新村作过访问和介绍,但当时在中国社会影响很小。"五四"时期,对中国产生较大影响的是日本作家武者小路实笃的新村主义。1919 年 3 月,《新青年》主要撰稿人之一周作人发表《日本的新村》一文,详细介绍了武者小路实笃新村主义的理论与实践。同年 7 月,周作人又到日本九州参观武者小路实笃创办的新村,归来后撰文介绍,并在北京、天津等地讲演,宣传新村主义。1920 年 2 月,周作人在北京设立"新村支部"。当时一批青年知识分子展开了新村主义的热烈宣传和实践活动。新村主义主张脱离旧社会的恶势力圈,另辟一块小天地,建立没有压迫、没有剥削、没有脑力和体力劳动对立、人人平等、互助友爱的新村。他们认为一个新村成立了,自然就有人跟着去办第二个、第三个、第几千第几万个新村。新村普遍了,旧社会的组织自然就会落伍而被淘汰。然而这种世外桃源的梦想是不可能实现的。新村主义的声势,一开始就远不及工读主义,新村的试验比工读主义更不景气,连一个"新村试验工场"也未着手进行。

(6)**合作主义**　是空想主义社会者特别是英国的欧文所提倡的一种社会改良思潮。"五四"时期,一些知识分子曾把合作主义看成最适于改造中国的办法。各地先后出现了一批研究和宣传合作主义的小团体,其中成立最早、影响较大的是上海复旦大学教员和学生们组织的平民周刊社(后改为平民学社)。该社从1920年5月开始发行的《平民》周刊,是中国宣传合作主义的主要阵地。合作主义的提倡者,主张通过组织合作社来消灭剥削,实现社会主义。他们认为,工人之所以受资本家剥削就是因为工人没有资本,而用合作的方法把大家集合起来,就有了资本,就可摆脱资本家的控制,自营事业。"假定全国的劳工都实行合作方法,则许多的资本家自然的消灭了"[1]。他们宣称,合作主义最适于中国的社会状况,用不着什么布尔什维主义。"要使中国由资本主义而进入社会主义,最适宜的过渡,就是合作事业"[2]。然而推行的结果,却"仿佛秋冬的衰草枯枝,生气是全无的"[3]。这些具有改良色彩的小团体也很快分化瓦解了。

(7)"平民教育"思潮 这是在美国教育家杜威的教育思想影响下出现的一种新思潮,主张通过普及教育来改造社会和救国。杜威在中国讲学期间,大力宣扬教育万能论,他把教育作为修补和改良社会、抵制无产阶级革命的工具,宣称教育是促进人类社会进化最有效的一种工具。在杜威的影响下,1919年下半年,北京高等师范的教职员和学生成立了研究宣传及实施"平民教育"的平民教育社,创办了《平民教育》杂志,后来还成立了讲演部。平民教育的倡导者认为,不是政治决定教育,而是教育决定政治。通过教育的改革,把教育普及到一般平民身上,使每个人受到相等程度的教育,就可以求得社会中各分子的真正平等自由,造成一个真正的共和国。平民教育思潮在"五四"时期曾风靡一时。然而,用平民教育这种办法改良中国政治,是难以行得通的。

---

[1] 侯培厚:《罢工与合作》,《平民》第69期,1921年9月17日。
[2] 陆宝璜:《合作主义的宣传与实施》,《平民》第71期,1921年10月1日。
[3] 《宣言——平民新生命的创造》,《平民周报》第1期,1924年3月15日。

3.马克思主义与反马克思主义思潮的论争

伴随着各种新思潮的竞起,百家争鸣的局面出现了,其中不乏激烈的批评和斗争。比较引人注目的是,在1919年到1922年间,马克思主义与反马克思主义思潮之间进行了三次大规模的论争。

首先发生的是"问题与主义"之争。"五四"以后,中国早期马克思主义者运用马克思主义关于阶级斗争和无产阶级专政的学说,主张对中国社会进行根本改造,这使笃信实用主义、主张改良反对社会革命的胡适感到不满。他借杜威来华讲学的声势,在1919年7月发表《多研究些问题,少谈些"主义"》一文,鼓吹改良主义,反对马克思主义,挑起了"问题与主义"之争。胡适声称舆论界的大危险,就是"高谈主义,不研究问题"。空谈好听的主义,是极容易的事;空谈外来进口的主义是没有什么用处的。他"奉劝"人们"多多研究这个问题如何解决,那个问题如何解决",不要高谈主义。他说,不去研究具体问题,却去高谈社会主义,还要得意洋洋夸口"根本解决",这是"自欺欺人的梦话",这是"中国思想界破产的铁证"。胡适的用意很明显,他要把人们引向改良主义的道路。以后,胡适又接连写了《三论问题与主义》、《四论问题与主义》、《新思潮的意义》等文章,继续鼓吹实用主义和改良主义,反对马克思主义。

马克思主义者对胡适的主张进行了回击。李大钊先后写了《再论问题与主义》、《由经济上解释中国近代思想变动的原因》等文章,批驳了胡适的观点。李大钊指出,问题与主义是不能分离的。我们的社会运动,一方面固然要研究实际的问题,另一方面也要宣传理想的主义,这是"交相为用的"。大凡一个主义,都有理想与实用两个方面。李大钊用唯物史观分析了新思想产生的根源,提出:"新思想是应经济的新状态、社会的新要求发生的,不是几个青年凭空造出来的。"他公开申明:"我是喜欢谈谈布尔扎维主义的。""布尔扎维主义的流行，实在是世界文化上的一大变动。"李大钊还指出：社会问题"必须有一个根本解决，才有把一个一个的具体问题都解决了的希望"。依据马克思主义，"经济问题的解决，是根本解决"。而经济制度的改造，则必须以马克思主义的"阶级竞争说"作为理论工具，切实地开展工人运动，才能实现。

问题与主义的论争，实质上是要不要马克思主义的论争，是社会革命论与社会改良主义的论争。论争的意义在于它揭示了中国社会改造的一个重要规律，即必须以马克思主义为指导，进行"根本解决"。

第二次论争是社会主义的论争。1920 年下半年后，基尔特社会主义者张东荪、梁启超等借罗素来华讲学之机，攻击马克思主义的科学社会主义理论，鼓吹改良主义，挑起了关于社会主义的论争。1920 年 11 月，张东荪在《时事新报》上发表《由内地旅行而得之又一教训》的时评；接着在 12 月又在《改造》第 3 卷第 4 号上发表《现在与将来》一文，论述了他反对社会主义，主张发展资本主义以开发实业、实行和平渐进的改革等观点。次年 2 月，梁启超在《改造》第 3 卷第 6 号上发表《复张东荪书论社会主义运动》，对张东荪的观点加以支持和发挥。张东荪、梁启超等人认为，中国的惟一病症就是贫乏。救中国只有一条路，就是增加富力，而增加富力就是开发实业，开发实业只能用资本主义的方法。虽然"资本主义必倒，社会主义必兴"，但世界上并没有不经过资本主义而能达到社会主义的。中国若想社会主义实现，不得不提倡资本主义。他们还认为，中国现在还没有真正的劳动阶级，"中国现在离劳动阶级的完成与自觉尚早"。"真的劳农主义决不会发生，而伪的劳农革命恐怕难免"。他们认为，"军阀当道"和"外国经济力压服"是国内产业不易发展的重要原因。应该采取"平和的或渐进的"办法来解决"军阀当道"的问题，因为随着资本主义的发展，一部分或大部分军阀会自然地蜕变为新兴阶级的"财阀"；对外国资本主义的压迫,中国是无丝毫抵抗之力的,"唯有在外国资本势力下乘其空隙以开发实业"。他们预感到资本主义的发展将会出现"欧美产业社会"的劳资对立,为了预防社会革命,主张"劳资协调主义"。

马克思主义者和一些社会主义拥护者对张东荪、梁启超等人的言论进行了回击。他们在《民国日报》副刊《觉悟》和《新青年》等报刊上发表了大量批驳张、梁的文章,其中比较重要的有李达的《讨论社会主义并质梁任公》《社会革命的商榷》,陈独秀的《社会主义批评》,李大钊的《中国的社会主义与世界的资本主义》,蔡和森的《马克思学说与中国无产阶级》,何孟雄的《发展中国的实业究竟要采取什么方法》等。马克思主义者和社会主义拥护者指出,增加富力,开发实业,在谈论社会主义的人,不但从来没有反对过,并且也认为必要。社会主义者和资本主义者不同的地方,在于"用什么方法去增加富力开发实业"。他们从理论上和事实上论述了资本主义制度的不合理性、腐朽性和社会主义制度的优越性,指出:中国"在今日而言开发实业,最好莫如采用社会主义"。中国只有走上社会主义道路才能真正开发实业,彻底解决"穷"的问题。马克思主义者和社会主义拥护者驳斥了张、梁所宣扬的中国没有大工业制度,没有真正的劳动阶级,"不能发生社会主义运动"的观点。指出,中国虽然同欧美产业发达的程度不同,但"社会主义运动的根本原则却无有不同","中国无产阶级所受的悲惨,比欧美、日本的无产阶级所受的更甚"。因此,"中国不但有讲社会主义的可能,而且有急于讲社会主义的必要"。他们还指出,张、梁"主张借资本阶级的国家立法,施几项温情政策,略略缓和社会问题,并不是想根本的解决社会问题";要解决中国社会问题,必须"采用劳农主义的直接行动,达到社会革命的目的";通过暴力革命"夺取国家权力",建立无产阶级专政。

关于社会主义的论争,是关系到中国要不要走社会主义道路、要不要组织无产阶级政党、要不要用革命手段来改造中国社会的论争。马克思主义者对张东荪、梁启超等人的批判，肯定了中国社会发展的方向是社会主义，宣传了马克思主义的社会革命论，对中国共产党的建立起了促进作用。

第三次论争是1919年至1921年间，马克思主义同无政府主义之间展开的长时间的激烈论争。"五四"以后，随着马克思主义的广泛传播及其同中国工人运动的日渐结合、中国共产党早期组织的建立，马克思主义同无政府主义的对立日益尖锐起来，并展开了激烈的论争。这期间，以黄凌霜、区声白为代表的无政府主义者，发表了《马克思学说的批评》、《我们反对"布尔什维克"》等许多文章，攻击俄国十月革命和马克思主义。区声白还以通信的方式向陈独秀阐述自己的反马克思主义观点。马克思主义者进行了回击，发表了大量批判无政府主义的文章。1920年9月，陈独秀发表《谈政治》一文，随后又对区声白的来信逐一答复，对无政府主义的观点进行了批驳。此外，蔡和森写了《马克思学说与中国无产阶级》，李达写了《社会革命的商榷》、《无政府主义解剖》，施存统写了《我们要怎么样干社会革命》，李大钊写了《自由与秩序》等，与无政府主义者进行了论争。

无政府主义者反对一切强权、一切国家，尤其集中地攻击无产阶级专政。他们宣称："我们不承认资本家的强权，我们不承认政治家的强权，我们一样不承认劳动者的强权。"他们从极端个人主义出发，主张个人绝对自由，反对一切组织纪律和集中统一领导。"无政府主义的社会，是自由组织的，人人都可自由加入，自由退出，所以每逢办一件事，都要得人人同意，如果在一个团体之内，有两派的意见，赞成的就可以执行，反对的就可以退出……这岂不是自由吗？"他们从小生产者的观点出发，主张在未来的社会主义社会，"将一切生产机关，委诸自由人的自由联合管理"。他们还以绝对平均主义的观点反对社会主义各尽所能、按劳分配的原则,主张立即实行"各取所需"。

马克思主义者强调了用革命手段夺取政权和建立无产阶级专政的必要性。指出:我们的最终目的,也是没有国家的,不过"在阶级没有消灭以前,却极力主张要国家,而且是主张要强有力的无产阶级专政的国家的"。马克思主义者批判了"个人绝对自由"的观点,阐明了组织纪律和集中统一领导的重要性。他们认为在人类社会中,自由是相对的,而不是绝对的,个人绝对自由是根本不存在的。按照无政府主义者所提倡的"任何事人人同意",社会必将出现极大的混乱,生产也无法进行。他们还指出,在阶级社会中,只有剥削者的自由,没有劳动人民的自由,只有推翻剥削阶级的统治,才能使劳动人民得到自由。马克思主义者也批判了无政府主义者关于生产和分配的观点,认为社会主义不是把生产资料全部分散给个体小生产者,而是实行集中的、有计划有领导的现代化大生产,这样才能高速度地发展社会生产力。分配原则是由生产力发展水平决定的,在生产力未发达的时期,若用"各取所需"的分配原则,"社会的经济的秩序就要弄糟了",势必破坏生产力的发展。

马克思主义同无政府主义的论争,持续了一年多的时间,是"五四"后马克思主义与反马克思主义思潮之间进行的最大规模的一次论争。通过这次论争,大批进步青年划清了马克思主义与无政府主义的界限,不少信仰过无政府主义的人也转向信仰马克思主义;一些无政府主义者则退出了早期的共产党组织,马克思主义的队伍更加纯洁。

通过以上几次论争,区分了马克思主义与各种反马克思主义思潮的界限;使更多的中国人了解了马克思主义,使更多的先进分子接受了马克思主义;论争促进了马克思主义更深入更广泛的传播,进一步为中国共产党的成立作了思想上、干部上的准备。

当然,由于历史条件的局限,在几次论争中,马克思主义者也存在着一些明显的缺陷。他们未对实用主义的唯心主义哲学基础进行深刻的辨析,能够旗帜鲜明地站在马克思主义立场来参加论争的人还很少,基本上是李大钊一人在孤军奋战。在与张东荪、梁启超等人的论争中反映出,他们对资本主义在当时的中国存在和发展的必然性与进步意义认识还很不足,他们主张直接进行社会主义革命并不符合中国的具体实际。他们在对无政府主义的批判中,还不能阐明无产阶级专政在中国国情下的具体内涵,也没有明确地揭露资产阶级民主的本质,有些观点则反映出轻视群众、轻视民主的倾向。

第二节　中国共产党的成立

一、马克思主义与中国工人运动的结合

中国共产党的成立,是中国近代社会经济、政治发展和思想演变的必然结果,是马克思列宁主义同中国工人运动相结合的产物。"五四"时期,中国工人阶级已经迅速成长壮大起来,这为中国共产党的成立准备了阶级基础;马克思列宁主义在中国得到了广泛传播,这为中国共产党的成立准备了思想基础;在五四运动和马克思主义传播的过程中,一批骨干分子脱颖而出,这为中国共产党的成立初步准备了干部上的条件。随着马克思列宁主义与中国工人运动逐步结合起来,建立中国共产党的问题被提上了议事日程。

马克思列宁主义与中国工人运动的结合实际上在五四运动中已经开始。当时,无产阶级与具有初步共产主义思想的知识分子结成了事实上

的反帝反军阀的政治联盟。五四运动以后，共产主义知识分子开始到工人群众中传播马克思主义，马克思主义与中国工人运动有了进一步的结合。

1920年初，在李大钊的支持下，邓中夏等人组织了北京大学平民教育讲演团，开始深入北京郊区的卢沟桥、长辛店等地的农村、工厂，向农民、工人开展宣传马克思主义的讲演活动。其中，在长辛店铁路工人中进行的宣传工作，取得了较好的成效，并在工人中成立了工会。

1920年"五一"节前后，各地开展了较大规模的纪念"五一"劳动节活动。4月18日，陈独秀参加上海工界七个团体发起召开的"世界劳动节纪念大会"筹备会，被推为顾问，并在筹备会上演讲劳工问题。《新青年》把5月1日出版的第7卷第6号开辟为"劳动节纪念号"。该号发表了李大钊的《"五一"运动史》、陈独秀的《劳动者底觉悟》等文章；发表了各国劳工运动情况的介绍及国内北京、上海、天津、南京、唐山、长沙等地工人劳动状况的调查。《觉悟》《星期评论》等刊物也专门出版劳动节纪念专号，《晨报》《大公报》等报纸则发表纪念文章。"五一"节这一天，各地的纪念活动丰富多彩。

在北京，李大钊主持了在北京大学理科召开的纪念活动；何孟雄等八名同学乘汽车游行，沿街散发《劳动宣言》；平民教育讲演团则走向街头讲解"五一"劳动节的历史和意义；邓中夏等人专程赶到长辛店，出席有1000多工人隆重举行的纪念大会，并在大会上演说。

在上海，以工人为主体，包括一些共产主义知识分子在内，举行纪念"五一"节的庆祝大会，大会发表了《上海工人宣言》和《答俄国劳农政府的通告》。据记载，各地参加"五一"节纪念活动的工人和知识分子约有五六万人。这次纪念"五一"劳动节的活动，是马克思主义同中国工人运动相结合的一次较大规模的尝试。

二、各地共产主义小组的成立

随着马克思主义的广泛传播及其同中国工人运动的逐步结合,一些马克思主义者开始思考和商讨建立中国共产党。就在这时,1920年3月,共产国际派代表魏金斯基(中文名吴廷康)等来到中国帮助建党,这加速了中国共产党建立的过程。

魏金斯基到中国后,先后会见了李大钊、陈独秀,商讨在中国建立共产党的问题。在魏金斯基的帮助下,1920年8月,陈独秀首先在上海成立了中国共产党上海发起组。陈独秀被推为书记,其他成员有李达、李汉俊、陈望道、俞秀松、施存统、陈公培等。上海发起组把1920年5月移沪出版的《新青年》改组为它的机关刊物,不久又创办了秘密党刊《共产党》月刊。上海发起组担负着发起、筹备和组织中国共产党的任务,其他地区党组织的建立都与上海党组织有直接的联系。1920年10月,李大钊发起成立了北京共产党小组,后命名为中国共产党北京支部。李大钊被推为书记,成员有张申府、张国焘、邓中夏、高君宇、罗章龙、刘仁静、张太雷、何孟雄等。在当时,南方的建党活动主要由陈独秀负责指导,北方的建党活动主要由李大钊指导进行,因而有"南陈北李"之称。

从1920年秋开始,各地共产党组织纷纷建立起来,主要有:(1)1920年秋,董必武、陈潭秋等成立了武汉共产党支部。(2)1920年秋冬之交,毛泽东、何叔衡在长沙发起成立了共产党组织。(3)1920年冬,王尽美、邓恩铭建立了济南共产党组织。(4)1920年秋,广州一度建立了共产党组织,但成员多是无政府主义者。后来陈独秀到广州后给予指导,并于1921年3月重新组建了广州共产党支部,成员有谭平山、谭植棠、陈公博等。(5)张申府、赵世炎等在国内加入党组织后赴法国,于1921年春正式组成了旅欧共产党巴黎小组。1922 年秋，成立了中共旅欧总支部，负责人为张申府、赵世炎、周恩来、陈延年等。（6）施存统、周佛海在上海加入党组织后去日本留学，1921 年在留日学生中成立了共产党组织。以上各共产党组织名称不一，后人一般称之为共产主义小组。

各地共产主义小组建立后，为正式建立中国共产党开展了大量的工作：

第一，大力进行马克思主义的宣传，开展对各种反马克思主义思潮的斗争，以扩大马克思主义的影响，为建党扫清思想障碍。如上海共产主义小组的秘密党刊《共产党》月刊创办后，明确阐述了共产党的基本主张，宣传了马克思列宁主义的建党思想，介绍了国际共产主义运动的情况和俄国共产党的经验等。许多共产主义小组的成员都参加了反对基尔特社会主义、无政府主义的论战。

第二，加强在工人中的宣传和组织工作，以促成马克思主义同中国工人运动的进一步结合。主要有：（1）出版通俗刊物，向工人进行阶级教育。如上海的《劳动界》、北京的《劳动音》、广州的《劳动者》、济南的《济南劳动》等。（2）举办工人补习学校，向工人讲述马克思主义。如北京党组织在工人比较集中的长辛店举办了劳动补习学校；上海党组织在纱厂比较集中的沪西小沙渡开办了劳动补习学校；武汉党组织在武昌第一纱厂和汉阳兵工厂开办了识字班。通过这类形式，在工人群众中宣传科学社会主义思想，提高了工人的阶级觉悟，发现和培养了一批工人中的骨干分子；共产主义知识分子本身也得到了锻炼和改造，并同工人群众结合起来。（3）帮助工人建立工会，开展活动。如在上海组织了机器工会、印刷工会、纺织工会；在北京组织了长辛店工人俱乐部等。1921 年"五一"节时，各地党组织领导工人举行了庆祝活动，有的还领导了工人的罢工斗争。

第三，加强对青年的团结和教育工作。为了团结、教育青年参加革命斗争,学习马克思主义,各地的共产主义小组开展了建立社会主义青年团的工作。1920年8月,上海社会主义青年团首先成立,由俞秀松任书记,团员有刘少奇、罗亦农、任弼时、彭述之、萧劲光、柯庆施等。接着,北京、长沙、武汉、广州、济南、天津、唐山等地也先后建立了社会主义青年团。

第四,加强各自组织的发展工作。主要有两个方面:(1)清除共产党组织中的无政府主义者,纯洁党的组织。如广州共产主义小组就将无政府主义者区声白清除出党组织。(2)大力发展小组成员。经过各地共产主义小组发起人的努力,到1921年7月中共"一大"召开时,全国党员总数已有50多人。

第五,就正式建立中国共产党问题进行了积极的探讨。上海共产主义小组制定了《中国共产党宣言》,明确提出要"组织一个革命的无产阶级的政党——共产党"。《共产党》月刊则宣传了马克思列宁主义的建党思想。1920年下半年到1921年初,毛泽东与赴法勤工俭学的蔡和森在通信中讨论了在中国建党的问题。蔡和森指出:无产阶级政党是革命运动的"发动者,宣传者,先锋队,作战部",是"神经中枢"。它应该是一个"主义明确、方法得当、和俄一致的党"[①]。"党的组织为极集权的组织,党的纪律为铁的纪律"[②]。毛泽东在表示完全赞同的同时,还强调"唯物史观是吾党的哲学根据"[③]。1921年3月,李大钊在《曙光》第2卷第2号发表《团体的训练与革新的事业》一文,明确提出:"中国C派(即共产主义者们)的朋友",急须组织一个"平民的劳动家的政党";该政党应该是"一个强固的精密的组织",须"注意促进其分子之团体的训练"。

---

① 《蔡林彬给毛泽东》(1920年8月13日),《新民学会会员通信集》第3集
② 《蔡林彬给毛泽东》(1920年9月16日),《新民学会会员通信集》第3集。
③ 《毛泽东复蔡和森》(1921年1月21日),《新民学会会员通信集》第3集。

　　上述中国共产党早期组织的建立及其活动,为中国共产党的创建直接做了组织上和干部上的准备。

三、中国共产党的成立

　　1921 年 6 月初,共产国际代表马林、尼柯尔斯基来中国。他们到上海后,与主持上海共产党组织工作的李达、李汉俊建立了工作联系,建议及早召开党的全国代表大会,宣告党的成立。经过一系列的筹备,1921 年 7 月 23 日,中国共产党第一次全国代表大会在上海召开。出席大会的代表共 13 人,他们是:上海代表李达、李汉俊;北京代表张国焘、刘仁静;长沙代表毛泽东、何叔衡;武汉代表董必武、陈潭秋;济南代表王尽美、邓恩铭;广东代表陈公博、包惠僧(代表当时在广东的陈独秀);东京代表周佛海。马林、尼柯尔斯基也出席了大会。党的主要创建人陈独秀、李大钊,都因事务繁忙未能参加大会。大会在上

建党初期的毛泽东

海法租界贝勒路树德里 3 号(今兴业路 76 号)秘密举行。由于受到租界巡捕的搜查,31 日,大会转移到浙江嘉兴南湖的一只游船上举行。

　　会议先由各地代表汇报本地区的政治形势与建立共产党和社会主义青年团组织的情况,以及本地区共产党组织的工作情况。25、26 日休会两天,用于起草会议文件。27、28、29 日三天,集中讨论起草小组提出的会议文件草案。最后,大会通过了中国共产党的纲领和实际工作计划的决议,

选举产生了党的中央机构,中国共产党由此宣告正式成立。

大会通过了中国共产党的第一个纲领。纲领规定:党的名称为"中国共产党"。党的奋斗目的是:以无产阶级革命军队推翻资产阶级,采用无产阶级专政,废除资本私有制,直到消灭阶级差别。党组织"采取苏维埃的形式"。中国共产党将彻底断绝与"黄色知识分子阶层及其他类似党派"的一切联系。党员应根据不同职业,在工人、农民、士兵和学生组织中进行活动。纲领还规定了发展新党员的条件、手续以及党的纪律等。

大会通过了中国共产党的第一个决议,规定党成立后的中心任务是组织工人阶级,从事工人运动,并作出了建立工会、开办工人补习学校、出版工会报刊和小册子、成立研究工人运动的机构等具体规定。决议强调:"党应警惕,不要使工会成为其他党派的傀儡。为此,党应特别机警地注意,勿使工会执行其他的政治路线。"决议规定:对其他政党采取"独立的攻击的政策";在各种政治斗争中"始终站在完全独立的立场上","不同其他党派建立任何关系"。决议还规定党应保持与共产国际的经常联系。

大会选举陈独秀、张国焘、李达组成中央局。陈独秀为中央局书记,张国焘为组织主任,李达为宣传主任。

中国共产党第一次全国代表大会,完成了具有划时代意义的伟大使命。从此,在中国出现了完全新式的、以共产主义为奋斗目标、以马克思列宁主义为行动指南、统一的工人阶级的政党,中国的革命事业有了可靠的保证和光明的前途。"自从有了中国共产党,中国革命的面目就焕然一新了。"

中共"一大"闭幕后,党的中央局在秘密条件下,积极、谨慎地开展工作。1921 年 9 月,陈独秀辞去了广东政府中的职务,回到上海专做党的工作。中央局在"一大"纲领和决议的基础上,对党的各项实际工作拟定了更为具体的实施计划,于 1921 年 11 月以《中国共产党中央局通告》的形式,由陈独秀签署,发往各地。《通告》提出要积极、大胆地做好党、团发展工作,并提请各区切实注意青年、妇女团体的建立与运动的开展。《通告》对开展工人运动做了进一步部署,确定首先"全力组织全国铁道工会",要求各地党员都要"尽力于此计划"。《通告》还要求党的宣传工作须有切实的措施。根据"一大"决议和中央局通告,中共全党进行了大量的有成效的工作,为"二大"的召开作了准备。

第三节　列强对华的"协同侵略"和北洋军阀的争斗

一、列强对华的"协同侵略"

巴黎和会初步构筑了战后资本主义世界的新秩序,即"凡尔赛体系"。但是"凡尔赛体系"只是暂时调整了资本主义列强在西方的关系,对远东、太平洋地区特别是在中国问题上的矛盾却没有给予解决。第一次世界大战期间,日本乘其他列强在欧洲忙于战争的机会,大力向中国和太平洋地区扩张势力,造成了日本在中国的独占状态。之后的巴黎和会又承认了日本在中国的特殊权利,巩固了它在中国的地位。日本的这种独霸优势,加剧了列强间、尤其是日美之间的利害冲突。大战期间,美国就已成为日本争夺中国的主要对手。战后,美国的实力进一步增强,更加不能容忍日本独霸中国。英国原来就是侵略中国的主角,在中国拥有最大的利益,战后卷土重来,英日之间也发生了尖锐矛盾。在这种形势下,美、英等国希望重新调整远东、太平洋地区的秩序,对该地区的利益进行再分配。

最初,美国曾企图依恃自己的经济优势,打破日本独霸中国的局面。早在第一次世界大战刚刚结束不久的 1918 年 7 月,美国就提议组织美、日、英、法新四国银行团，共同承揽中国的一切政治和经济借款，希望借此打破日本独占中国的局面，但因种种原因未能实现。1920年6月，美国重新倡议组织新四国银行团。10月，新四国银行团协定在纽约正式签字。美国在新银行团中占据优势，美国公使在致北京政府的备忘录中提出，新银行团"应得预问"中国财政收支和官吏任用，并有"查账之权"。但由于中国人民的反对，同时由于四国之间，尤其是美、日之间存在尖锐矛盾，新银行团无法顺利地进行工作，美国的预期目的因此也就难以实现。美国于是提议召开华盛顿会议。

　　1921年11月至1922年2月，美、英、日、法、意、荷、葡、比八国与中国在华盛顿举行会议。这次会议实质上是巴黎和会的继续，是西方各国根据战后力量对比对远东和太平洋地区殖民地与势力范围的一次再分割。会上，各国展开了激烈斗争。经过讨价还价，美、英、日、法签订了《关于太平洋区域岛屿属地和领地的条约》，即《四国条约》。条约规定，四国互相尊重在太平洋上岛屿属地的权益，废除1902年缔结的英日同盟。美、英、日、法、意签订了《关于限制海军军备条约》，即五国海军协定。条约规定，美、英、日、法、意主力舰的吨位比例为5∶5∶3∶1.75∶1.75。通过这两个条约，英日同盟被拆散，美国获得了与英国同等的海军强国的地位，日本的力量受到削弱和限制。

　　华盛顿会议的中心议题之一是中国问题，中国是各国在远东争夺的焦点。中国代表团对此次会议抱有很大希望，在会上提出了处理中外关系的"十项原则"。一方面要求各国尊重中国"领土之完整及政治与行政之独立"，并希望归还山东主权、废除"二十一条"、实行关税自主、废除领事裁判权、废止各国在华租借地、撤废各国在华邮局、撤退各国在华无线电台以及解决外国在华军警、有关中国成约问题等。一方面声称完全赞同美国提出的"门户开放"、"机会均等"原则，希望以此得到美国的帮助。

　　会议着重讨论了山东问题。美、英为了改变日本独霸中国的局面,支持中国收回山东主权的要求。日本反对会议讨论山东问题,极力坚持在会外由中日直接交涉解决。美、英又迫使日本同意他们的代表以观察员资格参加中日谈判。在美、英的压力下,日本被迫于1922年2月4日与中国签订了《解决山东悬案条约》。《条约》规定:日本将胶州德国旧租借地交还中国,由中国全部开放为商埠,准许外人在该区域内自由居住、经营工商业及其他职业;日军撤出山东;胶济铁路由中国以5340.6141万金马克赎回,在路价未偿清前,中国须任用一日人为车务长,一日人为会计长。该条约并没有使中国完全收回山东主权,胶州也只是由被日本独占改变为面向各国开放的商埠,原胶济铁路仍为日本控制。会议因受日本抵制没有讨论废除"二十一条"问题,但迫于中国人民的压力和各国舆论的压力,日本被迫于1922年2月向会议发表宣言,同意放弃"二十一条"中的某些条款。会议还讨论了中国代表团提出的其他问题,但均无实质性结果。

　　1922年2月6日,参加华盛顿会议的各国签订了《九国关于中国事件应适用各原则及政策之条约》,即《九国公约》。《公约》宣称"尊重中国之主权与独立,及领土与行政之完整"。但这只是一句空话,中国代表团提出的取消治外法权、撤退外国军警、恢复关税自主权、取消势力范围等项要求,一概未列入公约。实际上,《公约》的出发点是要变中国为列强共同的殖民地。它规定要"维持各国在中国全境之商务实业机会均等之原则",任何一国"不得因中国状况,乘机营谋特别权利"等。《九国公约》的签订,打破了日本在中国的独占状态,又使中国回到了受列强共同支配、协同侵略的局面。

　　华盛顿会议是继凡尔赛会议后的又一次由几个主要帝国主义国家操纵的大规模的国际会议,它和巴黎和会一起,构筑起了战后资本主义世界的"凡尔赛—华盛顿体系"。表现在中国问题上,华盛顿会议是帝国主义各国对其在华侵略权益进行再瓜分、再分配的一次会议;"华盛顿体系"确认的是帝国主义各国对中国"协同侵略"的新秩序,美、英、日成为了侵略中国的主要国家。中国的半殖民地局面继续延续甚至进一步加深。受华盛顿会议及其确立的帝国主义对华"协同侵略"新秩序的影响,中国的军阀争斗更加激烈,军阀统治更加黑暗。当然,从中国外交自身的角度看,中国在华盛顿会议上并非一无所得,也争回了少量的权益。如山东的部分主权被收回,日本被迫同意放弃"二十一条"的部分条款等。究其根本原因,这是"五四"以来中国人民坚持不懈、努力斗争的结果。中国人民反帝运动的不断高涨及其表现出来的中国人民的伟大力量和反侵略决心,是任何侵略者都不能轻视的。

二、北洋军阀的争斗及其黑暗统治

袁世凯死后,北洋军阀各派系为了各自的利益,相互之间矛盾重重,明争暗斗不断。加之列强的在华利益与北洋军阀各派系的利益紧密相连,列强在华利益上的矛盾和斗争又加剧了北洋军阀各派系之间的争斗。军阀之间的不断争斗和战争,成为了北洋军阀统治的一个最重要的特征,这在袁世凯死后表现得尤为明显。

首先激化的是直皖矛盾。皖系军阀控制北京政府时期,直系与皖系的矛盾不断尖锐化,尤其是段祺瑞的参战决定和政策不仅激化了直皖矛盾,也加剧了皖系与奉系、西南军阀的矛盾。直系军阀乃与奉系军阀、西南军阀结成反皖军事同盟,积极进行倒段活动。巴黎和会中国外交失败后,全国人民掀起了大规模的五四爱国运动,矛头之一便是指向当时皖系控制的北京政府,而直系军阀也趁火打劫,反对皖系。皖系军阀一时间成为了众矢之的。段祺瑞对直系的攻击进行了反击，1919 年冬策划安福系倒阁（当时的内阁总理是与直系有密切关系的靳云鹏），继而准备武力解决直系的长江三省督军。直系针锋相对，曹锟于 1920 年 4 月在保定召集了直、苏、鄂、赣、豫、奉、吉、黑八省联盟会议以对抗皖系；吴佩孚于 5 月领兵从湖南进入湖北，并通电要求驱逐皖系将领徐树铮、解散安福俱乐部。7 月，倾向直系的总统徐世昌在直、奉两系的压力下免去了徐树铮所任要职。于是，皖系决定对直系发动战争。

7 月 8 日，段祺瑞在北京召开阁员及军政首脑联席特别会议，发出声讨曹锟、吴佩孚等人的通电，并胁迫徐世昌免去曹、吴之职。随后又在团河成立"定国军"总司令部，自任总司令，开始战争动员。曹锟则在天津举行誓师大会，将所部定名为"讨贼军"，以吴佩孚为前敌总司令。这时奉系张作霖也率军入关，通电讨伐段祺瑞。1920 年 7 月 14 日，直、皖双方正式接火，在京奉铁路沿线的杨村一带和京汉铁路的涿州、高碑店、琉璃河一带作战，双方各投入近 10 万兵力。直军和奉军分别在西面、东面与皖系军队作战，客观上形成了两线夹击皖军的态势。几天之后，直系、奉系的军队都分别在各自战线取得了重大胜利。19 日，段祺瑞宣布辞职。直皖战争以直系和奉系的胜利、皖系的失败而结束。战后，直、奉两系控制了北京政府。

直皖战争虽然是直系和奉系联合对皖系的战争，但引发战争的主要矛盾是直系和皖系的矛盾，直系在这场争斗中扮演着主导者的角色，因此，直皖战争根本上讲是直系对皖系的胜利。直皖战争的结果，一方面反映了军阀内部各派系实力的变化，另一方面也反映了美、英在华势力的加强和日本在华势力的一定削弱。但是，直系与奉系之间存在着利益上的矛盾和斗争，日本与奉系军阀之间有着密切的联系。这样，直奉矛盾和美、英与日本在华利益上的矛盾交织在一起，很快演化出了新一轮军阀争斗,即直奉争斗。

直皖战争后,直系势力扩张到了长江流域,奉系却没抢到多少地盘,直奉矛盾加剧。奉系与浙江的皖系军阀卢永祥和广州的孙中山结成了反直的三角同盟,直、奉对抗和争斗的局面形成。直、奉争夺的中心是北京政权。1920年8月,靳云鹏第二次组阁。靳内阁最初一度亲奉,但不久就被改组成了亲直内阁。1921年12月,张作霖进京后想方设法推倒了靳内阁,推荐交通系的亲日派官僚梁士诒组阁。梁内阁赦免了被通缉的安福系祸首,抑制吴佩孚的军饷,实行亲日政策。这些做法遭到了全国人民的反对,也受到了吴佩孚和直系各省督军的攻击。梁士诒上任仅一个月就被迫下台。直、奉双方在梁内阁问题上的争斗,激化了双方的矛盾,很快导致直奉战争的爆发。

1922年上半年,直、奉双方都暗中活动,做了各种开战的准备。4月初,吴佩孚邀集11省的直系军政要人开会,商讨了对奉战争的具体事宜。会后,吴佩孚调兵遣将,具体部署对奉战争。与此同时,奉系也从4月中旬起,不断调集大批奉军进入关内。25日,吴佩孚和直系将领联名通电声讨张作霖。28日,张作霖通电反直。29日,第一次直奉战争正式爆发。双方各自动用兵力约12万余人,战事主要在长辛店、固安、马厂一带展开。起初,双方互有胜负。但长辛店直军获得大捷后,奉军开始转入被动并相继败退。北京政府在吴佩孚指使下,下令奉军退出关外,免去张作霖东三省巡阅使、奉天督军和省长各职。张作霖乃在日本支持下,自封"东三省自治保安总司令",宣布"闭关自治",并派兵在秦皇岛附近与直军继续作战。不久,双方接受了英、美的停战建议,于6月18日签订了停战协定,以榆关为两军分界线,奉军撤出关外。第一次直奉战争结束。

直奉战争后,直系军阀单独控制了北京政权。为了欺骗人民和排斥其他派系,直系军阀恢复了民国初年的国会,让黎元洪复任总统,标榜所谓"法统重光"。吴佩孚甚至还提出了"保护劳工"的口号。而当他们认为自己的统治已经稳定时，便策划由曹锟任总统。1923 年 6 月，曹锟设法逼迫黎元洪下台并交出印信。随后，曹锟为了把自己"选"为总统，以 40 万元收买了国会议长，以每张选票 5000 元至 1 万元贿买了 500 多个议员。1923 年 10 月，曹锟"选"上了总统并宣布就职，随后还公布了所谓的《中华民国宪法》。当时人们称受贿议员为"猪仔"议员，国会为"猪仔"国会，曹锟为"贿选总统"，宪法为"贿选宪法"。

　　直系战胜奉系后，吴佩孚成为北洋军阀中最有实力的人物，他的直鲁豫巡阅使署所在地洛阳，实际上成了北方的军事政治中心。他在美、英支持下，提出了"武力统一"中国的主张。他一方面准备对东北的张作霖进行新的战争，一方面把势力伸向南方，勾结广东军阀陈炯明反对孙中山，指使孙传芳、沈鸿英、杨森等军阀攻掠福建、四川和湖南。直系军阀利用控制中央政权的有利条件，在军阀争斗中逐步扩大自己的地盘和实力，至第二次直奉战争前夕，其军事力量扩张到了十几个省，兵力达 25 万。为了对抗直系军阀的"武力统一"政策，同时也为了抵制外省军阀侵占自己的地盘，许多省的军阀高唱"省自治"和"联省自治"。湖南省的军阀最先提出了"省自治"和"联省自治"，1922 年 1 月公布了省宪法，规定"湖南为中华民国之自治省"。之后，四川、贵州、云南、广西、浙江等省的军阀纷纷公布省宪，宣布"省自治"或"联省自治"。吴佩孚"武力统一"政策的实施和地方军阀的"省自治"或"联省自治"，进一步加重了军阀割据和对抗的局面，它终将引起新的大规模的军阀战争。

三、国民经济发展的迟滞

　　第一次世界大战期间，除日、美外，欧洲列强因忙于战争而暂时放松了对中国的经济侵略,这为中国民族经济的发展创造了有利条件。大战结束后,欧洲列强卷土重来,但在短时期内还没有立即恢复到战前的侵略水平。因此,中国民族经济的发展,到1920年前后仍有余势,某些行业的发展势头甚至一直延续到了1922年以后。其中,棉纺织业和面粉业的发展势头相对好一些。全国华资纱厂的纱锭,1920年为84.2万枚,1921年为123.8万枚,1922年为163.2万枚;布机,1920年为454台,1921年为6675台,1922年为7817台①;全国棉纱产量,1919年为110万包,1921年增至150万包;全国棉布产量,1919年为504万匹,1921年增至556万匹;全国夏布出口,1918年为191.58万海关两,1919年为313.8万海关两,1920年为359.36万海关两②。上海华资纱厂,1920年为21家,纱锭30.3万枚;1922年增至24家,纱锭62.9万枚③。江苏针织品产值,1918年为232.7万元,1919年增至319.3万元,1920年又增至511.9万元。全国面粉厂在1915年至1918年间的总建厂数为40家,而1919年至1922年间的总建厂数达到了52家④。荣氏集团的茂新、福新各厂面粉产量,1920年为1.999万袋,1921年为2.235万袋,1922年为2.49万袋⑤。其他的某些行业在1918年后也仍在继续发展,例如:全国民族资本的火柴厂在1914年至1921年间共建厂57家,其中1920年一年就建厂23家;国内著名的启新洋灰公司1918年年产水泥55.6万桶,1921年增至71.4万桶;江苏垦殖业在1914年有垦殖公司24家,1919年增加到41家,1921年又增加到46家⑥。

---

① 汪敬虞主编:《中国近代经济史(1895—1927)》下册,人民出版社2000年,第1623页。
② 史全生:《中华民国经济史》,江苏人民出版社1989年,第110、137页。
③ 王桧林、郭大钧:《中国现代史》(上册),高等教育出版社2003年,第57页。
④ 史全生:《中华民国经济史》,第141、111—112页。
⑤ 王桧林、郭大钧:《中国现代史》(上册),第57页。
⑥ 史全生:《中华民国经济史》,第114、116、126页。

但是在战后,列强对华的经济侵略不断加强,其中以日、英、美最为积极。战后列强对华经济的侵略主要表现在以下几个方面:

(1)**大规模地对华进行资本输出、投资建厂**。日本对中国大规模的经济侵略在第一次世界大战期间就已开始,在战后一直延续,很快渗透到了中国经济的各个领域,其中以矿业、棉纺织业为最。从 1919 年到 1925 年间,日本在华直接或间接投资兴建的煤、铁、铅、锌、磷矿共有 16 家,其中直接或间接地控制了中国几乎全部的铁矿,在煤矿业也占据了垄断地位;在华新建纱厂 26 家,其中 1925 年的纱锭数 126.8176 万枚,线锭数 5.8744 万枚,布机数 7205 台,成为了棉纺织领域侵华的主要国家之一。美国从大战后期开始就大规模向中国输出资本。从 1917 年至 1921 年,美国在中国新成立了美孚、运通、友华、大通、中华懋业 5 家银行,向中国大量输出资本。美国对华的资本输出主要在纺织业、化学工业以及机械、电力、汽车等工业领域。仅在 1919、1920 年两年中,美国在中国就成立了大小公司 152 家[①]。英国在战后迅速恢复了对华的经济侵略,不仅恢复和加大了原有在华企业的投资,还在 1918 年至 1928 年间在中国新建了 33 个(年代不详的未予统计)公司洋行,包括了烟、蛋、电业、洋碱、橡胶、机器、玻璃、桐油、纺织等各领域[②]。

(2)**大规模地对华进行商品输出**。1913 年,中国进口商品总值为416.2 万美元,1921 年增至 668.7 万美元,1922 年增至 784.4 万美元,1924 年又上升到 824.8 万美元[③]。其中以美国对华商品输出的增长速度最快,美国对华商品输出在 1920 年超过了英国,在 1931 年超过日本而跃

---

①　史全生:《中华民国经济史》,第 147、146、149 页。

②　陈真:《中国近代工业史资料》第 2 辑,三联书店 1957 年,第 26—28 页。

③　史全生:《中华民国经济史》,第 155 页。

居首位。

(3)**大规模地兼并中国的民族资本企业**。棉纺织领域的兼并最为严重,仅 1919 年至 1922 年,被日、英、美三国资本吞并或被迫接纳外资的棉纺织企业就有十几家。其中,被日商吞并或被迫接纳英资的企业有:济南鲁丰纱厂,天津裕元和裕大纱厂,上海宝成一厂和二厂、申新纱厂、华丰纱厂、大中华纺厂等;被英商吞并或被迫接纳日资的企业有:汉口第一纱厂、上海崇信纱厂、崇明大生纱厂等;被美商吞并的企业有:天津宝成第三纱厂、郑州豫丰纱厂等。

(4)**对中国农村进行压榨和掠夺**。战后,列强对华的资本输出已经开始大规模地面向农业领域。日本的满铁株式会社在东北设立了许多经营农业、糖业、烟草、蚕桑等的公司或实验场;美国在东北地区设有满洲农业开发公司、美国农业合资公司;法国在江苏设立了经营林业的机构;英美烟草公司在山东设立了农业实验所;等等。列强对华的商品输出中,农产品的数量不断增加。1922 年至 1927 年间,中国进口洋米年均达 1500 万担;1922 年以前,中国进口洋麦年均只有几十万担,但在 1923 年后迅速超过了 300 万担。列强通过操纵农产品的原料价格、进行不等价交换、抑价收购和贷款预购等多种形式以及利用不平等条约所攫取的特权,控制中国农产品的生产和销售,掠夺中国的农业。如日本几乎垄断了中国的棉花贸易,中国棉花产量的 40% 提供给了日本在华的纺织厂或出口日本[1]。

在列强对华不断扩大和加强经济侵略的同时,本国的军阀政府也加强了对人民的剥削和压榨。军阀之间的混战与争夺带来了庞大的军费开支,军费成为北京政府和各地方政府最主要的财政支出内容。1910 年清政府的军费开支约为 1.02 亿元,1918 年北京政府的军费开支已经增长

---

① 史全生:《中华民国经济史》,第 188、193 页。

到 2.03 亿元,1925 年更达到了 6 亿元。1922 年后的若干年份,各地方政府的军费开支一般都占到本省财政的 78% 以上,湖南省全部的财政收入甚至都不足抵偿军费开支。为了弥补巨大的军费开支,军阀政府采取了各种办法对人民进行巧取豪夺。其一是发行公债。从 1912 年至 1926 年,仅北京政府就发行公债 27 种,总额达 6.12 亿多元。其二是滥铸硬币和滥发纸币。从北京政府到各地方政府铸造的硬币和发行的纸币五花八门,币值极不稳定,军阀从中获利极大。其三是广征苛捐杂税。其中最主要的是田赋、盐税、厘金。田赋税额的增长十分惊人,很多地区还出现了预征现象,四川梓潼县竟在 1926 年预征到了 1957 年的田赋。盐税的增长也十分迅速,1926 年全国征收的盐税比 1913 年提高了约 4 倍。厘金最初征收时规定为 1%,到北洋时期,一些省份则超过了 20%,而且还开始增收厘金附加税,并不断提高税率[①]。

随着列强经济侵略的不断加深和军阀政府的横征暴敛,加上连年的战争和自然灾害对经济所带来的直接破坏,从 1922 年以后,中国民族经济的发展进入了一个停滞和衰退时期。大量的民族资本主义企业生产下降,许多企业则陷于破产、倒闭或被外资吞并的境地,民族资本主义的发展陷入困境。农业生产不断下降,农民大批破产和外出逃荒,耕地荒芜现象日益严重,而这些又反过来加剧了中国农业的进一步衰败。手工业的生产也不断衰落,出口量逐年下降,手工工人失业很多。伴随着经济上的严重困境,人民的生活状况严重恶化。中国人民同帝国主义和封建势力的矛盾日益尖锐化。

---

① 　史全生:《中华民国经济史》,第 193—196 页。

第四节　中国革命的新局面

一、资产阶级的改良运动

帝国主义侵略的加紧，军阀的连年混战，使中国的民族危机和国内政治经济危机日益严重，一些不满现状而又不赞成以革命手段改造现实社会的改良主义者，企图通过政治上的改良来谋求中国的出路。于是，改良主义思潮一时广为流行，改良派的言论充满了各种报刊。当时提出的改良主义主张中，影响较大的主要有："好人政府"、"省自治"和"联省自治"、制宪救国、废督裁兵等。

（1）**好人政府**　最早提出这一主张的是胡适。1921 年 8 月，胡适应邀在安庆作了题为《好政府主义》的演说。主张"好人"应该站出来"监督"和"修正""不良政府"，为建立一个"好政府"而努力。不久，胡适又在上海外国语专修学校、中国大学两次演讲该题。其中，在中国大学演讲的《好政府主义》在同年 11 月的《晨报》上发表。胡适的"好政府"主张得到一些人的赞同，在社会上产生了一定的影响。1922 年 5 月，胡适与蔡元培、梁漱溟、王宠惠等人在《努力周报》上发表《我们的政治主张》一文，较为系统地阐述了以组织一个"好人政府"来改革中国政治的基本主张。他们认为，中国所以败坏到这步田地，"好人自命清高"是一个重要原因。他们要求社会上的"优秀分子"出来和恶势力斗争，组织"好人政府"，"这是政治改革的唯一下手工夫"。他们提出了"好人政府"的基准：在消极方面，"要有正当的机关可以监督防止一切营私舞弊的不法官吏"；在积极方面，要"充分运用政治的机关为社会全体谋充分的福利"，"充分容纳个人的自由，爱护个性的发展"。为了实现这种"好人政府"，他们还提出了今后政治改革的三条基本原则：要求一个"宪政的政府"，一个"公开的政府"，一种"有计划的政治"。

1922 年 9 月，在吴佩孚支持下，曾在《我们的政治主张》上签名的王宠惠、罗文干、汤尔和等入阁，王宠惠为国务总理。他们都属亲英美派，当时被认为是无党无派的"好人"，因而这个政府有"好人政府"之称。实际上它是听命于吴佩孚的"洛（阳）派"政府。这个政府为曹锟的"保（定）派"直系军阀所不容，结果仅存在 3 个多月就垮台了。"好人政府"昙花一现，成了历史的陈迹。

（2）"省自治"和"联省自治"　鼓吹这种主张的有两种人：一是军阀政客，一是以知识分子为主体的改良主义者。前者是利用"省自治"和"联省自治"的名义，巩固自己的地盘，湖南军阀谭延闿实行的湖南"省自治"即属此类；后者则是企图通过"省自治"和"联省自治"来改良政治，实现资产阶级的民主制度。改良主义者所倡导的"省自治"和"联省自治"主张，与清末以来一些人提出的学习欧美联邦制、实行地方自治的主张有些类似。

1920 年后，该主张得到很多人的赞同和鼓吹，发展成为当时社会上有较大影响力的一种政治思潮。当时的《太平洋》、《时事新报》、《东方杂志》等是宣传该思潮的重要阵地，章太炎的《联省自治虚置政府议》、胡适的《联省自治与军阀割据》、唐德昌的《联省自治与现在之中国》、张季鸾的《关于联治问题之片段的感想》、周鲠生的《时局之根本的解决》，以及丁燮林、王世杰的《分治与统一商榷书》等，是其中比较有代表性的言论。在该思潮的推动下，各地还成立了许多自治运动的团体。主张"省自治"和"联省自治"的人认为，中国致乱的原因是军阀权力太大，中央政府无力制裁军阀，民众无权。因此，救国治国的办法在于实行"省民自决主义"，各省制定宪法，实行自治，然后在"省自治"的基础上，建立一个"联省自治的共和国"。在当时军阀争斗的年代，"省自治"和"联省自治"是根本无法消除军阀政治的,其主张反倒在客观上为地方军阀实行割据提供了理论上的借口。

(3)制宪救国　通过制定一部民主宪法,达到救国治国的目的,这是20世纪20年代初期不少人抱有的看法和主张。当时的报刊就这一问题进行了广泛的讨论,《东方杂志》出版了两期"宪法研究号"。主张制宪救国的人认为,军阀掌权,人民无权,政治混乱,其原因在于中国没有一部根本大法——宪法。因此,"吾国今后唯一要途,无过于急速制宪以立国本"①。有了宪法,就能"绝乱源,定国基",国家即可强盛起来②。他们还就宪法的内容问题进行了讨论。有人提出,宪法应规定各地方今后绝不许有督军、巡阅使及其他类似组织之存在;应限定全国兵数及每年军费之最高额;应确认男女平等;应明定国民之生存权等。时值各地方军阀纷纷推行省自治,制宪救国主张在各省制定省宪的过程中发挥了一定作用,社会上出现了一个制宪高潮。但是军阀并不想实行宪法,所定宪法仅是一纸空文。

(4)废督裁兵　辛亥革命后,军阀拥有重兵,连年混战,成为国家极大祸患。因此,在20世纪20年代初期,废督裁兵之说兴起。各地报刊上发表了许多主张废督裁兵的文章,提出了种种裁兵办法。当时,宣传该思潮最多的刊物是《东方杂志》;比较有影响的文章有:上海"中华全国工商协会"等团体联合发表的《废督裁兵宣言》、蓝公武的《废兵论》、彭一湖的《再论裁兵》、蒋方震的《裁兵计划书》、丁锦的《裁兵私议》等。在一段时间里,孙中山也是废督裁兵、"化兵为工"的积极主张者,曾发表过《工兵计划宣言》、《和平统一宣言》、《化兵为工和平统一》、《裁兵宣言》等文告

---

①　李三无:《宪法问题与中国》,《东方杂志》第19卷第21号,1922年11月10日。

②　史维焕:《我国宪法应明定国民之生存权》,《东方杂志》第19卷第21号,1922年11月10日。

和演讲。

主张废督裁兵的人认为，"兵祸"是国家最大的祸患，因此，全国应一致要求废督裁兵。办法是由人民和政府，还可以请外国人帮助，组织裁兵机关，实行和监督军阀裁兵，裁撤下来的兵，去从事农、工、矿业生产。这样不但除去了永远的祸根，国与民还可从中得到莫大好处。为了推动废督裁兵的实施，主张废督裁兵的人们在各地成立了一些裁兵团体，如上海有裁兵促进会、北京有国民裁兵促进会、湖北有去兵运动团等。他们还发表宣言、通电，召开裁兵大会，举行示威请愿，形成了有一定声势的裁兵运动。当然，废督裁兵不会有任何实质性的结果。

上述各种改良主义主张，都否认或忽视帝国主义的侵略和封建军阀的统治是中国的根本乱源，都反对或不赞成反帝反封建的革命，而主张通过政治改良的途径来挽救中国的民族危机，解决军阀祸乱、国弱民穷的问题。这些主张都未曾取得任何的实际效果。事实证明，改良主义道路在中国是根本行不通的。

二、中国共产党民主革命纲领的提出

中国共产党在其成立之初，由于对当时中国革命的性质和任务等问题缺乏认识，并没有制定出适合中国国情的具体的革命纲领和策略。随着中国共产党投身到实际的革命运动中，工人运动、农民运动，以及青年、妇女等各方面的工作陆续开展起来，共产党人开始注意对中国国情进行研究，并逐渐认识到应该依据中国的实际情况来运用马克思主义，解决中国的革命问题。1922年1月15日出版的《先驱》发刊词指出：单有反抗的创造的精神，"若不知道中国客观的实际情形，还是无用的"。所以"本刊的第一任务是努力研究中国的客观的实际情形，而求得一最合宜的实际的解决中国问题的方案"。

对于中国共产党正确认识中国社会状况和中国革命的性质与任务，列宁和共产国际的帮助具有重要意义。1920年7、8月间，共产国际召开第二次代表大会，民族和殖民地问题是大会的重要议题之一。大会专门成立了一个民族和殖民地问题委员会，列宁任主席。大会通过了列宁起草的《民族和殖民地问题提纲》和罗易起草的《关于民族和殖民地问题补充提纲》，列宁还向大会作了《民族和殖民地问题委员会的报告》。这几个文件阐明了马克思列宁主义民族和殖民地问题的理论。其基本思想是：第一，必须把少数压迫民族和人数众多的被压迫民族区别开来。各民族和各国的无产阶级和劳动群众为共同进行打倒地主资产阶级的革命斗争，彼此应接近起来。第二，殖民地半殖民地的最重要的特点就是资本主义前的关系还占统治地位。革命的性质是资产阶级民主革命。革命的首要任务是推翻帝国主义的压迫，同时要反对封建统治。在这些国家的民族民主运动中，应该由无产阶级起领导作用。第三，殖民地半殖民地国家的无产阶级，必须同农民和一切被剥削者结成尽可能紧密的联盟。应当同本国资产阶级民主派结成联盟，但不要同他们融合，必须保持无产阶级的独立性。第四，落后国家在先进国家无产阶级的帮助下，可以不经过资本主义发展阶段而过渡到苏维埃制度，然后再经过一定的发展阶段过渡到共产主义。列宁和共产国际关于民族和殖民地问题的理论，对中国革命有重大的指导意义，但是当时没有及时地传到中国来。

1922年1月，共产国际为了揭露华盛顿会议，促进远东各国人民的觉醒，在莫斯科召开了远东各国共产党和民族革命团体第一次代表大会。这是一次对抗华盛顿会议，动员远东各国人民开展民族解放斗争的大会。出席这次大会的中国代表有37人，由相当广泛的社会成员组成，包括中国共产党、中国社会主义青年团、国民党以及工人、中小资产阶级、学生、妇女、文化团体的代表,大城市和省区的代表等。中国共产党的代表有张国焘、瞿秋白、王尽美、邓恩铭等。大会贯彻执行了共产国际"二大"关于民族与殖民地问题的基本思想,明确指出东方各被压迫国家当前革命的首要任务是反对帝国主义,谋求自己的解放;在革命中,无产阶级必须保持自己的独立性,充当民族解放运动的领袖。大会着重研究了中国问题,要求中国的无产阶级和革命团体,向当前的主要敌人——帝国主义和军阀宣战,"争取自由平等和独立"。列宁因病未出席这次大会,但在会议期间接见了中国代表,询问了中国国民党和中国共产党能否合作等问题,勉励中国工人在未来的革命中起更大的作用。1922年上半年,中国共产党和中国社会主义青年团的代表陆续回国,通过他们,列宁关于民族和殖民地问题的理论开始系统地传到中国。

1922年5月初,第一次全国劳动大会和中国社会主义青年团第一次全国代表大会在广州召开。这两次会议都认真讨论了当前中国革命的问题。劳动大会宣言说:"我们面前的敌人是很多的,国际帝国主义和本国的军阀也是我们的敌人。"中国社会主义青年团"一大"通过的《中国社会主义青年团纲领》提出了现阶段中国革命的三条政治方针,其中把"铲除武人政治和国际资本帝国主义的压迫"列为第一条。1922年6月15日,中国共产党发表《对于时局的主张》,比较详细地分析了近代中国的政治经济状况。指出:"依中国政治经济的现状,依历史进化的过程,无产阶级在目前最切要的工作,还应该联络民主派共同对封建式的军阀革命,以达到军阀覆灭能够建设民主政治为止。"并提出了以反帝反封建为内容的11项斗争目标。至此,共产党的民主革命纲领的基本内容已经初步提了出来。

1922年7月16日至23日,中国共产党第二次全国代表大会在上海召开。出席大会的代表有陈独秀、李达、张国焘、蔡和森、高君宇、施存统、项英、王尽美、邓恩铭、邓中夏、向警予、张太雷12人。会议通过了中共历史上第一部正式的《中国共产党章程》，通过了《中国共产党第二次全国大会宣言》，通过了关于民主的联合战线，关于加入第三国际，关于工会运动、少年运动、妇女运动，关于党的组织章程等多项决议案。

《大会宣言》集中反映了当时共产党人关于中国革命的基本思想。《宣言》首先分析了第一次世界大战和俄国十月革命后的国际形势，分析了华盛顿会议后各帝国主义国家"协同侵略"中国的局面。指出：鸦片战争以来帝国主义对中国的侵略，事实上已把中国变成他们的殖民地。国际帝国主义的新争夺，是形成中国的特殊政治状况——军阀混战的根本原因。中国人民的反帝斗争，必须与全世界的无产阶级和被压迫民族的革命运动联合起来，才能打倒共同的压迫者——国际帝国主义。

《宣言》接着分析了国内的经济政治状况以及社会各阶级的经济地位和政治态度，论述了中国的社会性质、革命性质和革命动力等问题。《宣言》指出：由于西方列强的侵略，中国"已是事实上变成他们共同的殖民地了"，"中国一切重要的政治经济，没有不是受他们操纵的"；同时，"又因现尚停留在半原始的家庭农业和手工业的经济基础上面，工业资本主义化的时期还是很远，所以在政治方面还是处于军阀官僚的封建制度把持之下"。这实际上已经初步提出了中国是一个半殖民地半封建社会。《宣言》还指出："加给中国人民（无论是资产阶级工人或农人）最大的痛苦的是资本帝国主义和军阀官僚的封建势力"，因此，"反对那两种势力的民主主义的革命运动是极有意义的"，"我们无产阶级和贫苦的农民都应该援助民主主义革命运动"。这里已经明确提出了中国革命的任务是反帝反封建，并初步提出了当前中国人民应该开展的革命运动属于资产阶级民主革命性质。《宣言》对参加革命的各阶级进行了分析，指出：中国工人的罢工运动已经"足够证明工人们的伟大势力"。"工人们处在中外资本家的极端压迫之下,革命运动是会发展无已的"。随着革命运动的发展,工人阶级将成为"革命领袖军"。三万万的农民,是"革命运动中的最大要素"。"大量的贫苦农民能和工人握手革命,那时可以保证中国革命的成功"。小资产阶级由于日趋困苦甚至破产失业,势必要"加入到革命的队伍里面来"。幼稚的资产阶级为免除经济上的压迫,也"一定要起来与世界资本帝国主义奋斗"。这就明确指出了中国革命的动力包括工人阶级、农民阶级、小资产阶级和民族资产阶级。

《宣言》提出了中国革命分两步走的思想。无产阶级去帮助民主主义革命,这是结束封建制度和养成无产阶级真实力量的必要步骤。民主革命成功后,资产阶级便会迅速发展,与无产阶级处于对抗地位,这时无产阶级便要"实行'与贫苦农民联合的无产阶级专政'的第二步奋斗。如果无产阶级的组织力和战斗力强固,这第二步奋斗是能跟着民主主义革命胜利以后即刻成功的"。

《宣言》提出了中国共产党的最高纲领和最低纲领。指出:"中国共产党是中国无产阶级政党。他的目的是要组织无产阶级,用阶级斗争的手段,建立劳农专政的政治,铲除私有财产制度,渐次达到一个共产主义的社会。"这是党的最高纲领,也就是党的最终奋斗目的。《宣言》同时指出,在当前的历史条件下,党的奋斗目标是:"消除内乱,打倒军阀,建设国内和平";"推翻国际帝国主义的压迫,达到中华民族完全独立";统一中国为"真正民主共和国"。这是党的最低纲领,也就是党在民主革命阶段的纲领。

《宣言》提出了建立联合战线的革命策略。指出:"中国共产党为工人和贫农的目前利益计,引导工人们帮助民主主义的革命运动,使工人和贫农与小资产阶级建立民主主义的联合战线。"

大会决定出版党的中央机关刊物《向导》周报,以宣传党的反帝反封建的民主革命纲领和党的政策。1922 年 9 月 13 日,《向导》周报在上海创刊,由蔡和森主编,在各大城市设分销处,公开发行。

大会选举了中央领导机关。陈独秀、李大钊、张国焘、蔡和森、高君宇五人当选为中央委员;邓中夏、向警予当选为候补中央委员;陈独秀任委员长。

中共“二大”有着伟大的历史功绩。最高纲领和最低纲领的提出,初步解决了中国革命必须分两步走的问题。特别是反帝反封建的民主革命纲领的制定,在中国近代革命史上第一次明确了革命的对象,并初步解决了革命性质、革命动力、革命方式、革命前途等问题,这对于当时的革命斗争有着极大的现实指导意义。中共民主革命纲领的提出,反映了马克思列宁主义同中国实际情况的进一步结合,为以后探索中国革命的基本规律奠定了基础。

“二大”之后,中国共产党以《向导》为主要阵地,向全国人民大力宣传民主革命纲领,批判“好人政府”、“省自治”和“联省自治”、制宪救国、废督裁兵等改良主义主张,使打倒帝国主义、打倒军阀的口号迅速深入人心,有力地推动了革命运动的发展。

三、工人运动高潮的掀起和各界群众运动的新发展

中国共产党成立后,积极从事工人运动。1921 年 8 月,中国劳动组合书记部成立,这是中共公开领导工人运动的机关。其总部设在上海(后迁至北京),在北京、汉口、长沙、广州、济南等地设有分部。中国劳动组合书记部成立后,一方面在工人中开展了大量的宣传教育工作,其机关刊物《劳动周刊》发挥了重要作用;另一方面积极组织工会,领导工人开展罢工斗争。一年后,中国共产党领导的工会组织就已经有 100 多个,会员达 80 多万人。

为了进一步加强对工人运动的领导,中共在 1922 年 7 月召开的"二大"上,专门研究了工人运动问题,通过了《关于"工会运动与共产党"的议决案》,指出"集中,扩大和正当指挥"工人运动是中国共产党的根本任务。《决议》还明确提出了开展工会运动的 19 项方针,为工人运动提供具体的指导。在中国共产党和中国劳动组合书记部的推动和领导下,从 1922 年 1 月到 1923 年 2 月,全国各地的工人共举行了 100 多次罢工,参加罢工的人数达 30 多万,形成了中国工人运动的第一次高潮。

这次工人运动高潮的起点是香港海员大罢工。1922 年 1 月,为反抗资本家的压迫,要求增加工资,香港海员 6000 多人在中华海员工会的领导下举行大罢工。香港当局下令封闭海员工会,并玩弄"调停"、"谈判"的骗局破坏罢工,激起了工人们更强烈的反抗。3 月初,海员罢工发展成为有 10 多万人参加的香港全市工人的总同盟罢工。罢工工人纷纷离开香港回广州。3 月 4 日,当步行回省的工人队伍行至沙田时,遭到英国军警开枪射击,发生了死 6 人、伤数百人的"沙田惨案"。在罢工期间,中国劳动组合书记部、广东政府和全国一些地方的工人给予了有力支援。从 1 月 12 日至 3 月 8 日,香港海员大罢工共坚持了 56 天。罢工使香港的海上航运、市内交通、生产企业陷入了瘫痪状态。最后,香港当局接受了海员们提出的取消封闭工会命令、增加工资、抚恤死难家属等要求。香港海员大罢工的胜利,推动了全国第一次工人运动高潮的到来。

1922 年"五一"节,中国共产党通过劳动组合书记部发起,在广州召开了第一次全国劳动大会。大会接受了中国共产党提出的"打倒帝国主义"、"打倒军阀"的口号,通过了《八小时工作制》、《罢工援助案》、《全国总工会组织原则案》等十项决议案,并发表了《全国劳动大会宣言》。大会决定在全国总工会成立以前,以中国劳动组合书记部为全国总通讯机关。大会后不久,中国劳动组合书记部发起了劳动立法运动。1922 年 8

月,中国劳动组合书记部提出了劳动法大纲19条,主要内容为:承认工人有集会、罢工、缔结团体契约、进行国际联合等权利;实行八小时工作制;保障工人最低工资;工人参加管理等。劳动法大纲19条,成为罢工高潮中的斗争纲领。全国劳动大会和劳动立法运动,促进了中国工人阶级的团结,促进了工人觉悟的提高,推动了全国工人运动的发展,工人运动迅速进入高潮。

自1922年下半年起,工人罢工斗争接连爆发。其中影响比较大的有安源路矿工人大罢工、开滦五矿工人大罢工、京汉铁路工人大罢工等。

安源路矿是安源煤矿和株萍铁路的合称,是日本控制下的官僚买办资本企业,共有工人1.7万余人。1921年秋,毛泽东来到安源进行工人状况的调查。随后,李立三等以推行平民教育的名义来到安源开始开展工人运动,主要工作是开办工人夜校,建立中国共产党和社会主义青年团的组织。1922年"五一"节,安源路矿工人俱乐部正式成立,李立三任主任。1922秋,路矿两局拖欠工人工资,并阴谋解散工人俱乐部,引起了工人的强烈不满。9月初,毛泽东再次到安源,在对各方面情况进行了解后,决定举行罢工。不久,刘少奇来到安源,加强了对罢工斗争的领导。9月14日,罢工正式开始。路矿当局勾结军阀调来大批军队企图镇压,罢工工人在刘少奇等人的领导下进行了英勇机智的斗争,双方未发生大规模的冲突。双方经过谈判,路矿当局于9月18日接受了工人提出的条件,达成了增加工人工资、改善工人福利、承认俱乐部有代表工人的权力等13项协议,罢工取得了胜利。

开滦五矿包括唐山、林西、赵各庄、唐家庄、马家沟五个煤矿。开滦煤矿最初由官僚资本创办,后被英帝国主义强夺。当时年产煤400万吨,占全国煤产量的1/5,有工人5万多人。中国共产党很早就对开滦煤矿工人运动给予关注,中国劳动组合书记部曾先后派邓中夏等到唐山工人中进行宣传组织工作,唐山地区的工人运动有了比较好的发展。1922年10月16日,开滦矿工向矿方提出改善生活待遇的六项要求。19日,工人们在唐山举行大会,正式成立五矿工人俱乐部。经过一番联络,23日,唐山、林西、赵各庄、唐家庄四家煤矿工人同时举行罢工,马家沟煤矿工人冲破资本家和军警的控制后也于11月1日举行罢工。罢工总指挥部代表工人向矿方提出四项要求:承认五矿工人俱乐部有权力代表全体工人;矿工的雇用和开除须经职工委员会通过;罢工期间照发工资;每年给工人两星期假日。罢工工人还成立了纠察队,并发表宣言,控诉英国资本家虐待工人的罪行,呼吁各地工人声援和支持。矿局资本家、直隶省警务当局及直鲁豫巡阅使曹锟,先后调动了大批武装镇压开滦罢工,制造了流血惨案,封闭了五矿俱乐部。但罢工工人仍然坚持斗争,社会各方也给矿局资本家、直隶省警务当局带来了很大压力,甚至国会内部在处理罢工事件问题上也出现了分化。开滦矿务局和直隶省警务处不得不向工人作出一定的妥协,他们在11月15日贴出布告,答应发给工人罢工期间少量的工资。之后,各矿工人陆续复工。这次罢工虽未取得大的成果,但它是北方地区最大规模的一次工人罢工,沉重打击了英国资本势力和本国的军阀当局。

京汉铁路工人大罢工是工人运动高潮的顶点。罢工前,中国劳动组合书记部在京汉铁路工人中作了大量的工作。到1922年底,京汉铁路工人中已建立起16个工会组织,有组织的工人达3万多人。工人们迫切要求成立全路总工会。1923年2月1日,京汉铁路总工会在郑州举行成立大会。曾经标榜"保护劳工"的直系军阀吴佩孚下令禁止开会。双方发生冲突,当局军警占据并捣毁了总工会会所。为反抗军阀的武力压迫,总工会决定发动全路总罢工。2月4日,在总工会的统一领导下,京汉铁路3万多工人举行全路总同盟罢工。总工会发表罢工宣言,号召工人们为反抗军阀、争回人权及自由而战。京汉铁路大罢工爆发后,各帝国主义国家恼羞成怒,极力要求中国政府当局对罢工进行镇压。2月7日，吴佩孚在汉口、郑州、长辛店等地对罢工工人进行血腥屠杀，造成了震惊中外的"二七"惨案。惨案中，有52人惨死，300多人受伤，40多人被捕，1000多人被开除。江岸分会委员长、共产党员林祥谦和武汉工团联合会法律顾问、共产党员施洋被杀害。惨案发生后，在中国共产党和劳动组合书记部的号召与推动下，全国各地工人和各阶层人民纷纷发表通电、捐款、开追悼会、举行示威游行和同情罢工，声援京汉铁路工人的英勇斗争，抗议军阀吴佩孚的血腥罪行。国外侨胞、国际工人组织也表示了积极的声援。在军阀当局加紧镇压罢工工人的情况下，京汉铁路总工会和武汉工团联合会为了保存有生力量，于2月9日决定忍痛复工。

"二七"惨案后，军阀当局在各地加紧了对工人罢工运动的镇压，各地工会组织遭到严重破坏，许多工人领袖或被捕或被杀害，全国工人运动暂时转入低潮。但是，中国工人运动的第一次高潮，显示了中国工人阶级的强大力量，提高了中国工人阶级和中国共产党在全国人民中的威望。这次斗争的事实也表明，中国工人阶级孤军奋战是不能战胜强大敌人的，必须团结广大农民、城市小资产阶级和资产阶级民主派，建立广泛的反帝反封建的统一战线，组织人民武装力量，进行武装斗争，才能取得中国革命的胜利。

中国共产党在把主要力量用于领导工人运动的同时，也开始从事农民运动。中国共产党领导的农民运动，最早发生于浙江萧山县的衙前村。1921年9月，共产党人沈玄庐领导萧山县衙前村农民在东岳庙集会，成立衙前农民协会，通过了《衙前农民协会宣言》、《衙前农民协会章程》。《宣言》和《章程》揭露并控诉了地主和现实社会制度的罪行，肯定了农民在社会经济中的地位和作用。随后，周围一些地区的农民纷纷起而效法，仅一个月内就成立起80多个农会组织。各地农会成立后，领导农民开展了减租、反对奸商垄断米价、废除苛例等斗争。年底，在军阀当局的武力镇压下，衙前农民运动低落下去。

接着兴起农民运动的是广东。1922 年 6 月，彭湃在其家乡海丰县开始从事农民运动。10 月成立赤山约农民协会，这是广东第一个正式的农民协会。1923 年元旦，成立海丰县总农会，彭湃任会长。此时会员已达 10 万人，占全县人口的 1/4。不久，陆丰、惠阳两县也建立了农会。至 5 月 1 日，海丰总农会改组为惠州农民联合会，各县设立县联合会。此时三县的农会会员已经有 30 多万人。至 7 月，潮州、普宁、惠来等县的农会组织有了发展，惠州农民联合会于是又改组为广东省农会，彭湃任执行委员长，各县均设县农会。

彭湃领导的广东省农会纲领完备，组织健全，会务发达。省农会制定了四项纲领：谋农民生活之改造，谋农业之发展，谋农村之自治，谋农民教育之普及。广东的农会组织分省会、县会、区会三级。每级分大会和执行委员会两机关。各级大会为各级农会的最高权力机关，各级执行委员会分文牍、会计、交际、教育、宣传、农业、卫生、调查、庶务、仲裁等部。农会会务涉及减租、农业生产、水利建设、金融、教育以及调解争执、净化社会风气、维持治安等多方面。

1923 年夏天，海丰、陆丰、惠阳等地发生空前的台风水灾，农民生活困苦，但地主仍强迫农民交纳高额地租。为此，彭湃领导农民开展了大规模的减租运动，提出“减租七成，至多三成交纳”。地主、土豪劣绅勾结县政府和当地驻军，对农民运动进行武装镇压，农民运动陷入低潮。

湖南也是农民运动兴起较早的地区。1923 年春，毛泽东派共产党员刘东轩、谢怀德赴湖南衡山县岳北、白果一带开展农民运动。9 月，岳北农工会在白果成立。农工会领导农民开展了平粜及阻禁地主外运谷米、棉花的斗争，并开始酝酿减租减息。湖南军阀当局两次派兵镇压，农民运动暂时受挫。

中国共产党成立后，也很重视青年、妇女工作，积极开展了青年、妇女运动。

在青年运动方面，早在1920年，各地共产党的早期组织就相继建立了社会主义青年团。但由于没有正式的统一的领导机构，加上团员成分复杂，到1921年5月只得宣告解散。1921年11月，张太雷受中国共产党和少共国际的委托，重新组建社会主义青年团，各地相继恢复了团组织。中共明确指出："中国社会主义青年团为信奉马克思主义的团体。"1922年1月，社会主义青年团的机关刊物《先驱》半月刊创刊。1922年5月，中国社会主义青年团在广州召开第一次全国代表大会，到会代表有俞秀松、施存统、高君宇、张太雷、恽代英、蔡和森、刘少奇等25人。中共中央局书记陈独秀、少共国际代表达林出席指导。大会通过了团的纲领和章程，选举了团的中央执行委员会，正式宣告中国社会主义青年团的成立。在此期间，广大青年和学生积极开展了声援京汉铁路罢工工人、反对曹锟贿选等斗争，学生组织有了进一步发展。

在妇女运动方面，1921年12月，中国共产党支持具有进步倾向的中华女界联合会创办《妇女声》，宣传妇女解放。1922年2月，中共开办平民女校，培养了一批妇女干部。1922年7月召开的中共"二大"，通过了《关于妇女运动的决议》。《决议》指出："妇女解放要在社会主义的社会，才得完全实现。"在目前，中国共产党为妇女奋斗的主要内容有三项：帮助妇女们获得普通选举权及一切政治上的权利和自由；保护女工及童工的利益；打破旧社会一切礼教习俗的束缚。大会决定在中共中央设立妇女工作部，向警予担任第一任部长。在中国共产党的指导下，妇女运动逐渐开展起来。在第一次工人运动高潮中，全国有60多家工厂、3万多女工参加了罢工。其中，1922年4月的上海日华纱厂女工罢工，8、9月间的上海

44 家丝厂女工罢工,影响最大。

四、孙中山的继续奋斗和国共合作的酝酿

辛亥革命的胜利果实被袁世凯窃取,"二次革命"、第一次护法运动先后失败,这些都没有动摇孙中山救国救民的决心。他没有气馁,继续为谋求中国的政治出路而奋斗。不久,俄国十月革命的消息传到了中国,之后又爆发了五四运动,这两件事给孙中山带来了很大的鼓舞。他从十月革命中看到了"人类中的大希望",从五四运动中看到了人民群众联合斗争所带来的"绝伦之巨果"。孙中山决定重整旗鼓,再造新民国。

1919 年 10 月,孙中山将中华革命党改组为中国国民党,以"巩固共和,实行三民主义"为政纲。该政纲比中华革命党"实行民权、民生两主义"的政纲有很大的进步,它在反对帝国主义侵略的意义上恢复了民族主义。

1920 年 8 月,粤桂战争爆发,孙中山扶植的驻闽南的粤军陈炯明部,回粤讨伐进驻广东的桂系。10 月,粤军占领广州,桂系势力撤回广西。11 月,孙中山离上海抵广州,重组军政府,发起第二次护法运动。1921 年 4 月,国会非常会议和参众两院联合通过了《中华民国政府组织大纲》,并选举孙中山为中华民国非常大总统。6 月,第二次粤桂战争爆发,粤军陈炯明部连战皆捷,桂系土崩瓦解,陆荣廷宣布下野。8 月,两广实现了统一。尔后,孙中山在桂林设立北伐大本营,准备取道湖南北伐直系,统一中国。但是,孙中山的北伐主张此时却遭到陈炯明的反对。陈炯明身兼陆军部长、粤军总司令、广东省长三要职,握有广东实权。他以"保境息民"为名阻挠孙中山北伐,并与吴佩孚暗中勾结,图谋夹击北伐军。1922 年 6 月,陈炯明乘北伐军进军江西之机,在广州发动武装叛乱,派兵围攻总统府。孙中山脱险后被迫离粤赴沪。第二次护法运动失败。

陈炯明的叛变，使孙中山遭受了一次最痛心的失败。通过这次事件，孙中山深切认识到不能"单独倚靠兵力"，而要依靠党的力量。但是孙中山又看到，当时的国民党，党员构成"非常复杂"，"大多数党员"都是以加入国民党为做官的捷径。国民党的指导思想、政治纲领、组织纪律，都存在严重缺陷。因此，孙中山痛感有必要彻底改造国民党。

在孙中山的奋斗历史中，曾多次向西方列强寻求援助，但结果总是列强支持军阀反对他。十月革命后，孙中山与列宁和苏俄政府开始函电来往。从1919年起，开始同共产国际和苏俄方面的有关人士接触。共产国际远东局负责人魏金斯基、共产国际代表马林、少共国际代表达林，先后与孙中山会晤，建议他加强同苏俄的联系，并同中国共产党结成民主的联合战线。孙中山从对十月革命和苏俄的进一步了解中，从过去一再遭到西方列强的冷遇与破坏的痛苦教训中，深切感到列宁和他领导的苏维埃俄国才是真正帮助中国革命的。1923年1月，苏俄代表越飞抵上海与孙中山会见。26日，发表了《孙文越飞宣言》。宣言表明了苏俄对中国革命的支持和平等友好的中俄关系，也标志着孙中山联俄政策的形成。

与此同时，中国共产党也向孙中山伸出了援助之手。1922年6月，中国共产党发表第一次对时局的主张，赞扬国民党在中国现存政党中"比较是革命的民主派"，提出邀请国民党等革命的民主派，"开一个联席会议"，"共同建立一个民主主义的联合战线"。7月，中共"二大"通过了《关于"民主的联合战线"的议决案》，主张："我们共产党应该出来联合全国革新党派，组织民主的联合战线，以扫清封建军阀推翻帝国主义的压迫，建设真正民主政治的独立国家为职志。"8月，中共中央在杭州西湖召开特别会议，专门讨论与国民党合作的具体形式问题，最后作出了中国共产党党员以个人身份加入国民党以实行党内合作的决定。会后，马林、陈独秀、李大钊分别会见孙中山，向他说明了中国共产党关于国共合作的主张。孙中山接受了中共提出的建立国共合作的建议,欢迎共产党人加入国民党。不久,李大钊首先以个人身份加入国民党。稍后,中国共产党其他领导人也陆续加入国民党。这表明,孙中山的联共政策形成了。

从 1922 年 9 月起,孙中山开始进行国民党的改组工作,并接受了苏俄和中国共产党的帮助。9 月初,他在上海召开改进国民党的会议,指定包括共产党人在内的九名党章起草委员,成立了有共产党人参加的党务改进计划起草委员会。1923 年 1 月,孙中山发表《中国国民党宣言》,并公布了党纲和党章。《宣言》重申了国民党的政纲三民主义,并首次明确提出了修改不平等条约的问题。《宣言》还明确指出:"革命事业,由民众发之,亦由民众成之","今日革命则立于民众之地位而为之向导"。这样,重视农工的思想树立起来。

孙中山在着手改组国民党的同时,决定重建广东革命根据地。1922 年 10 月,孙中山将驻扎在福建的北伐军改名为讨贼军,准备讨伐陈炯明。同时还策动驻留广西的滇军杨希闵等部和桂军刘震寰部反陈。1923 年初,孙中山通电讨伐陈炯明。讨贼军、滇军杨希闵等部、桂军刘震寰部联合进攻陈炯明。这时,已经脱离陆荣廷控制的沈鸿英部出于发展自身实力的需要,也参加了讨伐陈炯明的军事行动。陈炯明被迫撤出广州,退守惠州。2 月,孙中山由上海回到广州,不久组成大元帅府,就任大元帅,继续进行国民党改组工作。

此时,中国共产党也积极推进同国民党的合作关系。1923 年 1 月,共产国际执委会作出《关于中国共产党与国民党的关系问题的决议》。《决议》肯定国共合作的必要性,认为"中国共产党党员留在国民党内是适宜的";同时指出,中国共产党绝对不能与国民党合并,绝对不能"卷起自己原来的旗帜"。这个决议对推动国共合作具有积极意义。但它过分肯定了国民党的作用,过分低估了中国工人阶级的力量,认为"中国唯一重大的民族革命集团是国民党"，中国工人阶级"尚未完全形成为独立的社会力量"。这种认识对中共中央领导人产生了消极影响。

为了统一全党对国共合作的认识，正式确定国共合作的方针，1923年6月，中国共产党在广州召开第三次全国代表大会。到会代表有陈独秀、李大钊、毛泽东、蔡和森、张国焘、瞿秋白、张太雷、向警予等30多人。

大会的主要议程是讨论共产党员加入国民党的问题。会上，在共产党员是否全体加入国民党和产业工人要不要加入国民党的问题上发生了争论。张国焘、蔡和森等强调保持共产党的独立性和加强党对工人运动的领导，反对共产党员全体加入国民党，反对在工人群众中发展国民党的组织。马林、陈独秀等则强调目前中国革命只是国民革命，并非社会主义革命，而国民党又是代表国民革命的党，因此全体共产党员都要加入国民党，并吸引大量工人参加国民党。马林甚至提出了"一切工作到国民党去"的口号。陈独秀则认为"中国无产阶级在数量上质量上都非常少"，"只能作经济斗争，而不能作政治斗争"。结果，大会采取了折中的意见，决定在保持党在政治、组织上的独立性的前提下，全体共产党员以个人身份加入国民党。大会通过了《关于国民运动及国民党问题的决议案》，指出：中国革命的任务是反帝反封建，"应该以国民革命运动为中心工作"。中国现有的政党，只有国民党比较是一个国民革命的党，共产党员应加入国民党，并须努力扩大国民党组织于全中国。决议还指出，在实现国共合作和党员加入国民党以后，共产党必须保持政治上和组织上的独立性，并须努力从各工人团体和国民党左派中，吸收有阶级觉悟的革命分子，扩大党的组织。在政治宣传上，保持我们不和任何帝国主义者、任何军阀妥协的真面目。

大会发表了宣言，修订了党章，通过了关于劳动运动、农民问题、青年运动、妇女运动等决议案。大会改选了中央委员会，选出陈独秀、李大钊、毛泽东、蔡和森、王荷波、罗章龙、项英、谭平山、瞿秋白等 9 人为中央委员,由陈独秀、毛泽东、罗章龙、蔡和森、谭平山等 5 人组成中央局,陈独秀任中央执行委员会委员长,毛泽东为秘书。

中共"三大"制定了建立革命统一战线实行国共合作的方针政策,对于第一次国共合作的建立,推动中国革命的发展,具有重大意义。但是,大会对无产阶级的领导权、农民的土地问题以及革命军队问题等,没有提出明确的认识。同时,由于受共产国际决议思想的影响,马林、陈独秀等人的右倾观点无法从根本上给予清除,成为日后党内右倾思想发展的隐患。

孙中山重回广州和中共"三大"的召开,加快了国民党改组工作的步伐。10 月,应孙中山邀请,苏联政府派到中国充任孙中山顾问的鲍罗廷抵达广州,孙中山委任他为国民党组织教练员。10 月 19 日,孙中山任命廖仲恺、汪精卫、戴季陶、张继、李大钊为国民党改组委员,组成国民党改组委员会,协助自己进行改组工作。10 月 25 日,改组国民党的特别会议在广州举行。会议委任廖仲恺、谭平山、胡汉民等 9 人组成新的国民党临时中央执行委员会,负责进行国民党的改组工作,并决定来年 1 月在广州召开国民党第一次全国代表大会。会议决定聘请鲍罗廷为顾问,并请他起草国民党党章。11 月,国民党临时中央执行委员会发表《中国国民党改组宣言》,公布了《中国国民党党纲草案》和《中国国民党党章草案》。

孙中山的联俄联共政策和改组国民党的工作,遭到了国民党内一部分右翼势力的反对。1923 年 11 月 29 日,邓泽如、林直勉等 11 人联名上书孙中山,对苏俄帮助中国革命的动机表示怀疑,并污蔑中国共产党帮助国民党改组怀有阴谋。孙中山作了批复,重申了向俄国学习和改组国民党的必要性。由于孙中山态度坚决,并在国民党内部做了说服动员工作,从而保证了改组国民党和国共合作的实现。

第二章

国民革命　北洋军阀的末路

第一节　军阀争斗的继续及各派军阀势力的演变

一、第二次直奉战争与北京政变

1922年第一次直奉战争后,各派军阀之间矛盾重重,争斗不已。直系军阀推行"武力统一"政策,企图以武力消灭各派军阀。南方各省军阀以"省自治"或"联省自治"相对抗。北方的奉系张作霖则在日本的支持下,在东北"闭关自治",极力整军经武,企图卷土重来。段祺瑞虽在直皖战争后江河日下,但无时不期盼东山再起,从直系手中夺回对北京政府的控制权。同时,南方各省军阀之间也存在着种种矛盾,粤桂军阀之间、直系江苏军阀齐燮元和皖系浙江军阀卢永祥之间等,都为了自己的利益不断进行着争斗。在各派军阀的矛盾中,直奉矛盾很快发展成为其中的主要矛盾,而直系军阀则逐渐成为众矢之的。第一次直奉战争后,奉系张作霖积极联络南方的孙中山、浙江军阀卢永祥,不久组成了反直的三角同盟。这时,直系军阀内部也发生了分化,形成了冯玉祥、胡景翼、孙岳的反对吴佩孚的三角同盟。这两个三角同盟对直奉争斗产生了很大的影响。

在以直奉矛盾为中心的各派军阀矛盾的发展过程中,直系江苏军阀齐燮元和皖系浙江军阀卢永祥之间的矛盾率先激化,并爆发了江浙战争。双方矛盾的焦点是上海的归属问题。历史上,上海一直是归属江苏的,但当时的浙江军阀卢永祥却控制着上海。齐燮元身任苏皖赣巡阅使兼江苏督军,夺取上海是他久存的愿望。直系另一军阀孙传芳,原任福建军务督理,但后来被北京政府调为闽粤边防督办,闽督转而由周荫人继任。这样,孙传芳失去了地盘,乃与齐燮元联合,图谋攻取浙江。1924年9月上旬,江浙战争爆发。江苏方面投入兵力8万余人,浙江方面兵力9万余人。9月中旬,孙传芳部越过仙霞岭进入浙江,卢永祥腹背受敌,不得不转赴上海。下旬,孙军进占杭州。10月中旬,卢永祥宣布“下野”,江浙战争结束。齐燮元将自己的势力扩张到上海,实现了自己的目的。而后,北京政府任命孙传芳为闽浙巡阅使兼浙江军务督理,孙传芳也达到了自己的目的。

江浙战争的爆发引发了直奉大战。江浙战争爆发后,北京政府站在齐燮元方面,下令讨伐卢永祥。孙中山、张作霖因同卢永祥之间订有反直同盟,都站在卢永祥一面。孙中山发出讨伐曹锟、吴佩孚令,并随后移师韶关,分两路向湘、赣进军。张作霖则以反对攻浙为由,于9月15日起兵讨直,自率6路大军向山海关和热河方向出动,第二次直奉战争由此爆发。18日,吴佩孚就任“讨逆军”总司令,迎击奉军。此次交战,直方投入兵力20余万人,奉方投入17万人,双方均有海、空军参战。9月下旬,山海关一带的战斗十分激烈，奉军精锐张学良、郭松龄部奋力作战，吴佩孚也赶往滦州亲自督战。正当两军在前方相持、北京城空虚的时候，直系将领冯玉祥从前线倒戈回师，发动了北京政变。结果，战局发生急剧变化，直军很快被奉军打败。11 月初，吴佩孚率残军由塘沽乘舰南逃，第二次直奉战争结束。

冯玉祥原为直系将领，早从 1920 年秋起就同孙中山有所联系，以后又受到国民党人的积极争取，思想上逐渐倾向南方革命势力而要求反直。第一次直奉战争后，冯玉祥曾任河南督军，但仅半年后就因受到吴佩孚的排挤而改任徒有虚名的陆军检阅使，率所部驻北京南苑，这更加激起了他对吴佩孚的不满。这时，先后被吴佩孚打败的段祺瑞、张作霖也极力拉拢冯玉祥共同反直，冯玉祥乃与直系内部对吴佩孚不满的胡景翼、孙岳结成了秘密的反吴同盟。第二次直奉战争爆发后，冯玉祥被任命为"讨逆军"第三军总司令，出古北口，赴热河与奉军作战。已同冯玉祥结成反吴同盟的胡景翼、孙岳分别被任命为援军第二路司令和北京警备副司令。10 月22 日夜，冯军乘直、奉两军在山海关一带拼死厮杀之时，秘密回师北京发动政变。胡景翼、孙岳也率所部开进到北京周围策应。一夜之间，冯玉祥部控制了北京城，监禁了总统曹锟。政变后，冯玉祥等宣布脱离直系军阀系统，成立中华民国国民军，冯任总司令兼第一军军长，胡、孙任副司令兼第二、三军军长。11 月 5 日，冯玉祥又将已废清帝溥仪逐出皇宫。

北京政变使中国政局发生了重大变化。它决定了第二次直奉战争的结局，直系在北方的势力被消灭，国民军控制了北京，奉军大批入关，占领天津并沿津浦线南下深入内地。与此同时，各方面在如何进行战后政治建设方面出现了严重分歧。冯玉祥希望会晤各方，并特别电请孙中山北上，共商时局。孙中山也及时致电冯玉祥，表示"拟即日北上"，晤商"建设大计"；随后又于 11 月 10 日发表《北上宣言》，希望通过召开国民会议解决国事。段祺瑞、张作霖则都想借机控制北京政权。起初他们因政局未稳,一度支持冯玉祥电请孙中山北上,但随着局势渐趋稳定,又反对孙中山北上。面对政变后复杂的政治军事形势,冯玉祥等由于起初对段祺瑞的面目认识不清,因此在电邀孙中山北上的同时,也邀请段祺瑞出任大元帅"表率一切"。11月中旬,冯玉祥、张作霖、段祺瑞在天津举行会议,决定组织中华民国临时执政府,以段祺瑞为临时执政。

1924年11月24日,段祺瑞宣布就任中华民国临时执政。这时,孙中山已经离开广州北上,全国兴起了声势浩大的国民会议运动。段祺瑞为阻止政权落入以孙中山为首的革命势力的手中,并使其眼下的政权合法化,一方面积极寻求列强的支持,另一方面极力鼓吹召集善后会议以对抗孙中山提出的国民会议。段祺瑞在其就职宣言中,明确声称"外崇国信",很快得到了日本的支持,其他列强也表示愿意帮助其解决困难。就职的当天,段祺瑞公布了《善后会议条例》。该《条例》规定,善后会议由四种人组成:一为"有大勋劳于国家者";二为"此次讨伐贿选制止内乱各军最高首领";三为"各省区及蒙藏青海军民长官";四为"有特殊之资望学术经验由临时执政聘请或派充者"。根据这样的规定和段政府所发出的邀请名单,能够参加会议的人中,绝大多数都是军阀官僚及附属于他们的知识分子。段祺瑞希望,由善后会议产生国民代表会议,制定宪法,建立新法统,组织正式政府,以此达到建立以段本人为首的新北洋军阀政府、抵制孙中山提出的召开国民会议的目的。在段祺瑞的操纵下,善后会议于1925年2月1日开场,4月21日闭幕。这样,在北京政变推倒直系统治之后,新产生的北京政府实质上仍然是一个军阀官僚的政权。由于奉系和段祺瑞同床异梦,冯玉祥则不满于段祺瑞和奉系的所作所为,北京政府内部充满着矛盾。

以段祺瑞为首的临时执政府成立后,接连发生了几起对外妥协事件。

　　一是"金法郎案"。1925 年 4 月，段祺瑞政府与法国订立《中法协定》，承认了争执几年的"金法郎案"。当时法国政府因纸币法郎贬值，要求中国对法庚子赔款以金法郎计算，如此中国要多付关银 6200 余万两。

　　二是关税特别会议。根据华盛顿会议作出的关于中国关税自主问题的决议，各国同意在会后 3 个月内与中国召开关税特别会议以协商中国关税自主问题。但一直拖到了 1925 年 10 月，关税特别会议才在北京召开。段祺瑞政府十分软弱，处处迁就列强。最终，列强同意中国提出的关税自主要求，但必须以中国裁撤厘金为前提，这对军阀政府而言根本办不到；而对中国提出的对进口货物增收临时附加税的要求则一再加以否决。

　　三是法权调查。根据华盛顿会议作出的关于在华领事裁判权问题的决议，各国将在 3 个月内组成一委员会，首先调查中国司法现状，然后再确定是否撤消在华领事裁判权。几经拖延，1926 年 1 月至 9 月，各国在中国各地进行法权调查，并在北京举行法权调查会议，最后通过了《调查法权委员会报告书》。该报告书认为中国的司法制度还未改革"至相当程度"，领事裁判权目前还不能取消。段祺瑞政府不敢表示反对，只是发表了一个宣言书表示"失望"和"遗憾"，而且最终在上述报告书上签了字。

　　上述三桩涉外事件中，"金法郎案"很明显的就是法国对中国的一次蛮横掠夺；关税会议与法权调查反映了帝国主义对其在华侵略权益的极力维护。段祺瑞政府在这几起事件上的态度和做法，充分反映了其对帝国主义软弱、妥协的嘴脸，遭到了全国人民的强烈反对。

　　二、北洋军阀势力的演变

　　第二次直奉战争后，吴佩孚兵败南下。1924 年 11 月中抵达汉口后，他以直系各军事将领的名义发表通电，宣布组织护宪军政府，由这个政府代表中华民国执行对内对外一切政务。由于没有得到多数直系将领的赞同,这个护宪军政府并未组织起来。1925 年,吴佩孚以武汉为基地,招兵买马,联络各方,逐渐控制了湖北,重新恢复了势力。10 月,吴佩孚在汉口宣布成立"十四省讨贼联军总司令部",自封为总司令。吴佩孚很快又成为当时最大的军阀之一。

在吴佩孚东山再起的同时,孙传芳迅速崛起。第二次直奉战争后,奉系势力扩张到了长江流域并进入上海,这引起了南方各直系将领的不满与反对。属于直系的浙江军务督办孙传芳借助五卅运动后全国反奉的声势,于 1925 年 10 月以浙、闽、苏、皖、赣五省联军总司令的名义通电讨奉,孙奉战争由此爆发。孙军很快占领上海、南京、蚌埠、徐州等地,迫使奉军退至山东境内。随后孙传芳重新任命了五省的文武官员,又于 11 月底在南京正式成立"五省联军",自任联军总司令兼江苏总司令。至此,浙、闽、苏、皖、赣五省虽仍名列于吴佩孚的十四省联军之内,但实际上已经脱离了吴的控制而为孙传芳所据。孙传芳成了当时最大的军阀之一。

第二次直奉战争后,奉军源源不断地入关南下,奉系势力一度扩张到了天津、山东、安徽、江苏、上海,盛极一时。但是经过孙奉战争,奉系势力被孙传芳排挤出长江流域,实力开始受到削弱。1925 年 11 月,奉系内部又因分赃不均而爆发了郭松龄倒戈事件。奉系内部原来存在着新老两派的对立,新派中又存在着土洋两派的斗争。洋派以杨宇霆、姜登选等人为代表,比较受张作霖器重,受益较多;土派以郭松龄、李景林等人为代表,不被张作霖重视,常在内部派别斗争中受到压抑和排挤。第二次直奉战争后,杨宇霆、姜登选等人皆得一省地盘,而在战争中出力甚大的郭松龄却一无所得;同时,郭松龄对张作霖入关后抢夺地盘、加紧准备进攻国民军等做法十分不满,他提出的罢兵息争、开发东北等建议又遭到张作霖的拒绝。于是,郭松龄产生了推倒张作霖、清除杨宇霆的想法。1925 年下半年,郭松龄与冯玉祥逐渐结合起来并订立了密约,加上土派的另一重要人物李景林,形成了反对张作霖的三角同盟。11 月 23 日,郭松龄在滦州宣布班师回奉,要求张作霖下野,查办杨宇霆,拥护张学良为总司令。25 日,郭松龄率所部 7 万人回奉,一路攻占秦皇岛,冲过山海关,进占锦州,直抵距沈阳 100 余里的新民。由于日本出兵帮助张作霖,李景林又中途变卦,郭松龄陷于不利。12 月下旬,郭松龄在巨流河一战兵败被俘,不久被害。郭松龄倒戈事件后,奉系势力受到进一步削弱。

奉系入关以来,冯玉祥、张作霖之间逐渐产生了尖锐矛盾。郭松龄发动倒戈事件后,冯玉祥决定排挤周围的奉系势力。1925 年 12 月下旬,冯玉祥派国民军进占天津。驻天津的奉军李景林部退往山东,与山东奉军张宗昌部结成直鲁联军。冯玉祥势单力薄,希望联合吴佩孚共同反对张作霖。但吴佩孚不忘旧仇,拒绝与冯联合,直系各将领也主张反冯。吴佩孚于是把他所要讨的“贼”,由张作霖改为冯玉祥,并决定与张合作讨冯。1926 年 1 月,吴、张取得“谅解”,共同决定:直军由京汉线北上,直鲁联军由津浦线北上,奉军负责西北,一同进攻冯玉祥的国民军。接着,奉、直、直鲁三军联合向国民军发动了进攻。为了瓦解直、奉联盟,国民军鹿钟麟部于 1926 年 4 月 10 日推倒了段祺瑞政府,释放了曹锟,希望以此取得吴佩孚的谅解而与吴建立反奉同盟,但为吴所不许。4 月下旬,国民军被迫退至西北的绥远、甘肃。随着国民军退出北京,奉系对北京政府的控制加强了。

奉系虽加强了对北京政府的控制,但吴佩孚势力的发展也一度影响到了北京的政局,张、吴之间在如何组织新政府问题上发生了激烈的斗争。吴佩孚提出恢复曹锟的法统,张作霖则提出恢复约法、召集新国会。5 月以后,北京政府的内阁不断更换,十分混乱。1926 年 12 月,张作霖就任“安国军”总司令。1927 年 6 月,张作霖在北京正式组织了“安国军政府"，自任大元帅。

三、地方军阀势力的演变

北洋军阀统治时期，地方军阀中势力最大的是西南军阀集团。西南军阀集团中，又以唐继尧为首的滇系集团和陆荣廷为首的桂系集团势力最大。西南各省军阀经常为争夺地盘而混战。由于他们力量有限，他们在军阀争战期间，时而勾结北洋军阀中的某一派系，时而投靠孙中山的南方革命政府，情况复杂多变。

唐继尧是辛亥革命后滇系军事集团的主要首领之一，1915年底护国战争爆发时，他被推为护国军政府都督。护国战争期间，滇军、黔军以护国军的身份进入了四川。战争结束后不久，蔡锷病死，唐继尧开始在云南建立起个人独裁统治，并控制了贵州及四川的一部分。唐继尧长期怀有"西南王"的野心，他积极图谋控制四川。孙中山揭起护法运动的旗帜后，唐继尧叫喊拥护护法，并以护法为名不断派兵入川。以后，川军与滇、黔军不断发生战事。1920年，四川各军联合"保川反唐"，将滇军赶出了四川。之后，滇系内部发生内讧，唐继尧虽很快控制了局势，但滇系将领杨希闵、杨如轩等人转而投靠了孙中山。唐继尧图谋四川不成后，将扩张方向转向两广。1925年，唐继尧派滇军入桂，爆发了滇桂战争。滇军一度取得胜利，并占领南宁，但是很快又遭到了失败。6月，滇桂战争结束，滇军退回云南。此后，滇系军阀由外扩张转为向内收缩，但内部矛盾又日益尖锐起来。1927年2月，滇军实力派胡若愚、龙云、张汝骥等通过政变，结束了唐继尧在云南的独裁统治。

军阀陆荣廷长期盘踞广西。辛亥革命爆发后，广西宣布独立，陆荣廷被推为副都督，后继任都督。1917年4月，陆荣廷升任两广巡阅使，两广从此便被他视为自己的地盘。第一次护法运动后,桂系与粤军许崇智、陈炯明势力的矛盾逐渐尖锐起来。1920 年 8 月,陆荣廷发动了第一次粤桂战争,但是遭到失败。1921 年 6 月,陆荣廷集结重兵于梧州准备反攻广东,孙中山乃任命陈炯明为援桂军总司令率部讨桂,第二次粤桂战争爆发。陆荣廷再次遭到重创,不久宣布下野逃亡。粤军进占了南宁、龙州。战争中,沈鸿英等部相继脱离陆荣廷的控制。之后,陈炯明与孙中山的矛盾激化,孙中山发动讨陈战争。两广境内的许多军阀为了扩张自己的势力,都站在孙中山一边。在讨陈战争中,桂系沈鸿英部的实力得到进一步壮大,同时陆荣廷趁乱卷土重来。这期间,新桂系势力李宗仁、黄绍竑等逐渐发展起来。这样,广西境内出现了陆荣廷、沈鸿英、李宗仁和黄绍竑三足鼎立的局面。陆荣廷、沈鸿英都接受北京政府的任命,李宗仁、黄绍竑则与广州革命政府联系较多,三方之间不断发生战争。李宗仁、黄绍竑等积极谋求统一广西,组成了"定桂讨贼联军"。他们首先在 1924 年打败了陆荣廷,接着又在 1925 年初打败沈鸿英,以后又打败了入桂的滇军唐继尧,控制了广西全境。1926 年 3 月,两广统一,桂军被编为国民革命军第七军。

四川是地方军阀林立的省份,又有北洋军阀和滇桂军阀的插足,因此混战格外频繁和激烈。自护国运动、护法运动先后兴起,四川境内出现了川、滇、黔系多个军阀割据的局面。川系军阀势力中,护法运动以前以刘存厚势力最为雄厚,刘接受北京政府的任命,一度任四川督军。护法运动以后,熊克武势力发展起来,熊接受南方护法军政府的任命,取代刘存厚成为四川督军。1920 年,四川各军阀掀起驱逐客军运动,联合排挤了滇、黔系军阀势力。接着,川系各军阀开始相互火并。经过长期争战,到 1924 年,杨森、刘湘、邓锡侯与黔军袁祖铭等联合的一方取得了胜利,熊克武、但懋辛、刘成勋、赖心辉等一方遭到失败。此后,杨森、刘湘、邓锡侯在很长时间内一直都是川系军阀中最大的三股势力。他们都接受了北京政府的任命,杨森为四川军务督理,邓锡侯为四川省长,刘湘为川滇边防督办。随后,杨森推行武力统一四川的政策,引发了 1925 年的四川内战,杨森败走。1926 年 3 月,杨森在吴佩孚的支持下重新回川,很快又恢复了实力。随着北伐战争的进行,四川各军投向国民政府一边。

先后统治贵州的军阀有刘显世、卢焘、袁祖铭、周西成等。早期黔系军阀与滇系势力关系密切,内部争斗经常与滇系势力联系在一起,实际上受到滇系势力的控制。早期黔系势力的争斗主要在以督军刘显世为首和以黔军总司令王文华为首的两大势力之间展开。到 1920 年,刘显世失败。之后,黔系将领袁祖铭派人刺杀了王文华,又谋得北京政府的支持,实力迅速发展。1921 年,袁祖铭在武昌组成"定黔军"。1922 年,袁进占贵阳,并被北京政府任命为贵州省长。随后,袁祖铭力谋摆脱滇系的控制,以至与滇军兵戎相见。滇桂战争前夕,唐继尧向袁妥协,承认贵州内政由黔人自理,并将驻黔滇军撤回云南。袁祖铭还积极介入川军内斗,并曾占据川南。1926 年 5 月,袁军被刘湘、杨森等部逐出四川。此期间,黔系周西成势力趁袁祖铭忙于外战之机控制了贵州。袁、周虽达成妥协,但袁部嫡系被调往湘西。北伐战争开始后,袁祖铭接受了国民政府的任命,参加北伐。不久,袁祖铭在湘西的扩张与唐生智发生矛盾,袁被捕杀。

军阀割据、军阀混战、军阀卖国罔民、军阀势力频繁变更,极端地反映了军阀统治的腐朽、黑暗和反动,它不断地加剧中国人民和军阀势力的矛盾。伴随着新的人民革命高潮的兴起,军阀统治的穷途末路已经为时不远。

第二节　国民革命的兴起和发展

一、国共合作的正式建立

在苏俄和中国共产党的帮助下,国民党的改组工作进展顺利。到1923年底,国民党的改组工作已基本就绪,召开党的全国代表大会的条件成熟了。1924年1月20日,中国国民党第一次全国代表大会在广州召开。孙中山以总理身份担任大会主席,并指定胡汉民、汪精卫、林森、谢持、李大钊5人组成主席团。大会代表共165人,一部分由孙中山指派,一部分由各地党员推举产生。其中有加入国民党的共产党员李大钊、毛泽东、林伯渠、谭平山、于树德等。共产党员占大会代表总数的14%。

大会最重要的议程是通过《中国国民党第一次全国代表大会宣言》。《宣言》由孙中山委托苏联顾问鲍罗廷起草,经反复讨论,由孙中山审定而成,1月23日由全体代表通过。它集中反映了孙中山思想的进步和国民党的新生。

大会《宣言》共分三个部分。第一部分分析了"中国之现状"。宣言指出:近代以来"帝国主义如怒潮骤至,武力的掠夺与经济的压迫,使中国丧失独立,陷于半殖民地之地位"。而"自辛亥革命以后,以迄于今,中国之情况不但无进步可言,且有江河日下之势"。究其原因,乃是由于"军阀之专横,列强之侵蚀,日益加厉"。《宣言》强调:进行国民革命,实行三民主义,"为中国唯一生路"。

第二部分重新解释了三民主义。这是《宣言》的主要部分。

(1)关于民族主义　对外主张"中国民族自求解放","免除帝国主义之侵略";对内主张"各民族一律平等"。这就赋予了民族主义反帝的内涵,剔除了以往在国内民族问题上的大汉族主义倾向。

（2）**关于民权主义**　提出了实行革命的、普遍的、直接的民权。所谓革命的民权，就是民权主义要"求所以适合于现在中国革命之需要"。"民国之民权，唯民国之国民乃能享之，必不轻授此权于反对民国之人"。"详言之，则凡真正反对帝国主义之个人及团体，均得享有一切自由及权利；而卖国罔民以效忠帝国主义及军阀者，无论其为团体或个人，皆不得享有此等自由及权利"。这就把民主问题与反帝反封建的民主革命联系起来，明确了民主的对象是赞同反帝反军阀的人民。所谓的普遍的民权，就是看到了欧美国家的民主"往往为资产阶级所专有，适成为压迫平民之工具"的本质，明确提出了国民党的民权主义要与欧美国家的民主相区别，应"为一般平民所共有，非少数者得而私也"。这就明确了民主的目标是要实现真正为人民所有的民主，而不是欧美国家的资产阶级民主。所谓直接的民权，就是继承和发展了此前提出的直接民权思想和五权宪法理论。根据直接民权的原则，"为国民者不但有选举权，且兼有创制、复决、罢官诸权也"。根据权能分开的原则，国家统治权分为人民掌握的政权和政府掌握的治权两个方面，政权领导治权；政府实行立法、行政、司法、监察、考试五权分立。这对民主的内涵及实施方式是一种积极的思考。以上这些阐释，是对旧民权主义的重大发展。

（3）**关于民生主义**　主要原则仍然是平均地权和节制资本。根据平均地权原则，国家要通过征税和收买的办法，使土地之增值收归国家，防止"土地权之为少数人所操纵"。根据节制资本原则，国家要防止私人资本操纵国民之生计；具有独占性质或规模过大之企业，要由国家经营管理。这些虽然与旧民生主义差别不大，但本次宣言比以往更加切实地注意到了农民的土地问题和工人的利益问题。宣言指出，对缺少田地的农民，国家要给以土地，资其耕作；国家要制定劳工法，以改良工人之生活。以后不久，孙中山又明确提出了"耕者有其田"的口号。

　　第三部分规定了"国民党之政纲",即国民党的对内对外政策。其中有:取消一切不平等条约,废除军阀政府所借外债;实行中央与地方的均权主义,各省自定宪法,自举省长,县为自治单位,实行不以资产为标准的普通选举制,人民有集会、结社、言论、出版、居住、信仰之完全自由;严定田赋地税之法定额,制定劳工法,帮助女权的发展等。这些政纲体现了反帝反封建的革命精神,具有重视劳动群众利益的倾向。

　　宣言通过后,孙中山对宣言的宗旨做了说明。他指出:此次通过宣言,就是"从新担负革命的责任","计划彻底的革命"。对内"终要把军阀来推倒,把受压迫的人民完全来解放";对外联合世界被压迫人民,"反抗帝国侵略主义"①。重新解释的三民主义的政治原则,已与共产党民主革命阶段的政纲基本相同,它成了国共两党和各革命阶级合作的政治基础。

　　大会制定了新的国民党章程。这个章程第一次规定了国民党从中央到基层的完整的组织系统。全国、各省、各县均设相应的代表大会和执行委员会。各区设区党员大会(或代表大会)和区执行委员会。基层组织为区分部,设区分部党员大会和执行委员会。可以看出,国民党的组织建设一定程度上受到了苏联共产党建设模式的影响。章程专设"总理"一章,明确规定孙中山为总理,并赋予了"总理"极大的权力。该章规定:总理为全国代表大会和中央执行委员会主席,不要经过选举。总理对全国代表大会的决议"有交复议之权",对中央执行委员会的决议"有最后决定之权"。这些规定不利于党内民主的实行,易于在党内形成领袖独裁,以后蒋介石推行独裁政治,与此不无关系。

　　大会在讨论国民党章程时,有人提出应增加"本党党员不得加入他党"的条文,意在反对共产党"跨党"。李大钊代表加入国民党的共产党

---

①　孙中山:《对于国民党宣言旨趣之说明》,《孙中山选集》,人民出版社 1981 年,第 600 页。

员对此给予了辩驳,指出:共产党员可以加入国民党去从事国民革命的运动,但不能因为加入国民党而脱离共产党。共产党员加入国民党,"是一个一个的加入的",不是以团体加入的。共产党员的"跨党",是得到孙中山同意的"光明正大的行为,不是阴谋鬼祟的举动"。讨论中,包括胡汉民、汪精卫、廖仲恺、叶楚伦等在内的大多数代表均不赞成在国民党章程里增加禁止"跨党"的条文。廖仲恺指出:"加入本党的人,我们只认他个人的加入,不认他团体的加入。只要问加入的人,是否诚意来革命的,此外,即不必多问。"共产党员之加入,"是本党一个新生命","是与我们同做国民革命工作的"[①]。大会通过对国民党章程的讨论,最后确认了共产党员可以个人资格加入国民党,同时保留共产党党籍。

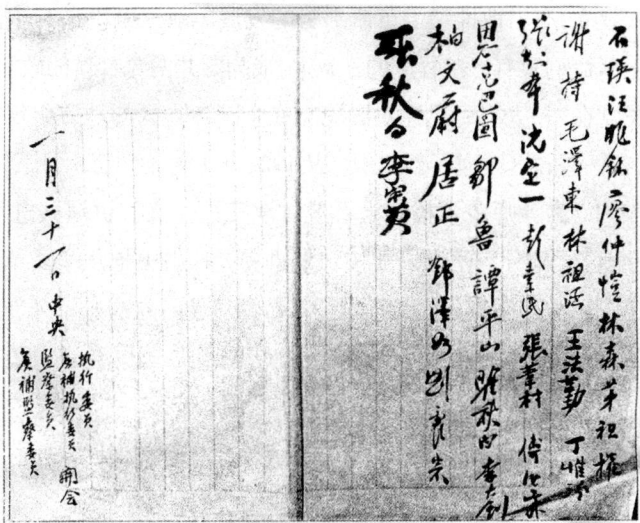

出席国民党一届一中全会人员签名录

经孙中山提名,大会选出中央执行委员 24 人,其中有胡汉民、汪精

---

①　廖仲恺:《在中国国民党第一次全国代表大会上的发言五件》,《双清文集》,人民出版社1985年,第605页。

卫、廖仲恺、戴季陶、林森、邹鲁、谭延闿、于右任等及加入国民党的共产党员李大钊、谭平山、于树德等。选出候补中央执行委员17人,其中有加入国民党的共产党员林伯渠、毛泽东、张国焘、瞿秋白等。41名中央委员和候补中央执行委员中,有共产党员10人。会后,孙中山主持召开一届一中全会,组成了中央常务委员会,委员有廖仲恺、谭平山、戴季陶。决定在中央执行委员会下设组织、宣传、军事、工人、农民、青年、妇女、调查八个部和秘书处。其中组织部长谭平山,宣传部长戴季陶,军事部长许崇智,工人部长廖仲恺,农民部长林伯渠。

国民党"一大"重新解释了三民主义,确立了联俄、联共、扶助农工的政策,明确了反帝反封建的政纲,标志着国民党改组的正式完成和国共合作的正式建立,有力地推动了革命形势的发展。新三民主义与中国共产党的民主革命纲领有一定程度的一致性,成为国共两党合作的政治基础。

国民党在"一大"后,迅速对国民党在全国各省区的地方组织进行了调整,并在一些省区建立了新组织。从1924年1月下旬至8月下旬,孙中山在广州国立高等师范学校礼堂系统讲演三民主义。讲演共进行了16讲,"民生主义"部分有两讲未能按计划讲完。孙中山把从辛亥革命以来直至改组国民党期间形成的关于中国革命和建设问题的一系列新思想都充实到讲演中,使三民主义理论体系更加系统化。国民党进入了一个新的发展时期。

二、革命武装的建立和广东革命根据地的巩固与发展

孙中山总结其数十年革命的经验,深感依靠旧军阀、旧军队开展革命是行不通的。共产国际、苏俄政府也向孙中山提出了建立革命武装的重要性。因此,孙中山在着手进行国民党改组的同时,也准备建立一支新型

的真正革命的武装。

1923 年 8 月,孙中山派出以蒋介石为首的"孙逸仙博士代表团"赴苏联考察,考察的主要内容之一就是军事。孙中山还请求苏联派军事顾问来中国,帮助他筹建革命武装。孙中山决定首先筹建一所新型军校。国民党在1923 年 10 月举行的一次党务讨论会上,通过了"建立陆军讲武堂"的提案。以后,军校的名称确定为"中国国民党陆军军官学校"。1924 年 2 月,以蒋介石为委员长的军校筹备处成立,军校的具体筹建工作全面展开。由于蒋介石不久离广州赴上海,国民党左派领袖廖仲恺一度代理军校筹备委员会委员长达两个月之久,为筹建军校发挥了决定性作用。

1924 年 5 月 5 日,"中国国民党陆军军官学校"开学。6 月 16 日,军校师生举行隆重的开学典礼,孙中山亲临典礼发表演讲,宣告军校正式成立。因军校校址在广州郊外的黄埔,史称黄埔军校。孙中山自兼军校总

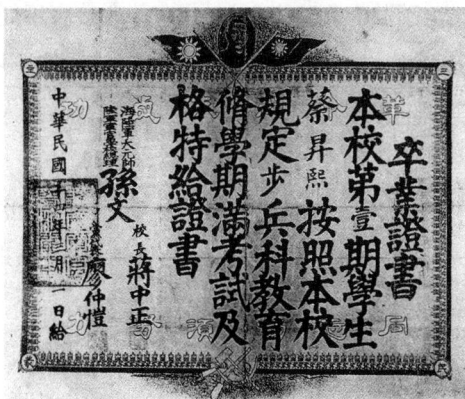

黄埔军校第一期毕业证书

理,任命蒋介石为校长。军校学习苏联红军建军经验,设立党代表,建立政治工作制度。国民党左派廖仲恺担任党代表。共产党人积极参加了办学工作。中共广东区委委员长周恩来于 1924 年 11 月出任军校政治部主任,对建立军校的政治工作秩序和制度作出了重要贡献。共产党人聂荣臻担任政治部秘书,叶剑英担任教授部副主任,恽代英、萧楚女、于树德等担任了政治教官。军校学习期限原定 3 年,后压缩为半年。从 1924 年到1927 年夏,共有毕业生五期 7390 多人。其中前四期 4980 余人全部毕业

于广州黄埔军校。该校是国共合作创办的革命军事学校,它为中国革命培养了一批政治和军事人才,为以后国民革命军的建立和北伐战争的进行奠定了重要基础。同时,蒋介石在军校中培植了他的一批亲信骨干。

随着黄埔军校的创办,革命军队的建设迅速取得进展。1924 年 10 月和 12 月,以军校毕业生为骨干,先后成立了两个教导团。以此为基础,1925 年又扩建为师、军。1925 年 11 月,在周恩来等人的努力下,成立了以叶挺为团长的独立团。独立团的各级干部大部分是共产党员,团设党支部,各连设党小组。独立团实际上是一支受共产党领导的革命武装。

国共合作建立之初,广东革命政府还处于各种反动势力的包围之中,巩固革命政权成为当时国共两党进行的一项重要工作。1924 年 10 月,以英国汇丰银行广州分行买办陈廉伯、佛山大地主陈恭受为首的广东商团,在英国人的鼓动下发动叛乱。10 月 10 日,他们开枪射击正在举行"双十"节庆祝活动的群众,打死打伤多人。接着煽动打倒革命政府,胁迫商人罢市。他们还准备勾结陈炯明,企图夺取广州政权。广东革命政府依靠黄埔学生军、一部分革命军和工农力量,对商团叛乱进行了坚决打击。平定商团叛乱,初步巩固了广东革命政权。

1924 年 11 月,据守惠州的陈炯明借孙中山北上之机,自封"救粤军总司令",准备进攻广州。广东革命政府遂决定进行东征,以彻底消灭陈炯明势力。1925 年 2 月,第一次东征开始。革命军原定分三路进军:以黄埔学生军和粤军许崇智部为右路,原滇军杨希闵部为左路,原桂军刘震寰部为中路。但是东征开始后,对革命政府已有二心的滇军杨希闵部、桂军刘震寰部均按兵不动,只有右路的黄埔学生军和粤军许崇智部奋勇进军。革命军得到了东江农民的支援,进展顺利。3 月,革命军打垮了陈炯明部主力 3 万多人,占领了潮州、梅县等地。陈炯明残部退到了赣、闽境内。正当东征取得重大胜利时,6 月初,杨希闵部、刘震寰部借广州城内空虚之机发动叛乱。叛军相继占领了电报局、火车站等地以及广东省长署、财政部等机关。广东革命政府命革命军回师广州,很快镇压了杨、刘的叛乱。杨、刘逃往租界。经过第一次东征和平定杨、刘的叛乱,广东革命政府进一步得到巩固。

广州国民政府成立时重要人物合影①

　　为了加强政权建设和军事建设,为了改变孙中山去世后广东革命政府的大元帅体制已经不合时宜的局面,在广东革命政府日益巩固的有利条件下,国民党决定对广东革命政府进行改组。国民党早在“一大”时就曾对政府建设问题进行过讨论,当时孙中山提出了要“将大元帅政府变为国民政府”的思路,还起草了《国民政府建国大纲》交大会审议,国民党“一大”最后通过了《组织国民政府之必要案》。根据孙中山和国民党“一大”的思路,国民党决定将大元帅府改组为国民政府。7 月 1 日,中华民国国民政府正式成立,同时公布《国民政府组织法》。国民政府实行委员制,以汪精卫、廖仲恺、胡汉民等 16 人为委员,汪精卫任主席。国民政府

---

　　①　　台阶前排左起:二为许崇智,三为汪精卫,四为胡汉民,五为孙科,六为廖仲恺。

任命了各部门的领导人,并聘鲍罗廷为国民政府高等顾问。3日,又正式组建了广东省政府、广州市政厅。

国民政府成立后,立即着手进行军政、民政、财政的整顿。在军政方面:7月6日,成立了军事委员会,以汪精卫、胡汉民、许崇智、廖仲恺、蒋介石、谭延闿、朱培德、伍朝枢为委员,汪精卫任主席。8月,军事委员会对归属国民党领导的各军进行了重新整编,一律称国民革命军。当时共编成6个军,军长分别为蒋介石、谭延闿、朱培德、李济深、李福林、程潜。其中,蒋介石任军长的第一军由黄埔学生军和粤军之一部组成,战斗力最强。重新整编后的各军,还先后建立了党代表制、政治部和政治工作制。至此,国民政府实现了军政的统一。在财政方面:7月以后,国民政府连续发布了多项训令、决定,逐步实现了财政的统一。到1926年底,建立起了各级财政管理机关,统一了两广地区的财政收支,通过充实国家银行和金融立法、统一发行货币等举措统一了金融,等等。在民政方面:由于国民政府最初管辖的主要是广东省,因此许多具体的民政工作主要是通过广东省的省政体现出来的。广东省政府成立时,宣告了省政的9条方针:靖匪保民、废除一切苛捐杂税、禁绝烟赌、整顿吏治、扶植地方自治、整顿交通、发展工业、保护农工、实现教育经费独立。这9条方针几乎都属于或涉及民政的内容。

国民政府的成立引起了中外反动势力的恐惧和进一步仇视。英国人和北京政府、一些地方军阀纷纷支持陈炯明,使陈炯明势力死灰复燃。9月,陈炯明部重新占领了潮州、梅县等东江一带地区,并调集重兵于惠州。陈炯明还与盘踞粤南的军阀邓本殷取得联络,企图联合进攻广州。为了彻底肃清广东境内的军阀势力,统一全省,国民政府决定举行第二次东征。国民政府任命蒋介石为东征军总指挥,周恩来为总政治部主任。10月上旬,东征开始。在省港罢工工人和东江农民的配合下,国民革命军就在10月中旬占领了陈炯明势力的老巢惠州,11 月初收复了东江地区,全歼陈炯明部一万多人。第二次东征取得了决定性胜利。在第二次东征的同时,国民政府又进行南征,讨伐粤南军阀邓本殷。至 1926 年 2 月,在海南岛歼灭邓军残部。至此,广东革命根据地获得统一。

广东革命根据地的统一促进了两广的统一。广西的李宗仁、黄绍竑等在较早的时间里就与广州的革命政府有来往,广西统一后,李、黄等明确表示愿意接受广东革命政府的领导。经过双方接洽,1926 年 3 月,国民党中央政治会议通过了两广统一案。其主要内容有:(1)广西政府受国民政府命令处理全省政务;(2)广西军队全部改编为国民革命军;(3)两广财政受国民政府指导监督。30 日,国民政府发布两广合作宣言。6 月 1日,广西政府正式成立,以黄绍竑为主席;广西军队改编为国民革命军第七军,李宗仁为军长。两广实现了统一,广东国民政府得到了进一步巩固和发展。

广东革命根据地的巩固和两广的统一,有力地推动了全国革命形势的高涨,并为日后出师北伐准备了条件。

三、全国革命运动的开展

国共合作成立后,工农运动、爱国反帝运动、反军阀的民主运动接连掀起,与统一广东革命根据地的斗争汇流,形成了大规模的国民革命运动。

1. 工人运动的恢复和发展

"二七"惨案发生后,中国共产党依然坚持把开展工人运动视为自己的主要任务。1923 年的中共"三大"通过了《关于劳动运动的议决案》,11月的中共第三届第一次中央执行委员会议通过了《劳动运动进行方针议决案》,都提出了开展工人运动的方针和政策。1924 年 5 月,中国共产党在上海召开第一次中央扩大执委会议,重新强调了工运工作的重要性,提出党员应积极领导工人运动。这些决议、会议对推动工人运动的恢复和发展起了积极的作用。在孙中山扶助农工政策的指导下,国民党也对工人运动给予了积极的支持和指导。国民党改组后,国民党中央和各级委员会都设立了工人部。国民党左派领袖廖仲恺担任了国民党中央工人部部长,各级工人部的秘书和干事起初多由共产党人担任。1924 年 3 月,国民党中央工人部召开工会骨干大会,号召工人加强团结,统一组织,参加国民革命。"五一"节这天,廖仲恺亲自主持广州市工人代表大会,孙中山到会发表演说。1924 年 10 月,孙中山公布了《工会条例》,这是我国历史上第一个比较完善的有关工人权利的民主法令。国民党的支持和指导,也有力地推动工人运动的恢复和发展。

在全国工人运动转入低潮后仍然能比较好地坚持革命活动的是安源工人。安源工会由于工作基础好,善于斗争,"二七"后没有受到摧残。1923 年和 1924 年的"五一"节,安源工人两次举行大规模的游行。这期间,工人工资有提高,工人补习学校和工会组织也有所发展。因此,当时安源被称为"小莫斯科"。

各地工人运动中,恢复和发展较快的是广东工人运动。1924 年"五一"节,广州市工人代表大会召开。大会选举了执行委员会,通过了 20 个决议案,形成了工代会的纲领,推动了广东工人运动的开展。当天,广州市工人就举行了大规模的游行,参加的工人、学生等达 1.5 万人。1924 年 7 月,在广州政府的支持下,广州沙面租界工人为反对英法领事团制订新警律、妨碍中国人自由出入租界而举行罢工。罢工坚持一个多月,迫使英法领事团取消了新警律。沙面工人罢工是一次政治罢工,影响较大,推动了全国工人运动的恢复和发展。

1924 年下半年以后,各地工人运动在恢复中逐渐发展起来。主要表现在:一是各地工会组织迅速恢复并逐渐得到发展。到 1925 年 5 月初,共产党领导和影响下的各地工会组织已有 166 个,会员 54 万人。其中,当初受破坏最严重的各地铁路工会在 1924 年底几乎全部得到恢复。1925 年 2 月,全国铁路总工会召开第二次代表大会,制定了今后的工作方针,推动了铁路工人运动的发展。二是各地罢工斗争相继爆发,其中规模比较大的有:1924 年 6 月的上海十几家丝厂女工罢工,1924 年 7 月的浙江余姚盐场盐民罢工,8 月的苏州机织工人罢工,9 月的上海南洋烟厂工人罢工和汉口的人力车工人罢工,10 月的抚顺工人罢工;1925 年 2 月的胶济铁路工人罢工和上海日资纱厂工人罢工,3 月的北京印刷工人罢工,4月的青岛日资纱厂工人罢工等。

随着工人运动的恢复和发展,1925 年 5 月,第二次全国劳动大会召开。大会成立了中华全国总工会,以林伟民、刘少奇为正、副委员长,邓中夏为秘书长。之后,中国劳动组合书记部撤消,中华全国总工会成为领导工人斗争的全国统一的领导机关。大会还和同时召开的广东省第一次农民代表大会举行联合会议,一致通过了工农兵大联合、共同打倒帝国主义和军阀的决议。

2. 农民运动的恢复和发展

在工人运动恢复和发展的同时,农民运动也恢复和发展起来。国共两党都对农民运动给予了重视。中共"三大"通过了《农民问题决议案》,把农民革命看作是促进国民革命运动之必要因素。1924 年 5 月召开的中共第一次中央扩大执委会议通过了《农民兵士间的工作问题议决案》,阐述了建立农民组织和农民武装、在农民中开展宣传等问题。国民党中央和各级委员会都设立了农民部。共产党人林伯渠、彭湃分别担任国民党中央农民部部长、秘书,各级农民部的秘书和干事起初也多由共产党人担任。大约在 1924 年春,国民党中央执行委员会还初步制定了开展农民运动的具体计划,决定在农村组织农民协会和农民自卫军,并派出农民运动特派员 20 人赴广东各地进行宣传和组织工作。6 月,国民党中央第三十九次会议又通过了《农民运动第一步实施方案》,明确了农民运动重点开展的地区以及组织特派员、组织农民运动讲习所等问题。国共两党对农民运动的重视和指导,推动了农民运动的恢复和发展。

五卅运动爆发前的各地农民运动中,恢复和发展得最好的是广东农民运动。1924 年 5 月,作为广东农民运动领导机关的社会主义青年团广东区委召开第二次代表大会,通过了《广东农民运动决议案》。该案规定了农民运动的方针和组织,划分了农会会员成分并明确了他们在农会中的作用和地位,确定了农村工作的方法、斗争策略,提出了建立农民协会和组织农民自卫军等任务。大会对推动广东农民运动的开展起了重要作用。当年秋,中共广东区委正式设立农民运动委员会,负责人有彭湃、罗绮园、阮啸仙等,进一步加强了对农民运动的领导。以后,广东中路、东江、西江、北江地区的农民运动顺利开展起来。其中,以广州为中心的中路农民运动发展较快,在 1925 年上半年成立了一批县一级的农民协会,直接推动了省农民协会的成立。

在农民运动中,广东农民组织农会、成立自卫军、开展减租运动、进行农村社会改革和建设、参加平定商团叛乱和革命政府的东征,在各方面都取得了一定的成绩。到 1925 年"五一"节前,全省有农民组织的县达到 22 个,农会会员约 21 万人。1925 年"五一"节,广东省举行第一次农民代表大会,成立了广东省农民协会,彭湃、阮啸仙、罗绮园任常务委员。大会总结了全省农民运动的成绩和经验教训,检查和纠正了农民运动中的一些错误倾向,通过了《农民协会今后进行方针议决案》等 7 个决议案。广东农民运动的恢复和迅速发展,推动了全国农民运动的恢复和发展。

紧随广东之后,湖南农民运动在1925年后也逐渐恢复和发展起来。这年2月,毛泽东回到湖南,在以后的几个月内,他对湖南农村的政治经济状况和农民状况进行了广泛调查,并开始在一些乡创建农民协会。6月,毛泽东领导成立了中共韶山支部。在党支部的领导下,韶山农民向地主豪绅斗争,阻止运粮外出,平抑谷价,增加雇农工资,减轻租赋,取得了一系列的胜利。此外,陕西、江西、广西、河南等地的农民运动也都一定程度地开展起来。

为了促进农民运动的开展,由共产党人倡议、经国民党决定,从1924年7月起,国共两党在广州合作创办了农民运动讲习所。农民运动讲习所的全称是中国国民党农民运动讲习所,这是一所以国民党的名义,由共产党人开办的专门培养农民运动干部的学校。从1924年7月至1926年9月,一共举办了六届。历届讲习所的主任(第六届称所长)都是共产党人,分别是彭湃、罗绮园、阮啸仙、谭植棠、彭湃、毛泽东。讲习所的教员中大部分来自共产党人,著名的有谭平山、陈延年、周恩来、恽代英、李立三、林伯渠、邓中夏等。讲习所在课程教材的确定、学生的招收与分配、教学中组织活动和社会实践的开展等,各项工作大体上都是根据共产党的主张和建议进行的。农民运动讲习所先后共培养农运人才770余名,其中第六届毕业学生最多,有300余名。毕业生奔赴全国各地,很快成为各地农民运动的中坚和骨干,对中国革命作出了贡献。除广州的农民运动讲习所外,彭湃在广东海丰、韦拔群在广西东兰还举办过小范围、小规模的农民运动讲习所。

3.废除不平等条约运动和国民会议运动

十月革命后,新生的苏维埃俄国多次向中国政府和中国人民表示了平等友好的态度。1923年9月，苏联驻华代表加拉罕代表苏联政府发表对华宣言，声明愿意实行"完全尊重主权、彻底放弃从别国人民那里夺得的一切领土和其他利益"的政策。经过谈判，1924年5月31日，中、苏两国签订了《中俄解决悬案大纲协定》和《中俄暂行管理中东铁路协定》。其中规定：废除帝俄与中国或第三国所订立的一切有损中国主权及利益的条约、协定；苏联政府承认外蒙古为中国的一部分；苏联政府放弃帝俄时代在中国划定的租界、取得的庚子赔款及领事裁判权。中东铁路除商业性质以外的一切事务概由中国政府管理，铁路业务由两国共同经营。不过，协定的具体内容中并未明确提及要归还帝俄时代强行从中国夺走的大片领土，以后苏联政府也实际上没有归还这些原本属于中国的领土。但该协定毕竟确认了废除帝俄时代与中国签订的一切不平等条约的原则，因此仅从协定本身来看，它是一个平等条约。中苏协定的签订，在中国人民中引起强烈反响。

中国各界对中苏协定表示热烈欢迎，并进而提出，其他列强与中国签订的不平等条约也应立即废止。由此，全国兴起了大规模的废除不平等条约运动。6月，著名记者邵飘萍在《京报》上发表《人类永久和平之关键安在？》，指出："和约即为永久和平之障碍，欲求世界之永久和平，非推翻一切不平之和约不可。"这篇文章在舆论界产生了号召作用。从7月开始，北京、上海、武汉、长沙、济南、天津、广州、太原等地的群众团体和各界人士，纷纷组织反帝同盟，召开群众会议，发表通电和宣言，展开反帝废约宣传。9月3日至6日，北京反帝国主义大同盟发起全国范围的反帝国主义运动周。中国共产党积极推动废约运动的开展，并努力把运动引导到彻底的民主革命的轨道上来。共产党人指出："民族独立运动不是向列强和平请愿可以成功的"①，"被压迫的民众——工人、农民、兵士、商人、学生，快快起来作举国一致反帝国主义的大运动，始终要到驱逐任何帝国主义于中国领土之外"②。废除不平等条约运动是一个包括有不少上层人士参加的广泛的群众性的反帝国主义运动。1924 年 11 月孙中山北上后，废除不平等条约运动同召开国民会议运动结合起来，形成了巨大的群众运动的洪流。

召开国民会议以解决中国时局问题的主张，是中共中央于 1923 年 7 月发表《第二次对于时局的主张》时提出的。共产党主张："由负有国民革命使命的国民党，出来号召全国的商会工会农会学生会及其他职业团体，推举多数代表在适当地点，开一国民会议"，"只有国民会议才真能代表国民，才能够制定宪法，才能够建设新政府统一中国，也只有他能够否认各方面有假托民意组织政府统治中国之权"。孙中山接受了中国共产党的主张。北京政变后，冯玉祥邀请孙中山北上主持大计，共商国是。孙中山毅然决定前往，并在 11 月 10 日发表《北上宣言》。孙中山提出：国民党"对于时局，主张召集国民会议，以谋中国之统一与建设。而在国民会议召集以前，主张先召集一预备会议，决定国民会议之基础条件及召集日期、选举方法等事"。预备会议由现代实业团体、商会、教育会、大学、各省学生联合会、工会、农会、反对曹吴各军、政党等 9 个方面代表组成。11 月 19 日，中国共产党在《对于时局之主张》中进一步提出：国民会议预备会应急速在北京召开，其任务不但是筹备国民会议，而且它应成为正式政府成立之前的"号令全国的唯一政府"。

孙中山从 11 月 13 日开始离开广州北上，12 月底到达北京。一路上，

---

① 《向导》第 76 期，1924 年 7 月 30 日。

② 《向导》第 80 期，1924 年 8 月 27 日。

孙中山对国民会议进行了大力宣传，得到了各界群众的热烈欢迎。国共两党也围绕孙中山的北上，积极开展促进国民会议的各种活动。全国迅速掀起了大规模的促进国民会议的运动高潮。一些城市的人民团体纷纷发表宣言和通电，要求在最短期间召开国民会议，并分别成立了各地区的国民会议促成会或筹备处。上海国民会议促成会规模最大，由143个团体组成。在段祺瑞政府召集的善后会议开场后，国共两党和各界群众纷纷反对和抵制善后会议。孙中山明确指示国民党员拒绝参加善后会议。中共"四大"宣言指出：善后会议是段祺瑞"团结几派军阀""以统治中国人民的工具"。

为对抗善后会议，1925年3月1日，国民会议促成会全国代表大会在北京召开。出席会议的代表有200余人，其中有工人、农民、青年、学生、教师、新闻记者、律师、民族资本家等，共代表20多个省区的120多个地方的国民会议促成会。会议坚决否认了善后会议，作出了包括废除不平等条约、打倒军阀、保障人民自由等内容的多个决议。大会在宣传和组织群众方面起了巨大作用。国民会议运动是一次大规模的反军阀争民主运动，它和废除不平等条约运动结合在一起，推动了全国革命运动高潮的到来。

正当全国革命形势日渐高涨之时，1925年3月12日，孙中山在北京逝世。孙中山是中国民主革命的先行者，为创建中华民国、确立第一次国共合作等，立下了不朽的功绩。他的革命的三民主义学说，是中国人民的一份宝贵的精神财富。孙中山的逝世是中国革命的巨大损失。孙中山在遗嘱中总结40年革命之经验，指出欲求中国之自由平等，"必须唤起民众及联合世界上以平等待我之民族，共同奋斗"；要求国民党人，"务须依照余所著《建国方略》、《建国大纲》、《三民主义》及《第一次全国代表大会宣言》"，继续他未竟的事业。孙中山逝世后，中国人民为实现孙中山的遗愿而继续奋斗。

4. 中共"四大"和五卅运动

在国民革命运动从南到北迅速兴起的形势下,为了迎接更大的革命高潮的到来,中国共产党于 1925 年 1 月在上海召开第四次全国代表大会。出席大会的代表有陈独秀、蔡和森、瞿秋白等 20 人。

大会通过了对于民族革命运动、职工运动、农民运动、宣传工作等 11 个决议案,发表了《中国共产党第四次全国大会宣言》。主要内容有:(1)分析了中国社会各阶级在民族革命运动中的作用和趋向,阐明了无产阶级在革命中的领导地位和农民在中国革命中的重要地位,初步提出了工农联盟的思想。《对于民族革命运动之议决案》指出:中国工人阶级是"最有革命性的阶级"。"中国的民族革命运动,必须最革命的无产阶级有力的参加,并且取得领导的地位,才能够得到胜利"。现时的农民运动则表明,农民"是中国革命运动中的重要成分,并且他们因利害关系,天然是工人阶级之同盟者"。《对于农民运动之议决案》进一步指出:农民"约占全国人口百分之八十。所以农民问题在中国尤其在民族革命时代的中国,是特别的重要"。共产党必须尽可能地发动农民从事经济和政治斗争,否则,"希望中国革命成功以及在民族运动中取得领导地位,都是不可能的"。(2)大会批评了中共党内在参加民族运动和对待国民党问题上存在的"左"、右倾错误。分析了中国革命的基本特点,初步提出了中国革命的基本路线:由"最革命的无产阶级"领导"被压迫的各社会阶级的力量",反对帝国主义和国内军阀及地主买办阶级。提出了共产党在国民党内的正确政策:扩大左派,指责右派的反革命事实,批评中派的游移态度。(3)制定了开展职工运动、农民运动、青年运动、妇女运动等群众运动的计划和政策,决定扩大共产党的组织和加强宣传工作,以适应革命大发展的需要。

大会最后选举了新的中央委员会，由陈独秀、李大钊、蔡和森、张国焘、项英、瞿秋白、彭述之、谭平山、李维汉等 9 人为中央执行委员。随后的四届一中全会确定，陈独秀、张国焘、彭述之、蔡和森、瞿秋白等 5 人组成中央局，陈独秀任总书记。

中共"四大"推动了共产党的各项工作的迅速开展和全国革命高潮的到来。1925 年爆发的五卅运动，是全国革命高潮到来的标志。

五卅运动的导火线是顾正红事件。1925 年 2 月上海日本纱厂工人罢工后，资本家与工人的矛盾和斗争日益尖锐。5 月 15 日，上海日本纱厂资本家对罢工工人实行报复，枪杀了工会活动积极分子、共产党员顾正红，并伤 10 余人。

顾正红事件发生后，上海日资纱厂工人立即举行罢工抗议，各界群众纷纷声援。学生的声援活动最为积极，他们纷纷展开募捐和追悼活动，但遭到租界当局的镇压。5 月 30 日，大批上海学生和工人在英租界各马路开展大规模的演讲示威活动，又有 100 多人遭逮捕。聚集在南京路老闸捕房外的万余群众十分愤慨，高呼"打倒帝国主义"，要求立即释放学生。英租界当局竟命令巡捕向群众开枪射击，当场打死 4 人，伤后不久身亡者 9 人，重伤数十人，造成震惊中外的五卅惨案。

五卅惨案发生后，中共中央决定将反帝运动扩大到各阶层人民中去，展开工人罢工、学生罢课、商人罢市的三罢斗争。31 日，以李立三为委员长的上海总工会成立，当即作出次日罢工的决定。同一天，共产党人又推动上海学联、各马路商界联合会和上海总商会作出次日罢课、罢市的决定。6 月 1 日，三罢实现。在三罢斗争中，学生们表现出极大的爱国热情，有 5 万学生参加罢课。商人罢市范围之广、声势之大也属前所未有。公共租界内各行各业商人几乎都投入了罢市斗争，仅 30 多条主要马路就有近2万家店铺罢市。除举行罢市外,上海的一些爱国工商业者还开展了抵制英货日货和募捐援助罢工等活动。对帝国主义打击最大的是工人的罢工。自6月1日至13日,参加罢工的工厂和单位共113个,人数约15万,其中外资工厂和单位共102个,人数12.3万多人。公共租界的半数华捕也实行罢岗。

6月4日,上海总工会、各马路商界联合会、全国学生联合会、上海学生联合会等四团体共同组成上海工商学联合委员会,作为统一指导斗争的机关。联合会提出向帝国主义交涉的17项条件,其中包括撤退驻华之英日军队、取消领事裁判权、惩凶、赔偿等。但上海总商会拒绝参加工商学联合委员会,他们另外组织了"五卅事件委员会",并把17项交涉条件修改为13条,删掉了取消领事裁判权、撤退英日驻军、承认工人有组织工会及罢工之自由等项内容。

帝国主义对上海人民的斗争继续采取镇压政策,从五卅惨案发生至6月10日,他们在上海多次屠杀中国民众,致死60余人,重伤70余人。同时他们又采取分化反帝统一战线的策略,对资产阶级一面以"司法调查"、"关税会议"进行诱惑,一面以停止借款、通汇、运输和电力供应相威胁。上海总商会最后屈服,决定复市。6月26日,罢市各商店恢复营业。不久,学生因暑期到来,纷纷离校。鉴于此种情况,中国共产党决定改变工人斗争策略,由总罢工改为经济斗争和局部解决。在日本和英国资本家答应"承认中国政府颁布工会条例所组织之工会"、对罢工工人在生活上"予以相当之帮助"、"酌加工资"、不得无故开除工人等条件后,罢工工人于8月、9月相继复工。

五卅惨案发生后,革命风暴迅速扩展到全国。广州、北京、南京、武汉、天津、长沙、济南、徐州、青岛等数十个城市的人民群众纷纷集会、游行示威或罢工、罢课、罢市,反对帝国主义的暴行。一些地方的农民也加入斗争行列。全国投入这场反帝斗争的群众约达 1200 万人。这是"五四"后出现的又一次全国规模的反帝斗争高潮。这次运动显示了工人阶级的领导力量和革命统一战线的作用，提高了中国人民的觉悟，对帝国主义侵略势力是一个沉重打击。

在各地声援活动中，规模和影响最大的是 1925 年 6 月 19 日开始的省港大罢工。中华全国总工会得知五卅惨案的消息后，立即派苏兆征、邓中夏等赴香港发动罢工。罢工首先从香港各业工人开始，继之广州沙面租界的中国工人罢工。6 月 23 日，广州的罢工工人、学生、黄埔军校学生以及郊区的农民等 10 万多人，举行了大规模的示威游行。当游行队伍经过沙面租界对岸的沙基时，遭到了英帝国主义的开枪扫射，当场死亡 50 余人，伤 170 余人，是为沙基惨案。随后，香港罢工人数激增至 25 万人，并有 13 万人陆续回广州。省港罢工使香港变成"臭港"、"死港"，严重打击了英帝国主义。罢工中，工人们成立了省港罢工工人代表大会和以苏兆征为委员长的省港罢工委员会，作为罢工的领导和组织机关。它具有政权性质。工人代表大会是最高议事机关，按民主集中制原则产生，每三星期开会一次；罢工委员会执行代表大会之决议，是最高执行机关。这次罢工坚持了 16 个月之久，它再一次显示了中国工人阶级的伟大力量。

五卅运动直接推动了中国共产党人对中国革命的理论探索。五卅运动中，工人、农民、小资产阶级、民族资产阶级等进行了不同的表演，这使中国共产党对社会各阶级和中国革命各项问题的认识有了更切实的依据。瞿秋白连续发表《"五卅"运动中之国民革命与阶级斗争》、《国民会议与五卅运动》、《国民革命运动中之阶级分化》等文章，论述了无产阶级领导权、建立"中国的无产阶级小资产阶级和农民以至于资产阶级"的联合战线、建立"革命平民的政权"等问题。以后，毛泽东又先后发表《答少年中国学会改组委员会问》《国民党右派分离的原因及其对于革命前途的影响》、《中国社会各阶级的分析》、《国民革命与农民运动》等文章,对中国社会各阶级的经济地位和政治态度作了更深入更全面的分析,在此基础上提出了中国革命的基本路线及民众联合政权的思想。毛泽东主张:用无产阶级、小资产阶级及中产阶级左翼合作的国民革命,打倒帝国主义、军阀、买办地主阶级,"实现无产阶级、小资产阶级及中产阶级的左翼的联合统治,即革命民众的统治"。这样,大约在五卅运动后一年左右的时间里,中国共产党人关于新民主主义革命的基本思想初步形成了。

5. 北方人民的反奉倒段斗争

在废除不平等条约运动和国民会议运动兴起后,北方人民的革命运动也不断发展,反奉倒段逐渐成为北方人民革命斗争的主要内容。1925年4月以北方人民为主力的反对"金法郎案"的斗争,6月以后北方人民积极声援五卅运动的斗争,就已经具有反奉倒段的内容。随着孙奉战争、郭松龄倒戈事件的爆发,国共两党决定把反奉倒段斗争推向高潮。1925年10月,国共两党相继发表宣言,号召人民积极参加反奉战争。11月,中共北方区委和国民党政治委员会,明确作出了推倒段祺瑞政府的决定。随后,北方人民的反奉倒段斗争迅速走向高潮。

11月,围绕关税会议的召开,以北方人民为主体,全国掀起了大规模的关税自主运动。在运动中,反对关税会议、打倒帝国主义、打倒媚外政府、要求段祺瑞下野成为各界民众的主要斗争目标。

11月下旬,国共两党在北京发起"首都革命"。早在五卅运动期间,北京大学学生就在共产党的领导下组织了学生军。以后又在学生军的基础上组织北京革命学生敢死队,在工人中组织工人保安队。11月28日,在中共北方区委的领导下,北京各学校、各工厂的学生敢死队、工人保安队和广大群众数万人齐集故宫神武门前,举行示威大会。会上,大会主席、国民党人朱家骅宣布,今天的革命运动,就是要推翻卖国的段政府,建设一个国民政府。会后,群众奔向铁狮子胡同执政府和吉兆胡同段祺瑞住宅,但未能入内。29 日,更多的群众在天安门前举行国民大会。大会通过了解除段祺瑞一切职权、组织国民政府临时委员会、惩办卖国贼、解散关税会议、查办"金法郎案"等七项决议。连续两天的大规模的群众示威运动,形成了"五四"以后北京革命斗争的又一次高潮。由于缺乏经验和条件的不成熟,国共两党领导的这次打倒段政府的斗争没有成功。

1926 年 3 月,北方发生了震惊全国的大沽口事件和"三一八"惨案。当时,国民军与奉军在天津一带发生军事冲突。3 月 12 日,日本军舰掩护奉舰驶入大沽口,攻击驻守那里的国民军。国民军被迫反击,逐走日舰。事后,日本纠集英、美等八国公使,向段祺瑞政府发出最后通牒,提出即刻停止大沽口至天津间的军事行动,撤出大沽口附近一切防务等要求。同时,各国军舰 20 余艘群集大沽口,进行武力威胁。帝国主义的蛮横行径,激怒了中国人民。在国民党北京执行部和中共北方区委的领导下,3 月 18 日,北京学生、工人、市民万余人在天安门前召开反对八国通牒国民示威大会。大会通过了废除《辛丑条约》、立刻撤退外兵外舰、惩办大沽口战争祸首等决议。会后,有 2000 多人赴段祺瑞执政府和国务院请愿,遭到府院卫队的枪击,死 47 人,伤 100 余人。事后,段祺瑞政府反诬群众的爱国举动是共产党"聚众扰乱,危害国家",下令通缉徐谦、李大钊等人。段祺瑞政府的罪行,遭到了全国人民的愤怒声讨。4 月,国民军鹿钟麟部武力推倒了段祺瑞政府。

4 月中旬后,随着国民军陆续退往西北,北方革命运动因遭到奉、直军阀的镇压而转入低潮。

四、革命阵营内部的分化与斗争

在国共合作进行国民革命时期，统一战线内部存在着左、中、右三派的分化和斗争。三派的分歧主要表现在赞成还是反对反帝反军阀的政治主张、赞成还是反对孙中山三大政策两个问题上。而在共产党和国民党右派之间，除一般左右派分歧之外，还突出地存在着由谁掌握革命领导权的斗争。

孙中山在世时，统一战线内部的分化和斗争就已经出现，1924年夏发生的所谓"党团"问题的争论就比较激烈。这年6月，国民党中央监察委员邓泽如、谢持等向孙中山和国民党中央提出《弹劾共产党案》。他们以中国社会主义青年团印发的若干材料为根据，声称加入国民党的共产党员和社会主义青年团员，"实以共产党党团在本党中活动。其言论行动皆不忠实于本党。违反党义，破坏党德"。要求从速"严重处理"。邓泽如等人借"党团"问题进行的"弹劾"，实际上是要分裂刚刚形成的国共合作。共产党人陈独秀、恽代英等撰文回击了邓泽如等人的进攻，指出这场争论"实在是国民党左派与右派之争，也就是国民党内革命派与不革命派之争"①。国民党中央于7月发表《关于党务宣言》，郑重声明："本党既负有中国革命之使命，即有集中全国革命分子之必要。故对于规范党员，不问其平日属何派别，惟以其言论行动能否一依本党之主义政纲及党章为断。"8月，国民党召开一届二中全会，作出关于国共合作问题的决议，指出："中国国民党对于加入本党之共产主义者，只能问其行为是否合于国民党主义政纲，而不问其他。"全会希望全体党员对于前此争议"付之澹

---

① 陈独秀：《我们的回答》，《向导》第83期，1924年9月17日。

忘"，"惟相与努力于将来，以完成国民革命的工作"。张继、谢持等人不服从国民党中央的决议，后来走上了公开分裂国民党的道路。

孙中山去世后，统一战线内部的分化更为明显，左、右派之间的斗争也发展起来。1925年下半年，连续发生了共产党与国民党左派同国民党右派的激烈斗争事件。

1925年夏，戴季陶主义出笼。这年的6、7月间，国民党右派理论家戴季陶相继写成《孙文主义之哲学的基础》和《国民革命与中国国民党》两本小册子，构建了一套反对马克思主义、反对阶级斗争、反对国共合作的理论，即挂着孙文主义招牌的戴季陶主义。其特点是尽量利用和发挥孙中山思想中的某些消极成分，极力抹杀和反对孙中山学说的革命内容。戴季陶以儒家的"道统"论解释"孙文主义"；以"仁爱"说和阶级调和论反对马克思主义阶级斗争学说；用民族斗争排斥阶级斗争；以所谓团体"排拒性"的观点反对国共两党的合作。他说：孙中山的思想"完全是中国的正统思想，就是继承尧舜以至孔孟而中绝的仁义道德的思想"。三民主义的"思想基础"是"民生哲学"，"仁爱"又是"民生哲学之基础"。革命"是从仁爱的道德律产生出来，并不是从阶级的道德律产生出来的"。"拥护工农群众的利益，不需要取阶级斗争的形式……可以仁爱之心感动资本家，使之尊重工农群众的利益"。"我的心目中，只有一个中国国家和民族的需要"，而共产党是"争得一个唯物史观，打破了一个国民革命"。戴季陶提出："共信不立，互信不生；互信不生，团结不固；团结不固，不能生存"，号召所谓"真实的三民主义信徒"发挥国民党的"独占性、排他性、统一性、支配性"，以谋国民党的生存。要求共产党员或者"脱离一切党派，作单纯的国民党员"，或者退出国民党。戴季陶的思想在国民党内有一定的代表性。它成为后来以蒋介石为代表的新右派反共篡权的理论基础。

共产党人陈独秀、瞿秋白、恽代英、毛泽东、萧楚女等撰文批驳了戴季陶主义,捍卫了马克思主义的阶级斗争学说和孙中山思想的革命内容。他们指出:三民主义并不是什么孔孟道统的继承,而是中国一般民众共同的政治要求,因为"中国的资产阶级、小资产阶级、农民、工人等一致要求民族独立、民权政治及所谓民生问题的解决",所以才有三民主义"这一联合战线的共同政纲"。戴季陶的"仁爱性能说","是要想暗示农工民众停止自己的斗争,听凭上等阶级的恩命和指使,简单些说,便是上等阶级要利用农工群众的力量来达到他们的目的,却不准农工群众自己有阶级的觉悟"[①]。阶级斗争和民族斗争是一致的,"殖民地半殖民地的国民革命之成功,当以工农群众的力量之发展与集中为正比例;而工农群众的力量,又只有由其切身利害而从事阶级的组织与争斗,才能够发展与集中。因此,在殖民地半殖民地主张停止阶级斗争,便是破坏民族争斗之主要的力量"[②]。国共合作后的国民党是有"共信"的,这个共信就是"对外谋民族解放,对内谋政治自由,换句话说,就是打倒帝国主义打倒军阀"。于"共信"之外,还"应该有别信(即各别阶级利害所产生的政治理想各别点)存在",因为国民党并不是一个阶级的政党,而是各阶级联合的党[③]。戴季陶所说的团体"排拒性","事实上是资产阶级排拒无产阶级","根本上要消灭共产党"[④]。共产党人反对戴季陶主义的斗争,在当时取得很大胜利,维护了国共合作和国民革命。

1925 年 8 月,国民党内发生了右派刺杀廖仲恺事件。廖仲恺是国民党左派的旗帜,国民党改组后身任中央常务委员、工人部长、黄埔军校党代表、国民政府常务委员、财政部长、军事委员会常务委员等许多重要职

---

① 瞿秋白:《中国国民革命与戴季陶主义》,《六大以前》,人民出版社 1980 年,第 337—338 页。
② 陈独秀:《给戴季陶的一封信》,《向导》第 129 期,1925 年 9 月 11 日。
③ 陈独秀:《给戴季陶的一封信》,《向导》第 129 期,1925 年 9 月 11 日。
④ 瞿秋白:《中国国民革命与戴季陶主义》,《六大以前》,第 342 页。

务,还曾担任广东省长、中央农民部长。他为实现国共合作、建立黄埔军校、发展工农运动、统一广东根据地,作出了重大贡献。国民党右派把他视为眼中钉,多次密谋"倒廖"。1925年8月20日,廖仲恺在国民党中央党部门前被刺杀。这是国民党右派策划的打击左派、破坏国共合作的阴谋事件。国民党中央在共产党人的参加下,开展了打击右派的斗争。国民党成立了由汪精卫、蒋介石、许崇智三人组成的"特别委员会",全权负责处理"廖案"及时局。结果谋杀案主犯胡毅生、朱卓文和若干同案犯逃亡,另外几个同案犯则被抓捕。由于主犯胡毅生是胡汉民的堂弟,同案犯中有几位是粤军分子,属于许崇智的部属,因此胡汉民、许崇智受到牵连。胡汉民时任国民政府外交部长、广东省长,许崇智时任国民政府军事部长兼粤军总司令,均身居要职,又是老右派。事件查清后,他们离开广州分别去了苏联、上海。国民党右派受到严重打击。不过,"廖案"的处理和对胡汉民、许崇智的打击,客观上为蒋介石的发展扫除了障碍。蒋介石的权力和地位也直接获得提升,他当上了广州卫戍司令和国民革命军第一军军长。

　　1925年11月,发生了西山会议派分裂国民党、反苏反共的事件。邹鲁、张继、谢持、林森等人早在国民党改组时期就反对孙中山的三大政策,以后一直顽固不改。他们参与了1924年"党团"问题的争论,接着又组织了"中国国民党同志俱乐部"等组织,汇集了一批右派分子,进行反共和分裂国民党的活动。1925年9月,因受廖仲恺案件的牵连,邹鲁、林森等人被迫离开广州,他们便在上海、南京等地开始策划反对广州国民党中央的阴谋活动。11月23日,邹鲁、张继、谢持、林森等十几名国民党中央执、监委员聚集北京西山碧云寺,非法召开了所谓国民党"一届四中全会",公开分裂国民党。这次会议被称为"西山会议",会议的参加者被称为"西山会议派"。会议通过了一系列议案,包括:《取消共产派在本党党籍案》、

《顾问鲍罗廷解雇案》、《开除汪精卫党籍案》、《开除中央执行委员之共产派谭平山等案》、《取消政治委员会案》、《关于反对共产派被开除者应分别恢复党籍案》、《决定本党此后对于俄国之态度案》等，中心内容就是反苏反共、反对国共合作。12 月，"西山会议派"组成伪国民党中央执行委员会。1926 年 3 月，"西山会议派"又在上海召开伪国民党第二次全国代表大会，成立了伪第二届中央执、监委员会。

"西山会议派"分裂国民党、反苏反共的活动，受到了国民党内绝大多数人和共产党人的强烈反对。"西山会议"刚召集不久，1925 年 11 月 27 日，国民党中央即致电各级党部，宣布"西山会议"非法。12 月 11 日，国民党在广州召开一届四中全会，严厉斥责了"西山会议派"的非法分裂活动，严正声明联俄、扶助农工、接收共产党人加入国民党，均系孙中山生前所确定的根本方针。全会决定召开国民党"二大"，严肃处理"西山会议派"。中共中央接连发出通告，斥责和批判"西山会议派"。毛泽东主编的国民党中央机关刊物《政治周报》，大张旗鼓地进行了反击右派的宣传。

1926 年 1 月，中国国民党第二次全国代表大会在广州召开。这是一次继承和发扬"一大"革命精神、反击右派进攻的大会。大会听取了政治、军事、党务、宣传、工运、农运、商运、妇运等多项报告，并通过了相应的决议。大会发表了《中国国民党第二次全国代表大会宣言》。大会决定接受孙中山遗嘱和"一大"所确定的政纲，对外打倒帝国主义，对内打倒一切帝国主义之工具军阀、官僚、买办阶级和土豪。为了完成革命任务，必须继续执行孙中山手订的革命政策：以诚意与苏俄合作，承认共产党员加入本党共同努力，扶助农工运动。大会驳斥了国民党右派对共产党的攻击和诬蔑，作出了"弹劾西山会议"和"处分违犯本党纪律党员"的决议。"西山会议派"分子受到组织处理：谢持、邹鲁被永远开除党籍；居正、林森、张继等 12 人受到警告，如不能限期改正即开除党籍；其他一些相关人员也受到了相应的处理。大会选出中央执行委员36人，候补执行委员24人，其中各有共产党员7人。会后，共产党员谭平山、林伯渠继续担任国民党中央组织部长和农民部长，毛泽东为宣传部代理部长。各部做实际工作的秘书大多为共产党员。许多地方党部也由共产党主持。国民党"二大"对中国革命事业的发展，起了推动作用。

1926年后，蒋介石逐渐成为右派势力的中心。经过黄埔建军、政府改组、两次东征，蒋介石在国民党中的地位提高了。他在国民党"二大"上被选为中央执行委员，后又任国民革命军总监。随着权势的增长，蒋介石的政治野心迅速膨胀。他一方面与国民党内的汪精卫一派展开政争，另一方面开始打击共产党。由此连续发生了中山舰事件和整理党务案。

中山舰事件又称"三二〇事件"。1926年3月18日，黄埔军校驻省办事处通知海军局，谓奉蒋介石命令，需调派兵舰到黄埔候用。海军局即派出中山舰前往。但19日晨该舰到黄埔后，却得知并无调舰命令，经请示蒋后，中山舰又开回广州。随后，广州城内传出谣言，称中山舰的行动"显系共产党阴谋暴动"。蒋介石乃借此事件对共产党和苏联顾问进行打击。20日凌晨，蒋介石不经国民党中央同意，擅自宣布广州戒严，调动大批军警断绝内外交通，逮捕海军局负责人李之龙（当时为共产党员），占领中山舰和海军局，扣捕黄埔军校及第一军中做党代表和政治工作的共产党员，并包围苏联顾问团住宅和省港罢工委员会，收缴两处卫队的枪支。

中山舰舰长李之龙

蒋介石要求辞退部分苏联顾问,要求共产党员退出国民革命第一军。面对蒋介石的进攻,苏联顾问和中共中央采取了妥协退让的方针,不但没有追究蒋的罪责,反而完全满足了他的要求。国民政府主席汪精卫对蒋的专擅举动表示不满,但又得不到苏联顾问的支持,乃称病离粤出国。这样,经过中山舰事件,蒋介石在排挤共产党后完全控制了第一军,而且因苏联顾问和共产党妥协、汪精卫的出走而在政治上也取得了优势,这就为他进一步进行反共篡权活动创造了条件。

1926 年 5 月,国民党二届二中全会召开。会议实际上被蒋介石及其同党所控制。蒋介石以改善国共两党关系为幌子,提出所谓"整理党务案"。其中对共产党员在国民党内的任职和活动做出了限制,如:加入国民党的共产党员担任国民党高级党部(中央党部、省党部、特别市党部)执行委员的数额,不得超过各该党部执行委员总数的 1/3;共产党员不得担任国民党中央机关的部长;共产党须将加入国民党的共产党员名册交给国民党中央主席保存;共产党发给参加国民党的共产党员的指示须交国共两党联席会议通过等。这是蒋介石对共产党发起的进一步进攻。由于中共中央领导人和苏联顾问继续采取妥协退让的方针,这个提案被全会通过。会后,原任国民党中央部长职务的共产党员全部离职。蒋介石担任了国民党中央组织部长(由陈果夫代理)、军人部长、国民革命军总司令等要职。二中全会还新设国民党中央常务委员会主席一职,原定蒋介石担任,后由张静江代理。蒋介石的权势更大了,为他后来实行独裁统治创造了条件。

第三节　北伐战争和工农运动的大发展

一、北伐的胜利进军

　　出师北伐以结束北洋军阀的黑暗统治,是国共合作进行国民革命的主要目标之一。随着广东革命根据地的巩固和两广的统一,国民政府进行北伐的条件已经成熟。1926年6月4日,国民党中央通过国民革命军出师北伐案。6月5日,国民政府任命蒋介石为国民革命军总司令。7月1日,国民政府军事委员会下达北伐部队动员令。7月6日,国民党中央通过《为国民革命军出师宣言》。《宣言》指出:"中国人民一切困苦之总原因,在帝国主义者之侵略及其工具卖国军阀之暴虐。中国人民

国民革命时期的蒋介石

唯一的需要,在建设一人民的统一政府。""帝国主义者及卖国军阀之势力不被推翻,则不但统一政府之建设,永无希望,而中华民国唯一希望所系之革命根据地,且有被帝国主义者及卖国军阀联合进攻之虞。"所以,国民政府"不能不出师以剿除卖国军阀之势力"。《宣言》揭示了北伐的目的,表明了北伐战争的正义性质。7月9日,国民革命军在广州誓师,北伐战争正式开始。

　　北伐战争面临的敌人有三个:一是控制湖北、湖南和河南南部、直隶南部的吴佩孚,有军队20万;二是盘踞江苏、浙江、安徽、福建、江西的孙传芳,有军队20万;三是占有东北和山东、直隶、热河、察哈尔等地并控制

北京政权的张作霖,有军队35万。当时奉直两军正合力进攻冯玉祥国民军,在南口一带展开激战。他们计划在对国民军的战事告一段落后,即转而南进,消灭广东革命政权。孙传芳则暂时保持观望态度,宣布"五省保境安民",实际是在待机坐收渔人之利。

参加北伐的国民革命军有8个军,10万人。蒋介石为总司令,李济深为总参谋长,邓演达为总政治部主任。除由李济深统领第四军一部和第五军大部留守广州、第七军一部留守广西外,其他各部均出师北伐。根据双方力量对比和敌人内部矛盾的状况,北伐军决定采取集中优势兵力、各个击破敌人的作战方针。首先以第四、七、八军约5万人,指向湖南、湖北;同时派出第二、三、六军约3万人进入湘南、湘东,警戒江西;以第一军驻守潮州、梅县,警戒福建。待消灭吴佩孚后,再集中兵力转向东南各省,消灭孙传芳。最后进入长江以北地区,消灭张作霖。

北伐战争的前奏是援湘作战。湖南军阀赵恒惕名义上挂着"省自治"的招牌,实际上是吴佩孚的附庸。1926年3月,倾向广州国民政府的湘军第四师师长唐生智逼迫赵恒惕下台,自己代理湖南省长。吴佩孚乃委任赵的亲信、湘军第三师师长叶开鑫为"讨贼联军湘军总司令",攻打唐生智,随后又调军入湘援助叶开鑫。唐生智不能支持,从长沙退往湘南,并向广州国民政府求援。国民政府即任命唐生智为国民革命军第八军军长兼北伐前敌总指挥,同时派第四军、第七军各一部先行入湘援唐。5月底,第四军叶挺独立团和第七军一部分别从广东、广西挺进湘南。国民革命军的援湘作战,很快稳定了湖南战局,揭开了北伐战争的序幕。

北伐战争的进展非常迅速。先遣入湘的叶挺独立团连战皆捷,第七军一部在衡阳附近击退叶开鑫军,唐生智第八军展开反攻。7月11日,北伐军进占长沙。经过一个月的休整,北伐军再次发起攻击。8月22日进占岳州,随后进入湖北作战。这时,吴佩孚命令主力部队2万余人死守粤汉路上的军事要隘汀泗桥。8月26日，北伐军第四军向守桥敌军发起攻击。独立团在当地农民的带领下，抄小路绕到敌人背后，出其不意发动猛攻，突破了敌人的阵地。27日，北伐军占领了汀泗桥。接着，北伐军一路前进，于30日，占领了鄂南另一战略要地贺胜桥。汀泗桥和贺胜桥战役，是北伐战争中同吴佩孚军作战的两次关键性战役。吴佩孚投入精锐主力，并亲往督战，但仍未能阻挡住北伐军的勇猛进攻。占领两桥，便打开了通往武汉的大门。9月初，北伐军总攻武汉，很快占领汉阳、汉口，10月10日占领武昌。至此，吴佩孚的主力基本被消灭，北伐军取得了两湖战场的胜利。第四军由于作战勇敢，屡克强敌，被人们称誉为"铁军"。而以共产党员为骨干的第四军叶挺独立团，战功尤为卓著。

吴佩孚的主力即将被打垮之时，主战场开始转向江西。1926年8月下旬，孙传芳召开军事会议，决定从苏、浙、皖三省抽调主力部队10万人入赣，准备与北伐军作战。9月上旬，国民革命军第二、三、六军和第一、五军各一部及新收编的一部分军队，乘孙军尚未集中完毕，向江西发起攻击，很快占领20余县和赣南重镇赣州。9月19日，北伐军一度攻占南昌，但未能守住，损失很大。以后，第七军、第四军奉调入赣。10月，北伐军三路会攻南昌。11月上旬，相继占领九江、南昌。至此，孙传芳的主力大部被消灭。

接着，福建战场也取得胜利。10月上旬，驻守潮州、梅县的第一军向闽边发起攻击。福建军阀势力急剧分化，纷纷倒戈，北伐军未经大的战斗便占领了闽南。12月9日，北伐军进占福州。

国民革命军开始北伐后，冯玉祥国民军正式加入革命阵营。1926年9月，冯在绥远五原誓师，响应国民政府的北伐。冯就任国民军联军总司令，宣布全军加入国民党。随后，国民军经甘肃向陕西进军，年底占领陕西全省。

1927 年 1 月,北伐军分三路继续进军:东路以第一军为主,由何应钦任总指挥,白崇禧任前敌总指挥,从赣东、闽北入浙,直逼杭州、上海。中路以第三、六、七军为主,蒋介石自兼总指挥,下分李宗仁的江左军和程潜的江右军,由鄂东、赣东北沿长江两岸向皖、苏挺进,与东路军会攻南京,并进入皖北,阻止奉军南下。西路以第四、八军为主,由唐生智任总指挥,从湖北沿京汉线向豫南进攻,与在陕西的国民军联系,相机进入豫中。此期作战的中心目标是夺取南京、上海。北伐军在 2 月中占领杭州,3 月中抵达上海郊区。驻上海的北京政府海军总司令杨树庄向北伐军投诚,宣布就任国民革命军海军总司令职。3 月 22 日,上海工人经过第三次武装起义占领上海。24 日,中路军之江右军进占南京。

从 1926 年 7 月到 1927 年 3 月,北伐军出师不到 10 个月,就消灭了吴佩孚、孙传芳两大军阀的主力部队,从广东打到武汉、南京、上海,使革命区域由珠江流域扩展到长江流域,席卷了半个中国,沉重打击了帝国主义和封建军阀的统治。在北伐胜利进军的形势下,西南川、滇、黔各省地方军阀也都转向拥护国民政府。

二、汉口、九江英租界的收回和工农运动的大发展

北伐战争迅速进展的一个重要原因,是它得到了全国各界群众特别是工农群众的大力支持。同时,北伐的胜利进军,又极大地推动了群众革命运动的发展。

从 1926 年底开始,湖南、湖北、江西等省以工人阶级为中坚,展开了声势浩大的反帝运动。广大群众要求废除一切不平等条约,撤退外国驻华军队,收回租界。在各地的反帝运动中,影响较大的是汉口、九江人民为收回英租界的斗争。

1927 年 1 月 3 日，武汉各界为北伐胜利和国民政府迁都武汉举行庆祝大会。当日下午，一支宣传队在汉口英租界前广场讲演，英国水兵登陆干涉，用刺刀驱赶群众，伤数人。各界群众极为愤怒，要求政府严正交涉。当晚，国民政府外交部向英国领事提出抗议，限令 24 小时内撤退英水兵，由中国政府派军警进驻英租界。4 日晨，群众涌入租界，撤除沙袋电网，占领工部局，封闭英人商店。下午，武汉工农商学各团体举行联席会议，要求政府在英领事不做圆满回答时立即收回租界。晚上，武汉卫戍司令部派兵进驻英租界。5 日，在李立三等人的领导下，各界群众 30 万人在武汉召开反英示威大会。同日，武汉政府组织英租界临时管理委员会，接管了租界。6 日，九江也发生英国侵略者殴伤中国人的暴行。九江工人、市民奋起占领九江英租界。10 日，武汉政府组织了九江英租界临时管理委员会，接管了九江英租界。

汉口、九江人民要求收回英租界的斗争，得到了全国各地群众的支持。共产国际、苏联政府以及一些国家的工人，也纷纷通电支持中国人民的斗争。武汉政府执行革命的外交政策，拒绝了英方代表提出的恢复租界原状的无理要求，顶住了英国调集军队来华的压力。1 月 22 日，国民政府发表对外宣言声明，国民政府愿意与任何国家谈判讨论修改两国条约及其他附属之问题，但谈判必须在彼此相互尊重主权、经济平等等条件下进行。2 月 19 日和 20 日，收回汉口、九江英租界的协定相继签字。这是中国人民反帝斗争史上的一次巨大胜利。

北伐战争推动了工人运动的发展。北伐开始后，中华全国总工会发表《对国民政府出师宣言》，号召全国工人援助国民革命军。总工会还派出许多特派员到各地去大力发展工会组织。随着北伐军的胜利进军，工人运动迅速发展起来。到 1927 年 2、3 月间，全国工会会员由北伐前的 120 万人发展到 200 万人。北伐军占领长沙、武汉后，湘鄂两省工团联合会都改组为省总工会,两省的总工会也都召开了全省的第一次代表大会。许多城市的工会组织都建立了工人武装纠察队,成为镇压反革命和维护工人利益的重要力量。

各地工人运动中,影响最大的是上海工人武装起义。从1926年10月到1927年3月,为配合北伐战争,上海工人先后举行三次武装起义。1926年10月和1927年2月举行的两次起义,都因缺乏经验和准备不足而失败。第二次起义失败后,中共中央和上海区委联合成立了由陈独秀、周恩来、罗亦农、赵世炎组成的特别委员会,决定由周恩来担任起义总指挥,着手准备第三次起义。特委会组织了拥有5000人的工人武装纠察队,作为起义的骨干力量。经过周密准备,3月21日,上海工人借着北伐军进攻淞沪的有利时机,举行第三次武装起义。参加起义的工人达80万人。战斗分七个区进行,最后的激战集中于闸北,由周恩来、赵世炎直接指挥。经过30小时的浴血奋战,歼灭直鲁联军3000人和反动警察2000人。22日下午,起义取得胜利,解放了上海。随后,召开上海市民代表大会,成立了上海市特别临时政府。上海工人第三次武装起义的胜利,是中国工人运动史和中国革命史上光辉的一页。

北伐战争也推动了农民运动的发展。北伐开始后,共产党和国民党左派对开展农民运动做了大量工作。1926年10月,国民党中央召开有共产党人参加的国民党中央执行委员和省、区代表联系会议,通过了农民政纲22条。11月,中共中央与共产国际远东局共同草拟了农民政纲9条。中共中央正式成立了以毛泽东为书记的中央农民运动委员会。不久,中央农委制定了《目前农运计划》,强调农民运动应采取集中原则,全国应以粤、湘、鄂、赣、豫为重点。在国共两党的推动下,伴随着北伐战争的胜利进军,中国出现了一个农村大革命的局面。

在这场农村大革命中,农民被普遍组织起来。1927年3月,全国农会员已达 500 万人。湖南、湖北、江西等省都成立了省农民协会。广大农民一经组织起来,立即向农村的封建势力展开猛烈的进攻。在政治上,他们推倒地主政权,解除地主武装,建立自己的政权和武装;他们对地主、土豪实行专政,对其中罪大恶极的分子予以镇压。在经济上,他们开展减租减息减押斗争,甚至开始着手自己解决土地问题。在文化思想上,他们打破族权、神权、夫权,建立会所或学校,猛烈冲击各种封建宗法制度和思想。

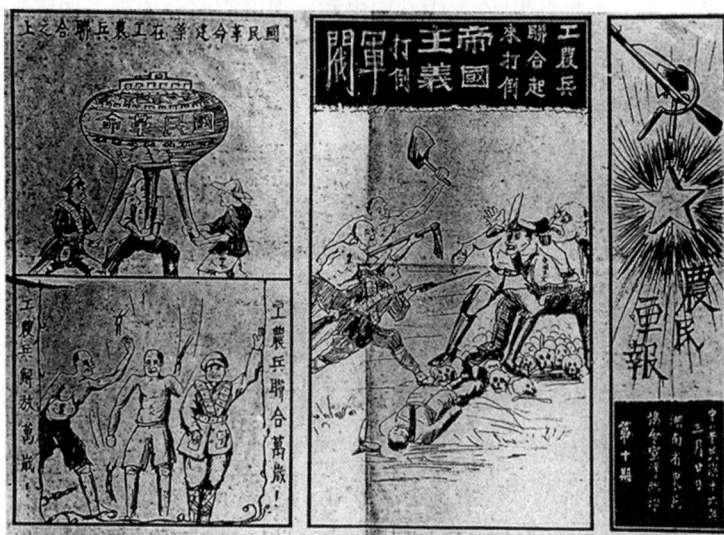

湖南省农民协会出版的《农民画报》

全国农运中,以湖南农运的发展最为迅猛。1925 年上半年,湖南农民运动得到了初步恢复。以后,一些湖南籍的农讲所学员毕业后陆续回乡,推动了湖南农民运动的进一步开展。到北伐战争前夕,湖南已经有农会会员 30 多万人。北伐军进入湖南后,农村革命深入发展。1926 年 12 月,湖南省第一次代表大会在长沙召开。参加大会的有来自 50 多个县的 170 名代表,代表全省农会会员 130 多万人。毛泽东到会给予指导,并作了重要讲演。大会通过了宣言和减租减息、铲除贪官污吏土豪劣绅、建立农民政权、组织农民武装等 40 个决议案。最后选举了省农民协会执行委员会,以易礼容为委员长。大会还建议成立全国农民协会。这次会议大大加速了湖南农村大革命发展的步伐。到 1927 年 1 月,全省农会会员又迅速发展到 200 万人,能直接领导的群众达 1000 多万,几乎是全省农民总数的一半。1927 年 3 月以后,湖南农民运动继续发展,开始深入到自己动手解决土地问题了。

毛泽东对农民运动的发展作出了重要贡献。从 1926 年 5 月以后,毛泽东即以主要精力从事农民运动。他主持了第六届中央农民运动讲习所,主编《农民问题丛刊》。他在 1926 年 9 月发表《国民革命与农民运动》一文,明确指出:"农民问题乃国民革命的中心问题。""农民不起来参加并拥护国民革命,国民革命不会成功。"11 月,他担任中共中央农委书记,对农民运动更加关心和投入。在农民运动形成高潮并遭到各方责难的情况下,毛泽东于 1927 年 1、2 月间对湖南湘潭、湘乡、衡山、醴陵、长沙五县农民运动做了 32 天的考察,随后在 3 月发表了《湖南农民运动考察报告》。《报告》充分肯定了农民运动的重要意义,指出:"目前农民运动的兴起是一个极大的问题","其势如暴风骤雨,迅猛异常,无论什么大的力量都将压抑不住。他们将冲决一切束缚他们的罗网,朝着解放的路上迅跑。一切帝国主义、军阀、贪官污吏、土豪劣绅,都将被他们葬入坟墓"。"国民革命需要一个大的农村变动",这"是革命完成的重要因素"。毛泽东热情歌颂农民运动"好得很",用事实批驳了攻击农民运动"糟得很"的谬论,也驳斥了那种认为农民运动"过火"的错误观点,要求革命党人站在农民运动的前头,领导农民前进。《报告》论述了在农村建立农民政权和农民武装的重要性,认为农民不夺取政权,一切减租、减息、要求土地的斗争,都决无胜利之可能。因此要实行"一切权力归农会","推翻地主武装,建立农民武装"。《报告》强调了贫农的伟大作用,痛斥了所谓"痞子运动"、"惰农运动"的说法。指出:贫农乃是农会的"中坚",打倒封建势力的"先锋",成就革命大业的"元勋",没有贫农的参加,便不能完成国民革命的任务。《湖南农民运动考察报告》解决了中国农民运动中的一系列理论问题,批判了在农民运动问题上的一些错误认识,为农民运动的开展提供了理论指导,有力地推动了农民运动的发展。

工农运动的大发展,是北伐革命高潮的重要组成部分,对于动摇帝国主义和封建军阀在中国的统治,起了重要作用。但在工农运动中,也存在着一些"左"的倾向。如武汉地区在革命势力占领后,出现了"无工不组会、无会不罢工"的状况。频繁的罢工和罢工中的一些过"左"的举动,加剧了劳资纠纷,影响了正常生产和社会秩序。在农民运动中,忽略中间阶层的利益,出现了"有土皆豪,无绅不劣"的口号以及一些"左"倾幼稚的做法。这些都不利于团结更广泛的群众参加革命。

三、迁都武汉

北伐军进占武汉后,全国革命的重心移到长江流域。为适应形势发展的需要,1926 年 11 月,国民党中央决定将国民政府及中央党部迁往武汉。随后派出外交部长陈友仁、财政部长宋子文、交通部长孙科、司法部长徐谦和苏联顾问鲍罗廷等先行赴武汉筹备。12 月 13 日,国民党中央执行委员与国民政府委员临时联席会议在武汉成立,代行党和政府的最高职权。联席会议由徐谦、孙科、陈友仁、宋子文、宋庆龄、邓演达、吴玉章、唐生智、董必武等组成,以徐谦为主席,鲍罗廷为顾问。1927 年 1 月 1 日,国民政府明令定都武汉。

国民党中央党部和国民政府迁往武汉的工作,受到蒋介石的阻挠,出现

"迁都之争"。北伐开始后,蒋介石的权势进一步扩大。根据《国民革命军总司令部组织大纲》的规定,"凡国民政府下之陆、海、航空各军,均归其统辖","总司令兼任军事委员会主席";"凡国民政府所属军、民、财政各部机关,均须受总司令之指挥,秉承其意旨,办理各事"。此时的蒋介石实际上已经集党、政、军大权于一身。对于迁都武汉的决定,蒋介石起初是赞成的,但随着形势的发展,他看到两湖地区工农运动的高涨和共产党人、左派国民党势力的增强,都不利于他的军事独裁,因此便一改前言,力主"中央党部及国民政府暂驻南昌"。他的目的是想依靠设在南昌的国民革命军总司令部,实现以军制党制政。

1927 年 1 月初,蒋介石乘第二批由粤迁汉人员(包括国民党中央常务委员会代理主席张静江、国民政府代理主席谭延闿等)经过南昌的机会,召集所谓国民党中央政治会议临时会议,作出"暂驻南昌"的决定,并以中央执行委员会的名义发出《通知国民政府暂移南昌电》。对于蒋介石的专擅行为,武汉共产党人、国民党左派和人民群众进行了坚决斗争。宋庆龄、徐谦、陈友仁等回电驳斥蒋介石的"通知",要求"中央党部及国民政府,照既定策略来鄂"。在一次"欢迎"蒋介石的集会上,各界群众代表当场一致要求"国民政府中央党部从速迁鄂"。2 月 21 日,国民党在武汉召开中央执监委员和国民政府委员扩大联席会议,决定结束中央执行委员与国民政府委员临时联席会议的工作,中央党部、国民政府即日在武汉开始办公。3 月上旬,大部分阻留在南昌的国民党中央委员和国民政府委员到达武汉。

武汉革命势力在迁都问题上战胜了蒋介石,但并未能阻止住蒋介石反动倾向的增长。2 月 21 日,蒋介石在南昌发表演说,公然声称他"是中国革命的领袖,并不仅是国民党一党的领袖",所以对共产党"有干涉和制裁的责任及其权力"。他对武汉国民党左派领导人徐谦大肆攻击。受到蒋介石支持的反动势力相继在赣州、南昌、九江、安庆等地制造惨案和事件,杀害共产党员,解散拥护三大政策的国民党地方党部,捣毁工会组织。蒋介石正一步步走上了背叛革命的道路。

为了反对蒋介石的军事独裁,确定新形势下的工作方针和策略,3月,国民党在汉口召开二届三中全会。由于国民党左派委员和共产党籍委员的努力,会议开得比较成功。会议主要有以下内容:(1)提高党权,限制个人独裁。会议相应地通过了《统一党的领导机关决议案》、《中执委军委会组织大纲案》、《修正政治委员会及分会组织条例案》、《革命军总司令条例案》等重要文件。决定:党的全国代表大会和中央全会闭会期间,由中央常务委员会对党务、政治、军事行使最终议决权。常委会不设主席。政治委员会、军事委员会设主席团,国民政府设常委,均不设主席。凡军长以上军官的任命和出征动员令,都须经军委会决议、中央执行委员会通过。师长及师长以下军官的任命,也得经军事委员会全体会议通过,总司令无权自行决定。这些都限制了蒋介石的权力,提高了党权,是国民党左派和共产党反蒋斗争的胜利。

(2)讨论通过了《全会宣言》,实际上确定了国民党新时期的政纲和施政方针。《全会宣言》指出:"我们要继续的向帝国主义作战,直到我们达到目的,就是说,得到中国真正的政治的、经济的独立而后止。""我们要继续对于北洋军阀的革命战争,直到我们统一了中国,肃清了封建军阀的势力为止。""国民党要用种种方法继续援助工人、农民和城市中一般民众的革命运动及改良他们本身生活的争斗。""我们要继续并且巩固我们对于苏联的关系,苏联是诚意援助我们国民革命、民主革命的国家。"这表明,国民党将继续坚持彻底反帝反封建的政治方向和联俄、联共、扶助农工的三大政策。

(3)讨论了国共继续合作的问题,通过了《统一革命势力案》。要求两党立即召开联席会议,讨论一般的合作办法。其中提出:共产党应"派负责同志加入国民政府及省政府",以"共同担负政治责任"。

（4）选出了国民党中央常务委员、国民政府委员等,其中有不少是共产党人。为了避免分裂,早日完成北伐大业,会议仍然选举蒋介石为中央常委、军委主席团成员,并让他继续担任国民革命军总司令职务。此外,会议还就农民运动、财政、外交等问题进行了讨论,并通过了相应的决议。

国民党二届三中全会后,武汉政府继续开展反蒋斗争。汉口《民国日报》展开了大规模的反蒋宣传运动。许多国民党地方党部和人民团体纷纷集会,发表宣言,拥护国民党中央的决定,声讨蒋介石的罪行,要求惩办制造赣州等惨案的凶手。国民党中央下令解散了由右派势力占据的江西省党部,而由方志敏等重新组织和主持该省党部,并改组了江西省政府。郭沫若发表《请看今日之蒋介石》的讨蒋檄文,号召"打倒背叛革命、屠杀民众的蒋介石"。蒋介石发动"四一二"政变后,武汉地区进一步掀起了声势浩大的讨蒋运动。国民党中央下令开除蒋介石的党籍,免去他本兼各职。中共中央发表宣言,指出蒋介石已经变为国民革命公开的敌人和帝国主义的工具。在武汉的国民党中央执行委员、国民政府及军事委员会委员共40人联名讨蒋,表示决心"去此总理之叛徒,本党之败类,民众之蟊贼"。工人、农民、市民、学生纷纷举行讨蒋集会,发表讨蒋通电,声讨蒋介石的罪行。

武汉政府在较长的一段时间内,继续扶助农工运动。3月的国民党二届三中全会重申了孙中山确定的扶助农工的政策。全会通过的《统一革命势力案》中明确提出,国共两党应特别商讨指导民众运动"特别是农民与工人运动"的问题。全会还特别通过了《对农民问题决议案》、《对农民宣言》。全会选举长期以来一直比较重视农民运动的国民党左派领袖邓演达为农民部长。不久,武汉国民党中央农民部在武昌成立了中央农民运动讲习所,由毛泽东、邓演达任正、副所长。4月,国民党成立了由毛泽东、邓演达等人组成的土地委员会。这些都有助于工人运动和农民运动的发展。在武汉政府成立后的一段时期内，工农运动在继续发展。截至1927年6月，全国工会会员已经发展到290万人，全国农民协会会员发展到915万人。一些地区出现土地革命的形势，农民自动起来解决土地问题。如湖南一些地方的农民开始丈田（清丈地主土地，使地租与地亩相当）、插标（重新分配土地的租佃权，使失业农民有土地租种，插标为记），长沙附近的霞凝乡等地则开始重新分田。

武汉政府在很长一段时间内，坚持反帝联俄外交。1927年1月收回汉口、九江英租界，就充分体现了反帝的革命外交精神。由于当时革命形势发展到长江流域，主要受到英、美帝国主义的干涉和破坏，武汉政府当时反帝的基本策略是集中打击英、美，对其他国家则采取中立或争取的策略。南京惨案发生后，国民政府对英、美、法帝国主义进行了严厉抨击，其中又以攻击英国最为有力。在坚持反帝的同时，武汉政府坚持联俄政策，继续任用苏联和共产国际代表为顾问，总顾问鲍罗廷继续在政府中发挥着重要作用。3月的国民党二届三中全会，重申了联俄的政策。4月，国民党举行中执委常委第五次扩大会议，欢迎来华的国际工人代表团。会议主席徐谦在致辞中又一次重申要坚持联俄、联共、扶助农工政策。5月，太平洋劳动大会在武汉召开，号召各国工人阶级联合一致反对帝国主义对中国革命的干涉。

1927年3、4月间，张作霖的奉军南进抵达豫南，对湖北的国民政府形成了威胁。但此时冯玉祥率部开始向豫西挺进，山西的阎锡山明确表示脱离北京政府，这又有利于武汉国民政府。根据上述形势，武汉政府决定适时北伐，进军河南。4月19日，国民政府和国民革命军在武昌举行第二次北伐誓师大会。北伐的主力是国民革命军第一集团军第四方面军，唐生智任总指挥，总兵力约6万人。河南的奉军约8万人。5月中旬，北伐各军集中驻马店地区,向奉军发起总攻。冯玉祥军也在攻克洛阳后兵分两路向新乡和郑州进击。奉军被迫放弃郑州、开封。6 月 1 日,北伐军与冯玉祥军会师郑州。4 日,占领开封。克服郑、汴,是北伐的又一个重大胜利。在武汉政府第二期北伐的同时,南京国民革命军也北渡长江,攻打直鲁联军和孙传芳军。6 月 2 日占领徐州。

第四节　国民革命的失败

一、奉系"反赤"

南方革命势力向长江流域推进的时候,中国北方继续处在奉系军阀的反动统治下。奉系军阀打着"反赤"的旗号,一方面与南方革命势力和国民军势力相对抗,另一方面在统治区内大肆镇压革命人民。

奉军和直鲁联军进入北京后,对民众革命运动进行了大肆摧残。北京卫戍总司令公然布告:"宣传赤化,主张共产,不分首从,一律处死刑。"著名的《京报》主笔兼上海《申报》驻京记者邵飘萍,因揭露奉系军阀在北京的暴行,被安上了"勾结赤贼,宣传赤化"的罪名,于 1926 年 4 月 26 日惨遭杀害。8 月 6 日,《社会日报》主笔林白水因在文章中触犯了张宗昌等人,也以"宣传赤化"的罪名被处死。进入北京的军阀部队,疯狂地劫夺民财,杀害无辜、蹂躏妇女,无恶不作。军阀还以发行毫无保证、不能兑现的山东军用票、直隶流通券的办法进行掠夺,因此商店纷纷停业,北京城呈现破败萧条景象。

这时,中外反动势力开始帮助张作霖策划与南方革命势力中的右派势力联络勾结,共同反共、反革命。1926 年 12 月,英国新任驻华公使蓝浦森向张作霖提出南北议和的建议,劝张不要笼统"反赤",示意张与南方右派势力妥协。1927年1月至3月间,日本政府派出外务省条约司司长佐芬利等人频繁在张作霖与蒋介石之间进行活动,极力撮合二者。江浙的一些买办也竭力为张、蒋的联合敲打边鼓。一时间,"南北妥协"、"共同反赤"的论调甚嚣尘上。张、蒋之间的往来也日见频繁起来。1927年3月出版的《向导》周报第192期登载了《南北妥协消息一束》一文,其中就编列了20多则有关报道。这些联络对张作霖将"反赤"重点转向反苏反共、对蒋介石不久发动"四一二"反革命政变,无疑产生了重大影响。

这期间,奉系反苏反共事件不断发生。最令人发指的是4月28日屠杀李大钊等人的事件。4月6日,京师警察厅军警和奉军宪兵闯入使馆区,包围并袭击了苏联大使馆,共捕去苏联使馆工作人员16人,李大钊等共产党员和国民党员35人。此外,中东路驻京办事处、远东银行等也遭到了军警的搜查。随后,"安国军"总司令部成立"特别法庭",于4月28日对李大钊等人开庭审判。"法庭"对李大钊等人作了一番简单的提讯后,中午时即宣读了判决书。法庭给李大钊判定的罪名是:"实系赤党宣传共产,妄图扰害公安,颠覆政府。"[①]当天下午2时左右,李大钊在北京西郊民巷京师看守所刑场被残酷地处以绞刑,献出了宝贵的生命。同一天遇难的还有中共北方区委宣传部长范鸿劼、国民党中央候补执行委员路友于以及国民党北京市党部组织部长共产党员谢伯俞、农民部长共产党员莫同荣等20人。

1927年6月,张作霖在北京组织"中华民国军政府",他在大元帅就职宣言中再次表示"讨赤"的决心:"赤逆一日不清,即作霖与在事诸人之责一日未尽。"

---

①　《盛京时报》1927年5月3日。

二、"四一二"政变和南京国民政府的成立

革命发展到长江流域后,中国的政治形势发生了巨大变化。一方面,人民革命处在高潮中,统治中国 15 年之久的北洋军阀势力走向末路;另一方面,帝国主义国家加紧了对中国革命的干涉,新的反革命势力的联合逐渐形成。

帝国主义对中国革命的干涉,是维护其侵华利益必然采取的行动。北伐军向长江流域推进,首先冲击了英国在华的势力范围,因此英国成了干涉中国革命的急先锋。1926 年 9 月初,当北伐军兵临武汉时,英国兵舰就公然援助吴佩孚,炮击北伐军。接着,因川军扣留撞沉中国木船的英轮,英国侵略者于 9 月 5 日炮轰万县城,打死打伤中国军民 1000 余人,造成万县惨案。1927 年初,英、美、日、法等国都增派军队和调集军舰来华。1927 年 3 月,聚集上海的列强武装有 3 万多人,停泊在上海附近的外国军舰达 60 艘。上海领事团商定,由英、美、法、日、意五国派水兵联合组成 5000 人的陆战队,准备随时登陆作战。在北伐军进占南京时,溃逃的直鲁联军和国民革命军收编的部分旧军阀部队以及一些地痞流氓,袭击抢掠了外国领事馆、外国人机关和住宅,打死打伤外国人各 6 名。英美便以此抢掠事件为借口,于 3 月 24 日对进入南京的北伐军和南京居民进行炮击,打死打伤 100 余人,造成南京惨案。这是外国武装干涉中国革命的严重步骤,也是他们胁迫国民党右翼集团叛变革命的信号。

列强在实行炮舰政策的同时,又采取种种阴险手段分化革命阵线。1926 年底和 1927 年初,英、美、日等国先后发表对华政策声明,虚伪地表示:尊重保全中国的主权及领土,不干涉中国的内争,同情中国的国民革命运动。企图诱惑革命阵营中的"温和派",分化国民革命的联合战线。

他们还开动宣传机器,鼓动"温和派"同"极端派"决裂;暗示只要蒋介石能保护各国在华利益,他们就准备与蒋谈判并支持他。这期间,日本、英国、美国都派人联系过蒋介石。南京惨案发生后,各列强在对华政策上逐渐达成一致,决定共同支持蒋介石、由蒋镇压共产党扑灭中国革命。

在帝国主义国家破坏中国革命、极力拉拢蒋介石的过程中,蒋介石也在设法取得帝国主义国家的谅解和支持。早在1926年11月,蒋介石把他的总司令部迁到南昌时,他就公开向外国记者发表谈话,表示他对列强的友谊,要求英美给予援助。1927年2月,他先后派遣戴季陶、吴铁城访问日本,寻求日本对他的支持。南京事件后,蒋介石首先派人与日本领事馆联系,向日本表示"道歉",并诬称南京抢掠是"共产党蓄意制造";还希望日本转告英、美,愿意在对外关系上遵守过去的条约。3月26日,蒋介石到达上海。他通过报界公开宣称"决不用武力改变租界的现状",并派员到与南京事件有关的英、美、法、意、日五国领事馆表示"遗憾"。在日本政府的督促下,蒋介石下定"整顿国民政府"的"决心",即首先解除上海工人武装,然后以在沪的国民党中央执、监委员"取代武汉派,夺取中央党部,排除共产党"。

蒋介石在寻求帝国主义国家支持的同时,也积极寻求国内各反动势力的支持。这期间,他通过各种渠道与北方的张作霖联络,在一致反共问题上实际达成了默契。蒋介石最希望求得江浙财阀的支持。1927年1月,蒋在南昌时就曾派人赴上海联络钱永铭、陈光甫等工商巨头。之后,蒋同江浙财阀的重要人物虞洽卿等人来往日渐频繁。蒋介石到上海后,在接见上海工商界巨头们时明确表示:一定会保护工商界的利益;在劳资问题上,"决不使上海方面有武汉态度"。蒋的态度得到了上海工商界的支持,陈光甫、虞洽卿等资本家都答应向蒋提供财政资助。蒋介石还和上海黑势力头子黄金荣、杜月笙、张啸林等取得联系,并获得了他们的支持。

这些人组织了秘密的"中华共进会"和公开的"工界联合会",供蒋介石发动反革命政变之用。

在各方反动势力的支持下,蒋介石决定发动反革命政变,屠杀共产党,反对革命。从3月底开始,"清党"反共会议连日召开。3月28日,在沪国民党中央监察委员召开会议,由吴稚晖首先发难,提出举行所谓"护党救国运动","纠察"共产党员的"谋叛国民党"行为。4月2日,吴稚晖、张静江等人再次举行会议,通过了吴稚晖提交的"查办共产党"函。随后,吴稚晖等人又以中央监察委员会名义咨文国民党中央执行委员会,要求对他们开列的190余名共产党员和革命分子及"各地共产党首要危险分子",给以"非常紧急处置","就近知照公安局或军警暂时分别看管监视"。这时,汪精卫从欧洲回国到达上海。蒋介石为了拉拢汪一起反共,于4月3日发表通电,表示他以后要"独司军令",所有军政、民政、财政、外交皆在汪指挥下"统一于中央"。从3日至5日,蒋介石、汪精卫、李宗仁、白崇禧、黄绍竑、吴稚晖等十余人举行秘密会议,策划"清党"反共。但在是否立即反共和以何种方式反共问题上,汪精卫与蒋、吴等人发生争执。汪主张在南京召开国民党四中全会,解决一切,蒋、吴等则主张立即"清党"。汪随后去了武汉。5日,蒋介石下令查封迁至上海的国民革命军总政治部机关,宣布上海戒严。6日,蒋介石向上海工人纠察队赠送"共同奋斗"锦旗,以麻痹工人的警惕性。8日,蒋颁布《战时戒严条例》,以白崇禧、周凤岐为淞沪戒严司令。在一切布置就绪之后,蒋介石离开上海去南京。10日,南京实行戒严。

4月12日凌晨,由"共进会"组织的全副武装的流氓打手冒充工人,从公共租界出动,袭击闸北总工会以及南市、沪西等14处纠察队。工人纠察队奋起反击。反动军队便以"调解工人内讧"为名,收缴工人纠察队武装。一部分纠察队队员识破敌人阴谋后英勇反抗,但遭到失败。13日,上海20

万工人举行罢工，总工会在闸北青云路广场召开有 10 万人参加的群众大会，抗议反动派的暴行。会后，群众冒雨示威游行。当游行队伍走到宝山路时，早已埋伏在那里的反动军队，从四面八方向群众射击，当场打死 100 多人，伤者无数。接着，反动派下令禁止罢工游行，解散上海总工会，查封革命组织，捕杀共产党员和革命群众。据不完全统计，至 4 月 15 日，共产党员和革命群众被杀 300 多人，被捕 500 多人，失踪 5000 多人。上海总工会委员长汪寿华在 4 月 9 日就被秘密杀害了，中共江苏省委领导人陈延年、赵世炎等在"四一二"后也相继被杀害。

1927 年 4 月 18 日，蒋介石、胡汉民、张静江等在前江苏省议会举行定都典礼，发表《国民政府定都南京宣言》。会后，召开庆祝定都南京群众大会。蒋介石等在大会上发表反共演说。南京国民政府成立，宁汉对抗局面形成。

继"四一二"反革命政变后，广州的李济深等人发动了"四一五"反革命政变。当日捕去共产党员和革命群众 2000 余人，封闭工会等团体 200 多个。他们组织广州特别委员会，宣布与武汉中央党部和国民政府脱离关系。6 月又进行第二次"清党"。两三个月内总计杀害革命者 2100 余人。著名的共产党员和工人领袖萧楚女、熊雄、邓培、李启汉等都被杀害。

除上海、广东外，国民党反动派还在广西、江苏、浙江、安徽、福建、四川等省举行"清党"和屠杀。无数共产党员和革命人民牺牲在反动派的屠刀之下。

南京国民政府成立后，中国土地上出现了三个自命为代表整个中国的政权。此后一个短时期内，三个政权的相互斗争及其演变成为中国历史的主要内容。

三、武汉国民政府的右转

武汉政权在前期坚持了反帝反封建的政治方向,坚持了孙中山的三大政策,是一个革命的政权。但是随着"四一二"政变后国内形势的变化,武汉政权逐渐开始右转。

武汉政权自迁都以来,虽然群众革命运动继续高涨,但其所处的形势一直就很严峻。首先,武汉政府一直处在反革命势力的包围中。南京右派及其后的国民政府、四川军阀、奉系军阀、"四一五"政变后形成的广东势力,从四面对武汉实行军事包围和经济封锁,使一向被称作"九省通衢"的武汉成了孤岛。其次,帝国主义一面出动大批军舰聚集汉口江面,对武汉政府进行武力威胁;一面关闭他们在武汉的全部企业,给武汉政府制造经济困难。还有,官僚买办资本家乘机抽逃现金,关厂罢业,对抗革命;民族资本家由于经营困难和劳资纠纷的加剧,也纷纷关厂歇业。5 月中旬后,武汉大部分商店都停止了营业。工厂开工严重不足,日用商品奇缺,工人大批失业。随着时间的推移,武汉政府受到的军事威胁一直延续着,经济危机的威胁则越来越严重。

受"四一二"反革命政变的影响,从 5 月中旬开始,两湖地区的反革命叛乱事件接连发生。首先是夏斗寅在鄂南叛变。5 月 13 日,武汉政府所辖独立第十四师师长夏斗寅在嘉鱼发表反共通电,然后率叛军北上直指武昌。叛军虽然很快被击溃,但夏斗寅残部继续在鄂东、皖西一带作乱。接着是湖南"马日事变"的发生。5 月 21 日(该日的电报代日韵目为"马"字),驻长沙的第三十五军三十三团团长许克祥在军长何键的指使下,发动叛乱。一夜之间,叛军捣毁省总工会、省农协、省农讲所、特别法庭等革命组织和机关,杀害共产党员和群众 100 多人,使长沙陷入白色恐怖之中。事后,许克祥组织了所谓"湖南省救党委员会",推翻了原国民党湖南省党部。5月底6月初又发生朱培德在江西"遣送"共产党人事件。5月29日,江西省长朱培德将其第三军中全部政治工作人员142名"遣送出境"。6月5日,又"遣送"省市党部中重要共产党人方志敏等22人。朱培德还勒令江西省总工会、农民协会停止活动,农民自卫军交出武装,所有共产党员限期离境,全省停止农工运动。事件发生后,江西的反革命势力疯狂地进行反攻倒算,工农运动遭到极大摧残。

由于帝国主义和武汉内外反革命势力的压迫,以及对共产党力量的发展和工农运动巨大威力的恐惧,武汉政府中号称"左派领袖"的汪精卫等人逐渐右转,开始公开压制工农运动,攻击共产党。国民党中央在汪精卫的要求下,组织了特别委员会,以"矫正"和"制裁"民众运动中"越轨之行动"。5月,国民党中央和国民政府先后发布《保护"公开绅耆"训令》和《保护军人田产令》,诬蔑农民向地主的斗争是"扰乱破坏公共秩序","无异于反革命";指责"各处农民协会""骚扰后方,挠动人心,实可痛恨"。5月底,国民政府下令解散湖北黄冈、黄陂两个革命工作开展很好的县农民协会。"马日事变"后,武汉政府命唐生智回湘全权处理事变。但唐生智一面肆意攻击农民运动"领导失人,横流溃决,迭呈恐怖";一面为许克祥辩解,说他的叛变是"激于义愤"的"自卫之谋"。唐的回湘,起了进一步鼓动反动势力向共产党和工农运动进攻的作用。

6月中旬,郑州会议和徐州会议先后召开。唐生智指挥的北伐军与冯玉祥军会师郑州后,武汉国民党中央政治委员会主席团成员汪精卫、徐谦、顾孟余、谭延闿、孙科等赶赴郑州,会同唐生智等人,在10日至11日与冯玉祥举行会议。会上,冯主张停止宁汉之争,共同北伐。汪精卫等既谴责蒋介石的独断专行,又对共产党和工农运动表示不满。会议决定设立政治委员会开封分会,以冯玉祥为主席,负责指导陕、甘、豫等省的党务和政务。冯还担任河南省政府主席。在豫各军统由冯玉祥节制指挥,所有进入河南的北伐军全部撤回武汉地区。经过郑州会议,第二期北伐的成果全为冯玉祥所据有。郑州会议后,冯玉祥又赶往徐州,在6月19日与蒋介石、李宗仁等举行会议。20日,南京方面的胡汉民、吴稚晖、张静江、蔡元培等专程赶往徐州参加会议。会议讨论了"对于共产党之办法"、"继续北伐"、关于"武汉政府"等问题,在蒋冯合作、宁汉合流、共同"北伐"、"清党"反共、驱逐鲍罗廷回国等方面取得共同意见。21日会议结束后,冯玉祥致电武汉汪精卫等人,要求汪精卫与蒋介石"通力合作",在反共和联合"北伐"问题上,"速决大计,早日实行"。郑州会议和徐州会议实际上促成了武汉的"分共"和宁汉的合流。

郑州会议和徐州会议后,冯玉祥在其所辖军队和地区中,开始"遣送"共产党人。接着,山西军阀阎锡山通电拥护南京政府,并在山西省厉行"清党"。这又进一步加速了武汉政府的右转。

四、紧急形势下中国共产党的对策

在革命的紧急关头,需要中国共产党采取正确的政策和行动,稳固同盟者,回击反动派的进攻,领导革命继续前进,或把革命的损失减少到最低限度。但是,共产国际和以陈独秀为首的中共中央领导机关,没能给革命以正确的指导。

1926年12月中旬,中共中央在汉口召开特别会议。会议听取了陈独秀所做的政治报告,通过了关于政治报告、关于国民党左派问题等议决案。会议以"国民党问题"即"民族革命中联合战线问题"为中心,分析了形势,制定了策略。会议认为,自北伐军攻克九江、南昌后,国民革命联合战线已发生"各种危险倾向",其中"最主要的严重的倾向是一方面民众运动勃起之日渐向左,一方面军事政权对于民众运动之勃起而恐怖而日渐向右。这种左右倾倚继续发展下去而距离日远,会至破裂联合战线,而危及整个的国民革命运动"。为挽救这种危机而巩固国民革命联合战线,会议认为"目前最重要的策略"是:一方面重新提出"武力与民众结合"的口号,同时"扶助国民党左派领袖获得在政府及党的领导地位",从而"推动国民党的军事政权向左,至少也要不继续更向右";另一方面改善共产党和国民党的关系,纠正共产党员"关于我们党独立之误解"和"否认左派存在之错误","一切群众运动尽可能的与左派合作",以"停止'左'右倾之距离日远的危险"①。概括地说,就是大力扶助汪精卫、推动蒋介石"左转"和纠正共产党及民众运动的"左倾"。但是"四一二"反革命政变的发生,宣告了推动国民党右翼军人"左转"策略的彻底破产。

1927 年 4 月 27 日至 5 月 9 日,中国共产党在汉口召开第五次全国代表大会。会议讨论了中国革命的一系列根本问题,通过了接受共产国际执委会第七次全会关于中国问题决议案之决议,以及政治形势与党的任务、土地问题、职工运动等决议案和大会宣言。这次大会批评了党中央过去向蒋介石妥协退让的错误,批评了陈独秀在会议报告中提出的目前只能"扩大革命"而不能"加深革命"等观点,提出了一些正确的意见和政策。但是,由于共产国际的代表鲍罗廷和罗易的意见不统一,结果会议提出的这些正确意见和政策在工作中难以落实。而且,中共党内的右倾错误也并未从根本上得到纠正。会议还出现了"左"的倾向。会议认为中国革命已经发展到"工农小资产阶级之民主独裁制的阶段"②,要"从政治上

① 《政治报告议决案》,《中共中央文件选集》第 2 册,中共中央党校出版社 1989 年,第 569—570 页。
② 《政治形势与党的任务议决案》,《中共中央文件选集》第 3 册,中共中央党校出版社 1989 年,第 55—56 页。

经济上向资产阶级勇猛的进攻"①。大会选出新的中央委员会,中央委员31人,候补中央委员14人。陈独秀等9人为政治局委员,陈独秀、李维汉、张国焘为政治局常委,陈独秀为总书记。中共"五大"最终没有制定出挽救革命的切实有效的办法,没能担负起在紧急关头挽救革命的任务。

"五大"以后,中共中央和顾问鲍罗廷在革命策略上,一直坚持把维护与国民党左派的关系放在首要地位。为了不使号称"左派领袖"、"左派军人"的汪精卫、唐生智等人与共产党分裂,不惜做重大让步。鲍罗廷在一次政治局会议上说:必须向左派让步,继续取得与他们合作是中心问题;农民运动只要能做到减租减息乡村自治,便是胜利,便是土地革命;中共中央及一切工会农会应发表宣言,号召群众拥护国民党中央和国民政府所公布之一切取缔民众运动过火和错误的法令。夏斗寅叛变后,蔡和森、李立三曾向中共中央政治局提出积极准备武力、以暴动对付暴动的方针,遭到否定。5月底,共产国际给中国共产党发来指示,提出如下挽救革命的紧急措施:用一切办法协助工农运动,并"从下面实际夺取土地";依靠工农力量"革新"国民党中央和扩大国民党地方组织;动员2万共产党员和5万工农群众,成立一支新的革命军队;组织以有声望的国民党人为首的革命军事法庭,惩办反动军官。共产国际代表罗易竟然把这个指示拿给汪精卫看以表示对汪的信任。这个指示后来恰恰成了汪精卫"分共"的一个主要借口。6月底,应国民政府解散工人纠察队的要求,中共中央决定由湖北省总工会将工人纠察队自行解散,枪械交武汉卫戍司令部。30日,中共中央举行扩大会议,通过一个关于国共两党关系的议决案。决议认为:国民党"当然处于国民革命之领导地位"。共产党人参加政府和召开国共两党联席会议,"并不含有联合政权的意义",为避免政局的纠

---

① 《职工运动议决案》,《中共中央文件选集》第3册,第74页。

纷，共产党人可以"请假"的名义退出政府。但是，这种让步并不能阻止汪精卫加紧"分共"的步伐。

面对越来越恶化的局势，根据共产国际的指示，7月12日，中共中央进行改组，成立了由李立三、李维汉、周恩来、张太雷、张国焘5人组成的临时政治局常务委员会，停止了陈独秀的领导职务。13日，中共中央发表《对时局宣言》，揭露汪精卫等人"已在公开的准备政变，以反对中国人民极大多数的利益及孙中山先生之根本主义与政策"；声明撤回参加国民政府的共产党员。但《宣言》仍坚持"与国民党合作的政策"。

五、"七一五"政变

1927年6月中旬，汪精卫等从郑州返回武汉后，即在国民党中央党部和军队中加紧策划"分共"。6月27日，国民政府应冯玉祥的要求，决定解散工人纠察队，逼迫谭平山、苏兆征辞去国民政府的部长职务，停止宣传工作。29日，反动军官何键发布反共训令，攻击、诬蔑共产党和工农运动，要求国民政府"明令与共产党分离"。此时，何键的三十五军已移往汉口，准备向共产党人开刀。

针对汪精卫的"分共"准备，少数国民党左派领袖进行了抵制。6月底，邓演达离开武汉。7月13日，邓发表辞职宣言，谴责汪精卫等人曲解三民主义、背叛三大政策的行径。14日，宋庆龄发表声明，严正表示："本党若干执行委员对孙中山的原则和政策所作的解释，在我看来，是违背了孙中山的意思和理想的。因此，对于本党新政策的执行，我将不再参加。"①表明了她继续维护三大政策的立场。

---

① 　宋庆龄：《为新中国奋斗》，人民出版社1952年，第3页。

在经过多方布置和策划之后,7 月 15 日,汪精卫召开国民党中央常务委员会第二十次扩大会议,讨论"分共"问题。会议决定:"(一)在一个月内,开第四次中央执行委员会全体会议,讨论政治委员会主席团所提之意见(按:即'分共'问题),并解决之;(二)第四次中央执行委员会全体会议开会以前,中央党部应制裁一切违反本党主义政策之言论行动;(三)派遣重要同志赴苏俄,讨论切实联合办法,其人选由政治委员会决定。"这就是"七一五""分共"。16 日,武汉国民党中央政治委员会主席团发表声明,诬蔑共产党危害国民党生命,并将国民党中常会三项决议公布于世。汪精卫确定"分共"后,宋庆龄、陈友仁等国民党左派陆续离开武汉,以示抗议。鲍罗廷、罗易也离开武汉回苏联。

汪精卫最初宣称此次武汉的"分共"是"采用和平的方法",国民党中央也虚伪地发布"保护共产党员个人身体自由"、"保护农工"两项训令。8 月 1 日南昌起义爆发后,汪精卫决定由"和平分共"转向"严厉分共"。武汉国民政府发布命令,共产党员"务须洗心革面",否则"一经拿获,即行明正典刑,决不宽恕"。随后,武汉政府对共产党人和革命人民展开了大屠杀。

"七一五"反革命政变后,第一次国共合作最后破裂,国民革命遭到失败。这时,国民党、国民政府、国民革命军的性质都发生了变化。国民党变成了代表地主买办阶级利益的政党;国民政府变成了地主买办阶级的专政;国民革命军则变成了维护地主买办阶级统治的工具。中国出现新的形势,革命面对新的敌人。

第三章

国民党在全国统治的建立　工农武装革命的开展

第一节　国民党在全国统治的建立

一、第二次北伐和东北"易帜"

1928 年 2 月 2 日至 7 日,国民党在南京召开二届四中全会,会议通过《集中革命势力限期完成北伐案》,决定举行第二次北伐,彻底消灭张作霖的安国军,实现中国统一。

经过讨论与磋商,国民党南京政府将北伐各军分编为四个集团军和一个海军舰队:第一集团军总司令蒋介石,统辖三个纵队,29 万人;第二集团军总司令冯玉祥,统辖 25 个军,31 万人;第三集团军总司令阎锡山,统辖 11 个军,15 万人;第四集团军总司令李宗仁,统辖 16 个军,24 万人。海军舰队总司令杨树庄。全军总司令蒋介石,参谋总长何应钦。同时,蒋介石任中央政治会议主席,李济深任广州政治分会主席,李宗仁任武汉政治分会主席,冯玉祥任开封政治分会主席,阎锡山任山西政治分会主席,实现了国民党内派系的政治妥协与暂时统一。随后,通过增发国库券、征收纸烟捐等办法,国民政府获得了1000万元的军费。至此,北伐准备工作大体完成。

1928年3月,蒋介石抵达徐州,誓师北伐。4月3日,蒋介石下达总攻击令,第一集团军沿津浦路北进,第二集团军沿京汉路进攻,第三集团军出兵正太路,第四集团军随同第二集团军之后,也沿京汉路北进。第一集团军在鲁南与津浦线进展比较顺利,打垮了张宗昌部与孙传芳部,先后占领郯城、台儿庄、临城、兖州、曲阜、莱芜、泰安,5月1日占领济南。第二集团军在直隶南部首先攻占邯郸,受到安国军张学良、杨宇霆部的强力阻击,苦战于大名、彰德一带,形成相持局面;在鲁西,先后攻克郓城、巨野、济宁。5月初,在豫北、直南发起全线反击,沿京汉线向北挺进。第三集团军向石家庄发动攻击,逼近北京。

国民革命军的二次北伐,受到日本的无理干涉。1928年5月3日,日本公然武装进攻济南,扣押国民政府外交部长黄郛,枪杀国民政府要员蔡公时,屠杀我军民万余人,制造了震惊中外的济南惨案。面对日本的挑衅与高压,蒋介石屈辱退让,命令部队撤出济南,绕道北上,继续北伐。

5月12日,蒋介石重新调整军事部署,第一、二集团军主攻津浦线;第三集团军主攻京绥线;第四集团军主攻京汉线。5月28日,各路北伐军发起全线总攻击。6月1日,各路军先后占领了南皮、博野、保定、易县、高碑店、张家口、宣化、南口等地。张作霖的安国军被迫撤退到沧州、琉璃河一线,北京、天津已经陷入北伐军的三面包围之中。6月3日,张作霖乘坐专列由北京返回奉天。6月4日凌晨,张作霖的专列在沈阳近郊皇姑屯被日本关东军炸毁,张作霖身受重伤,不治而亡。6月8日,第三集团军进驻北京,阎锡山宣布就任京津卫戍司令。12日,占领天津,傅作义宣布就任天津警备司令。6月15日,国民政府发表《对外宣言》,宣称"中国统一告成",号召全体国民为建设新国家、开辟新纪元而努力。6月20日,国民党中央政治会议决定,原直隶省改名为河北省,北京改名为北平,北平和天津划为特别市。6月16日,新疆督办杨增新通电"易帜",宣布"服从国民政府,奉行三民主义"。20日新疆省政府成立,杨增新兼任主席。7月19日,热河都统汤玉麟通电"易帜"。至此,二次北伐战争阶段结束,东北问题转入政治解决阶段。

张作霖死后,其子张学良于6月18日秘密回到奉天,以父亲张作霖的名义发布了一系列命令,还以奉天议会的名义推举自己为代理奉天军务督办。善后事宜安排完毕后,6月21日正式公布了张作霖的死讯。7月3日,张学良宣布就任东三省保安总司令兼奉天保安司令职务,确立了自己在东北三省的领袖地位。随后,张学良表示不妨碍统一大业,希望和平解决东北问题。7月中旬,蒋介石、冯玉祥、阎锡山和李宗仁在北平小汤山举行联席会议,一致决定采取和平方式解决东北问题。于是,南京国民政府与张学良之间经过将近半年的多边谈判与轮番磋商,最终达成和平解决东北问题的方案。1928年12月29日,张学良顶住了日本帝国主义施加的重重压力与设置的种种障碍,在奉天省府礼堂举行隆重的易帜大典。南京国民政府代表方本仁监誓,张学良等人先后当场宣誓。张学良在其《易帜通电》中宣布:"遵守三民主义,服从国民政府,改易旗帜。"①当场撤下原北京政府的红黄蓝白黑五色旗,换上南京国民政府的青天白日旗。12月31日,南京国民政府正式任命张学良为东北边防军司令长官,

---

① 《张学良文集》第1卷,150页。

张作相、万福麟为副司令长官。同时任命翟文选为奉天省政府主席,张作相为吉林省政府主席,常荫槐为黑龙江省政府主席,汤玉麟为热河省政府主席。至此,中国在经历了十几年四分五裂的局面后,初步获得了形式上的统一与稳定。

二、国民党各派系的争斗和中原大战

北伐成功,东北易帜,南京国民政府仅仅获得了形式上的统一与政治上的暂时稳定。国民党内派系林立,明争暗斗,矛盾重重,却使其统治面临着深层危机。

从军事派系来看,国民党内明显存在着蒋介石、冯玉祥、阎锡山、李宗仁四大军事势力,各自拥有自己的军队与地盘,历史积怨甚深。蒋介石占有南京、上海与江浙一带;冯玉祥占有河南、陕西、甘肃、宁夏等地;阎锡山占有山西、河北、绥远、察哈尔及北平、天津两市;李宗仁占有广西、湖南、湖北。四大派系在地盘分配问题上勾心斗角,其中以冯玉祥最为不满。1929 年 1 月,国民党召开全国军事编遣会议,商讨军队缩编。会议原则通过:全国陆军步兵为 65 个师,骑兵为 8 个旅,炮兵为 16 个团,工兵为 8 个团,总计兵额为 80 万人。具体规定,四大集团军各自保留 11 个师,中央可控制三个编遣区。但是,根据《国民革命军编遣进行程序大纲》的规定,自全国编遣委员会成立之日起,军队一切权力收归中央,撤销国民革命军总司令部、各集团军总司令部、海军总司令部,各部队原地驻扎,听候点编,各集团军无权自行调动和任免军官。这样,冯玉祥、阎锡山、李宗仁的军事大权便被无形剥夺。蒋介石与各个军事集团的矛盾浮出水面,趋于激化。

从政治方面看,宁、汉、沪合流后,建立了南京国民政府。但是,由于

历史恩怨与权力分配不均,国民党内除了原来的西山会议派外,又出现了拥护胡汉民的广东派,拥护汪精卫的改组派。在各个军事派系反对蒋介石的斗争中,无处没有改组派的影子。1929年3月15日,中国国民党召开第三次全国代表大会。会议通过决议,永远开除陈公博、甘乃光党籍,停止顾孟余党籍3年,将李宗仁、白崇禧开除出党,给予汪精卫书面警告。这些决定,尽管挫败了改组派的希图,但更加深了国民党内的矛盾。地方实力派与南京蒋介石之间发生了一系列战争,其中影响比较大的有1929年3月爆发的蒋桂战争、1929年5月和10月爆发的两次蒋冯战争、1929年11月的张桂联军举兵反蒋。战争结果均以地方实力派失败而结束,矛盾依旧,积怨更深。终于爆发了冯玉祥、阎锡山、李宗仁联合反蒋的"中原大战"。

1930年3月15日,原第二、三、四集团军将领鹿钟麟、商震、黄绍竑等57人发出逼蒋下野通电,推戴阎锡山为中华民国陆海空军总司令,冯玉祥、李宗仁、张学良为副总司令,揭开了中原大战的序幕。1930年5月中旬,战争正式开打。战争分为南、北两个战场。南方的主战场在湖南,以衡阳附近为决战区,沿湘江进行,反蒋联军的主力是李宗仁的第一方面军;北方的主战场在河南,支战场在山东,以陇海线为决战区,方向分别沿平汉、陇海、津浦三条铁路线进行,反蒋联军的主力是冯玉祥的第二方面军与阎锡山的第三方面军,再加上再度反正过来的石友三的第四方面军,号称70多万。

1930年4月9日,蒋介石在徐州召开军事会议,将所部编为四个军团,拟定以陇海线为主攻目标,一举粉碎阎冯联军东进、南下的战略,并迅速予以击溃。5月1日,蒋介石在南京举行讨伐阎冯的誓师典礼,随后坐镇徐州,亲自指挥陇海、津浦之战事。中原大战大体经过三个阶段:5月中旬至6月底,为第一阶段。北方战场阎锡山军队占领济南,南方攻占长沙、岳阳,反蒋联军处于战略优势。7 月至 8 月下旬,为第二阶段,双方互有胜负,但蒋介石军队在北方收复济南、南方攻占衡阳后,逐渐由劣势转为优势。9 月至 10 月上旬,为第三阶段,东北军入关助蒋,9 月 21 日占领天津,9 月 26 日占领北平。战争以蒋介石获胜而结束。

在军事倒蒋的同时,政治倒蒋活动也相继展开。1930 年 7 月 3 日,反蒋派发表通电,决定召开"中国国民党中央党部扩大会议"。与会人员主要由国民党内各个反蒋派别的代表所构成,其中包括:以汪精卫为首的改组派,以邹鲁、谢持为首的西山会议派,以及以冯玉祥、阎锡山为首的军事实力派。会议先后通过《扩大会议灭共驱蒋宣言》、《扩大会议宣言》、《国民政府组织大纲》,决定组建北平国民政府,推举阎锡山、唐绍仪、汪精卫、冯玉祥、李宗仁、张学良、谢持为国府委员,阎锡山为北平国民政府主席。阎锡山上任后,发表"公平内政,均善外交"的施政方针,公开与以蒋介石为首的南京国民政府抗衡。9 月 18 日,张学良发出拥蒋通电后,扩大会议转移到山西太原,继续开会。先后通过了《国民会议筹备条例》、《中华民国约法草案》,依然坚持"党事主张依法召集三全大会,国事主张开国民会议,制定约法"。但是,由于军事倒蒋的失败,扩大会议也不得不于 11 月 12 日宣告结束。这样,政治倒蒋也与军事倒蒋一样,没有逃脱失败的命运。

历时 7 个多月,军事倒蒋与政治倒蒋同时并举的中原大战,是中国近代史上一次规模最大、耗资巨大、死伤惨重的新军阀混战,给人民的生命财产造成严重损失,破坏了社会经济的正常发展。这场大战,不但没有改变当时的政治格局,相反,蒋介石经过这次战争,不仅巩固了他的军事实力,而且更加强化了其政治地位。

三、国民政府统治初期的内政与外交

国民党在完成二次北伐后,立即宣布"军政时期"结束,国家进入一个新的历史时期,并制定了一系列涉及内政外交的方针政策。

第一,开始"训政","以党治国"。1928年8月,国民党召开二届五中全会,议决实施"训政"。10月上旬,国民党中央委员会通过《训政纲领》,由南京国民政府发布施行。《训政纲领》规定:训政时期,由中国国民党全国代表大会"代表国民大会,领导国民行使政权",大会闭会期间,由中国国民党中央执行委员会行使政权;国民党各级党部,负责"训练国民逐步推行"选举、罢免、创制、复决四种政权,条件成熟后,还政于民;国民政府总揽并行使行政、立法、司法、考试、监察五项治权;国民党中央政治会议"指导监督国民政府重大国务之施行",对《国民政府组织法》拥有权威修正及最终解释权;国民党中常会对"中华民国之政权治权","独负全责"。按照《国民政府组织法》之规定,国民政府由行政、立法、司法、考试、监察五院组成,分别行使五项治权;国民党中常会负责推举国民政府委员、主席及五院院长。谭延闿为行政院院长,胡汉民为立法院院长,王宠惠为司法院院长,戴季陶为考试院院长,蔡元培为监察院院长。蒋介石为国民政府主席兼陆、海、空三军总司令。基本原则是"以党治国",一党专政。为了维护和稳固这种体制,国民党制定和颁布了一系列法令,对共产党人与国民党左派人士大肆杀戮,名为"清党",实为镇压革命与清除异己。从1927年到1931年,国民党先后杀害的人达100万之多,表现出其残暴与非人道的一面。

第二,城乡治理与社会控制。按照孙中山的设想,训政时期的一个重要内容是推进地方自治。1928年和1930年,国民党曾经两度修订城市组

织法,并公布市议会组织法与市参议员选举法。1928 年冬,北平市依照市组织法开始筹备自治,将全市划分为 15 个区,实行区坊自治职员民选,1933 年初完成市参议员选举,选举产生参议员 37 人。8 月 1 日,参议会正式成立,开始议事。上海市 1930 年着手开始自治,因为 1932 年"一·二八"事变发生而停顿。1932 年国民政府召开第二次全国内政会议,决议实施县政改革,但成效不大。

对于各级政府官员的选拔、任用,国民政府实施公务员制度。在《公务员任用条例》的基础上,1931 年 1 月 8 日,国民政府颁布《高等考试普通行政人员考试条例》,规定依据《考试法》,凡是具有大学和专科学校毕业证书,包括具有同等学力经检定考试及格者和确有专长或著作经审查合格者,均有资格参加普通公务人员高等考试。考试时间是 7 月 15 日至 7 月 30 日,考试分普通行政、财务行政、教育行政、外交领事等类别。8 月 9 日公布录取名单,共计录取了 100 名。

为了强化对社会团体的控制,国民党先后制定了《人民团体组织方案》、《训政时期民众训练方案》、《危害民国紧急治罪法》。规定要求,社会各界要在规定的期限内成立公会、农会与工会组织,各种社会团体均须经市党部和社会局审核登记,并服从国民党的指导。并且规定了各种社会团体的权限,农会只有推广合作事宜、改良土地与良种的权利,工会与各业公会在政治上也只有合作、处理劳资纠纷的权利。与此同时,国民党还利用其特工总部、复兴社、中国文化协会等秘密或公开的机构,加强对各种社会团体的影响、渗透与管制。国民党还成立了图书杂志审查委员会,加强对新闻、出版、戏曲、电影的检查与控制。

第三,财经政策与税制改革。国民党整理财政,主要包括整理盐税、统税和关税。关于盐税,1931 年颁布《盐法》,将盐务机构纳入财政部管理,整顿盐场,提高税率,实行就地征税,使盐税收入逐年增加。1928 年为

1亿多元,1930年增加到1.4亿元,1931年增加到1.7亿元。统税是对工业产品所征收的一次性出厂税,以后运销各地,不再征收厘金、杂捐,但税率高达50%。1928年首先在卷烟、面粉业中征收,1931年正式称为统税,征收范围扩大到棉纱、火柴、水泥行业。关税方面,国民党发起关税自主运动,其中规定:除原有的值百抽五的进口税外,另外征收附加税,以取消内地的厘金及货物税。经过艰难谈判与反复磋商,国民政府陆续与各国签订了友好通商条约或新关税条约,最终在相当程度上取得了关税自主权。1929年2月1日,国民政府宣布实行进口新税则,将以前统一的值百抽五税率修改为差等税率,凡进口货物分为七类,按照类别分别征收7.5%至27.5%的关税。同时,统一陆关关税与海关关税税率,取消了对进口货物征收特税的特设机构。经过改革,关税收入大幅提升,从1928年的1.3亿元增加到1931年的3.38亿元。

19世纪30年代颇具气象的民族资本国货公司

统一币制,筹建国家中央银行,也是国民政府财经政策的一个重要方面。1928年10月5日,公布《中央银行条例》,11月1日,中央银行在上海黄浦滩路华俄道胜银行旧址正式宣告成立,财政部长宋子文自兼总裁,股本 2000 万元,并向各银行押借 1000 万元作为流动资金。随后,国民政府又着手改组了中国银行与交通银行,分别强制性加入官股 500 万元和 100 万元,使其成为国家特许的专业银行,隶属于国民政府财政部。国家银行建立后,大量发行公债和国库券,以缓解财政压力。从 1927 年到 1931 年,国民政府发行的各种债券达 10 亿元之多,年利率一般都在 8% 以上,半数都用于军费支出。尽管弊端很多,但相对而言,全国统一及国民政府在关税自主、裁撤厘金、整理税收等方面的一系列措施,对国民经济的发展还是起到了推动与促进作用。

第四,经济建设。1927 年 7 月,国民政府设立实业部,统筹全国工商实业。1928 年 2 月,改称工商部,后与农矿部合并,恢复实业部。孔祥熙、陈公博、吴鼎昌先后担任部长。1928 年初,设立国家建设委员会,张静江任主席,隶属行政院,负责全国各项建设事业。1931 年 9 月,设立全国经济委员会,隶属行政院,著名经济学家马寅初任主席,负责制定国家经济发展规划。1928 年 11 月 7 日,国民党中政会通过《建国大纲草案》,规定全国交通事业、水电、矿山等关系国家前途的基本工业,均由国家建设经营。依据草案精神,实业部制定了《基本工业建设计划》,提出国家应该优先发展诸如钢铁、水电、机器制造、酸碱工业及酒精工业等。

1930 年国民政府又制定了《实业建设程序》,进一步强调优先发展钢铁、交通运输、煤炭、电力的重要性。1931 年 5 月,国防会议依据孙中山的实业计划,提出了 10 项建设纲要,计划在 10 年内生产钢铁 1.2 亿吨,建立 1470 万千瓦的发电厂等。经济建设机构的设置,经济计划的制定,确保了经济建设的发展。从 1927 年到 1931 年,全国经济增长特别明显。以 1927 年为 100,全国工业产值 1931 年增长指数达到 132.1,年均增长率在 8% 左右。这同时也带动了民营经济的发展。1930 年 6 月 30 日,国民政府正式颁布《土地法》,内容主要包括:承认土地私有权;肯定传统租佃制度的合理性;保护佃农利益;"二五减租"等。这与孙中山当年所设想的"耕者有其田"有很大差距,有些条文仅仅停留在纸面,没有切实执行。农村田赋、地租征收十分混乱,农民生活没有明显改善,农村农民与地主的矛盾更加激化。

第五,改订新约与对俄绝交。南京国民政府建立后,逐渐放弃了以前以反帝为主要内容的"革命外交",开始向西方列强示好、妥协,希望得到西方国家政治、经济上的支持。这一点,在南京事件与济南惨案的处理上,已足以证明。但是,二次北伐完成后,蒋介石迫于党内压力,外交态度转趋强硬,决定与西方列强展开外交谈判,废除旧约,改订新约。1928年6月6日,对外比较强硬的王正廷替代对外软弱妥协的黄郛出任外交部长,就是一个明显的信号。

6月15日与7月7日,王正廷代表南京国民政府,先后发表两次对外宣言,宣言指出:中国80余年备受不平等条约之束缚,今当中国统一告成之际,应遵正当之手续,重订新约,以合乎完成平等及相互尊重主权之宗旨。改订新约依据三个基本原则:废止已经到期的条约,另订新约;尚未到期的条约,以合法手续予以解除,重新订立;旧的条约期满而新的条约还没有订立者,另外制定临时办法,处理一切。按照王正廷的设想,中国政府在1928年完成与西方各国的谈判,收回关税自主权;1929年至1930年进行撤废领事裁判权的交涉;1930年至1931年收回租界主权并撤销外国在华驻军特权;1933年争取收回各国在华租借地,恢复中国固有的全部领土。1928年底,除日本外,南京国民政府先后与西方国家签订了12个关税平等新约。1929年至1930年先后与比利时、英国签订相关协定或照会,收回天津比利时租界、镇江英租界、厦门英租界与威海卫英租界。关于撤废领事裁判权的交涉与谈判过程特别艰辛。王正廷开始坚持彻底撤废领事裁判权,但遭到西方国家的反对。经过无数次的磋商与谈判,决定以渐进的方式,不同地区按照不同年份逐渐撤废,如天津5年后撤废,上海10年后撤废。1931年,先后与英国、美国达成妥协,草签了新约。尽管实际效果与所设想的有较大差距,并没有从根本上完全取消西方列强在中国的特权,没有使中国成为独立自主的国家,但毕竟收回了部分主权,具有一定的积极意义。

亲帝必然反苏。南京国民政府建立后,对援助中国革命的苏联采取了敌视与报复的政策。1927年12月13日,蒋介石发表声明,宣布"对俄绝交"。次日,南京国民政府发布对苏联断绝邦交令,撤销苏联驻中国各地的领事馆,同时关闭苏联在中国各地设立的银行、轮船公司与商业机构。中苏关系一度中断。1929年7月10日,蒋介石、张学良指使中东路中方负责人、中东铁路中方督办吕荣寰以武力接收由两国共同经营的中东铁路,查封了苏联远东贸易局、煤油局、商船局、商业联合会,并解散了各职工会。同时逮捕和遣送苏方高级职员50余人。7月13日,苏联宣布对华断交。8月,中苏边境发生武装冲突,经过几个月的激烈战斗,东北军溃败。12月22日,双方签订《伯力协定》,中东铁路的管理重新恢复到事件以前的状态。蒋介石及其国民政府一时在外交上处于被动。

第二节　农村革命根据地的建立与发展

一、各地武装起义的发动与"苏维埃"口号的提出

国民革命失败后,面对国民党的镇压与屠杀,中国共产党人没有屈服,继续高举革命旗帜,继续革命,连续发动武装起义,将中国革命推进到

一个新的阶段。

为了反抗国民党反动派的屠杀政策,挽救中国革命,中共中央于1927年7月12日进行改组,停止了中央委员会总书记陈独秀右倾投降主义的领导。下旬,决定集合自己掌握和影响的部分国民革命军,并联合以张发奎为总指挥的第二方面军南下广东,会合当地革命力量,实行土地革命,恢复革命根据地,然后举行新的北伐。李立三、邓中夏、谭平山、恽代英、聂荣臻、叶挺等在九江具体组织这一行动,但随即发现,张发奎已表示拥汪,并在第二方面军中开始迫害共产党人。他们向中共中央建议,依靠自己掌握和影响的部队,"实行在南昌暴动"。据此,中共中央指定周恩来、李立三、恽代英、彭湃等组成中共中央前敌委员会,以周恩来为书记,前往南昌领导这次起义。预定参加起义的部队有:国民革命军第二方面军第十一军第二十四、第十师,第二十军全部,第四军第二十五师第七十三、第七十五团,以及朱德为团长的第五方面军第三军军官教育团一部和南昌市警察武装,共2万余人。从7月25日起,第十一、第二十军分别在叶挺、贺龙指挥下,陆续由九江、涂家埠(今永修)等地向南昌集中。27日,周恩来等到达南昌,领导进行起义的准备工作。

此时,以朱培德为总指挥的国民党武汉政府的第五方面军第三军主力位于樟树、吉安、万安地区,第九军主力位于进贤、临川地区,第六军主力正经萍乡向南昌开进;第二方面军的其余部队位于九江地区;南昌市及近郊只有第五方面军警备团和第三、第六、第九军各一部共3000余人驻守。中共前委决定赶在敌人援兵到来之前,于8月1日举行起义。

8月1日2时,在周恩来、贺龙、叶挺、朱德、刘伯承的领导下,南昌起义开始。按照中共前委的作战计划,第二十军第一、第二师向旧藩台衙门、大士院街、牛行车站等处守军发起进攻;第十一军第二十四师向松柏巷天主教堂、新营房、百花洲等处守军发起进攻。激战至拂晓,全歼守军3000余人,缴获各种枪械5000余支(挺),子弹70余万发,大炮数门。当日下午,驻马回岭的第二十五师第七十三团全部、第七十五团3个营和第七十四团机枪连,在聂荣臻、周士第率领下起义,8月2日到达南昌集中。

起义成功后,中共前委按照中共中央关于这次起义仍用国民党左派名义号召革命的指示精神,发表了国民党左派《中央委员宣言》,揭露蒋介石、汪精卫背叛革命的种种罪行,表达了拥护孙中山"三大政策"和继续反对帝国主义、封建军阀的斗争决心。8月1日上午,召开有国民党中央委员、各省区特别市和海外党部代表参加的联席会议,成立了中国国民党革命委员会,推举邓演达、宋庆龄、何香凝、谭平山、吴玉章、贺龙、林祖涵(林伯渠)、叶挺、周恩来、张国焘、李立三、恽代英、徐特立、彭湃、郭沫若等25人为委员。革命委员会任命吴玉章为秘书长,任命周恩来、贺龙、叶挺、刘伯承等组成参谋团,作为军事指挥机关,刘伯承为参谋团参谋长,郭沫若为总政治部主任,并决定起义军仍沿用国民革命军第二方面军番号,贺龙兼代方面军总指挥,叶挺兼代方面军前敌总指挥。所属第十一军,叶挺任军长、聂荣臻任党代表;第二十军,贺龙任军长、廖乾吾任党代表;第九军,朱德任副军长、朱克靖任党代表。兵力共2万余人。

南昌起义后,汪精卫急令张发奎、朱培德等部向南昌进攻。8月3日起,中共前委按照中共中央原定计划,指挥起义军分批撤出南昌,沿抚河南下,计划经瑞金、寻邬(今导乌)进入广东省,先攻占东江地区,发展革命力量,争取外援,然后再攻取广州。起义军到达进贤县时,第十师师长蔡廷锴驱逐在该师工作的共产党员,率部折向赣东北,脱离起义军。由于起义军撤离南昌比较仓促,部队未经整顿,加上酷暑远征,部队减员较多,7日到达临川时,总兵力约1.3万人。起义军在临川休息3天,继续南进。8月25日,先头部队到达瑞金县壬田以北地区。这时,驻广东的国民党军第八路军总指挥李济深,调钱大钧部9000人,由赣州进至会昌、瑞金地区,其中一部进至壬田,阻止起义军南下;调黄绍竑部9000人由南雄、大庾(今大余)向雩都(今于都)前进,支援钱大钧部作战。在这种形势下,中共前委决定乘钱、黄两路兵力尚未完全集中时,实施各个击破。当日,起义军向壬田守军发动进攻,歼其一部,于26日攻占瑞金县城。接着,集中兵力进攻会昌的钱大钧部主力,激战至30日,攻占会昌县城。两战歼钱大钧部6000人,缴获枪2500余支(挺)。起义军伤亡近2000人。9月初,起义军一部在会昌西北的洛口地区,击退黄绍竑部的进攻。9月22日,第十一军第二十五师占领广东省大埔县三河坝,主力继续南进,于23日占领潮安(今潮州)、汕头。在此期间,李济深令钱大钧残部牵制第二十五师,令黄绍竑部经丰顺进攻潮安,令陈济棠、薛岳部3个师1.5万余人组成东路军,由河源东进,寻找起义军主力决战。

根据上述情况,中共前委决定,第二十军新建的第三师随革命委员会驻守潮、汕地区,集中主力6500余人迎击东进之敌。9月28日,起义军主力在揭阳县山湖(玉湖)附近地区同东路军遭遇,将其击溃,继向汤坑(今丰顺)推进,在汾水村地区与敌再次激战,至30日,起义军伤亡2000余人,无力再战,遂向揭阳撤退。同日,黄绍竑部攻占潮安。10月3日,起义军主力在流沙(今普宁)与由潮、汕撤出的革命委员会会合,继续向海丰、陆丰地区撤退,在经过流沙西南钟潭村附近的莲花山时,再次遭到东路军的截击,激战不胜,部队大部溃散。革命委员会和起义军领导人分散转移,余部1300余人进入海丰、陆丰地区。驻守三河坝的第二十五师,在给钱大钧部以重大杀伤后,向潮安转移,10月5日在饶平县境同由潮、汕撤出的第三师一部会合。此后,这两支部队在朱德、陈毅率领下,转战闽、粤、赣、湘边界,最后保存起义军约800人,参加了湘南起义,并于1928年4月到达井冈山革命根据地,与毛泽东领导的湘赣边界秋收起义部队会合。

　　南昌起义,是中国共产党直接领导的带有全局意义的一次武装暴动。它打响了武装反抗国民党反动派的第一枪,宣告了中国共产党把中国革命进行到底的坚定立场,标志着中国共产党独立地创造革命军队和领导革命战争的开始。1933年7月11日,中华苏维埃共和国临时中央政府根据中央革命军事委员会6月30日的建议,决定8月1日为中国工农红军成立纪念日。从此,8月1日成为中国工农红军和后来的中国人民解放军的建军节。

　　1927年8月7日,中共中央在湖北汉口召开紧急会议。会议的主要议题是:清算了国民革命时期以陈独秀为代表的右倾机会主义错误;确定了土地革命与武装反抗国民党反动派的总方针;成立了新的中央临时政治局,瞿秋白、苏兆征、李维汉为政治局常委。史称"八七会议"。

　　根据"八七会议"确定的方针,从1927年到1928年,共产党在全国各地发动了大小100多次武装起义。主要有农民秋收起义、年关暴动、工人与士兵暴动几种形式。

　　1927年9月,毛泽东、卢德铭、余洒度等领导湘赣边界秋收起义,是秋收起义中最重要的一次武装起义。起义计划是分三路进攻,目标是夺取长沙。9月9日,起义爆发,但很快失败。9月19日,起义军撤退到浏阳县的文家市。大家采纳了毛泽东的意见,否定了继续进攻长沙的主张,决定沿湘赣边界向南进军。经过三湾改编,创建了井冈山革命根据地。

　　1928年1月,方志敏、邵式平领导的赣东北弋阳、横峰两县的年关暴动;朱德、陈毅领导的湘南年关暴动。

　　1927年12月11日,张太雷、叶挺、叶剑英等领导的广州起义。这是一次工人与士兵联合组成的城市武装暴动。这些不同形式的武装起义,是共产党领导人民继续坚持革命斗争的具体表现,对国民党所奉行的屠杀政策给予了猛烈回击。

　　苏维埃是俄语的译音,原意是"会议"或"代表会议"的意思。是俄国1905 年革命高潮中出现的工人代表会议的一种简称。俄国十月革命成功后,苏维埃便成为苏联权力机构的形式和名称。1927 年 9 月,中共中央发布《关于"左派国民党"及苏维埃口号问题议决案》,明确提出建立苏维埃的政治主张。《决议》指出,在当前革命阶段中,"党的主要口号就是苏维埃","现在的任务不仅宣传苏维埃的思想,并且在革命斗争新的高潮中应成立苏维埃"。中共中央彻底放弃了国民党左派的旗帜,鲜明地提出了"苏维埃"新的革命口号,这是中国共产党一个重要的战略转变。1927 年11 月,彭湃领导的海陆丰农民起义,分别组建了工农兵代表大会与县苏维埃政府。这是共产党人在中国一度建立起来的第一个以"苏维埃"为标志的革命政权。广州起义期间,曾经短暂建立了广州苏维埃政府,并提出了"一切政权归苏维埃"的政治主张。此后近十年时间,中国革命一直在苏维埃的口号与旗帜下进行。

　　二、农村革命根据地的建立与发展

　　1928 年 6 月至 7 月,中共中央在苏联莫斯科召开第六次全国代表大会。之后,农村革命根据地广泛建立和发展起来。

　　1. 井冈山革命根据地。1928 年春,朱德、陈毅率南昌起义余部与湘南暴动后组成的农民军到达井冈山,与毛泽东率领的秋收起义工农革命军会合,巩固了井冈山根据地,部队合编为中国工农革命军第四军。朱德任军长,毛泽东为党代表。为粉碎敌人的封锁,1929 年 1 月,毛泽东和朱德率领红四军向赣南、闽西发展。1929 年 3 月,占领赣南的兴国、瑞金等地;3 月、5 月、10 月三次东进闽西,连克汀州、上杭。1930 年春,先后在两地建立工农民主政权,开辟了赣南、闽西根据地。这两块根据地,以后发展成为中央革命根据地。

2. 鄂豫皖根据地。1927 年 11 月,吴光浩、潘忠汝、戴克敏领导有数万人参加的湖北黄麻起义,一度占领县城,并建立了政权,此后开展游击战争,1929 年建立了鄂东北革命根据地。1929 年,中共在河南商城发动起义,建立豫东根据地。1930 年 1 月,中共在安徽六安、霍山发动起义,建立皖西根据地。1930 年 3 月,中共鄂豫皖边区特委成立,红军集中整编为红一军。在特委领导下,三区连成一片,形成鄂豫皖革命根据地。1931 年,红一军改称红四军,军长邝继勋,政委余笃三,参谋长徐向前。这支部队后来发展为红四方面军。

3. 闽浙赣根据地。1927 年 11 月,方志敏领导江西东北部的弋(阳)横(峰)起义,开展游击战争,并建立了以弋阳、横峰、上饶为中心的赣东北根据地。成立了赣东北苏维埃政府,方志敏担任主席。部队整编为红十军,周建屏任军长,邵式平任政委。1928 年冬,中共领导福建崇安的闽北起义,1930 年夏到 1931 年春,地区横贯福建、浙江、江西三省,形成了闽浙赣革命根据地。

4. 洪湖湘鄂西根据地。1927 年底到 1928 年初,贺龙、周逸群受党中央派遣到湖北监利,会合贺锦斋等人领导的游击队发动起义。1928 年春,贺龙、周逸群又到湖南西北部的桑植发动起义,建立湘鄂边根据地。洪湖地区由共产党人段德昌再次领导起义,打开局面。1930 年夏天,湘鄂边和洪湖两块根据地连成一片,部队合编为红二军团,贺龙为总指挥,周逸群为政委。

5. 湘鄂赣根据地。1928 年 7 月,彭德怀、滕代远、黄公略领导平江起义,建立了红五军。由于敌人围攻,12 月,彭、滕率主力南下,上井冈山与红四军会师,余部由黄公略率领在湘鄂赣边区打游击。1929 年 1 月,红四军向赣南、闽西发展时,红五军留守井冈山,在粉碎敌人围攻后,建立湘赣根据地。1930 年,湘鄂赣与湘赣两区连成一片,红五军扩编为红三、红八、红十六军三个军,不久组成红三军团,彭德怀为总指挥,滕代远为政委。

6. 广西右江根据地。1929 年 12 月利用蒋桂战争之机,邓小平、张云逸发动了广西百色起义,部队整编为红七军,张云逸任军长,邓小平任政委,同时成立了右江工农民主政府。1930 年 2 月,在邓小平发动下,李明瑞、俞作豫等发动龙州起义,建立了红八军,成立左江军事委员会。后红八军被打败,余部与红七军合并,建立了右江根据地。

7. 海陆丰革命根据地。1927 年,广东海丰、陆丰等地区农民在共产党人彭湃领导下,于 5 月、9 月、10 月先后举行三次武装起义,建立了工农民主政权。1928 年 4 月,在优势敌人大举进攻下,红军退至海陆丰西北的八乡山坚持斗争。1929 年春,乘国民党新军阀混战之机,海陆丰的红军又有了较大的发展。1930 年,转移到赣西南与红一军团会合。此后,海陆丰根据地逐渐变为游击区。

1930 年,中共在全国各地建立起大小十几块农村革命根据地,主要分布在江西、福建、湖南、湖北、广西、广东、安徽、浙江、陕西等省份。红军主力发展到十几个军,7 万余人。革命进入一个比较好的发展时期。

三、"工农武装割据"理论的创立

在创建农村革命根据地的实践基础上,1928 年到 1930 年间,毛泽东先后撰写了《中国的红色政权为什么能够存在?》、《井冈山的斗争》等文章,创造性地提出并阐明了工农武装割据的思想。

毛泽东指出:"一国之内,在四围白色政权的包围中,有一小块或若干小块红色政权的区域长期地存在，这是世界各国从来没有的事。"①毛泽东这里所说的"红色政权区域"，和在另外地方所说的"红色割据"、"群众割据"等，是和"工农武装割据"同一含义的概念。其内容包括：共产党领导下的武装斗争、土地革命、根据地建设及其三者的密切结合。武装斗争是中国革命的主要形式，没有一支相当力量的红军和红军战争的胜利，就不能创建革命根据地和进行土地革命；土地革命是中国革命的中心内容，是广大农民的要求，没有土地革命，红军战争就得不到群众的支持，根据地也就不能巩固和发展；根据地是革命和革命战争胜利发展的立足点和出发点，不建设革命根据地，武装斗争就没有后方的依托，土地革命的成果就无法保持。

红色政权、工农武装割据为什么能够发生、存在和发展？这有其独特的原因和相当的条件，包括客观的和主观的条件。毛泽东从五个方面对此做了深入而系统的分析。

第一，中国是一个帝国主义间接统治的经济落后的半殖民地国家。中国的这种特殊国情，存在有两种产生红色政权的原因：一是地方的农业经济（不是统一的资本主义经济），农村可以不依赖城市而存在；二是帝国主义划分势力范围的分裂剥削政策，造成白色政权间长期的分裂和战争，这就给了一种条件，使一小块或若干小块的共产党领导的红色区域，能够在四围白色政权包围的中间发生和坚持下来。中国白色政权的分裂和战争是持续不断的，则红色政权的发生、存在并且日益发展，便是无疑的了。

第二，有很好的群众基础。中国红色政权首先发生和能够长期地存在的地方，不是那种并未经过民主革命影响的地方，而是在1926和1927两年资产阶级民主革命过程中工农兵群众曾经大大地起来过的地方，例

---

① 《毛泽东选集》第1卷，人民出版社1991年，第48页。

如湖南、广东、湖北、江西等省。这些省份的许多地方,曾经有过很广大的工会和农民协会的组织,有过工农阶级对地主豪绅阶级和资产阶级的许多经济的政治的斗争。总之,这些经过大革命洗礼的地方,有很好的群众基础。

第三,全国革命形势是向前发展的。红色政权的存在与发展,同全国革命形势的发展密切相关。国内买办豪绅阶级内部矛盾重重,分裂和战争不断,使革命形势也得以继续发展。全国革命形势是向前发展的,则小块红色政权的长期存在,不但没有疑义,而且必然地要作为取得全国政权的许多力量中间的一个力量。

第四,有相当力量的正式红军。毛泽东指出:"所谓割据,必须是武装的。哪一处没有武装,或者武装不够,或者对付敌人的策略错了,地方就立即被敌人占去了。"[1]武装,包括正式军队和地方武装两部分。地方武装赤卫队,只能对付地主武装挨户团,而不能对付正式的白色军队;对付国民党的正规军,必须有正式红军。因此,没有相当力量的正式武装,是不能粉碎国民党正规军对根据地的反复"进剿"的,是不能造成长期的和日益发展的割据局面的。"所以'工农武装割据'的思想,是共产党和割据地方的工农群众必须充分具备的一个重要的思想。"[2]

第五,共产党组织的有力量和它的政策的不错误。在复杂、艰苦、激烈的斗争中,共产党的领导对于红色政权的存在和发展具有决定性意义。这就要求:首先,共产党组织坚强有力;其次,政策要正确。毛泽东指出边界特委和军委的政策是:"坚决地和敌人作斗争,造成罗霄山脉中段政权,反对逃跑主义;深入割据地区的土地革命;军队的党帮助地方党的发展,

---

军队的武装帮助地方武装的发展；对统治势力比较强大的湖南取守势，对统治势力比较薄弱的江西取攻势；用大力经营永新，创造群众的割据，布置长期斗争；集中红军相机迎击当前之敌，反对分兵，避免被敌人各个击破；割据地区的扩大采取波浪式的推进政策，反对冒进政策。"①实践证明这些政策是正确的。由于执行了这些政策，才有 1928 年 4 月至 7 月四个月的各次军事胜利和群众割据的发展；违背这些政策，结果是导致 8 月失败。

　　毛泽东"工农武装割据"的理论，把马克思列宁主义关于武装夺取政权的原理创造性地运用到中国的革命实践，为中国革命的进一步发展指明了正确方向，成为中国革命道路理论的重要组成部分。

　　四、苏区土地革命和红军反"围剿"战争

　　苏区土地革命是中国共产党领导农民消灭封建和半封建性的土地占有制度的革命。旧中国的广大农村，占农村人口不到 10% 的地主和富农，占有约 70% － 80% 的土地，借此残酷地剥削农民。而占农村人口 90% 以上的贫苦农民，只占有 20% － 30% 的土地，终年劳动，不得温饱。这种封建的土地所有制和封建的剥削关系，阻碍着社会生产力的发展，是中国长期以来贫穷和落后的根源。因此，解决农民的土地问题，成为中国民主革命的基本内容之一。

　　1927 年 8 月 7 日，中共中央八七会议作出关于实行土地革命的决定，指出"土地革命问题是中国资产阶级民权革命中的中心问题"，是"中国革命新阶段的主要的社会经济的内容"，现时主要的是用"平民式"的革

---

① 《毛泽东选集》第 1 卷，第 59 页。

命手段,发动千百万农民自下而上地解决土地问题。规定要没收大地主和中地主的土地,没收一切所谓公产的祠族庙宇等土地,分给佃农及无地的农民。对于小田主则减租。强调贫农是农民运动的主要力量。

9月,中共中央提出:"对于小地主的土地必须全部没收,实现'耕者有其田'的原则。"11月,中共中央政治局扩大会议又扩大了土地没收的范围,规定"一切地主的土地无代价的没收,一切私有土地完全归组织成苏维埃国家的劳动平民所公有"。

中国共产党第六次全国代表大会进一步制定了实行土地革命的纲领,纠正了关于在土地革命中"没收一切土地"的错误主张,指出应"无代价的立即没收豪绅地主阶级的财产土地,没收的土地归农民代表会议(苏维埃)处理,分配给无地及少地农民使用";要保护工商业,反对均分小资产阶级财产的倾向。同时,明确提出:农村豪绅地主阶级是革命的主要敌人。无产阶级在乡村中的基本力量是贫农,中农是巩固的同盟者。强调联合中农是保证土地革命胜利的主要条件。对于富农,则要根据它对革命的不同态度予以区别对待。凡富农已成为反动力量的地方,在反军阀、反地主豪绅的同时,应进行反富农的斗争;在富农继续同军阀地主豪绅斗争时,要争取它。党在目前阶段中的任务,在使这种富农中立,以减少敌人的力量。随着红军和农村革命根据地的建立与发展,土地革命日益广泛和深入地开展起来,在斗争实践中经过摸索和总结,逐步形成了土地革命的路线、政策和方法。

从1927年冬开始,井冈山根据地在发动群众打倒土豪劣绅的基础上,逐步开展分田斗争。1928年5月中共湘赣边界第一次代表大会后,宁冈全县,永新、莲花的大部分地区,遂川、酃县(今炎陵)的部分地区都分了田。12月,湘赣边界政府颁布了井冈山《土地法》,共9条。这个土地法否定了封建土地所有制,规定没收一切土地归苏维埃政府所有。土地分配的原则和方法是以人口为标准,男女老幼平均分配,主要以乡为分配单位。由于当时尚不知道中共六大的有关精神和缺乏经验,这个土地法还存在一些缺陷,一是规定没收一切土地,而不是只没收地主的土地,容易侵犯中农的利益;二是规定土地所有权属于政府,而不是属于农民,农民只有使用权,禁止土地买卖。1929 年 4 月,在总结赣南土地革命经验的基础上,毛泽东主持制定了兴国县《土地法》,共 8 条。这个土地法将井冈山《土地法》中规定的"没收一切土地"改为"没收一切公共土地及地主阶级的土地"。这是一个原则性的修改。7 月,在毛泽东的指导下,中共闽西第一次代表大会通过了《关于政治决议案》和《关于土地问题决议案》,提出自耕农的田地不没收;富农多余的土地要没收,但在革命初期不没收其土地,也不废除其债务;对农村小地主要没收其土地,废除其债务,但不要派款及其他过分打击;对大小商店应取一般的保护政策。规定土地的分配方法,应以乡为单位。在分田时以"抽多补少"为原则,按人口进行平均分配。

　　与此同时,赣东北、湘鄂西、鄂豫皖、湘鄂赣、左右江等革命根据地也相继开展土地革命,颁布了关于土地革命的法令。如 1930 年 10 月,中共湘鄂西特委制定了《关于土地问题决议案大纲》,湘鄂西第二次工农兵贫民代表大会通过了《土地革命法令》,鄂豫皖根据地于 1929 年 6 月和 12 月先后制定了《临时土地政纲》和《土地政纲实施细则》。1930 年 9 月,周恩来在中共六届三中全会上传达了共产国际关于土地革命的指示精神,指出"土地国有问题,现在是要宣传,但不是现在已经就能实行土地国有","禁止土地买卖,目前是不需要的口号,这只是增加了农民的恐慌心理"。1931 年 2 月 27 日,毛泽东写信给江西省苏维埃政府,肯定了农民对土地的所有权。信中指出:过去分好了的田(实行抽多补少、抽肥补瘦)即算分定,得田的人,即由他管所得的田,这田由他私有,别人不得侵犯。

以后一家的田,一家定业,生的不补,死的不退,租借买卖,由他自主。田中出产,除交土地税于政府外,均归农民所有。3月,江西省苏维埃政府发布文告,正式宣布:"土地一经分定,土地使用权、所有权通通归农民。"

1930年底、1931年初,各个革命根据地在不断总结经验的基础上,逐步解决了关于没收土地的对象、土地分配的原则和方法、土地分配后的所有权,以及土地革命中的阶级路线等基本问题,形成了一套比较切实可行的土地革命的路线、政策和方法。这就是依靠贫农雇农,联合中农,限制富农,保护中小工商业者,消灭地主阶级,变封建的土地所有制为农民的土地所有制。发动农民自己动手解决土地问题,以乡为单位,按人口平均分配土地,在原耕地基础上,抽多补少,抽肥补瘦,满足无地少地的农民的土地要求。在这条土地革命路线的指导下,各个革命根据地实现了土地制度的深刻变革。土地革命推动了根据地农业生产的发展,也为革命战争奠定了坚实的群众基础。

中共领导的农村革命根据地的广泛建立与迅猛发展,土地革命的深入,引起了国民党蒋介石的不安与警觉。1930年10月,中原大战结束后,蒋介石将军事重点转移到"围剿"红军方面,向各个根据地发起连续进攻,一场"围剿"与反"围剿"的战争开始。

1930年10月,蒋介石先后调集11个师、3个旅及3个航空队,共10万人的兵力,由江西省主席兼第九路军总指挥鲁涤平为陆海空军总司令南昌行营主任,张辉瓒为前线总指挥,由北向南,采取"分进合击,长驱直入"的作战方针,向中央根据地发动第一次"围剿"。红一方面军有第一、第三两个军团,共约4万人,采取"诱敌深入"的战略方针,待机歼敌。12月29日,张辉瓒率敌第十八师主力向龙冈推进,急于寻我主力决战。该地区群众基础和地形条件均对我有利,敌人又是孤军冒进,于是红军主力秘密西进,埋伏在龙冈附近山中。12月30日,红军发起猛烈攻击,全歼敌军,活捉张辉瓒,俘虏敌人 9000 多人。1931 年 1 月 3 日,红军乘胜追击,在东韶歼灭谭道源师半数,俘敌官兵 3000 余人。粉碎了敌人的第一次"围剿"。

第一次"围剿"失败后,1931 年 2 月,蒋介石任命军政部长何应钦代行总司令职权兼陆海空军总司令南昌行营主任,调集 18 个师、3 个旅,20 万人的兵力,"以厚集兵力,严密包围及取缓进为要旨",采取"稳扎稳打,步步为营"的作战方针,紧密部署对红一方面军的第二次"围剿"。3 月下旬部署完毕。这时,红一方面军仍是第一、第三两个军团,人数略有减少,约 3 万余人,但是,经过第一次反"围剿"的锻炼和胜利后的养精蓄锐,斗志旺盛。战略上,依然采用毛泽东提出的"诱敌深入"的方针,决定采取由西向东横扫,先打弱敌,各个击破的作战计划。4 月 1 日,敌人分四路开始向中央根据地大举进攻,红军主力秘密转移到东固地区,待机歼敌。5 月 16 日,红军在富田一带发起猛烈攻击,一举歼敌第二十八师和第四十七师一个旅的大部。5 月 19 日,在白沙歼敌第四十三师大部和第四十七师一个旅的残部,余敌逃向永丰。5 月 27 日,攻克广昌,歼敌第五师一部,师长胡祖玉受重伤毙命。5 月 31 日,突袭建宁,歼敌第 56 师 3 个多团。红军发动的五月反击,横扫 700 余里,连打五个胜仗,歼敌 3 万余人,缴枪 2 万余支,痛快淋漓地粉碎了敌人的第二次"围剿",进一步巩固和扩大了中央根据地。

蒋介石在第二次"围剿"失败后,于 1931 年 6 月 21 日亲自带着德、日、英等国军事顾问到达南昌,自任"围剿"军总司令,何应钦为前敌总司令,调集 23 个师、3 个旅,约 30 万人的兵力,准备发动第三次"围剿"。这次"围剿",敌人依然采取"长驱直入,分进合击"的作战方针,企图先击破红军主力,捣毁根据地,然后再深入进行"清剿"。敌人组成左右两个集团军,何应钦兼左翼集团军总司令,陈铭枢任右翼集团军总司令,其部署是:

左翼集团军指挥赵观涛第六师、罗卓英第十一师、陈诚第十四师、周浑元第五师、毛炳文第八师、许克祥第二十四师、蒋鼎文第九师等，从南城方面进攻，寻求红军主力决战；右翼集团军指挥蔡廷锴第六十师、戴戟第六十一师、韩德勤第五十二师、孙连仲第二十五师、高树勋第二十七师、上官云相第四十七师、郝梦龄第五十四师等，从吉安、永丰、乐安方面，深入根据地"进剿"。另以卫立煌第十师和李延年攻城旅为总预备队，策应左右两路军之作战；以李云杰第二十三师、路孝忱第七十九师和骑一师等，在樟树、宜黄、抚州、南城、黎川一带，分别担任"清剿"、守备及维护后方任务；以公秉藩第二十八师、罗霖第七十七师和马昆第十二师第三十四旅等，担任拦阻我军西渡赣江任务；以张贞第四十九师、刘和鼎第五十六师和周志群新编第十四旅等，在闽粤赣边防堵我军东进；以第一、第三、第四、第五、第七等航空队，执行侦察、轰炸和运输任务。另外，还抽调李韫珩第五十三师进入江西，准备开往吉安待命。

　　7月1日，敌人开始向根据地大举进犯。当时，红一方面军仍是第一、第三两个军团，只有3万人左右，还没有得到休息和补充。根据这种情况，红一方面军总前委决定仍采取诱敌深入的战略方针，以一部兵力在地方武装、赤卫军、少先队的配合下，迟滞敌人前进，主力于7月10日前后，从闽西地区出发，绕道千里，回师赣南兴国地区，适时转入反攻，集中兵力各个歼敌，打破敌人的"围剿"。

　　7月底，蒋介石发现红军主力已转移到兴国地区后，立即命令其主力部队，分路由北向南、由东向西进攻，企图压迫红军于赣江东岸而消灭之。在敌人重兵压境的情况下，红一方面军总前委决定采取避敌主力，打其虚弱的作战方针，指挥红军由兴国经万安突破富田一点，然后由西向东，向敌之后方联络线上横扫过去，让敌主力深入赣南根据地，将其置于无用武之地。但正当红军向富田开进之际，被敌发觉，敌第十一、第十四两师抢先到达富田。在红军西临赣江，东、南、北三面受敌的危急形势下，总部决定改取中间突破，向东面的莲塘、良村、黄陂方向突进。为隐蔽红军企图，造成敌之错觉，以红三十五军和红十二军第三十五师，伪装主力，向赣江方向佯动，主力于8月4日晚，巧妙地通过蒋鼎文师驻地江背墟和蒋、蔡、韩驻地崇贤之间40里的空隙地带，迅速转移到莲塘地区。8月7日，在莲塘歼敌第四十七师一个多旅；接着，在良村歼敌第五十四师大部；8月11日，在黄陂歼敌第八师约四个团，取得三战三捷的胜利。敌人发觉红军主力东去，从8月9日起，将其向西向南的部队，转而向东，采取密集的大包围姿势，接近了红军的集中地——君埠以东地区。红十二军第三十五师向乐安方向佯动，将敌向东北方向引诱，主力由敌军之间20里间隙的大山中秘密越过，返回兴国地区集中。待敌发现红军集结地域，再向西进时，红军已休整半月，而敌军已被拖得疲惫不堪，无能为力，不得不于9月初开始退却。红军乘敌退却之机进行追击，除高兴圩一仗与敌第六十师、第六十一师打成对峙外，于9月7日在老营盘歼敌第九师一个旅；9月15日，在方石岭全歼敌第五十二师及第九师一部，又打了两个胜仗。至此，红军六战五捷，击溃敌人7个师，歼敌17个团，毙伤俘敌3万余人，缴枪2万余支，彻底粉碎了敌人的第三次"围剿"。

经过三次反"围剿"胜利，考验了红军，锤炼了革命队伍，使红军和根据地都得到了很大的发展，赣南、闽西两块根据地连成一片，成为一个完整的中央根据地，范围达到21个县境，面积5万平方公里，人口约300万，为粉碎敌人新的"围剿"造成了更有利的条件。在中央苏区先后粉碎国民党军三次"围剿"的同时，其他苏区也相继取得了反"围剿"战争的胜利。

五、李立三"左"倾冒险错误的出现及纠正

李立三(1899—1967),原名李隆郅,湖南醴陵人。1919 年赴法国勤工俭学。1921 年回国并加入中国共产党。1922 年领导安源路矿工人大罢工。1923 年任中共武汉区委书记。1924 年任上海区委职工运动委员会书记。1925 年任上海总工会委员长,参与领导了五卅运动。1926 年任中华全国总工会执行委员、组织部长,在武汉领导工人运动。1927 年当选为第五届中共中央委员、政治局委员、中央工人部长。同年 7 月,中共中央改组,为政治局常委之一。参与领导了"八一"南昌起义,并担任中共中央前敌委员会委员、革命委员会委员和政治保卫处处长。同年 12 月任中共广东省委书记。1928 年任中共中央政治局常委、宣传部长,1930 年,兼任中央秘书长。1930 年 3 月,周恩来前往莫斯科。由于总书记向忠发缺乏行政领导能力,中央工作实际上由李立三主持。

李立三漠视中国革命的实际状况,完全接受并发展了共产国际关于准备武装总暴动以夺取城市为中心,实现一省数省首先胜利的方案。1930 年 4 月至 5 月间,李立三先后在《红旗》、《布尔塞维克》等中共机关刊物上发表《新的革命高潮前面的诸问题》等文章,提出了关于中国革命的一系列"左"的观点。国民党新军阀混战的中原大战爆发后,李立三错误地认为革命形势已经在全国成熟。

1930 年 6 月 11 日,李立三主持召开的中共中央政治局会议,通过了他本人起草的《目前政治任务的决议》,即《新的革命高潮与一省或几省的首先胜利》的决议案,以李立三为代表的"左"倾冒险主义错误在党中央占据了统治地位。其主要表现是:第一,对革命形势作了根本错误的估计,认为中国革命也好,世界革命也好,都到了大决战的前夜。第二,主张在实际工作中已不再需要逐步积聚和准备革命的力量,因为群众已经不要小干,只要大干,也就是只要武装暴动,而且是全国性的武装暴动了。第三,坚持"城市中心论"的错误观点,反对以农村包围城市,以根据地推动全国革命高潮的思想。第四,混淆民主革命和社会主义革命的界限,认为一省或数省首先胜利,就是向社会主义革命转变的开始,企图在反对帝国主义和封建主义的同时,反对资产阶级,并制定了没收民族资本家企业、消灭富农、建立集体农庄等"左"倾政策。基于这些错误认识,李立三提出了组织全国中心城市武装起义的口号,并决定将党、团、工会的各级领导机关合并为武装起义的各级行动委员会,命令红军进攻武汉、长沙等中心城市。具体计划是:命令上海、南京、广州、武汉、天津、北平、唐山、青岛、哈尔滨等十几个中心城市的共产党组织,立即无条件举行总罢工与武装起义;命令全国各地红军迅速攻打长沙、南昌、九江、武汉、桂林、宜昌等城市,最后实现"会师武汉,饮马长江"的宏伟蓝图,重演辛亥革命武昌起义的场景。

李立三的"左"倾错误在党内统治的时间虽然只有 3 个多月,但使刚刚发展起来的革命力量遭受了重大损失。国民党统治区内,许多地方的党组织因为急于组织暴动而把原来的有限力量暴露出来,先后有满洲、顺直、河南、山西、陕西、山东、湖北、福建、浙江、广东、湖南等 11 个省委机关遭受破坏,武汉、南京等城市的党组织几乎全部瓦解。红军在进攻大城市时也遭到很大损失,减员 3 万多人,先后丢失了洪湖及右江等革命根据地。

1930 年 9 月 24 日至 28 日,中共中央在上海召开扩大的六届三中全会。会议由瞿秋白、周恩来主持。会议纠正了李立三对中国革命形势的"左"的估计,停止了组织城市暴动和红军进攻大城市的冒险计划,恢复了党、团、工会的独立组织。会议指出中国共产党当前的主要任务是:巩固和发展苏维埃区域及其红军武装,加紧恢复和重建白区工作;白区工作与苏区工作要互相联系,相互促进,为在苏区最有保障的区域建立苏维埃中央政府而斗争。会上,李立三作了自我批评,承认了错误,接着便离开中央的领导岗位,前往共产国际工作。这样,以李立三为代表的"左"倾错误得以纠正。

六、王明"左"倾教条主义错误在中共中央的统治

王明(1904—1974),原名陈绍禹,安徽六安人。早年参加过学生运动,在五卅运动中加入国民党。1925年去莫斯科中山大学学习,深得校长米夫的器重和欣赏,并加入中国共产党。同年冬回国。1927年第一次大革命失败后,又随米夫去苏联,在莫斯科中山大学任教。在这期间,他在米夫支持下,搞宗派斗争,打击异己,逐渐取得政治上的优势,其思想"左"倾,教条主义严重。1929年10月回国后,任《红旗》编辑,发表"左"倾思想的文章。1930年底借批立三路线,提出一个比立三路线更"左"的政治纲领。《两条路线》即后来改名的《为中共更加布尔塞维克化而斗争》的小册子,是王明"左"倾教条主义的代表之作。

1931年1月7日,中共六届四中全会在上海召开。会议通过了《中共四中全会决议案》,在共产国际代表米夫的干预下,补选了中央委员,改选了中央政治局:李维汉、何昌退出中央委员会,增补王明、沈泽民、夏曦等人为中央委员;瞿秋白、李立三、李维汉退出中央政治局,新选刘少奇、王明等5人为政治局委员。中央政治局常委是向忠发、周恩来、张国焘。王明于2月被补入中央政治局常委会,取得了中央领导权。1931年6月,总书记向忠发被捕叛变,米夫以共产国际名义指定由王明为代理总书记。党内开始了第三次"左"倾错误的统治。同年9月,党中央机关遇到破坏,

王明随米夫去苏联,任中共驻共产国际代表。根据共产国际远东局的提议,在上海组建了临时中央政治局,由博古、洛甫、康生、陈云、卢福坦、李竹声6人组成。博古、洛甫、卢福坦3人任政治局常委。王明去苏联前指定中央由博古负责,博古执行的仍是王明的"左"倾冒险主义。

王明"左"倾冒险主义错误主要表现在:第一,对革命性质、形势和阶级关系作出了错误的分析,混淆民主革命与社会主义革命的界限,否认中间阶级的两面性和反动势力的内部矛盾,实行"关门主义",主张"进攻路线",宣称"现在阶段的中国资产阶级民主革命,只有在坚决进行反对资产阶级的斗争中,才能取得彻底胜利"。第二,对革命道路问题和城市斗争的方针问题提出了错误的政策,低估根据地建设和农村游击战的重要性,夸大国民党统治的危机和革命主观力量的发展,坚持"城市中心"论,号召全党准备决战。第三,在土地问题上推行"地主不分田,富农分坏田"的极"左"政策。在组织上大搞任人唯亲的宗派主义和惩办主义,搞"残酷斗争,无情打击"。在军事上强调所谓的"正规化"、"正规战"、"全线出击",等等。王明"左"倾教条主义错误给中国革命造成了严重危害。

第三节　中间政派的政治主张及活动

一、第三党的组建及其"平民革命论"

所谓第三党,有两层含义:一是其主要人员是从国民党与共产党中间分离出来的,如国民党人邓演达、共产党人谭平山等;二是其政治主张介乎国民党与共产党之间。

邓演达(1895—1931),字择生,广东惠阳人,1911年加入中国同盟会。

1919年毕业于保定陆军军官学校。第一次国共合作期间,拥护孙中山三大政策,是著名国民党左派。1925年任黄埔军校教育长。1926年1月当选为国民党"二大"候补中央执行委员。同年7月任国民革命军总政治部主任,随军北伐,指挥攻克武昌。曾被国民党二届三中全会选为中央执行委员、中央政治委员会委员、中央军委主席团成员和中央农民部部长。蒋介石发动"四一二"反革命政变时,他曾经力主东征讨蒋。

谭平山(1886—1956),号鸣谦,广东高明人。早年加入同盟会,进行反对清朝政府的斗争。1917年入北京大学学习,1919年参加五四运动。1920年回广东参与组织广州的共产党早期组织。1921年中国共产党成立后,任中共广东支部书记。1923年出席中共三大,当选为中央执行委员、中央局委员。在中共四大、五大上继续被选为中央执行委员,在中共五届一中全会上当选为中央政治局委员,任农民部长。大革命时期是国共合作的积极支持者和执行者,曾作为共产党人代表参加中国国民党第一、第二次全国代表大会,并在国民党一届一中全会和二届一中全会上均当选为中央执行委员会常务委员,任中央组织部部长。1927年3月担任武汉国民政府委员兼农民部部长,并试图通过武汉国民政府来进行土地改革。蒋介石、汪精卫相继叛变革命后,参加南昌起义,被推选为革命委员会主席。南昌起义失败后流亡海外。11月,在中共临时中央政治局扩大会议上被错误开除党籍。

1927年国民革命失败前夕,在国民党左派邓演达和共产党人谭平山之间,就曾有解散共产党,再次改组国民党,另组第三党的酝酿。这个主张当然被共产党所拒绝。国民革命失败后,邓演达去苏联,后又到欧洲考察。1927年11月初,宋庆龄、邓演达、陈友仁在莫斯科以"中国国民党临时行动委员会"的名义发表《对中国及世界革命民众宣言》:"宣告南京武汉的伪党部中央之罪过,以革命手段中止其受第二次大会委托之职权;并临时行使革命指导之机能。"①1927 年冬,谭平山、章伯钧、季方等在上海发起成立"中华革命党",表示继续奉行孙中山的三民主义。这是第三党形成后最早采用的名称。该党与在海外的邓演达保持联系。1930 年春,邓演达自海外归来,随后召开干部会议,将第三党的名称正式定为"中国国民党临时行动委员会",通过《政治主张》的决议,成为第三党的纲领性文件。邓被选为中央干事会总干事,负责主编《革命行动》半月刊。第三党的主要政治主张是:

第一,对中国社会与中国革命的性质、革命任务与革命动力做了比较客观的分析。关于中国社会的性质,《政治主张》指出,中国社会依然是一个半殖民的、半独立的、封建势力支配的社会形态。关于中国革命的性质与任务,《政治主张》指出,中国革命是资产阶级平民革命,革命的前途是社会主义。推翻南京国民政府的统治,建立平民政权,进行经济建设是其主要任务。关于革命的动力,《政治主张》指出,中国革命要以平民为中心,平民主要指中国人口绝大多数的工农大众。

第二,提出了比较系统的平民革命理论。《政治主张》指出,所谓平民革命,实质上就是兼具民族、民权、民生三种革命以完成孙中山的未竟之业而最后以社会主义为归宿的革命。国民大会是全国的最高权力机关,"平民革命军"是其基本武装力量。具体政策是:经济方面,消除帝国主义者在华的经济统治势力,消灭封建的残余,在集中与干涉的两个原则下面建设国家资本主义;社会方面,改良工人的生活,确定八小时工作制和工人罢工的权利,使工人逐渐参加生产管理。第三党的土地政策介乎孙中山的民生主义与中共的社会主义之间,具体设想是:"原则上主张土地国有,而用耕者有其田为过渡的办法。"实现耕者有其田的具体方案与程序

---

① 周天度编:《邓演达文集》,人民出版社 1981 年,第 337 页。

是：由国民大会制定土地法，规定农户占有耕地的最高额和最低额；国家发行50年长期土地公债，将最高额以外的私有土地和国家以外的公共团体的土地收买为国有；同时将军阀、贪官污吏、土豪劣绅及反革命团体的全部财产没收为国有；将一切收为国有的土地，分配给农民耕种，农民只有使用权和收益权。

第三，阐述了第三党的对内对外关系与基本思路。在对内关系上，除公开反对南京国民党政府外，对中共所提出的基本路线、方针和政策也做了错误的指责与批评。同时，对当时声势颇大的国民党改组派反蒋而不反对国民党南京政府的做法也提出批评，明确指出："我们和改组派不同，我们不但要和现存一切的统治势力绝缘，而且坚决的要推翻一切反动的统治势力。"①在对外关系上，主张废除一切不平等条约，重新订立完全平等的新约；在"双方完全平等及不干涉中国革命"的前提下，与苏联恢复邦交；同时与各弱小民族结成反帝国主义的联盟。

同时，第三党还积极进行反蒋活动，特别是邓演达利用他以前在黄埔军校和国民革命军中的影响，策动蒋系军官反蒋，给蒋介石的统治造成一定的威胁。1931年8月，蒋介石秘密杀害了邓演达，第三党的势力遭到削弱。1935年，面对华北危机，中国国民党临时行动委员会改名为中华民族解放行动委员会，章伯钧为主席，继续从事抗日反蒋伟大事业。

二、改组派的成立及其主张与活动

改组派，全称中国国民党改组同志会，时人称国民党改组派，简称改组派。南京国民政府初期政府内部的主要反对派之一。1928年下半年成

---

① 《革命行动》半月刊，第1期。

立于上海。主要发起人为陈公博、顾孟余等。陈公博(1892—1946),广东南海人。早年就读于北京大学。1920年任广东《群报》总编辑。1921年春参与组织广州共产主义小组,同年7月参加中国共产党第一次全国代表大会。1923年因投靠军阀陈炯明而被开除党籍。同年2月去美国哥伦比亚大学读书。1925年回国任广东大学教授,代理校长,加入国民党。曾任国民政府军事委员会政治训练部主任、广东省农工厅厅长、国民党中央农民部部长、国民党第二届中央执行委员、国民革命军总司令部政务局长。1927年被选为国民党中央常务委员,并任工人部部长。1927年与汪精卫发动"七一五"政变。后任广州军事委员会分会委员兼政治部主任。1928年与汪精卫组织"中国国民党改组同志会",主编《革命评论》。

1928年国民党二届四中全会后,汪精卫集团在争夺南京国民政府最高统治权的斗争中遭到失败。同年5、6月,陈公博、顾孟余在上海创办《革命评论》、《前进》杂志,重新制订纲领,改组国民党。随后即在上海成立中国国民党改组同志会总部,奉汪精卫为领袖,以陈公博为总负责人(陈赴巴黎后,由王乐平继任),企图通过改组国民党,与蒋介石争夺党权和政权。其地方支部遍布南京、上海、北平、天津、江苏、安徽、浙江、江西等十几个省市及法国、日本、越南、香港等国家和地区,会员达1万余人。

改组派成立后,首先发动了反对蒋介石包办国民党第三次全国代表大会的政治攻势,接着又先后策动张发奎和唐生智、石友三在湖北宜昌和河南郑州、江苏浦口起兵讨蒋,但均告失败。为了策应阎锡山、冯玉祥、李宗仁等人的联合反蒋战争,1930年8月至9月,汪精卫还在北平主持召开了国民党中央党部扩大会议,宣布成立新的国民政府,后因军事失败而瓦解。

改组派的政治主张是:第一,国民党应该代表农工、小市民的利益,主张重新恢复农民运动、工人运动与商民运动。改组派认为,国民党政权的基础是农工与小资产阶级，因此本应代表他们的利益并为之奋斗。但是，当今的南京国民政府却极力摧残与取缔民众运动，结果导致广大民众对国民党统治的失望与不满，以致追随共产党来反抗国民党的压迫。因此，改组派主张，在农村，继续消灭劣绅土豪势力，积极组织农村的合作事业，执行20%的减租，严禁乡村间的超规定的高利贷，平均地权，奖励佃农和自耕农的生产；在城市，建立工会和地方的合作事业，减低工人的生活费，实行工人强迫保险法，设立工人艺术补习学校，促进工人的生产知识，奖励商人投资，保护和奖励私人资本。通过重新恢复各种民众组织，树立国民党新的形象。

第二，彻底铲除新旧军阀，实现国家统一。他们认为，当今中国，旧军阀尚未彻底消灭，又同时产生了新的军阀。而军阀的存在与横行，不仅严重阻碍着中国的完全统一，而且军阀之间的无休混战，又给广大民众造成了严重灾难。因此，他们主张："为解除劳苦民众的压迫，应努力铲除一切新旧军阀。"

第三，"以党治国，以党建国"，反对个人专制独裁，恢复国民党的民权主义。他们认为，改组后的国民党，在组织上的根本原则就是民主集中制。如今的国民党已经完全背离了这个组织原则，只有集中，没有民主，军权凌驾于党权，军事第一，军人当道，官僚主义盛行，党部成为个人专断的工具，广大党员的政治权利被剥夺殆尽。因此，他们坚决反对党附属于军队或政府，主张非党员不得担任政务官，现役军人不得兼任省政府主席，同时废止指派圈定制，恢复选举制，实行党内民主，给予党员在不违背党义前提下有发表不同意见的自由，党部必须绝对保持其独立性，实行党的专政。

第四，公开反对蒋介石及其南京政府。1929年5月，改组派在上海发起成立了中国国民党护党革命大同盟，号召"组织护党革命军，直捣南京政府","铲除叛徒蒋中正一切势力","欢迎汪精卫、宋庆龄及一切革命领袖归国护党"。

改组派的活动,遭到蒋介石的严厉镇压。改组派的刊物《革命评论》、《前进》、《民意》、《中华晚报》等,先后遭到查封。设在上海的大陆大学和改组派的领导机关相继被强行关闭。南京改组派多人被捕,改组派负责人王乐平于1930年春在上海被国民党特务暗杀。这样,改组派在各地的基层活动几乎陷于停顿,仅仅剩下一些上层分子利用改组派这块招牌,作为与蒋介石争权夺利的工具。改组派作为一个政治组织,1931年初被汪精卫宣布解散。但作为政治派别,直到"九一八"事变后蒋汪再次合作才彻底瓦解。

三、人权派的"争人权"及其"演进改革"论

人权派,又称新月人权派。是20世纪二三十年代出现于中国的资产阶级政治派别,其代表人物是胡适、罗隆基、梁实秋等一批留学欧美的资产阶级知识分子。罗隆基(1898—1965),江西安福人,字努生。1921年公费留美,先入威斯康辛大学,继而到哥伦比亚大学攻读政治学。回国后先后任中国公学、光华大学教授。人权派作为一个松散的政治联盟,一个突出的特点,就是它没有自己的宣言、纲领,更没有一整套严密的组织形式,只是一些留学欧美的同仁就某些问题暂时达成的一种共识。其中比较有代表性的文章有:胡适的《人权与约法》,罗隆基的《论人权》、《论中国的共产——为共产问题忠告国民党》。他们的政治主张,概括起来主要有以下几个方面:

第一,人权至上原则。人权派的人权思想,主要集中在罗隆基发表在《新月》第2卷第5期的《论人权》一文中。主要内容是:维持生命,发展个

性,培养人格,达到人群最大多数的最大幸福的目的;国家的主权在全体国民;人民在法律上一律平等,对国家政治上的权利,应有平等享受的机会;国家财政应绝对公开,人民只有真正行使代议权和议决政府的预算决算权,方有向国家承担赋税的义务;国民应有思想、信仰、言论、出版、集会、结社的自由。

第二,抨击国民党的训政独裁,要求确立法治基础以保障人权。人权论者对国民党制定的《训政时期约法》的虚伪性进行了激烈的批评。罗隆基说:"我辈要约法,我辈要约法来保障人权,我们所指的人权,是在我们中国今日的环境里,有切身利害关系的一切人权而言的。在这条上,人民权利章,又有极重要的遗漏。"这主要表现在以下几个方面:首先,约法"条文上规定的'主权在民'四字,是绝无意义的虚文"。其次,约法虽然规定了人民有言论、出版、集会、结社的自由,有通信、通电、迁徙的自由,但究其实质,这"一切一切的自由",都可以"依法律停止之或限制之"。再次,照约法上的规定,国民政府主席的"权力已经包罗万象,法律上又绝无监督机关"[1]。人权派要求法治,反对独裁,并利用他们从西方搬来的资产阶级法治思想,对训政时期约法提出尖锐批评,至少对国民党的统治是一种不利因素,有一定的积极意义。但是,他们把争取宪法或法治作为保障人权,走上民主政治的根本手段,这是一种典型的改良主义,充分地反映出了中国民族资产阶级的两面性。

第三,反对国民党一党独裁,主张专家政治。人权论者认为,"党治"无可非议,英美国家也是如此,我们反对的仅仅是"一党独裁"。罗隆基说:"'党治'亦可以,我们先问问谈'党治'的人,是否先能'治党'。'训政'亦可以,我们先问问训练我们的人,他们政治上的知识,是否可以为

---

[1] 罗隆基:《对训政时期约法的批评》,《新月》第 3 卷第 8 期。

训。换言之,我们要问问管理众人的事的人,是否管理上的专家。"①因此,他们认为征集全国人才,组织贤能政府,实行"专家政治","达到政治上彻底刷新的目的",才是中国政治的根本出路。专家政治,充分反映了人权派所代表的资产阶级在政治上的分权要求。

第四,反对思想专制,要求言论自由。人权论者指出,"中国现在令人不满的现状之一,便是人民没有思想自由","要有思想自由,先要使人民有充分的安然的研究的机会,压力要不得,引诱也要不得"。他们"赞成各种主义的信仰者有充分的出版言论自由"②,即没有任何限制的绝对的言论自由。所谓言论自由,"就是有什么言,出什么言;有什么论,发什么论"。"言论自由这名词,就是指法律不得干涉的自由。是指国会不得制定法律,取缔人民的言论而言"。"'自由'是绝对的,是整个的。'自由'二字不能有什么度数,不能分什么多少。假使说'言论自由'应有度量或多少的限制……结果,天下事没有绝对的自由,就成为绝对的没有自由"。"无事不可言,无事不可论。天下事没有绝对的自由,就成为绝对的不自由"③。人权论者企图以资产阶级的民主自由反对国民党的专制独裁,在当时无疑是有一定的积极意义的。但是他们把言论自由看成是绝对的,不受任何限制,只能是一种空想。

第五,诋毁马克思主义,攻击共产主义运动。人权论者,把马克思主义指导下的中国共产党领导的革命斗争同样也视为对人权的侵犯,因此,他们在宣传其人权理论时,对马克思主义及其指导下的中国共产主义运动竭力反对。他们攻击马克思主义的唯物论和辩证法的"不彻底"和"自

---

① 罗隆基:《我们要什么样的政治制度》,《新月》第 2 卷第 12 期。
② 梁实秋:《思想自由》,《新月》第 2 卷第 11 期。
③ 罗隆基:《告压迫言论自由者》,载《人权论集》。

相矛盾";攻击马克思主义的劳动价值论和剩余价值学说;主张用和平方式改造中国社会,"用自觉的改革代替盲动的所谓'革命'"。他们故意混淆国共两党的本质区别,充分暴露了人权派反马克思主义、反人民的反动性一面。

胡适、罗隆基等人争取人权和法治的努力,遭到了国民党的粗暴镇压。1930 年 11 月 4 日,罗隆基被逮捕,随后解除其光华大学教授职务。同时,国民党有关当局警告胡适"违反党义","大逆不道"。胡汉民更是大骂胡适"甘心做帝国主义的走狗,以国家民族为牺牲","居心之险恶,行为之卑劣,真可以'不与共中国'"①。面对国民党的高压,胡适选择了沉默与退让,1930 年底出任北京大学文学院院长。至此,人权运动寿终正寝。

---

① 《胡适日记》第 5 册,第 875—880 页。

第四章

日本帝国主义的武装侵略
由国内战争向抗日战争的过渡

第一节 "九一八"国难 全国抗日民主浪潮的兴起

一、"九一八"事变

"九一八"事变是日本为侵略中国东北,于1931年9月18日制造的事端。冲突双方是中国东北军和日本关东军。根据冲突爆发的日期,史称"九一八"事变。由于中国东北地区称为满洲,因此日本方面也将这次事变称为"满洲事变"。

1905年,日本在日俄战争中获胜,通过日俄条约,日本获得中国旅顺、大连等地的租借权,并控制长春—旅顺铁路。此后,日本创立"南满洲铁道株式会社",关东军负责铁路沿线的警备。日本在中国的军事存在开始于此,也为以后的中日冲突埋下了祸根。1927 年 6 月,日本召开东方会议,并制定了《对华政策纲要》。东方会议结束后,日本首相田中义一根据会议讨论的精神,拟成一个题为《帝国对满蒙之积极根本政策》的文件,奏呈日本天皇。这个文件也称"田中奏折",标志着日本侵略中国、称霸世界的大陆政策的完全形成。其主要政策是:"惟欲征服支那,必先征服满蒙;惟欲征服世界,必先征服支那。倘支那完全可被我国征服,其他如小中亚细亚及印度南洋等,异服之民族必畏我敬我而降于我,使世界知东亚为我国之东亚,永不敢向我侵犯",现在征服满洲,也有正当理由,因为"所谓满蒙者,依历史,非支那之领土,亦非支那特殊区域","我国此后如有机会,必须阐明其满蒙领土权之真相与世界知道",因此日本应该全力扩大在满蒙的权益,包括铁路建筑权、土地租借权、交通、外贸、金融权,以及在满蒙各个部门设置日本顾问或教官。为了确保日本在中国的利益,扬言不惜与奉行门户开放主义的美国开战,"将来欲制支那,必以打倒美国势力为先决条件",必要时甚至"不得不与美国一战"①。日本军事扩张、侵略中国的野心跃然纸上。

1928 年,关东军将张作霖乘坐的列车炸毁,张作霖重伤不治身亡,史称皇姑屯事件。日本关东军希望借此事件造成东北出现群龙无首的局面。结果,皇姑屯事件并未引起日军所期待的东北混乱,相反于 1928 年 12 月 29 日,张作霖的继承人张学良突然宣布全东北易帜,接受南京国民政府的领导。张学良进一步对日本采取不合作的态度,并开始在南满洲铁路附近建设新的铁路设施,通过低廉的价格与之竞争,导致南满洲铁路陷入了经营危机。感到危机的关东军不断提出抗议,但张学良并不愿意妥协。因此日军石原莞尔、板垣征四郎等人决定通过发动战争来夺得主导权。

---

① 《时事月报》第 1 卷,第 2 期,1929 年 12 月。

1929 年,西方资本主义国家爆发了严重的经济危机。危机自然波及日本。日本方面认为,缓解或者转嫁日本危机的理想之地是中国东北,满蒙与日本有特殊关系,是日本的生命线,日本必须加快向满蒙扩张的步伐与速度。为此,日本军部与关东军方面先后制定了《昭和六年度形势判断》、《解决满洲问题方策大纲》、《关东军占领满蒙计划》等秘密文件,内容包括颠覆张学良政权,组织亲日政权、建立独立国,将中国东北并入日本版图等,等待机会予以实施。1930 年,日本极端军国主义组织"樱花会"成立,加速了这一进程。日本关东军利用日本与张学良在东北问题上的矛盾与冲突,有预谋、有计划、一步步地制造了"九一八"事变。

1931 年 5 月,日本关东军蓄意制造了万宝山事件。万宝山地处吉林省长春市以北的长春县第三区境内,当地的中国农民与日本支持的朝鲜移民在修筑堤坝、浇灌农田上发生纠纷,并形成械斗,互有伤亡。这一事件发生后,日本舆论大肆渲染,引发了朝鲜国内大规模的排华事件,仅仅一周之内,大批华人被杀,上千华人受伤。日本关东军借机大肆扬言,除非武装占领东北,不仅不足以"保护韩民",而且难以保证日本在满蒙的特权不受侵害。万宝山事件实质上是日本为其侵略中国东北制造舆论的一次尝试。

万宝山事件风波尚未平息,又发生了东北军处死日本间谍中村的事件。1931 年 6 月,日本关东军中村震太郎大尉带领退伍骑兵曹长井杉延太郎、一名蒙古向导及一名俄国人,化装成中国人,在兴安岭、索伦山一带进行军事地理调查,从事间谍活动。返回途中,被我东北军兴安屯垦公署第三团发现并扣留。在确认其特务身份后,基于对日本侵略者的仇恨,团长关玉衡下令秘密处决中村震太郎。日本宣称东北军士兵因谋财害命而杀死中村,威逼中国交出关玉衡,并提出种种苛刻条件。中国东北军顶住日本压力,不予答复。日本关东军以此为借口,开始冒险实施其侵略行动。

1931 年 9 月 18 日,经过长期精心策划后,日本关东军以参谋板垣征四郎为首的一批中下级军官,在关东军司令本庄繁等高级将领的纵容下,蓄意制造了柳条湖事件,借机发动了对中国东北的大规模入侵。柳条湖地处沈阳北郊,距离东北军驻地北大营3华里。当天傍晚,日本关东军独立守备队第二大队第三中队部分官兵,在柳条湖附近炸毁南满铁路一段路轨,并在爆炸现场附近扔下三具身着中国士兵服装的尸体,嫁祸于中国东北军,扬言中国军队炸毁南满铁路,向日本军队发动进攻。以此为借口,日军兵分南北两路,向中国军队驻地北大营发起攻击。当时,北大营驻守的东北军第七旅毫无防备,被打得措手不及。结果,北大营逾万名守军被只有500多人的日军击溃。日本关东军的军事冒险一举成功,中日之间的局部战争拉开序幕。

二、日本侵占东北与国民政府的不抵抗政策　伪满洲国的成立

1931年9月18日,日本关东军独立守备队向北大营发起进攻,与此同时,关东军第二师第三旅第二十九团也向奉天城进行攻击。9月19日凌晨,关东军司令本庄繁下令:辽阳的第二师主力增援对奉天的进攻;独立守备队第三营进攻营口、第四营进攻凤凰城、安东(现为丹东);第二师第三旅主力、骑兵第二团、独立守备第一营分别进攻长春宽城子、二道沟、南岭等地。至9月19日10时,日军先后攻占奉天、四平、营口、凤凰城、安东等南满铁路、安奉铁路(安东—奉天)沿线18座城镇。长春地区的东北军自发反击,战至次日,长春陷落。9月21日,东北边防军驻吉林省副司令长官公署参谋长熙洽率部投敌,日军第二师主力占领吉林。

10月1日,东北军黑龙江洮南镇守使张海鹏投敌,且奉日军命令派出3个团进攻齐齐哈尔。10月16日在嫩江桥被黑龙江省防军击退。守军炸毁嫩江铁路桥的第一、第二、第五号桥,以阻止日伪军进犯。10月26

日,关东军第二师第二十九团占领四洮铁路(四平—洮安)沿线主要城镇。

11月4日,关东军嫩江支队攻击嫩江桥北守军。黑龙江省政府代主席兼代东北边防军驻江副司令长官马占山指挥三个旅、五个团共1.6万余人进行江桥抗战,战至11月18日,终因伤亡惨重而弃守省城齐齐哈尔,撤往克山、海伦。11月19日,日军攻陷齐齐哈尔。日军攻占黑龙江省主要城镇后,开始进攻辽西地区。

12月15日,关东军进攻锦州。12月17日,日本陆军中央部由日本本土增派混成第八旅,并从朝鲜调第二十师司令部、混成第三十八旅、重轰炸飞行中队以增援关东军。12月28日,第二师主力渡过辽河进攻锦州。12月30日,混成第三十九旅进攻打虎山(现为大虎山)。1932年1月3日,第二十师司令部率混成第三十八旅占领锦州。驻锦州的东北军第十二、第二十旅和骑兵第三旅已奉命撤退至河北滦东地区和热河。1月28日关东军第三旅由长春向哈尔滨进犯,同时从辽西地区调第二师增援。为了转移国际社会对满洲的关注,日本在国际大城市上海挑起事端,引发了"一·二八"事变。1月31日,依兰镇守使兼第二十四旅旅长李杜率吉林自卫军进行哈尔滨保卫战。激战五天,自卫军伤亡惨重,撤往宾县。2月5日,日军攻陷哈尔滨。

东北沦陷,中外震惊。造成如此结果,主要是国民党的不抵抗政策,一味妥协退让所致。事变发生前,蒋介石便指示张学良,暂不抵抗,一切先从外交解决。万宝山事件刚一发生,蒋介石就电告南京政府及张学良:"现非对日作战之时,以平定内乱为第一。"[①]1931年7月27日,蒋介石在《大公报》上公开发表《告全国同胞一致安内攘外电》,告诫国人:"惟攘外必先安内,去腐乃能防虫……故不先剿灭赤匪,恢复民族之元气,则不能

---

① 《张学良年谱》上卷,第563页。

御侮。不先削平叛逆，完成国家之统一，即不能攘外。"8月16日，即中村事件发生后，蒋介石又致电张学良："无论日本军队此后如何在东北寻衅，我方应予不抵抗，力避冲突。吾兄万勿逞一时之愤，置国家民族于不顾。"这封电报，反映了蒋介石处理中日关系的基本思路。"九一八"事变发生后，国民政府及蒋介石以不变应万变，依然奉行不抵抗主义，把遏制日本的希望寄托于国际社会。9月19日，中国驻国际联盟的全权代表施肇基向国联报告事件，请国联主持公道；9月19日，中国外交部长王正廷向日本公使重光葵提出严重抗议；9月21日，施肇基正式向国联提出申诉；9月23日，中国政府就此事照会美国政府，希望对方"深切关怀"。与此同时，国民政府严格命令全国军队，对日军避免冲突。

1931年11月，整个东北几近沦陷，蒋介石却在外交部长顾维钧的就职典礼上，继续宣扬他的"攘外必先安内，统一方能御侮"的"国策"。蒋介石宣称说："未有国不统一而能取胜于外者，故今日之对外，无论用军事方式解决，或用外交方式解决，皆非先求国内统一不为功。盖主战固须先求国内之统一，即主和亦非求国内之统一，决不能言和。是以不能战，固不能言和，而不统一，更不能言和与言战也。"①蒋介石的不抵抗主义与"攘外必先安内"政策，一定程度上纵容了日本军国主义的侵略，丧失了中国东北的大好河山。

日本占领东北后，加紧着手建立傀儡政权，实行殖民统治。1931年11月，日本特务机关长土肥原贤二大佐将清朝末代皇帝溥仪从天津挟持到东北。1932年2月16日，关东军主持在沈阳大和旅馆召开所谓的"建国会议"。会议决定，成立以张景惠为委员长的"东北行政委员会"，负责筹建所谓的"新国家"。3月1日，张景惠发表《建国宣言》，成立"满洲

---

① 《申报》，1931年12月1日。

国"，以长春为"首都"，改名"新京"。以红蓝白黑满地黄为"国旗"，年号"大同"。3月9日，溥仪抵达长春，出任"执政"。3月10日，溥仪任命郑孝胥任"国务总理兼文教部总长"，臧式毅任"民政总长"，马占山任"军政总长"，熙洽任"财政总长"，谢介石任"外交总长"，完成组阁。9月15日，日本政府发表声明，正式承认"满洲国"。同日，日本与"满洲国"签订《日满议定书》，"满洲国"承认日本的既得权益，包括对中国东北的军事、政治与经济控制权，并允许关东军在"满洲国"内驻军。1934年3月，日本又把"满洲国"改称"满洲帝国"，溥仪待遇升级，由"执政"改称"皇帝"，年号改为"康德"。日本利用"满洲国"这个傀儡政权，对中国东北进行殖民统治十余年。

三、"一·二八"事变与淞沪抗战

"九一八"事变发生后，中国民众的反日情绪高涨，民间自发形成了抵制日货运动，日本商品进口受到严重影响。上海是日本企业与侨民最为集聚的地区，首当其冲，日侨表现极度恐慌。日本在上海驻军中的一些青年军官与上海日侨中的强硬分子相互勾结，开始到处寻衅闹事。在日本上海特务机关长田中隆吉的蓄意煽动下，1932年1月18日，日本日莲宗极右翼代表人物、上海日莲宗妙法寺和尚天崎启升等5人，故意向抗日情绪颇为激昂的三友实业社工人义勇军发起挑衅。结果导致双方发生冲突，日本和尚3人被打伤，1人伤重死亡。这就是日本所谓的"日僧事件"。日本人在互殴中吃亏。1月19日，日本侨民在虹口日本人俱乐部集会，强烈要求中国方面惩办凶手、赔偿损失，并向日本方面道歉。20日凌晨，包括日本宪兵军官在内的数十名日本人，潜入三友实业社工厂，纵火焚烧厂房，再度发生冲突。在公共租界，日本人还打死1名华人巡捕，打伤 2 人。

日本称"一·二八"事变为上海事变或第一次上海事变，1932 年在中国上海发生，是中日两国于 1931 年"九一八"事变后的军事冲突，时间长达一个多月。1 月 20 日，1200 名日本侨民在日侨俱乐部集会，并沿北四川路游行，前往该路北端的日本海军陆战队司令部，要求日本海军陆战队出面干涉，采取强硬手段对付中国。途中靠近虹江路时，开始骚乱，袭击华人商店。1 月 24 日，日本海军陆战队向上海增兵。截止 27 日，日本增调到上海的兵力已有军舰 30 余艘，飞机 40 架，铁甲车数十辆，陆战队士兵 6000 人。凭借兵力优势，日本驻上海总领事的态度更加强硬，不仅要求上海市政府就"日僧事件"道歉、赔偿和惩办凶手，而且要求中国方面必须中止一切排日行动，彻底取缔一切抗日民间团体与组织。对此，上海市市长吴铁城表示，可以就事件本身进行调查，如果事实确凿，可以答应日本方面的要求。但是，取缔民众运动一项，必须依法办理。日本方面坚持，必须接受全部条件。态度蛮横，气焰十分嚣张。1 月 27 日，日方向上海市政府发出最后通牒，限 24 小时以内答复。迫于日方的强大压力，1 月 28 日午后，吴铁城复文日本，全盘接受了日本方面的要求。但是，日本得陇望蜀，得寸进尺，当天 23 时，又提出更加无理的要求：中国方面从速撤离驻扎在闸北的中国军队及其敌对设施。然而，就在中国方面尚未接到日本的无理要求公告时，日本海军陆战队就武力占领了上海天通庵车站。进而以天通庵车站为据点，兵分三路，开始全线进攻闸北方面的中国守军，中国守军被迫奋起抵抗，战争正式爆发。

当时驻守上海的是中国第十九路军。军长蔡廷锴，总指挥蒋光鼐。面对日本的挑衅，1 月 23 日，第十九路军在龙华警备司令部召开驻上海部队营级以上干部紧急会议，做了具体的战斗部署与战前动员。其中，蒋光鼐的讲话特别富有感染力。他说："十九路军是很负名誉的军队，现恰驻扎在上海。此时,真是十九路军生死存亡的关头,也可说是我们国家生死存亡的关头。到这种时期,我们军人只有根据着自己的人格、责任、职守、声誉来死力抵抗了！从物质方面来说,我们当然还不如他。但我们有这种决死的精神,就是全部牺牲亦所不惜。我们的死,可唤醒国魂！我们的血,可寒敌胆！一定可得到最后的胜利！"①当天,陈铭枢、蒋光鼐、蔡廷锴、戴戟等十九路军高级将领公开发表《告十九路军全体同志书》、《告淞沪民众书》,表示他们誓死抗战到底的决心与精神。他们向世人保证:"宁为玉碎而荣死,不为瓦全而偷生。本总指挥、军长、司令愿与我亲爱之淞沪同胞,携手努力,维持必要之治安,作最后有秩序之决斗……我们不要感觉我们物资敌不过人,我们要以伟大牺牲精神来战胜一切,我们必定能操胜算,我们必定能救中国。"②

　　1 月 29 日凌晨,日机从停泊在黄浦江上的"能登吕"号航空母舰上起飞轰炸闸北华界,宝山路 584 号商务印书馆及东方图书馆均被炸毁。闸北多处燃烧。双方激烈交火后展开了白刃战。在中国军队的奋力抵抗下,日军发动的三次冲锋均被十九路军击退,日军被迫全部撤离闸北地区。日本海军陆战队夺占北站的企图以失败告终。1 月 31 日,日本援军抵达上海,有巡洋舰 4 艘、驱逐舰 4 艘、航空母舰 2 艘及海军陆战队 7000余人,猛烈攻击吴淞炮台。中国守军奋起还击,成功阻止了日军登陆的企图。闸北方面,战斗异常激烈,中国军队阵地失而复得。2 月 13 日,日军劲旅久留米混成旅团千余人,在曹家桥偷渡成功后,在永安纱厂门前被中国重兵包围,又有 60 名敢死队员实施自杀攻击,1600 日军全军覆没。日军遭受重创,一举占领吴淞的企图再次破产。2 月 16 日,蒋介石下令,以

①　中国科学院历史所第三所南京史料整理处:《中国现代政治史资料汇编》第 2 辑,第 29 册。
②　上海社会科学院历史研究所:《"九·一八"——"一·二八"》,上海社会科学出版社 1986 年,第 187 页。

中央军第八十七、八十八师及税警团、教导团为第五军，由张治中指挥，加入上海作战。之后，蒋介石再调正在江西"围剿"红军的第十八军陈诚部入浙，担任策应。中国军队在广大民众支持下，在江湾一带抵抗日军进攻至3月2日，由于日军在太仓浏河登陆，形成腹背受敌的局面，于是全面从前线后撤。3月3日，日军占领真如、南翔后宣布停战。日军虽然取胜，但期间四易主帅，损失惨重。

3月24日，上海停战会议在上海英国领事馆举行，谈判持续了一个多月，5月5日，最终达成《淞沪停战协定》。协定总共5条，主要内容是：中国及日本当局确定停战，双方军队尽其力之所及，在上海周围停止一切及各种敌对行为；中国军队在本协定所涉及区域内之常态恢复，未经决定办法以前，留驻其现在地位；日本军队撤退至公共租界暨虹口方面之越界筑路，恢复事变之前状态。

在两国正式签署停战协定前，日人在4月29日于虹口公园举行阅兵，庆祝日本天皇长寿的天长节及日军胜利。韩国人反日志士尹奉吉混入人群中，向主宾席投掷炸弹，上海派遣军司令官白川义则被炸死，日本驻华公使重光葵被炸断一腿，中将师团长植田谦吉被炸瞎一目。尹奉吉后来被捕，在日本被处死。尹奉吉在韩国被视为民族英雄，长期受到民众的景仰。

上海"一·二八"抗战，既有积极的一面，同时又签订了一个丧权辱国的协定。积极的方面就是改变了"九一八"事变以后"不抵抗"的政策，国民政府实行一面抵抗，一面交涉，虽然对西方国家仍存有幻想，但已经决心抵抗，日军进攻上海的时候，南京政府派出第五军作为援军，国内也进行了部分动员，日军开火的时候也敢于还击，这比以前有所改变。日本侵略军也受到了一些打击，在"一·二八"事件中日军死伤3100多人，证明中国政府敢于抵抗的话，还是能给日本侵略者以重创的。但是，"一·二八"事变又以中国军队的败退而告终,这就带来很多不利的后果,那就是从此日本军队在上海驻扎,中国军队反倒不能进驻上海,而上海紧靠当时的中国首都南京。日军在上海屯聚兵力,直接威胁了中国首都和整个东南沿海,同时也使日本侵略者的气焰更为嚣张。

四、抗日民主浪潮的高涨

"九一八"事变的发生,日本帝国主义的武装侵略,国民党政府奉行不抵抗主义,使全国各界为之震动,群情激愤,"中华民族到了最危险的时候",几乎成为广大民众的普遍呼声,纷纷要求进行抵抗,规模空前的反日浪潮在全国掀起。这次抗日民主浪潮的主要表现形式有:

通电集会　事变一发生,社会各界纷纷发出通电,强烈抗议日本帝国主义的侵略暴行,呼吁国民党"平息内争,一致御侮",要求政府采取切实行动,抵抗日本帝国主义的侵略。中国共产党、苏维埃政府和工农红军多次发表宣言,号召中国工农红军和广大被压迫民众"以民族革命战争,驱逐日本帝国主义出中国"。全国各大中城市纷纷召开各界抗日救国大会,誓师抗日。9月23日,首都南京各界约20万人举行反日救国大会;会后,赴国民政府请愿。9月26日,上海800多个团体20多万人举行抗日救国大会,会后举行抗日示威游行。9月28日,北平各界250多个团体约20多万人召开抗日救国大会,并通电全国。社会各界举行集会,发表通电,一致要求南京国民政府停止内战,一致对日,全面抗击日本帝国主义对中国的政治、经济、军事及文化侵略,捍卫中国的国家主权与民族独立。

抵制日货　与五四运动一样,中国民众自然的反应就是抵制日货,拒绝使用日制产品。9月24日,上海3万码头工人拒绝为日本货船装卸货物,同时上海23家日本纱厂男女工人成立抗日救国会,日商大上海橡皮套鞋厂女工誓不为日本人做工。10月1日,由妇女救济会、妇女共鸣社、中华妇女节制会发起,邀集25所女校80个团体2000余人成立上海妇女救国大同盟。成立大会由王立明、王孝英主持。会上发出通电,要求南京政府对日宣战,全国妇女团结起来,抵制日货,组织义勇军看护队。会后举行游行。10月4日,上海妇女界一万多人在沪南公共体育场举行抗日救国大会,通电国民政府实现和平统一,即日宣布对日具体方针,要求全国女界一致对日经济绝交,组织义勇军。

"九一八"事变后,广州民众在市内开展抵制日货运动。广州公安局永汉分局局长杜煊泰,在北京路开设新世界洋货店,专卖日货。"九一八"事变后,仍不断贩卖日货,牟取暴利。1931年10月10日夜,广州2000多

"九一八"事变后学生到南京要求蒋介石出兵抗日

群众集会,包围了新世界,把店内的日货搬到永汉路焚烧。与此同时,素有爱国爱乡光荣传统的海外华侨迅速行动起来,纷纷组建各类抗日团体,掀起宣传抗日、筹赈募捐、抵制日货等救亡运动。

10月初,上海80多万工人组织抗日救国联合会,各厂工人纷纷自发

成立抗日义勇军,要求政府配备武器,参与抗日。10 月中旬,北平工人发起成立工界抗日救国会,以征募爱国捐款、禁售日货等多种形式,开展抗日救国活动。弥漫全国的抵制日货运动与反日罢工,给日本经济以严重打击。仅以上海为例,日本商品每月进口总额从 1930 年的 29%,到 1931 年底下降到 3%;"日清轮船公司"的轮船全部停航;日资工厂 90% 被迫关闭。

请愿示威　青年学生始终是民族救亡的急先锋,每次都站在运动的最前列。事变发生后,全国各地大中学生纷纷集会游行,发表通电,要求国民政府停止内战,一致对外,武装民众,出兵抗日。9 月 20 日,北京大学学生通电指出:"为今之计,唯有速息内战一致抗日,并望我国民众实行武装,誓作政府后盾。"9 月 27 日,北平学生抗日救国联合会发表《为东三省事件告全国民众书》,指出:"向国联报告请求公判",是"软弱无效,坐以待毙的政策",主张工农兵学商"组织起来"、"联合起来"、"武装起来"、"成立全国的反日运动联合会,作为全国反日帝国主义的总机关","以群众的力量驱逐日军出境","打倒勾结日本帝国主义的走狗"。青年学生还自发建立抗日团体,组织抗日义勇军,深入民众,进行抗日宣传。南京中央大学学生 1000 余人一得知事变的消息,群情激愤,立即拥上街头,指斥政府对日妥协,委曲求全。一些激进的学生甚至冲破警察阻拦,闯入外交部办公室,殴打了外交部长王正廷。上海各大中学生也纷纷组织请愿团,开入首都南京,向中央政府和中央党部请愿,痛斥政府无能,要求武装抗日。北平、天津等地学生也先后登车南下,加入请愿队伍。声势浩大的学生请愿运动,给南京国民政府造成很大压力。

11 月,南京国民党第四次全国代表大会通过"请蒋速北上,收复失地"的紧急动议案,蒋介石也声称"个人决心北上"。消息一传出,全国各地学生立即发起"送蒋北上抗日运动"。11 月 25 日,赴京敦促蒋介石出兵抗日的各地学生达两万多人。但蒋介石自食其言,全国舆论一片哗然。12 月初,因国民政府代表向国联提议将锦州划为"中立区",各地学生乃改请愿团为示威团纷赴南京示威。学生与政府的关系趋于紧张。12 月 5 日,北京大学示威团在南京街头举行示威,被军警围攻,打伤 30 多人,逮捕 185 人。7 日,上海各校学生 1.5 万人举行示威游行,声援北大学生,抗议国民党当局镇压学生爱国运动。9 日,上海学生上万人,包围了上海市政府,抗议特务绑架由南京来上海报告情况的北大学生代表,迫使市政府释放了北大学生代表,交出了绑架学生的凶手。接着上海学生组织了人民法庭,公审凶手,并捣毁了国民党上海特别市党部。12 月 15 日,北平学生示威团 200 余人到国民党中央党部请愿,蔡元培、陈铭枢出来接见学生,被学生殴打。17 日,聚集在南京的各地学生 3 万多人,联合举行大示威。示威学生在珍珠桥一带,遭到国民党军警的血腥屠杀,学生死 30 多人,伤 100 多人,被捕 100 多人,造成珍珠桥惨案。当天夜里,当局又派出大批军警赴各校搜捕学生,并将外地学生武装押送返回原地。珍珠桥惨案发生后,社会各界发起抗议,上海学生、工人、市民举行了有 10 万人参加的抬棺示威大游行。

呼吁改组政府　"九一八"事变的发生,国民党政府奉行不抵抗主义,以及国民党政府对青年学生爱国运动的镇压,使得人们对南京国民政府及蒋介石集团极度不满,社会各界知名人士及代表人物纷纷发表言论,抨击国民政府的不抵抗主义和对内政策,要求改组政府,实行民主宪政。"九一八"事变一发生,人权派代表、光华大学教授罗隆基便撰写了《沈阳事件》一文,文章围绕日本侵略中国这一事件,对国民党当局的内外政策做了严厉批评,提出"改组政府"的主张。他说:"在目前内忧外患的环境下,具体的救急办法,是根本改组现在的政府。我们希望有个容纳全国各项人才、代表各种政见的政府来暂时负担国事,做政治上的应急的过渡办法,这里,1870 年法国的国防政府是个前例。"①10 月,王造时教授发表《救亡两大政策》,主张建立国防政府。他认为,中国处理这一危机事件,应该从两方面着手:"对外准备殊死战争,与日拼命到底,促成日本革命";"对内取消一党专政,集中全国人才,组织国防政府"②。12 月,各界知名人士熊希龄、马相伯、章太炎、沈钧儒、左舜生、黄炎培等 60 余人发起组成中华民国国难救济会,连续发表通电与宣言,在呼吁全民族团结御侮的同时,对国民党政府做了善意批评。他们认为,招致日本侵略的重要原因之一就是国民党"标榜党治",因此,他们要求"立即解除党禁,进行制宪","万不宜复袭训政之名,行专制之实"。国民党政府和国民党军队内部也发生了分化和动摇。一部分国民党军政人员,明了民族大义,提出各项抗日主张。

总之,受"九一八"事变的刺激,中国社会各界普遍觉醒,抗日爱国热情开始高涨,全国抗日民主浪潮的兴起成为难以阻挡的历史潮流。

五、国民党内部的派系争斗　蒋介石的"攘外必先安内"政策

正当日本军国主义在中国东北不断制造事端、磨刀霍霍之时,国民党政府内部却正在发生激烈的派系争吵,政治统治出现危机。1931 年 5 月28 日,汪精卫、孙科、陈济棠、李宗仁等在广州成立国民党执监委员会非常会议与国民政府,与蒋介石为首的南京国民政府公开对立,分庭抗礼。史称"宁粤对立"。"九一八"事变发生后,鉴于民族危机,宁粤双方同时主张放弃武力对抗,通过政治谈判,和平解决。9 月 28 日,双方会谈在香港举行。南京方面的谈判代表是蔡元培、陈铭枢、张继,广州方面的代表是

---

① 　罗隆基:《沈阳事件》,上海良友图书印刷公司 1931 年,第 15 页。
② 　王造时:《救亡两大政策》,上海自由出版社 1935 年,第 20 页。

汪精卫、孙科、李文范。南京方面提出的条件是:取消广州国民政府,"立即团结,共赴国难";广州方面的条件是:蒋介石通电下野,释放胡汉民,粤方通电"取消广州政府"。南京方面代表认为,其他条件均可以商谈,但蒋介石下野一条难以接受,双方争执不下。蒋介石回电指示代表,他本人进退可以在和平会议上讨论,要求粤方代表速来南京,继续商谈。10 月 27日,双方代表在上海召开和平统一会议。会上,粤方提出《中央政制改革案》,元首虚位,实行责任内阁。孙科之意,企图打破蒋介石建立的独裁体制,夺取中枢权力。宁方坚持不能动摇党统,不能改变约法,意在把持中央大权不放。双方僵持不下。后来经过多方磋商与斡旋,11 月 7 日,双方达成协议。

协议规定:南京、广州方面各于所在地点分别召开国民党第四次全国代表大会,选举各自的中央委员,然后双方集中南京,召开四届一中全会,统一处理双方提案,改组政府。

11 月 12 日,南京国民党第四次全国代表大会如期召开,蒋介石反复阐述"团结内部"、"抵御外侮"的套话,却没有提出任何具体措施。11 月18 日,广州国民党第四次全国代表大会召开。倒蒋、逼蒋下野方面众口一词,没有分歧与矛盾,但是,在权力分配上,各个反蒋派之间无法妥协,结果又分裂为广州胡汉民派"四大"与上海汪精卫派"四大"。胡汉民公开宣称,广州国民党"四大"的主题与宗旨是:精诚团结,共赴国难;推倒独裁,实行民主政治。即迫使蒋介石下野,彻底改组南京政府。会后还在广州成立了胡汉民派中央党部,并表示蒋介石不下野,他们决不去南京。

12 月 16 日,蒋介石考虑再三,迫于反对派的强大压力,决定采用以退为进的策略,宣布下野,正式辞去国民政府主席兼行政院长职务。一时,政府群龙无首,国民党的政治统治陷入危机。

蒋介石下野后,1931 年 12 月 22 日,国民党南京、上海、广州三方中央执行委员、监察委员在南京召开中国国民党四届一中全会,宣告党部统一。蒋介石、胡汉民、汪精卫被推举为国民党中央执行委员会常委与中央政治会议常委,中央政治会议不专设主席,由蒋介石、汪精卫、胡汉民三个常委轮流担任。同时,组建新的政府。国民党元老林森出任国民政府主席,孙科出任行政院长,陈友仁任外交部长,李文范任内政部长,黄汉梁任财政部长。按照国民政府组织法规定,国民政府体制效仿德国模式,主席作为国家元首,仅仅具有象征意义,不负实际责任,而由行政院长实际负责。1932 年 1 月 1 日,孙科政府通电就职。

孙科(1891—1973),字哲生,孙中山之子,国民党元老,历任国民政府建设部部长、财政部部长、广州市长等要职。胡汉民曾形容孙科:因为他是孙中山先生之子,所以有革命脾气;因为他在国外长大,所以有洋人脾气;因为他是独子,所以有大少爷脾气。他有时只发一种脾气,有时两种同时发,有时三种一起发。孙科年轻气盛,还想在政治改革、对日外交及整理财政上有一番作为,以显示自己的行政领导能力。因此,上任伊始,孙科针对蒋介石设置的种种障碍,设立了中央政治会议特种委员会,使中央政治会议不能因为蒋介石、汪精卫、胡汉民三常委不在南京而停止运转。财政上成立财政委员会,自己兼任主席,开源节流,缩减军费与行政费用。但是,由于孙科政府是蒋介石、汪精卫、胡汉民三者之间矛盾斗争的产物,加上蒋介石虽然名义上下野,实际上依然控制着国民党的军政大权。这就注定了孙科政府是一个短命的、过渡性的政府,不可能有什么作为。

1932 年 1 月 1 日,也就是孙科政府宣誓就职的当天,日本对东北锦州发起进攻,情况危急。孙科为了获得舆论的支持,也想显示新政府的作为,对日态度比较强硬,他一方面下令"死守锦州",另一方面主张对日"和平绝交",但由于没有实权,仅仅停留在舆论与口头上,没有任何实际行动与具体措施。1 月 3 日,日军几乎在没有抵抗的情况下占领锦州。一时舆论大哗,媒体纷纷抨击孙科,要求政府对日宣战。孙科面临外交、财政两大危机,内外交困,一筹莫展。国民党政治统治顿时陷入一片混乱。孙科难撑危局,百般无奈之下,只好请求蒋介石、汪精卫、胡汉民入宁主持大计。蒋介石看到时机成熟,决定重新出山。蒋介石的具体设想是,拉拢汪精卫,排斥胡汉民,汪精卫主持内政外交,蒋介石负责军事,蒋汪合作联手,"共赴国难"。

1月28日,也就是日本蓄意制造"一·二八"事变当天,国民党在南京召开中央政治会议,孙科内阁辞职;汪精卫出任行政院长,宋子文出任行政院副院长;成立军事委员会,指定蒋介石等人为常委,统辖全国军事。3月6日,蒋介石正式出任国民党军事委员会委员长。至此,国民党派系之争斗告一段落。蒋汪再度实现合作。这时汪精卫已成为国民党内亲日势力的主要代表人物,他对蒋介石的不抵抗政策表示全力支持。这成为他们之间合作的基础。

蒋介石重新出山后,继续奉行他的"攘外必先安内"政策,并把其作为他处理对外关系的基本国策。蒋介石的所谓安内,主要是指继续"围剿"工农红军、镇压压制抗日爱国力量和内部排除异己;所谓攘外,其实不过是谋求同日本侵略者的妥协。蒋介石同近代以来的一切统治者一样,总是把国内革命力量看成最具威胁的心腹之患,决心予以强力弹压。对于外来入侵,总是寻求妥协退让。在蒋介石看来,"外患不足虑,内匪实为心腹之患",因此,必须"先清内匪,再言抗日"[1]。对日作战,蒋介石缺乏必胜的信心,他一贯认为中国"一切不如人","若抵抗日本,顶多三天就亡国"[2],民族失败主义的亡国论一度充斥于蒋介石个人言论之中。蒋介石

---

① 中国国民党中央委员会党史委员会编印:《中华民国重要史料初编》第3卷,第36页。

② 蒋介石:《东北问题与对日方针》,1932年1月11日。

后来回忆这段历史时说道,日本北方侵略,南方红军势力发展迅速,使国民党面临"两个战争",于是,"于淞沪停战之后,宣布攘外必先安内的政策"①。蒋介石正是遵循这一所谓基本国策,置国家领土与主权不断被日本侵害而不顾,不断打压日益高涨的抗日民主运动,使中华民族的灾难日益加深,同时也使其政治统治出现严重危机。

六、中华苏维埃共和国临时中央政府的成立及其各项基本政策

1930 年 5 月下旬,中共在上海秘密召开全国苏维埃区域代表大会,成立第一次全国苏维埃代表大会中央准备委员会临时常务委员会。9 月中旬,中央准备委员会在上海举行全体会议,讨论并通过第一次苏维埃全国代表大会选举条例,以及准备提交大会的宪法大纲、劳动法、土地法令、经济政策和关于红军问题决议案等草案,并决定召开全国苏维埃第一次代表大会。

1930 年 10 月至 1931 年 9 月,在毛泽东、朱德等的正确领导下,红一方面军连续取得三次反"围剿"的胜利,中央革命根据地得到巩固和发展,鄂豫皖、湘鄂西、湘赣、湘鄂赣等根据地也都发展到相当规模。这时,全国已经先后成立了湖南省、赣东北、鄂豫皖、湘鄂西等省级苏维埃政权和闽西等边区的苏维埃政府,而县一级的苏维埃政府则已经有 300 多个。因此,中共中央决定,以赣南闽西根据地为依托,建立苏维埃中央政府,即中央工农民主政府。

1931 年 11 月 7 日,在江西瑞金叶坪村召开中华苏维埃第一次全国工农兵代表大会。来自闽西、赣东北、湘赣、湘鄂西、琼崖和中央等根据地,

---

① 蒋介石:《苏俄在中国》,《蒋总统集》第 1 册,第 280 页。

红军部队以及在国民党统治区的全国总工会、全国海员总工会的 610 名代表出席大会。大会的主要任务是选举产生苏维埃中央政府，并审议通过中共中央提交的劳动法、土地法、红军法、经济政策等法令草案。大会的议程是：项英致开幕词；毛泽东等人作关于政治问题、土地法、劳动法、经济政策问题的相关报告；选举毛泽东、周恩来、朱德、项英、张国焘等 63 人为中央执行委员；毛泽东致闭幕词。大会闭幕后，11 月 27 日，中华苏维埃共和国中央执行委员会举行第一次会议，选举产生了中华苏维埃共和国临时中央政府。毛泽东当选为中央执行委员会主席，项英、张国焘为副主席。通过了宪法大纲以及土地法、劳动法和婚姻法等。中央工农民主政府下设外交、军事、劳动、财政、土地、教育、内务、司法、检察、政治保卫局等人民委员会。外交人民委员王稼祥、军事人民委员朱德、劳动人民委员项英、土地人民委员张鼎丞、财政人民委员邓子恢、司法人民委员张国焘等。主要任务是在中国共产党的领导下，带领各根据地人民进行武装斗争、土地革命和政权建设，发展根据地的经济和文化教育事业。11 月 25 日，成立中华苏维埃中央革命军事委员会，朱德为主席，王稼祥、彭德怀为副主席。大会通过《中华苏维埃共和国宪法大纲》、土地法令、劳动法和关于经济政策的决定等法律文件。

《中华苏维埃共和国宪法大纲》规定了苏维埃政权的性质，即"中国苏维埃政权所建设的是工人和农民的民主专政的国家"。苏维埃全部政权属于工人、农民、红军士兵及一切劳苦民众，在苏维埃政权领域内的工人、农民、红军士兵及一切劳苦民众和他们的家属，不分男女、民族和宗教信仰，在苏维埃法律面前一律平等。苏维埃政权不承认帝国主义在华的一切特权，废除一切不平等条约，帝国主义在华的一切财产收归国有。苏维埃政权的最高权力机关为全国工农兵代表大会，在大会闭会期间，苏维埃中央执行委员会为最高政权机关，中央执行委员会之下组织人民委员会,处理日常政务,并发布一切法令和决议案。

与以往中国的政治制度相比,新兴的苏维埃制度具有自己明显的特点:第一,它实行人民代表会议制度,大量吸收工农群众参加政权并管理自己的国家;第二,它坚持贯彻工农贫苦民众当家作主的方针,极大地提高了穷人的政治地位;第三,它把政权直接建立到乡镇乃至村组,最大可能地加强了中央政权与基层民众的沟通与联系。

中华苏维埃共和国临时中央政府是以工农为主体的人民民主政权。它的建立是中国共产党领导广大群众建立全国性质政权的一次重要尝试,对各根据地在一定程度上起到了加强中枢指挥的作用,在政治上也产生了很大的影响,对于鼓舞革命群众的斗志,推动革命斗争的进程有着积极的作用。它也是中国共产党领导与管理国家的初步尝试,在其后近3年时间里,在政权、军队、经济和文化建设方面,取得了一定的成绩,提供了十分宝贵的历史经验。1934年10月,中华苏维埃共和国临时中央政府随红军战略转移,撤离江西苏区。1935年10月至陕甘苏区。1937年9月22日,随着国共合作,宣布取消,完成了其历史使命。

第二节　国民党独裁统治的加强　日本向关内扩张和
抗日民主浪潮的持续

一、国民党独裁政权的强化和官僚资本的形成

蒋介石二度上台后,为了实施其"攘外必先安内"的既定国策,重建中央权威,采取各种措施,强化国家机器,加强对人民的统治,以实现个人独裁、一党专政。

扩充军队,强化国家武装力量。"九一八"事变与"一·二八"事变发生后,国民党面临两线作战,既要"围剿"红军,又要抗击日本入侵。1932年1月,国民党中央决定恢复军事委员会,作为国民政府的最高军事统帅机关。3月,国民党四届二中全会正式通过军事委员会组织大纲,规定军事委员会委员长统率全国陆海空军,总揽其军令、军政事项。3月6日,蒋介石就任军事委员会委员长兼总参谋长。6月4日,军事委员会下令将国民党军队统一整编为48个军、96个师,军为军政部直辖单位,军长不再兼任师长。每师增设工兵、辎重、通讯等特种营。到1933年,正规师有143个,骑兵师10个,新编师18个,总兵力达到将近180万人,建立起一支庞大的军事力量。

1933年7月,在江西开办庐山军官训练团,蒋介石自任团长,陈诚为副团长,对少尉以上军官施行精神与军事技能训练。庐山军官训练团每年夏天一期,每期分若干次进行。其宗旨是:"坚定其对于主义之信仰,陶冶其高尚之道德。同时涵养其精诚团结与牺牲奋斗之精神,并锻炼健全体力,增进其对匪作战之技能。"从1935年起,庐山军官训练团转移到四川峨眉山继续举行。军官训练团通过蒋介石政治训话、政工训练、外国军事顾问授课、战略战术系统讲授,达到了蒋介石强化国家武装的初衷。

除此之外,国民政府还加强了地方武装力量,建立省以下的地方保安机构和保安团、队。到1934年6月,豫、鄂、湘、赣、皖、苏、浙、闽8省"民团"有1700万人,成为国民党"围剿"红军、抗击日本侵略的重要补充力量。

建立健全特务组织,强化封建法西斯统治。1932年初,在陈果夫、陈立夫"中央俱乐部"的基础上,成立了"国民党忠实同志会"。会长是蒋介石,核心人物有陈果夫、陈立夫、余井塘、张厉生、叶秀峰、徐恩曾、张道藩等人,任务是铲除党内异己,效忠国民党及蒋介石。在陈果夫控制的国民党中央组织部有一个"党务调查科"，后逐渐扩大为"党务调查处"，地方设立"肃反专员"，专门从事特务活动，"党务调查处"的特务组织和活动后来扩大到各省市党政机关、文化教育以至经济领域。1937 年，党务调查处并入军事委员会调查统计局第一处，由 CC 系分子徐恩曾任处长。1938年 3 月，在国民党临时全国代表大会上，经蒋介石提议，以军事委员会调查统计局第一处为基础，成立中国国民党中央执行委员会调查统计局，"中统"由此正式形成。陈立夫、朱家骅先后任局长，徐恩曾、叶秀峰先后任副局长。"中统局"在国民党各省、市、县党部都有分支机构，以党政机关、文化团体和大中学校为活动重点，特务活动遍及全国 。"中统"是蒋介石搞独裁统治的御用工具，在国民党统治时期，它的势力不只控制了党务部门，而且深入文教部门、政府机关、经济系统之中。这个特务组织除了进行反共颠覆活动外，还对国民党内及国内的思想言论进行严密的控制。

1932 年 3 月，蒋介石指使贺衷寒、戴笠、康泽等人，打着"复兴民族"的旗号，成立了"中华复兴社"，也称"蓝衣社"，蒋介石亲自担任社长。其中，核心组织是"力行社"，外围组织是"革命青年同志会"和"革命军人同志会"等，标榜一个主义、一个领袖。复兴社的活动范围起初主要是在军事系统，后来扩展到其他方面。1934 年 4 月，蒋介石将南昌行营调查科与蓝衣社特务处合并，成立军事委员会特务处，由戴笠任处长。1937 年 4月，蒋介石重组特务机关，以加强搜集共产党人情报，组成国民政府军事委员会调查统计局，由中央党部秘书长陈立夫兼任局长。"军统局"内设两处，第一处负责党务调查，由徐恩曾任处长；第二处为特务处，戴笠担任处长。1938 年 9 月，第二处另立门户，升格为"国民政府军事委员会调查统计局"，仍由戴笠一手掌管，内设军事情报处、党政情报处、电讯情报处、警务处、惩戒处、训练和策反处、特种及心理作战处、特种技术研究应用处。"军统"的主要职责是通过政治暗杀的方式,消除异己,捍卫蒋介石的统治权威,刺杀著名抗日将领吉鸿昌、中国民权保障同盟总干事杨杏佛、《申报》主笔史量才,都是军统的"杰作"。蒋介石大力扩充与完善特务组织,实行特务恐怖统治,标志着国民党政权的进一步法西斯化。

推行保甲制度,逐步建立了严密的基层统治网。1928 年至 1929 年间,蒋介石先后命令内政部及江南各省立即清查人口,清丈土地,编练民团,并制定保甲法。随后,南京国民政府及内政部相继颁布了有关法规、法令。1932 年 8 月,颁布《鄂豫皖三省剿匪总司令部施行保甲训令》及《剿匪区内各县编查保甲户口条例》,在革命根据地周围地区建立保甲组织,进行试点。

1934 年 11 月,经国民党中央政治会议议决,国民政府正式宣布在全国一律实行保甲制度。保甲编组以户为单位,设户长;十户为甲,设甲长;十甲为保,设保长。各保就该管区域内原有乡镇界址编定,或并合数乡镇为一保,但不得分割本乡镇一部编入他乡镇之保。大乡镇得编组为若干保,设保长联合办公处,由保长互推一人为主任。户长基本由甲长充任,保甲长名义上由保甲内各户长、甲长公推,但县长查明不能"胜任",或认为有更换必要时,必须由原公推人另行改推。户长须一律签名加盟于保甲规约,并联合甲内户长共具联保连坐切结,声明如有"为匪通匪纵匪"情事,联保各户,实行连坐。保甲长受区保长指挥监督,负责维持保甲内安宁秩序。联保主任受区长指挥监督,负责维持各保安宁秩序,但各保应办事务仍由各该保长负责。保甲组织的基本工作是实施"管、教、养、卫"。"管"包括清查户口,查验枪支,监视居民言行,强制实行"连坐法"等;"教"包括办理保学,进行"党化"教育等;"养"包括创立所谓合作社,测量土地,负责收取各种赋税等;"卫"包括设立地方团练,训练壮丁,实行巡查、警戒,维护乡村稳定等。保甲制度的推行,加强了对人民的控制和束缚，以利于国民党的政治统治。

开展新生活运动与文化建设运动。1934 年 2 月，蒋介石在"围剿"红军的大本营南昌，接受夫人宋美龄的建议，发起"新生活运动"，成立"新生活运动促进会"，自任会长。各省设立分会，省主席任分会长。以《新生活运动纲要》和《新生活运动须知》两个文件为实施细则。指导思想是蒋介石反复强调的"四维八德"，即"礼义廉耻"、"忠孝仁爱信义和平"；行动纲领是国民生活艺术化、生产化、军事化。所谓"艺术化"，就是以传统的"礼、乐、射、御、书、数"六艺为榜样，以艺术陶冶国民，完善国民性；所谓"生产化"，就是强调勤俭节约，反对奢侈浪费与不劳而获，努力生产，建设国家；所谓"军事化"，就是勇敢迅速，刻苦耐劳，能够随时为国牺牲。具体标准是"整齐、清洁、简单、朴素、迅速、确实"，目标是"改造社会，复兴国家"。

为配合蒋介石的新生活运动，夺取思想文化阵地。1934 年 3 月，CC系头子、国民党中央执行委员、组织部长陈立夫成立中国文化建设协会，自任理事长，蒋介石任名誉理事长。该会的发起人有国民党及政府要人、思想文化界名人、大学教授等共 440 人，逐渐形成声势浩大的中国文化建设运动。中国文化建设协会成立后，先后在南京、北平等地成立了分会。同年 10 月，该会创办的《文化建设》杂志出版。第二年，由北平分会首先发起"读书运动"，出版《读书杂志》。总会随后主办了"全国读书运动大会"和"读书竞进会"。

当时，中国文化建设运动与同期开展的新生活运动互相呼应，在思想文化界产生了颇大的影响。中国文化建设协会订有协会纲领、章程、组织规程等。该会的宗旨为"根据三民主义建设新中国文化"：确立三民主义为文化建设运动的最高原则；以发扬固有文化与吸收外来文化并行；提倡"民族精神"、"科学精神"、"统一精神"、"创立精神"，消灭"封建思想"、

"阶级思想"、"颓废思想"、"奴隶思想";在学术研究方面,鼓励"笃实精进及独立自尊之美德";对知识分子"提倡贡献能力及牺牲个人自由"的风尚;对个人倡导"以礼义廉耻为中心"的生活习惯和"负责任重纪律信仰领袖服从团体之精神";在国家政治、社会、经济建设问题上,"主张以三民主义为中心,而实施统制,排斥共产主义及资本主义之谬误,辟阶级斗争与自由竞争之主张"。

中国文化建设运动的基本主张,大致可归纳为以下两个方面:其一,强调文化建设"不能脱离时间与空间的制限",文化是人们"实际的社会生活之表现"。"人类的实际生活,既因时因地而有所不同",那么文化就不应一成不变,也不应盲目模仿他人。因此,"主张复兴国粹,保存国故"与"盲目的崇拜西洋文化"一样,"都犯了不顾事实的毛病"。其二,以复兴传统道德为文化建设的重点。他们认为,五四运动以来的文化工作"大部分均系破坏工作,以至吾国固有之文化摧残无余",指出不知"过去之历史"的民族是病态的民族。因此,"欲复兴民族,必先恢复民族固有的特性,再研究科学"。1935年的"中国本位文化建设"讨论及与陈序经的"全盘西化"的争论,是中国文化建设运动中的一个重要事件。中国文化建设运动与国民党的政治反共相互配合,反对共产主义思想与文化,目的是强化国民党的一党专制与个人独裁。

官僚资本的核心是金融资本,垄断全国经济命脉的关键性环节是金融垄断。四大家族官僚资本的形成,首先是从金融业垄断地位的形成开始的。

蒋介石的法西斯独裁统治建立后,立即凭借国家权力从事金融垄断活动。1928年11月,国民政府拨付金融公债2000万元作为资本,在上海设立中央银行。该行作为所谓的国家银行,享有经营国库、发行兑换券、铸造钱币和经募国债等特权。先后由宋子文、孔祥熙担任总裁。后资本增至 1 亿元,成为全国银行业中资本最大的银行,具有独占的地位。与此同时,四大家族还利用政治权力,以强制加入"官股"等办法,控制了北洋军阀政府时期的两大金融支柱——中国银行和交通银行。1933 年,蒋介石政府又设立了"鄂豫皖赣四省农民银行"。1935 年改名为中国农民银行,资本增至 1000 万元。该银行也是四大家族的私产,主要掌握在陈果夫、陈立夫的手里。此外,四大家族还特设了两个金融机构:1930 年设立的邮政储金汇业局和 1935 年设立的中央信托局,与中、中、交、农四大银行合称为"四行二局",成为四大家族官僚资本金融垄断的中心机构。四大家族还通过强制入股等形式,逐渐控制了一批具有相当实力的二流银行,如"小四行"(新华信托、中国通商、四明、中国实业)、"北四行"(金城、盐业、中南、大陆)和"南三行"(上海、浙江实业、浙江兴业),形成四大家族金融垄断体系。四大家族金融垄断体系在全国金融业中的地位,据统计,1936 年,中央、中国、交通、中国农民四行的实收资本占全国银行的42%;资产总额占 59%;发行兑换券占 78%;纯益占 44%。这足以表明:四大家族在全国金融业的垄断地位已经确立,标志着四大家族为代表的官僚垄断资本的形成。

二、日本帝国主义向关内的侵略扩张　长城抗战

日本占领我国东北、成立伪满洲国之后,并没有停止其侵略的步伐,经过短暂休整,开始向关内发起进攻,矛头直接指向热河。热河,简称热,位于今河北省、辽宁省和内蒙古自治区交界地带。省会承德市,是中国旧行政区划的省份之一,1914 年 2 月建省。奉系军阀汤玉麟担任热河省主席。

1933 年 2 月 21 日日本兵分开鲁、凌南、朝阳三路,大举进攻热河。热

河之战伊始,日本空军就出动了100多架飞机对开鲁、建平、朝阳、承德等地中国驻军阵地及居民区进行日本空军有史以来的最大规模轰炸。10天时间,日军占领北票、开鲁、朝阳、下洼子、凌南、凌源及赤峰。驻扎热河的东北军大多望风而逃,放弃抵抗。3月4日,日军先头部队128人,未遇任何抵抗,长驱直入热河首府承德。整个热河保卫战,中国守军8万多人,没有抵挡住日军1万多人的进攻,10天时间全省宣告沦陷。消息传出,国内舆论大哗,群起而攻之,谴责张学良、惩办汤玉麟的呼声不断。在此情形下,蒋介石被迫离开江西"剿共"前线,北上石家庄,决定张学良通电辞职,何应钦兼代国民政府军事委员会北平分会委员长职务。同时,蒋介石抽调中央军3个师,北上增援。蒋介石的目的,希望稳住长城前线战局,以缓解全国要求抗战的舆论压力。

中国守军在雪地上抗击日军侵略

长城抗战的具体部署是:中央军徐庭瑶第十七军驻守密云,防守古北口、南天门、石闸镇一线;西北军宋哲元第二十九军增援喜峰口、罗文峪一线;东北军王以哲、何柱国、万福麟3个军防守滦东、冷口、界岭口一线。长城抗战由此拉开帷幕。3月9日,宋哲元第二十九军先头部队在喜峰口与日军混成第十四旅一部展开血战,夺回了被日军占领的关口各制高点。在战斗中,宋哲元两次组织大刀队夜袭日军,成功地守住了喜峰口,取得了长城抗战的第一个胜利。关麟征部在古北口、南天门一线,商震部与傅作义部在冷口、界岭口一线进行了英勇抵抗,有些地方与日军血战到阵地全部化为焦土才奉命撤退。日军在进攻长城各要口遭受重创后,改变进攻方向,由山海关向滦东攻击。这样,长城各要口坚持抗战的中国军队腹背受敌,相继撤退。长城抗战给日军以沉重打击,延缓了日军的侵略步伐。但是,日军并没有停止其入侵的脚步。

5月初,日军强渡滦河进入滦西,冀东20余县被日军占领。一时,平津危急。5月21日,何应钦召开军事会议,决定由徐庭瑶固守北平,其他军政机关全部转移保定。5月31日,中日双方代表在塘沽举行谈判,签订了丧权辱国的《塘沽协定》。协定的主要内容是:冀东地区为“非武装区”,中国军队不能驻扎,必须限期撤离;而日本方面可以在这一地区自由行动。这样,整个华北门户洞开,北平、天津危在旦夕。

三、中间政派的抗日民主要求及抗日民主运动的持续发展

东北沦陷,华北危急,日本帝国主义的不断入侵与蒋介石国民党的“攘外必先安内”的基本国策及其“不绝交,不宣战,不讲和,不订约”的对日外交方针,引发了中间政治力量与一部分国民党人的严重不满,停止内战,一致对外的呼声再次高涨。

1933年,著名人士王造时发表《安内必先攘外——为政府进一忠告》,明确反对蒋介石的“攘外必先安内”政策,主张“安内必先攘外”。王

造时警告国民党："只有决心抗日，只有积极抗日，才是唯一出路，才是唯一安内的办法。何去何从，望政府其速自择。"[①]知名学者丁文江一改过去对日"低调"，在 1933 年 1 月 15 日出版的《独立评论》上发表《假如我是蒋介石》的文章，认为"立刻与共产党商量休战"，"在抗日期内彼此互不相攻击"，应该是国民党政府与蒋介石本人的聪明选择。同时，影响颇大的上海《申报》，天津《大公报》《益世报》也纷纷发表社论或社评，从"国族观念"、"民族生存"、"中山主义"的角度，呼吁政府停止内战，和平解决政党争端与分歧，共同抗击外族入侵，捍卫国家领土主权的完整独立。

　　1933 年 4、5 月，日军越过长城，进逼平津，并侵占察哈尔省（今分属内蒙古自治区和河北省）多伦、沽源等地。蒋介石坚持不抵抗政策，准备与日军签订停战协定。1933 年 5 月 26 日，冯玉祥、吉鸿昌等爱国将领重新出山，在张家口建立察哈尔抗日同盟军，举起抗日大旗。冯玉祥（1882—1948），安徽巢县人，原名基善，字焕章。北洋军阀时期，曾任陆军第十六混成旅旅长，第十一师师长，陕西、河南督军，陆军检阅使。1924 年在第二次直奉战争中发动"北京政变"，将其所部改组为国民军，任总司令兼第一军军长，后任国民军联军总司令，参加北伐。1927 年任国民革命军第二集团军总司令。后因与蒋介石集团发生利害冲突，举兵反蒋，先后爆发了蒋冯战争和中原大战。失败后隐居山西汾阳玉带河、山东泰山等地。

　　基于民族义愤，在全国抗日浪潮的推动下，冯玉祥出任察哈尔抗日同盟军总司令，邱山宇为总参谋长。1933 年 6 月 15 日召开同盟军第一次军民代表大会，讨论并通过了《关于民众抗日同盟军纲领决议案》，内容涉及军事、政治、经济等各方面，主要包括：抗日同盟军为革命军民的联合战线，旨在外抗暴日，内除国贼，主张武力收复失地，对日绝交，反对任何妥

---

① 王造时：《荒谬集》，第 118—119 页。

协;联合世界反对帝国主义势力,共同奋斗,完成中国之独立自由;肃清汉奸国贼,实现民众政权;取消苛捐杂税,改善工农、贫民、士兵生活;释放爱国政治犯,保障民众集会、结社、言论、出版、武装之自由;凡有志抗日救国的军民团体,均得加入同盟军。军事部署是:任命吉鸿昌为北路前敌总指挥,方振武为北路前敌总司令,相机进击,地方武装均配合活动。在吉鸿昌率领下,接连收复康保、宝昌、沽源三县城。7月12日,再克多伦,击退了侵犯察哈尔的日伪军。对同盟军的抗日斗争,蒋介石始则阻挠破坏,继则武力镇压。日军也同时向察省调动。8月5日,冯玉祥在蒋军及日军的双重压迫下,无奈通电结束抗日军事行动,取消同盟军总部,交出察哈尔省军政大权,离开张家口,赴泰山休养。吉鸿昌、方振武通电宣布组建抗日讨贼联军,继续抗日反蒋,奋战于热河、长城一带,10月中旬,在蒋、日军队的夹攻下,宣告失败。方振武被迫流亡国外。吉鸿昌在天津法租界被捕,在北平被国民党杀害。察哈尔抗日同盟军虽在蒋介石国民政府的镇压下被迫解散,但其抗日精神,激发了全国民众的爱国热情,推动了全国的抗日运动,其抗日业绩永垂中华民族史册。

冯玉祥发起的察哈尔抗日同盟军失败之后,在南方随即爆发了反蒋抗日的福建事变。1933年11月20日,李济深、陈铭枢、蒋光鼐、蔡廷锴等人以第十九路军为主力,在福建举兵抗日反蒋,史称"福建事变",也称"闽变"。李济深(1885—1959),字任潮,广西苍梧人。早年就读于广州黄埔陆军中学、陆军速成学堂。1925年7月,任国民革命军第四军军长,并晋级为陆军上将。南京国民政府成立后,李济深担任国民政府委员、国民政府军事委员会参谋总长、中央政治会议广州分会主席、广东省政府主席和第八路军总指挥。长期反对蒋介石的独裁统治,是国民党内反蒋势力的主要领袖。

1931年"九一八"事变后,李济深、陈铭枢、蒋光鼐、蔡廷锴等人由于他们的抗日要求和行动得不到蒋介石政府的支持，与蒋的矛盾日益激化。"一·二八"事变后，第十九路军从上海撤下，被调往福建剿共，蒋光鼐任福建省长。1933年6月1日，即《塘沽协定》签字后第二天，蒋、蔡在福州发表通电，反对蒋介石对日妥协，出卖华北。接着又在中国共产党抗日主张的影响下和"剿赤"军事失败的刺激下，放弃了抗日与"剿赤"并行的方针，于10月26日派代表至江西瑞金与中国工农红军签订《反日反蒋的初步协定》，为事变的发动创造了有利条件。11月20日，李济深等在福州召开中国人民临时代表大会，发表《人民权利宣言》。福建事变爆发。21日，李济深等通电脱离国民党，随后联合第三党和神州国光社成员发起成立生产人民党，以陈铭枢为总书记。22日，中华共和国人民革命政府宣告成立，由李济深、陈铭枢、陈友仁等11人任委员，李济深任主席，改民国二十二年为"中华共和国元年"，并宣布革命政府的中心任务是外求民族解放，排除帝国主义在华势力；内求打倒军阀，推翻国民党统治，实现人民民主自由，发展国民经济，解放工农劳苦群众。

中华共和国人民革命政府成立后，受到各地民众和海外华侨的拥护，同时也遭到蒋介石政府的舆论攻击和军事镇压。12月下旬，蒋介石抽调进攻江西苏区的嫡系部队十余万人，以蒋鼎文为前敌总指挥，在海、空军的配合下，由赣东和浙江分路进攻延平、古田等地。1934年1月上、中旬，延平、古田、福州先后被蒋军占领，中华共和国人民革命政府和十九路军总部分别迁往漳州和泉州。21日，泉州、漳州相继失守，福建事变终告失败。李济深、陈铭枢、蒋光鼐、蔡廷锴逃往香港，第十九路军的番号被取消，军队被蒋介石改编。

第三节　苏区革命的深入和严重挫折　红军长征

一、鄂豫皖和湘鄂西红军的转移　川陕苏区的开辟　中央红军第四次反"围剿"的胜利

1932 年 6 月,蒋介石在江西庐山召开"清剿"会议,强调进攻红军要"军事与政治并重","三分军事,七分政治"。随后在武汉成立了"剿匪总部",蒋介石自任总司令,调集 60 万大军,兵分多路,向苏区发动第四次军事"围剿"。这时,中共临时中央的"左"倾冒险主义方针在根据地的党和红军中逐步得到贯彻,使红军在进行反"围剿"时遇到了很大困难。蒋介石采取的战略部署是:第一步,进攻鄂豫皖、湘鄂西革命根据地;第二步,全力进攻中央革命根据地。

7 月 14 日,蒋介石调动 26 个师另 5 个旅约 30 万人,首先发动对鄂豫皖根据地的"围剿"。这时,在鄂豫皖地区的红军主力红四方面军有 2 个军、6 个师另 4 个独立师,共计 4.5 万多人。在国民党发动第四次"围剿"前,红四方面军接连获得胜利,主力红军与地方部队都有较大的发展,鄂豫皖根据地空前扩大。时任中共鄂豫皖中央分局书记兼军事委员会主席的张国焘,被胜利冲昏头脑,竟然认为国民党不堪一击,盲目轻敌,不作反"围剿"的准备,相反,却命令红军向平汉路出击,以实现所谓威逼武汉的计划。8 月初,国民党军队大举进攻,根据地政治中心黄安、新集相继危急,红军仓促应战,死拼硬打,处处被动,伤亡惨重。面对被动与失败,张国焘惊慌失措,丧失取胜信心,拒绝了毛泽东、朱德的建议,决定红军主力"暂时离开苏区向外转移"。10 月 10 日,红四方面军主力 2 万多人越过平汉路向西移动,放弃了鄂豫皖苏区。

在"围剿"鄂豫皖根据地的同时,蒋介石调集 10 万兵力向湘鄂西根

据地发起进攻。中共湘鄂西分局书记兼红三军政委夏曦执行"左"倾冒险主义方针,先是轻敌冒进,命令红三军主力前进到襄河以北的京山、应城地区寻求作战,失利后又转而实行消极防御,在根据地内构筑堡垒,分兵把口,节节阻击,准备固守,完全陷入被动。红三军由此遭到很大伤亡,根据地大部分地区先后被敌军占领。10 月,根据湘鄂西中央分局的决定,红三军主力退出湘鄂西根据地。

红四方面军离开鄂豫皖根据地后,浴血奋战,翻越秦岭,横渡汉水,经过千辛万苦,历时 2 个多月,行程 3000 里,于 1932 年底由陕南进入川北,开辟了以通江、南江、巴中为中心的川陕苏区。1933 年 2 月 7 日,川陕苏维埃政府在四川通江县宣告成立。2 月,蒋介石委任的川陕边"剿匪"督办田颂尧率部兵分三路进攻川陕苏区,一度占领了南江、巴中、通江。红四方面军采取"逐步收缩阵地"的作战方针,历时 4 个月,最终粉碎了敌人的进攻,俘虏敌人 1 万多人,缴获枪支弹药无数,恢复并扩大了原有的根据地。川陕根据地北依巴山,南抵仪陇,东起万源,西至广元,人口 200 余万。红四方面军由 4 个师扩编为 5 个军,15 个师,40 多个团,约 8 万人,由徐向前任总指挥,陈昌浩任政治委员。川陕苏区的最高军事领导机关是西北革命军事委员会,中共中央代表张国焘担任主席,副主席陈昌浩、徐向前。川陕苏区成为在工农业生产、文教卫生事业等方面仅次于中央苏区的新苏区。

1932 年 10 月,蒋介石在结束对鄂豫皖和湘鄂西根据地的"围剿"以后,立即把"围剿"重点转移到中央根据地。12 月,何应钦调集 30 多个师的兵力,分左、中、右三路,准备对中央苏区发动第四次"围剿"。中路军为"进剿"军,由蒋介石嫡系部队 1.2 个师组成,陈诚为总指挥,担任第四次"围剿"的主攻任务;左路军为"清剿"军,由驻福建的第十九路军第六个师又一个旅组成,蔡廷锴为总指挥,主要担任就地"清剿",并策应中路军行动;右路军亦为"清剿"军,由驻赣南、粤北的广东部队 6 个师又 1 个旅组成,余汉谋为总指挥,其任务和左路军相同。此外,还有 5 个师另 2 个旅,分别在南城、南丰、乐安、崇仁、永丰等地担任预备队和守备任务。1933 年 1 月,陈诚把中路军编为 3 个纵队,总兵力约 16 万人,采用分进合击的作战方针,妄图一举歼灭红一方面军主力于黎川、建宁地区,并摧毁我中央根据地。

当敌人大举进攻开始时,毛泽东已经不在红军领导岗位,中共临时中央政治局直接领导中央苏区第四次反"围剿"战争。他们要求红一方面军乘敌人"围剿"部署尚未完成之际,先发制人,主动出击,集中一切力量消灭敌人主力,迅速攻占南丰、南城,进而夺取江西全省的胜利。红一方面军领导人对此方案持保留态度。2 月 4 日,苏区中央局再次命令红军进攻南丰。2 月 12 日,红军主力强攻南丰城,没有拿下。这时敌军主力赶来增援,形势危急。红一方面军总司令朱德、总政治委员周恩来当即决定,留一部分兵力迷惑敌人,佯攻南丰,而把主力秘密而迅速地转移到敌人右翼宜黄南部,待机歼敌。2 月 28 日与 3 月 1 日,在黄陂出敌不意,歼灭国民党军队第五十二、五十九两个师,俘虏两师师长李明、陈时骥。3 月 21 日,红军在草台岗地区又歼敌近一个师。红军经过三次激战,消灭敌人 3 个师,俘虏敌人 1 万多人,缴枪 1 万多支。基本上打破了敌人的第四次"围剿"。

蒋介石对这次失败十分伤心,他在给陈诚的手谕中承认:"惟此次挫失,凄惨异常,实有生以来惟一之隐痛。"第四次反"围剿",红军总结出了大兵团伏击歼敌的重要经验。这次反"围剿"所以能取得胜利,是由于朱德、周恩来等运用前三次反"围剿"的成功经验,坚持正确的作战指导思想,从实际出发,毅然决定撤围南丰,实施战略退却,抵制了"左"倾军事冒险主义方针的结果。

二、中央苏区土地革命的深入和各项建设　新民主主义经济的产生

国民党对根据地长期实行军事"围剿"和经济封锁。军事"围剿"是"杀死政策",经济封锁是"饿死政策"。国民党企图通过实行经济封锁,使根据地军民"不能有一粒米、一撮盐、一勺水的补给",釜底抽薪,造成根据地的经济枯竭,使共产党与红军无法生存。对此,广大根据地军民在反击国民党军事"围剿"的同时,通过土地革命、经济建设与政权建设,为粉碎国民党的经济封锁进行了不懈的斗争。

1933年6月1日,中华苏维埃共和国临时中央政府发出《关于查田运动的训令》,要求各级政府在查田运动中,坚决执行阶级路线:依靠贫农,坚固联合中农,向着封建半封建势力作坚决的进攻。把一切冒称"中农"、"贫农"的地主、富农,完全清查出来,没收地主阶级的一切土地财产,没收富农的土地及多余的耕牛、农具、房屋,分配给过去分田不够的及尚未分到田的工人、贫农、中农,富农则分较坏的劳动份地。2日,中共苏区中央局作出《关于查田运动的决议》,指出查田运动是一场剧烈与残酷的阶级斗争,要求各级党组织依靠雇农、贫农,巩固地联合中农群众,来反对和剥夺地主残余与富农的一切反革命企图。但同时又指出,决不容许任何消灭富农的企图,只没收他们多余的农具与好的田地,分给他们以坏的"劳动地"。接着,召开了八县县苏维埃主席、土地部长会议。随后,又召开了八县贫农团代表大会,大规模的查田运动开始。查田运动中"左"倾错误占了上风,许多地方把大量中农特别是富裕中农划为地主富农而加以打击,发生了严重侵犯中农利益、消灭富农经济的错误,甚至还出现了给地主剃阴阳头、地主婆刮眉毛的闹剧。

1933年10月,临时中央政府批准毛泽东起草的《怎样分析阶级》的

文件,并作出《关于土地斗争中一些问题的决定》。《决定》主要就如何划分地主与富农、富农与富裕中农以及对待知识分子的政策等做了明确而具体的规定。这两个文件是正确的,是关于土地革命斗争的指导性文件。但是,文件刚刚开始贯彻执行时,中共中央又发出了《关于继续开展查田运动的训令》,否定了毛泽东主持起草的两个文件,重新回到"左"倾路线,使运动发生很大的偏差与反复,没有达到预期目的,相反,损伤了农民的生产积极性,造成苏区粮食短缺,加重了苏区的困难局面。

在进行查田运动的同时,中央苏区积极开展经济建设。为了广泛动员群众开展大规模的经济建设运动,全面部署中央苏区的经济建设工作,临时中央政府先后召开了南部十七县经济建设大会与北部十一县经济建设大会,动员与布置苏区的经济建设工作。

苏区的经济建设,首先是通过组织劳动互助社、农具合作社、种粮合作社、合作农场、农业合作社等,开垦荒地,兴修水利,发展农业生产。1933年,苏维埃中央政府颁布《劳动互助社组织纲要》,推动了苏区的农业发展。在很短时间里,苏区农业生产得以恢复和发展。粮食产量,1933年与1932年相比,中央苏区增加了15%。其次,努力发展工业生产。苏区的工业主要是手工业,涉及造纸、织布、炼铁、木器、农具、煤炭等关乎民生的各个行业。手工业的主要组织形式是生产合作社。到1934年,中央苏区17个县的手工业生产合作社有176个,人员有3万多人,股金5万多元。苏维埃政府在鼓励发展个体手工业生产的同时,也加强了对其领导。为了革命斗争的需要,中央苏区也相应建立了公营的军需工业与民用工矿企业,如官田兵工厂、中央被服厂、中央印刷厂、中央商业公司造纸厂、中央钨砂厂、瑞金纺织厂等。第三,发展对外贸易。1933年,临时中央政府在国民经济人民委员部下设立对外贸易局。1934年,中央政府建立了中华商业公司,从事商品贸易。此外,财政、金融、邮电、交通、医药、卫生等事业也有一定的建设与发展。

政权建设也是中央苏区建设的一个亮点。1931年召开中华苏维埃第一次全国工农兵代表大会，成立了中华苏维埃共和国临时中央政府，通过了根据地历史上第一部宪法——《中华苏维埃共和国宪法大纲》。宪法规定，凡16岁以上的公民均享有选举权与被选举权。从1931年11月到1934年1月，在中央根据地进行过三次民主选举。1934年1月，中华苏维埃第二次全国工农兵代表大会在瑞金召开，毛泽东当选为中央执行委员会主席，项英、张国焘为副主席，张闻天为人民委员会主席。

中央苏区经过几年的土地革命、经济建设与政权建设，产生了新民主主义经济。其主要特征是：经过深入的土地革命，废除了封建土地所有制，农民的个体经济得到发展与壮大；大力开展经济建设，除了保障和补充红军的军事需要外，也注意到苏区群众的生活改善，开始关注民生问题；所有制方面，个体经济、合作社经济与国营经济同时并存，相互补充，共同发展。新民主主义经济是一种新型的经济形态，尽管略显幼稚，许多方面仍然很不完善，但它却代表着中国经济的发展方向。1934年1月，毛泽东在中华苏维埃第二次全国苏维埃代表大会上代表中央执行委员会和人民委员会向大会所作的报告和结论，已经初步阐述了关于新民主主义经济的若干原则。

三、中央红军第五次反"围剿"的失败与被迫长征

1933年初，日军大举入侵华北，民族危机更加严重。但是，蒋介石却置民族危亡于不顾，仍然推行"攘外必先安内"的既定国策，决心消灭共产党与红军。

5月，蒋介石在南昌设立军事委员会委员长南昌行营，全权处理赣、

粤、闽、湘、鄂五省军政事宜。随后，召开处理赣、粤、闽、湘、鄂五省"剿匪军事会议"，开办庐山"剿匪"军官训练团，聘请德国军事专家为顾问，研究新的战略战术，筹备作战计划，并从英美等西方国家大量购买军火，更新武器装备，准备对各苏区进行更大规模的第五次"围剿"。对这次军事"围剿"，蒋介石做了认真细致的筹划，重点强调"三分军事，七分政治"，指出在战争状态下实行"军事化"的同时，要充分发挥国民党党部与政府的作用，政治宣传、文化"围剿"、农村改良、强化保甲、心理感化多位一体，相互协调，有机配合。军事战略上，采取持久战和"堡垒主义"，"战略攻势，战术守势"，步步为营，处处建堡，逐步推进，稳扎稳打，在苏区周围修筑了几千个碉堡，同时对苏区实行经济、交通封锁，企图逐步压缩并摧毁苏区。蒋介石调集100万兵力。其中，直接用于进攻中央苏区的兵力达50万人。军事部署上，蒋介石自任总司令，分为北、西、南三路大军。北路军总司令顾祝同，前敌总指挥蒋鼎文，分为第一、二、三路军。第一路军总指挥由顾祝同兼任，副总指挥刘兴；第二路军总指挥由蒋鼎文兼任，副总指挥汤恩伯；第三路军总指挥由陈诚兼任，副总指挥薛岳。北路军是此次"围剿"的主力部队，其任务是：由北向南，构筑碉堡封锁线，实施对中央苏区的主攻。陈济棠为总司令的南路军与何键为总司令的西路军，则基本上采取守势，主要任务是防堵红军向西、向南突围。另外，总指挥蔡廷锴指挥第十九路军，负责福建防务，阻止红军向东机动。空军5个队配置于南昌、临川、南城，支援作战。

中央苏区取得第四次反"围剿"胜利后，范围扩大到30多个县，政权建设和经济建设都取得很大成绩，主力红军扩大到约10万人，地方部队和群众武装也有很大发展。但面对国民党军采取堡垒主义新战略和重兵进攻，敌强我弱，客观上也存在不少困难。而此时，中共领导层王明"左"倾冒险主义占了上风。1932年宁都会议错误批评了毛泽东的正确路线，要求红军夺取中心城市，争取在江西首先胜利。会后撤销了毛泽东的红军总政委职务，调毛泽东专门从事政府工作。

蒋介石坚持推行"先安内后攘外"的"剿共"政策，这是他手写的训示

1933 年 1 月，临时中央政治局从上海迁到瑞金，随后在福建、江西大反所谓的"罗明路线"，将正确贯彻毛泽东军事思想的福建省委书记罗明与江西省委主要负责人邓小平、毛泽覃、谢唯俊、古柏等一批具有实际经验的领导干部在政治上予以打倒。中央革命军事委员会主席仍由朱德担任，周恩来、王稼祥任副主席。不过，按照"党指挥枪"的原则，军事最高指挥权还是控制在临时中央领导人博古（秦邦宪）手中，而博古从苏联留学回国不久，又刚刚进入中央苏区，对军事一窍不通，共产国际选派的军事顾问德国人李德（又名华夫，原名奥托·布劳恩，德国共产党党员）也是 1933 年 10 月初来乍到，对苏区红军作战的特点，同样也是一窍不通。博古等却认为，这次反"围剿"战争是争取中国革命完全胜利的阶级决战。在军事战略上，拒绝和排斥红军历次反"围剿"的正确战略方针和作战原则，继续实行"左"倾冒险主义的战略，提出"御敌于国门之外"的方针，企

图以阵地战、正规战在苏区外制敌,保守苏区每一寸土地。9月28日,国民党军占领黎川,博古急忙命令红军主力北上应敌,进攻硝石、资溪桥、黎川。国民党军依托坚固堡垒据守,红军攻坚数日不克,伤亡严重,被迫撤出战斗。10月15日至17日,中央红军主力在云盖山、大雄关遭国民党军5个师的攻击,伤亡严重,被迫向苏区内转移。至此,红军虽经近2个月浴血苦战,却未能御敌于苏区之外,反使部队遭受很大损失,完全陷于被动地位。红军转入阵地防御,与国民党军进行消耗战。

红军在北线进攻受挫后,中共临时中央转而采取消极防御的战略,要求红军处处设防,节节抵御,以阻击国民党军的"围剿"。此时,驻福建省的第十九路军于11月20日发动了反蒋抗日的福建事变,成立中华共和国人民革命政府。蒋介石慌忙从北路军中抽调11个师前往镇压。这时,毛泽东提议,红军主力应突进到以浙江为中心的苏浙皖赣地区,纵横驰骋于杭州、苏州、南京、芜湖、南昌、福州之间,将战略防御转变为战略进攻,威胁敌之根本重地,向广大无堡垒地带寻求作战。而中共临时中央却拒绝援助福建人民政府,而是将红军主力从东线调到西线永丰地区,进攻国民党军的堡垒阵地,使红军丧失了打破"围剿"的有利时机。蒋介石在镇压了福建事变以后,即将入闽部队改编为东路军,协同北路军、南路军,于1934年1月下旬重新开始了对中央苏区的进攻。敌人主力从东、北两个主要方向采取堡垒攻势,向广昌方向进攻,其第三路军主力向建宁推进,第六路军2个纵队从永丰向沙溪、龙冈推进。形势十分危急。

在国民党军新的进攻面前,"左"倾冒险主义的领导者由进攻中的冒险主义变为防御中的保守主义,要求红军主力处处设防,广筑碉堡,以阵地防御结合"短促突击"顶住敌人的进攻。

从1月下旬开始,红军全线展开阵地防御战。在赣东方向,国民党军北路军4个师夺取建宁,分两路进攻黎川、建宁间要点横村和樟村,突破红五军团防御后，再攻邱家隘、坪寮，红九军团和红三军团第四师抵御失利，被迫南撤。2月9日，红一、红九军团分别在樟村以西鸡公山及熊家寨与国民党军各1个师激战，失利后被迫南撤。3月，国民党军东路军构筑碉堡，步步进逼，并与北路军第三路军在闽赣边界的德胜关会师。敌军主力向广昌推进。4月27日，国民党军向广昌城发起总攻，红军采取集中对集中、堡垒对堡垒、阵地对阵地的"正规战"，拼力抵抗，并组织反击，但未能阻止国民党军的连续攻击。28日，广昌失守。7月，蒋介石重新调整部署，向中央苏区中心地区开始全面进攻。这时，中央苏区的人力、物力都很匮乏，红军已失去了在内线打破国民党军事"围剿"的可能。在此情况下，博古、李德依然命令红军"兵分六路"，将红军主力分别配置在兴国、古龙冈、头陂、驿前、连城、筠门岭等地区，"短促突击"，"全线防御"，继续同国民党军拼消耗。结果红军处处设防，节节抵御，东堵西截，穷于应付，完全处于被动。8月5日，北路军9个师在空军、炮兵的支援下，向驿前以北地区发起攻击。红三军团和红五军团第三十四师奉命在高虎脑、万年亭到驿前约15公里纵深内，实施阵地防御。至月底，击退国民党军多次集团冲击，使其第八十九师丧失了战斗力。但红军也伤亡严重，不得不放弃驿前以北的全部阵地。8月底9月初，红一、红九军团等部虽在温坊地区伏击、袭击离开堡垒之国民党军，歼灭东路军一个多旅，但未能改变红军的被动局面。9月下旬，中央苏区仅存瑞金、会昌、雩都、兴国、宁都、石城、宁化、长汀等县的狭小地区。10月上旬，北路军和东路军加紧对兴国、古龙冈、石城、长汀的进攻，南路军由筠门岭向会昌推进，企图迅速占领上述各地，进而占领宁都、雩都、瑞金，以实现围歼红军的目的。这时，中共中央主要领导人博古决定，放弃中央苏区。10月7日，下令地方部队接替各线防御任务，主力红军撤到瑞金、雩都（今于都）、会昌地区集中。

10月10日，中共中央、中国革命军事委员会从瑞金出发，率领主力红

一、红三、红五、红八、红九军团和中央、军委直属队共8.6万余人,开始向湘西实行战略转移。

第五次反"围剿"持续一年之久,中央苏区军民全力以赴,为保卫苏区进行了艰苦卓绝的斗争,付出了巨大代价,同时给予国民党军大量杀伤。但由于中共中央实行错误的军事战略和作战原则,使这次反"围剿"作战始终处于被动,以致在红军遭到严重削弱、中央苏区大部丧失的情况下被迫进行长征。

四、遵义会议　中央红军长征到达陕北

长征初期,"左"倾教条主义者从进攻中的冒险主义变成退却中的逃跑主义,并且把战略转移变成搬家式的行动,使部队的行军速度非常缓慢,致使敌人有充分的时间调集兵力,对红军实行围追堵截,红军在突围过程中损失惨重。1934年11月中旬,突围的中央红军跨越敌军的四道封锁线,25日抢渡湘江。12月1日,中央机关和红军大部队终于拼死渡过了湘江。湘江战役是中央红军突围以来最壮烈、最关键的一仗,红军虽然突破了四道封锁线,但付出了巨大的代价,中央红军由出发时的8.6万人锐减到3万人。中央红军和中国革命陷入空前的危机之中。在党和红军面临生死存亡的紧急关头,患病在身的毛泽东挺身而出,建议中央红军放弃去湘西同红二、六军团会合的计划,改向敌军力量薄弱的贵州挺进。1935年1月7日,红军攻克黔北重镇遵义。

1935年1月15日至17日,中共中央在遵义召开政治局扩大会议。参加会议的中央政治局委员有毛泽东、张闻天、周恩来、陈云、朱德、博古(秦邦宪),政治局候补委员有王稼祥、刘少奇、凯丰、邓发;扩大参加者有红军总部和各军团负责人李富春、刘伯承、林彪、聂荣臻、彭德怀、杨尚昆、

李卓然;出席会议的还有《红星报》主编邓小平(会议中被选为党中央秘书长)、共产国际驻中国的军事顾问李德及其翻译伍修权。

遵义会议会址

会议的主要议题是总结第五次反"围剿"的经验教训。首先,由博古作关于第五次反"围剿"的总结报告,他在报告中极力为"左"倾冒险主义错误辩护。接着,周恩来作了副报告,主要分析了第五次反"围剿"和长征中战略战术及军事指挥上的错误,并作了自我批评,主动承担了责任。毛泽东在会上作了重要发言,着重批判了第五次反"围剿"和长征以来博古、李德在军事指挥上的错误,以及博古在总结报告中为第五次反"围剿"失败辩护的错误观点。张闻天、王稼祥、朱德、刘少奇等多数同志在会上发言,支持毛泽东的正确意见。会议经过激烈的争论,在统一思想的基础上,委托张闻天起草《中共中央关于反对敌人五次"围剿"的总结决议》,并由常委审查通过。决议肯定了毛泽东关于红军作战的基本原则,否定了博古关于第五次反"围剿"的总结报告,提出了党的中心任务是战胜川、滇、黔的敌军,建立新的革命根据地。会议决定改组中央领导机构,增选毛泽东为政治局常委,取消博古、李德的最高军事指挥权,仍由中央军委主要负责人朱德、周恩来指挥军事。会后,常委进行分工:由张闻天代替博古负总责,毛泽东、周恩来负责军事。

在行军途中,又成立了由毛泽东、周恩来、王稼祥组成的三人军事指挥小组,负责长征中的军事指挥工作。至此,遵义会议以后的中央组织整顿工作大体完成。

遵义会议是中国共产党历史上的一次重要会议。它结束了王明"左"倾冒险主义在党中央的统治,把党的路线转到了马克思列宁主义的轨道上来,确立了以毛泽东为核心的新的党中央的正确领导和毛泽东在红军和党中央的领导地位。在党生死攸关的危急关头挽救了党,挽救了红军,挽救了中国革命,使红军在极端危险的境地得以保存下来,胜利地完成长征,开创了抗日战争的新局面。它证明中国共产党完全具有独立自主解决自己内部复杂问题的能力,是中国共产党从幼年走向成熟的标志。从此,中国革命就在以毛泽东为代表的正确路线指引下走上胜利发展的道路。

遵义会议后,鉴于四川方面敌人布防严密,中央红军确定撤离遵义后,在川、黔、滇边界和贵州省内迂回穿插。特别是在四渡赤水的过程中,中央红军灵活机动地创造战机,运动作战,各个歼敌,以少胜多,从而变被动为主动。随后出敌不意,主力南渡乌江,直逼贵阳,迅即西进,4月下旬以一部在侧翼策应。5月初,抢渡金沙江,摆脱了几十万国民党军的围追堵截,取得了战略转移中具有决定意义的胜利。由于执行了正确的民族政策,红军顺利通过大凉山彝族地区。接着强渡大渡河,飞夺泸定桥,翻越终年积雪的夹金山。6月中旬,与从川陕苏区退出的红四方面军在四川懋功会师。

红一、四方面军会师后,红军以北上建立川陕甘根据地为战略方针,中共中央决定将两个方面军混合编为左、右两路军过草地北上。中共中央随右路军跨过草地,抵达班佑、巴西地区。8 月底,右路军一部在包座全歼国民党军第四十九师约 5000 余人,打开了向甘南前进的门户。9 月,张国焘率左路军到达阿坝地区后,拒绝执行中共中央的北上方针,并要挟中共中央和右路军南下。9 月 12 日,中共中央在甘肃省迭部县俄界召开政治局扩大会议,对张国焘做了组织批评。会后,毛泽东与中共中央率领部分红军继续北上,攻克天险腊子口,突破渭河封锁线,翻越六盘山,于 10 月 19 日到达陕北吴起镇(今吴起县城),先期结束了长征。11 月 21 日至 24 日取得了直罗镇战役的胜利,为党中央和红军扎根在陕北奠定了基础。

红四方面军的一部

在湘鄂川黔根据地的红军二、六军团,于 1935 年 11 月从湖南桑植出发,转战湖南、贵州、云南三省,击溃国民党军的拦截,渡过金沙江,经西康、四川,于 1936 年 6 月底到达甘孜,与张国焘率领的南下受挫的红四方面军会师。二、六军团合组为红二方面军。7 月,二、四方面军共同北上,在红一方面军接应下,10 月先后在甘肃省会宁县城和静宁县将台堡与红一方面军会师。至此,红军长征结束。

红军长征的胜利具有极其重大的战略意义与十分深远的历史意义。毛泽东曾经指出:"长征一完结,新局面就开始。"它标志着红军战略退却的终结和战略转移的完成,开创陕甘宁苏区新局面战略阶段的开始,并为向民族革命战争实施战略转变作了准备。这是一个历史性的转变。红军主力在西北胜利会师,就成了战略转变的转折点。同时,长征是宣言书,长征是宣传队,长征是播种机,从南到北,由东到西,宣传了红军,播种了革命。

五、南方红军与东北抗日联军的艰苦斗争

1934 年 10 月,中央红军主力开始长征时,中共中央决定留下红军第二十四师及地方武装共 1.6 万余人和部分党政工作人员,在中央苏区及其邻近地区坚持斗争。成立苏区中央分局、中华苏维埃共和国中央政府办事处、中央军区。项英任分局书记、军区司令员兼政治委员,陈毅任中央政府办事处主任,领导中央苏区和闽浙赣苏区的斗争。

中央红军主力长征后,国民党军继续向中央苏区腹地进攻,红二十四师和地方武装先掩护红军主力转移,后在瑞金、会昌、雩都、宁都四县之间地区进行的阵地防御作战中,因寡不敌众,遭受很大损失,苏区的全部县城和广大乡村先后被敌人占领,形势极其险恶。

1935 年 2 月,中共苏区中央分局根据中共中央的指示精神,化整为零,将红二十四师及地方武装分散到中央苏区及其邻近地区转入游击战争。部队在分散突围过程中,损失惨重,中共杰出领导人何叔衡、贺昌、阮啸仙、毛泽覃、万永诚、李赐凡、李天柱等在战斗中先后牺牲,瞿秋白、刘伯坚被捕后英勇就义。项英、陈毅以及赣南军区司令员蔡会文、赣南少共省委书记陈丕显率 300 余人先后转移到赣粤边界,同李乐天、杨尚奎领导的部队会合,中央分局委员陈潭秋和邓子恢、谭震林率100余人转移到闽西地区,同张鼎丞领导的部队会合。在此前后,留在其他苏区的红军和游击队还有:湘赣苏区地方武装5个独立团;鄂豫皖苏区红军第二十八军;闽浙赣苏区的红军第三十师及地方武装1000余人;红十军团转至浙南的余部组成的挺进师;湘鄂赣苏区红军第十六师和游击队等。

中央苏区及其他苏区的红军和游击队,就地开展斗争,在国民党军绝对优势兵力的"围剿"、"清剿"下,处于被包围被分割的状态,与中共中央、中央分局失去了联系,后来即分别活动在江西、福建、浙江、安徽、河南、湖北、湖南和广东八省15个地区,逐步形成15支独立作战的红军和游击队。即:项英、陈毅和李乐天等领导,依托油山山区,活动在大庚、南雄、龙南等地的赣粤边红军游击队;张鼎丞、邓子恢、谭震林等领导,活动在龙岩、上杭、南靖等地的闽西红军第八、第九团和游击队;钟得胜、彭胜标等领导,依托大柏地山区,活动在瑞金、长汀、会昌等地的闽赣边红军游击队;关英、唐在刚等领导,依托鄣公山区,活动在德兴、婺源、浮梁等地的皖浙赣边红军游击队;粟裕、刘英等领导,活动在江山、衢州、温州等地的浙南红军挺进师;黄道等领导,依托武夷山区,活动在崇安、建瓯、政和等地的闽北红军独立师和游击队;叶飞等领导,依托太佬山区,活动在古田、福安、庆元等地的闽东红军独立师;谭余保等领导,依托武功山区,活动在永新、萍乡、茶陵等地的湘赣边红军独立团;彭林昌、蔡会文、周里等领导,活动在桂东、宜章、安仁等地的湘南红军游击队;高敬亭等领导,依托大别山区,活动在潜山、黄安、商城等地的鄂豫皖边红军第二十八军;张星江、王国华、周骏鸣等领导,依托天目山区,活动在确山、信阳、桐柏等地的鄂豫边红军游击队;傅秋涛、严图阁等领导,依托幕阜山区,活动在崇阳、修水、通城等地的湘鄂赣边红军第十六师;黄会聪等领导,活动在云霄、漳浦、诏安等的闽粤边红军独立第三团和游击队;王于洁、刘突军等领导,活动在福清、莆田、仙游等地的闽中红军和游击队;冯白驹等领导,依托母瑞山区,活动在海南岛琼山、澄迈、崖县等地的琼崖红军游击队。

南方八省 15 个地区的红军和游击队,在极端困难的条件下,坚持了长达 3 年的游击战争,牵制了大量国民党军,在战略上配合了主力红军的行动,完成了中共中央赋予的任务,造就了一批英勇善战的干部,保存了一支经过严峻考验的骨干队伍,为中国人民革命战争做出了重大贡献。毛泽东高度评价说:"这是我们和国民党十年血战的结果的一部分,是抗日民族革命战争在南方各省的战略支点。"抗日战争爆发后,国共二度合作,南方地区的红军部队合编为国民革命军新编第四军,简称新四军,开赴抗日前线,杀敌报国。

东北三省沦陷后,东北人民通过各种形式抗击日本侵略者,其中最主要的形式是组织各种抗日义勇军,进行武装斗争。中共满洲省委指示各地党组织,加强与抗日义勇军的联系,并组织党领导下的抗日武装。从 1932 年,先后组织了有汉、满、朝鲜、蒙古、回等民族爱国志士参加的十余支抗日游击队,主要有:杨靖宇、李红光等领导的南满游击队;童长荣、王德泰等领导的东满游击队;赵尚志、李兆麟等领导的珠河游击队;李延禄领导的密山游击队;周保中等领导的绥宁游击队;冯仲云、夏云杰等领导的汤原游击队以及饶河游击队等。这些抗日武装主要在南满、东满和北满地区广泛开展游击战争,打击日本侵略者。

1933 年 9 月,中共满洲省委根据中共中央的指示精神,对东北抗日游击队加以整编,组成东北人民革命军第一、二、三、四、五军,依托山区,化整为零,开展游击战争,伏击日、伪军"讨伐"队,袭击铁路交通,使敌人坐立不安,疲于奔命。1934 年,东北人民革命军粉碎了日寇的"春季大讨伐"与"秋季大扫荡",成为东北抗日游击战争的主力。1936 年 2 月 20 日,东北人民革命军各军主要负责人杨靖宇、王德泰、赵尚志、周保中与汤原、海伦游击队共同发表《东北抗日联军统一军队建制宣言》,宣布将东北人民革命军、反日联合军、反日游击队一律改组,组建东北抗日联军 11 个军。1937 年初,东北抗日联军进行新的整编,将一、二军合编为第一路军,杨靖宇任总指挥;将四、五、七、八、十军合编为第二路军,周保中任总指挥;将三、六、九、十一军合编为第三路军,赵尚志任总指挥。

从 1936 年初到 1937 年秋,东北抗日联军已建立 11 个军,共 3 万余人,开辟了东南满、吉东、北满三大游击区,在南起长白山,北抵小兴安岭,东起乌苏里江,西至辽河东岸的广大地区内,开展游击战争。同时,与伪军进行大小几千次战斗,粉碎了敌人的多次"讨伐"。杨靖宇率第一路军部分兵力在通化、辑安地区伏击日、伪军,消灭伪满骑兵 200 余人,后在本溪附近消灭伪东边道"剿匪"司令邵本良主力 1000 人左右,给敌人以重大打击。第三、第四、第六军在松花江两岸的顽强斗争及其游击区的不断扩大,被日本称为"北部国防线上的心腹之患"。而第七军则分两路在乌苏里江沿岸和松花江下游开展游击战争,破坏敌人的"集团部落"政策,扩大抗日统一战线,联合当地的山林队、红枪会,使第七军发展到 800 多人。东北抗日联军的英勇斗争,有力地打击了日本在中国东北的殖民统治,牵制了大量日军,支援和鼓舞了全国的抗日救亡运动。

第四节　华北事变　"一二·九"运动

一、日本对华北的经济掠夺与华北事变

按照中华民国的行政区划,华北是指河北、山西、察哈尔、绥远、山东五省。日本在制造华北五省和内蒙"自治"的同时,还打着"中日经济提携"的幌子,对华北进行疯狂的经济掠夺。

1935 年 1 月,日本关东军在中国大连举行会议,在讨论对华方针时,要求中国充分履行《塘沽协定》,理顺华北中日关系,实行中日经济提携。1935 年 7 月,日本中国驻屯军制定了《关于华北新政权产生之相应经济开发指导案》,提出"应利用一切机会,促进对交通、资源及金融等方面的投资"。同月,日本关东军司令部、满铁、东拓、伪满财政部和实业部等在长春召开联席会议,决定联合实施对华北的经济掠夺。内容包括:设立强大投资公司,发展华北工商业,开发矿业;设立中日合办的经济开发公司,涉及矿产、交通、贸易、棉花栽培等领域;重点发展山东矿业公司,为煤矿公司之母体;全力发展察哈尔、山西及其他未开发地区之交通;以山东之棉花栽培为基础,将来发展至日本用棉自给。8 月,在日本政府的授意下,"满铁"在天津建立兴中公司,负责"开发华北经济"。

农业方面,华北是中国棉花的主要产地,日本对之觊觎已久。日本在天津设立"华北农场试验所"与"华北棉花协会"。兴中公司拟定了华北植棉的五年计划,企图独霸华北的棉花生产。此外,日本侵略者还在华北直接侵夺农田和掠夺农村劳动力。

工矿业方面,到 1936 年,日本已控制了天津棉纺业"北洋六厂"中的四家,拥有的纺锭和布机数,分别占整个天津的 71.7% 和 76.3%。此外,日本还侵占了唐山、济南、青岛等地的一些纱厂,河北井陉煤矿及正丰公司煤矿也被日本占领。日本通过其在东北、华北控制的煤矿资源,在华北市场大肆倾销,借此打压英资控制的开滦煤矿。日本与"冀察政务委员会"签订"芦盐运日合同",在长芦大肆收买盐田,作为军工原料基地。

交通运输方面,1934 年 5 月,日本出资 8952 万元,控制华北铁路公司。1936 年,日本计划投入巨资,在华北兴建 10 条铁路。同时,日本还通过设立天津航空部、中日合办惠通航空公司等机构,经营天津、大连、北平、张家口、济南、青岛、包头等地之间的航空运输。

商业贸易方面,日本主要从事大规模走私活动,包括现银和鸦片、吗啡、海洛因等的走私。国民政府财政部总务司在1936年所写的报告中称:"津海、秦皇岛关缉私职务,因日人无理干涉,完全无法执行,以致华北一带,私运日益猖狂,实为海关有史以来所未见。"据史料记载,仅仅1936年5月5日至12日的一周时间,从冀东走私到天津的货物即有:人造丝1300万公斤,砂糖603万公斤,卷烟纸3万公斤,棉布3000捆,海杂货8000包,煤油、汽油4775箱。大量的走私活动,给中国的税收和民族工商业造成了严重的损害。

1937年卢沟桥事变之前,天津的中国纱厂全被日本纱厂吞并;电气业全由日资包办;冀、鲁、晋三省变成日本的植棉田;华北的金融和矿业也被日资独占;大沽、塘沽、北戴河、秦皇岛成了日本的港口;平汉、平绥、北宁、津浦四路成为日本的运输线,日本的飞机独占了华北的天空。整个华北的经济、金融命脉完全被日本侵略者独占。

1935年,驻华日军为了进一步侵略中国而策动华北各省脱离南京中央政府,实行"自治",制造了一系列事件,包括"察东事件"、"河北事件"、"张北事件"、"丰台夺城事件"、"香河暴动事件"等,统称华北事变。

1935年1月中旬,日军以中国第二十九军和热河丰宁伪满自卫团发生冲突为借口,进攻察东独石口地区,首先制造了"察东事件",迫使南京政府承认察哈尔沽源以东地区为"非武装区"。5月,日本借口天津两家汉奸报社社长被暗杀系中国人所为,同时借口中国方面援助热河义勇军孙永勤部进入滦东"非武装区"活动,破坏了《塘沽协定》,向国民党政府提出对华北统治权的无理要求,并调动日军入关,以武力相要挟。6月,国民党军委会华北分会代理委员长何应钦与日本华北驻屯军司令官梅津美治郎谈判,达成《何梅协定》。按协议规定,中国军队从河北撤退,取消河北省内的国民党部;禁止河北省内的一切反日活动。《何梅协定》的签订,日本帝国主义实际取得了对华北的控制权。

"河北事件"一波未平,又发生了"张北事件"。5月30日,4名没有护照的日本特务机关人员潜入察哈尔省境内绘制地图,行至张北县,被当地驻军扣留,察哈尔省主席宋哲元为避免引起事端,即令释放。但是,日本方面并不善罢甘休,借此提出无理要求。6月27日,察哈尔省民政厅长秦德纯和日军特务头子土肥原贤二达成《秦土协定》。其主要内容为:向日军道歉,撤换与该事件有关的军官,担保日人今后在察哈尔省可以自由行动;取消在察哈尔省的国民党机构,成立冀东非武装区,第二十九军从该地区全部撤退;中国方面停止向察哈尔省移民;解散察哈尔省内排日机构。这样,冀察两省的大部分主权丧失。

此后,日本帝国主义者又大肆收买汉奸,策动所谓"华北五省自治运动",妄图使河北、山东、山西、察哈尔、绥远脱离国民党政府,变为日本的殖民地,成为"第二个东北"。10月22日,日本侵略者煽动河北东部香河、昌平、武清等县的"饥民"暴动,攻占香河县城,并由少数汉奸组织临时维持会。11月25日,日本又收买一批汉奸、流氓向国民党天津当局"请愿",要求自治。同日,又策划了"冀东事变",由国民党政府特派蓟密区行政督察专员殷汝耕在通县成立"冀东防共自治政府",使冀东20余县脱离了中国政府的管辖。与此同时,日本特务头子土肥原贤二奔波于保定、太原、济南等地,策动阎锡山、韩复榘搞华北五省自治。日本企图借"自治"的名义达到吞并华北的目的,而国民党政府既不能允许华北脱离南京中央政府管辖宣布"自治",又慑于日本的威胁,12月决定在北平成立冀察政务委员会,由宋哲元任委员长,由日方推荐汉奸王揖唐、王克敏等十几人为委员。冀察政务委员会名义上虽隶属于南京国民政府,但它实际上具有相当大的独立性。日本和汉奸势力对它有很大影响和控制力,实际上成为变相的"自治"。它的成立是蒋介石政府对日妥协的产物。华北事变是日本侵略中国、称霸世界的一个重要步骤，华北危急，使中日民族矛盾更加激化，推动了中国抗日救亡运动的进一步高涨。

二、《为抗日救国告全体同胞书》　"一二·九"运动

1935年，日本侵略势力进入华北，频频制造事端，民族危机更加严重。为了挽救民族危亡，中国共产党顺应时势，适时地提出了建立抗日民族统一战线的主张。

1935年7、8月间，共产国际第七次代表大会在莫斯科召开。会上，共产国际执委会总书记季米特洛夫作了《关于法西斯的进攻以及共产国际在争取工人阶级团结起来反对法西斯的斗争中的任务》的报告。报告指出，在殖民地和半殖民地国家，共产党和工人阶级的首要任务，在于建立广泛的反帝民族统一战线，为驱逐帝国主义和争取国家独立而斗争。大会根据这个报告通过了《论共产国际在帝国主义者准备新的世界大战的情况下的任务》的决议。季米特洛夫的报告和大会的决议都强调，根据国际形势的发展，应在无产阶级统一战线的基础上建立广泛的反法西斯人民战线，并明确表示："我们赞同英勇的兄弟的中国共产党这一倡议：同中国一切决心真正救国救民的有组织的力量结成反对日本帝国主义及其走狗的广泛的反帝统一战线。"这次大会把建立最广泛的世界反法西斯统一战线作为各国共产党的基本策略。鉴于法西斯势力在世界范围内日益猖獗的形势，会议要求纠正自1928年共产国际第六次代表大会以来在国际共产主义运动中盛行的"左"倾关门主义倾向。

在共产国际新政策的影响下，中共驻共产国际代表团及时地调整了自己的政策。1935年8月1日，以中华苏维埃政府和中共中央共同署名

发表了《为抗日救国告全体同胞书》，又称《八一宣言》。宣言的主要内容有：分析了"九一八"事变后的国内政治形势，揭露了日本帝国主义对华北的侵略及企图灭亡中国的野心，痛斥国民党的不抵抗政策。指出中华民族正处在千钧一发的生死关头，"抗日则生，不抗日则死，抗日救国，已成为每个同胞的神圣天职"；号召全中国人民动员起来，停止内战，一致抗日。提出中国共产党当前的政治主张是组织国防政府和抗日联军。宣言首先在巴黎出版的中文《救国报》和莫斯科出版的英文版《国际新闻通讯》上刊登。当时中共中央正在长征途中，加上电台毁坏，中共中央与共产国际失去联系，没有及时获悉宣言内容。

11 月下旬，中共驻共产国际代表团派张浩（林育南）为代表到达陕北瓦窑堡，向中共中央传达了共产国际关于建立广泛的统一战线的精神及《八一宣言》的内容。11 月 28 日，中华苏维埃共和国中央政府与中国工农红军革命军事委员会发表《抗日救国宣言》，对《八一宣言》作出积极回应。宣言呼吁："不论任何政治派别、任何武装队伍、任何社会团体、任何个人类别，只要他们愿意抗日反蒋，我们不但愿意同他们订立抗日反蒋的作战协定，而且愿意更进一步同他们组织抗日联军与国防政府。"《八一宣言》的发表，标志中共建立抗日民族统一战线的策略路线基本形成。在实践上，它获得全国人民和各界人士的热烈支持，在国民党统治区发生了巨大政治影响，有力地鼓舞和推动了抗日救亡运动的发展。

华北事变的发生，进一步加深了民族危机。在民族危亡迫在眉睫的时刻，身处事变中心的北平、天津的青年学生，率先发出了团结御侮的呼声。1935 年 11 月，中共北平临时工作委员会成立。在北平工委领导下，成立了北平市大中学校学生联合会，领导学生抗日救亡运动。12 月 6 日，北平 15 所大中学校的学生发表通电，谴责国民党政府自"九一八"事变以来的妥协退让政策，要求国民党政府动员全国，抗击日本侵略。当得知国民党政府准备于12月9日在北平成立"冀察政务委员会",以实现日本侵略者要求的"华北特殊化"的消息时,北平学联党团果断决定,在12月9日这一天,发动抗日救国请愿游行。

1935年12月9日,在以彭涛、周小舟等组成的中共北平临时工委的领导下,在姚克广、郭明秋、黄敬等在学生中工作的共产党员的组织和指挥下,东北大学、清华大学、燕京大学、师范大学、中国大学、北京大学等高等院校和部分中学的数千名学生涌上街头,举行声势浩大的抗日救亡游行。青年学生冲破国民党军警的重重阻力,汇集在新华门前,向国民党北平当局请愿,提出反对"防共自治运动",公开宣布中日交涉经过,不得任意捕人,保障地方领土安全,停止一切内战,给予言论、集会、结社、出版自由等六项抗日民主要求。当这些要求被完全拒绝时,游行指挥部立即决定将请愿改为示威游行。悲愤的学生们高喊着"打倒日本帝国主义"、"反对冀察政务委员会成立"、"反对华北自治"、"停止内战,一致抗日"、"武装保卫华北"等口号,向天安门、长安街奔去。当游行队伍行进到王府井南口时,遭到国民党军警皮鞭、木棍和水龙的镇压,30多人受伤。当天,清华大学救国会发表《告全国民众书》,悲愤地喊出了广大爱国学生的共同呼声:"华北之大,已经安放不得一张平静的书桌了!"

为抗议国民党政府镇压学生爱国运动,北平学联决定,1935年12月10日起,北平各校学生实行全市总罢课。12月14日,北平报纸透露,"冀察政务委员会"将于16日正式成立。获知此消息,北平学联迅速作出决定,要在16日再次发动大规模游行示威,把抗日救亡运动推向高潮。

12月16日,北平学生高举"中国人民自动武装起来"、"反对冀察政务委员会"、"反对脱离中央"、"反对华北特殊化"等横幅,突破军警阻拦,撞开西便门,汇集到天桥广场,召开有各界民众3万多人参加的市民大会,通过了"不承认冀察政务委员会"、"反对华北任何傀儡组织"、"收复东北失地"等决议案。在会后举行的大规模示威游行中,再次遭到国民党军警的镇压,学生数十人被捕,300 多人受伤。

北平学生"一二·九"爱国运动得到了全国人民的支持和响应。从 1935 年 12 月 11 日开始,天津、保定、太原、西安、济南、杭州、上海、武汉、宜昌、成都、重庆、广州、南宁等大中城市,先后爆发了学生抗日集会和游行示威。各地工人在全国总工会的号召下,纷纷举行罢工,抗议国民党政府对日妥协和镇压抗日运动,声援学生的英勇斗争。广州、上海的工人召开大会,发表通电,要求对日宣战。

上海市民在街头举行抗日救国市民大会

12 月 12 日,上海文化界著名人士马相伯、沈钧儒、邹韬奋、章乃器等 280 余人发表《上海文化界救国运动宣言》。12 月 27 日,上海文化界救国会成立。1936 年 1 月 28 日,上海各界救国联合会成立,以沈钧儒、章乃器、李公朴、陶行知、邹韬奋、沙千里、王造时、史良等为执行委员,沈钧儒为主席,组成执行委员会,统一领导上海的抗日救国运动。在此前后,各地爱国人士和爱国团体纷纷成立各界救国会,发出通电,出版各种救亡刊物,要求国民党政府保卫领土主权,停止内战,出兵抗日。海外侨胞和留学生团体也发表宣言等,支持国内人民的爱国行动。抗日救亡运动风起云涌,很快扩展为全国规模的群众运动,抗日救国的烈火燃遍了祖国各地。

1935 年 12 月 20 日,中共中央通过共青团号召广大青年:"把反日救国运动扩大起来!到工人中去,到农民中去,到商民中去,到军队中去!"根据党的指示,为将"一二·九"运动引向深入,平津学生联合会组织了500 余人的南下扩大宣传团。在宣传团的基础上,1936 年 2 月 1 日在北平成立了中华民族解放先锋队,简称"民先队"。这是在中国共产党领导下的以抗日民主为奋斗目标的先进青年的群众组织,后来很快发展成为拥有 2 万余人的全国性的组织。广大青年学生响应中国共产党的号召,深入农村进行抗日救亡宣传,成为各地抗日救亡运动中的骨干力量,成为中国共产党建立抗日民族统一战线的助手和领导抗日救亡运动的纽带。

"一二·九"运动是中国共产党的抗日主张和广大民众相结合的结果,它公开揭露了日本帝国主义侵略全中国的阴谋,打击了国民党政府的妥协退让政策,极大地促进了中华民族的觉醒,标志着中国人民抗日救亡民主运动新高潮的到来。"一二·九"运动中的先进知识青年,走上与工农群众相结合的道路,为抗日战争和中国革命事业准备了一大批骨干力量。1939 年 12 月 9 日,毛泽东在延安各界纪念"一二·九"运动四周年大会上发表了《一二·九运动的伟大意义》,对"一二·九"运动做了高度评价。毛泽东指出:"一二·九运动是动员全民族抗战的运动,它准备了抗战的思想,准备了抗战的人心,准备了抗战的干部","一二·九运动将成为中国历史上的一个非常重要的纪念"①。

三、中共瓦窑堡会议和抗日民族统一战线方针的确立

1935 年 12 月 17 日至 25 日，中共中央在陕北安定县（今子长）瓦窑堡召开政治局扩大会议。出席会议的有毛泽东、张闻天、周恩来、博古、李维汉、王稼祥、刘少奇、邓发、凯丰、张浩、邓颖超、吴亮平、郭洪涛等十多人。

张闻天主持会议并作关于政治形势和策略问题的报告，张浩作关于共产国际七大精神的传达报告，毛泽东作关于军事问题的报告。会议着重讨论了全国政治形势和党的策略路线、军事战略，确立了建立抗日民族统一战线的新策略，并相应地调整了各项具体政策。12 月 25 日，会议通过了《中央关于目前政治形势与党的任务决议》。会后，毛泽东根据瓦窑堡会议决议精神，于 12 月 27 日在党的活动分子会议上作了《论反对日本帝国主义的策略》的报告，进一步从理论和实践上阐明了党的抗日民族统一战线策略方针。会议着重解决了以下问题：

第一，正确地分析了形势，提出了建立抗日民族统一战线的策略方针。会议认为，当前时局的基本特点是日本帝国主义"正准备并吞全中国，把全中国从各帝国主义的半殖民地变为日本的殖民地"。民族矛盾已上升为主要矛盾。一切不愿当亡国奴，不愿充当汉奸的中国人的惟一出路，就是"向着日本帝国主义及其走狗汉奸卖国贼展开神圣的民族战争"。而要完成这一神圣使命，必须建立民族统一战线。毛泽东指出：党的基本的策略任务是什么呢？不是别的，就是建立广泛的民族革命统一战线。当着革命的形势已经改变的时候，革命的策略，革命的领导方式，也必须

---

① 《毛泽东文集》，第 2 卷，人民出版社 1993 年，253 页。

跟着改变。日本帝国主义和汉奸卖国贼的任务,是变中国为殖民地;我们的任务,是变中国为独立、自由和领土完整的国家。

第二,分析了建立抗日民族统一战线的可能性和必要性。决议认为:"九一八"事变以后,这种民族危亡的形势唤醒了全中国人民,从而掀起了新的民族革命高潮。民族革命的新高潮唤醒了工人阶级和农民中的落后阶层;广大的小资产阶级群众和知识分子已转入革命;一部分民族资产阶级,许多乡村富农和小地主,甚至一部分军阀也有对革命采取同情中立的态度以至有参加的可能。党应该采取各种适当的方法与方式,去争取这些力量到反日战线中来。在地主买办阶级营垒中间,也不是完全统一的,党也应利用他们之间的矛盾与冲突,以利于抗日民族解放斗争。对于日本帝国主义与其他帝国主义之间的矛盾,也应采取这样的策略。

第三,会议批判了"左"倾关门主义的错误,指出关门主义是党内的主要危险。毛泽东指出:关门主义的策略则是孤家寡人的策略。关门主义"为渊驱鱼,为丛驱雀",把"千千万万"和"浩浩荡荡"都赶到敌人那一边去,只博得敌人的喝彩。关门主义在实际上是日本帝国主义和汉奸卖国贼的忠顺的奴仆。"关门主义的所谓'纯粹'和'笔直',是马克思列宁主义向之掌嘴,而日本帝国主义则向之嘉奖的东西。我们一定不要关门主义,我们要的是制日本帝国主义和汉奸卖国贼的死命的民族革命统一战线。"[1]

第四,提出了用人民共和国的口号代替工农共和国的口号。毛泽东指出:我们的政府不但是代表工农的,而且是代表民族的。这个意义,是在工农民主共和国的口号里原来就包括了的,因为工人、农民占了全民族人口的80%至90%。我们党的第六次全国代表大会所规定的十大政纲,

---

[1] 《毛泽东选集》第1,第141页。

不但代表了工农的利益,同时也代表了民族的利益。但是现在的情况,使得我们要把这个口号改变一下,改变为人民共和国。这是因为日本侵略的情况变动了中国的阶级关系,不但小资产阶级,而且民族资产阶级,有了参加抗日斗争的可能性。这样,更有利于广泛地吸收各阶级、阶层参加抗日民族统一战线和抗日民主政权。

第五,提出党在抗日民族统一战线中的领导权问题。党和红军不但要做抗日民族统一战线的发起人,而且要成为台柱子,只要我们的斗争策略不犯错误,我们就能够争取和团结更多的力量到我们方面来共同抗日。只要共产党和红军本身是存在的、发展的,那么,抗日民族统一战线必然也会是存在的、发展的。这就是共产党和红军在民族统一战线中的领导作用。"只有在共产党领导之下,反日运动才能得到彻底的胜利"。

瓦窑堡会议是从土地革命战争时期到抗日战争时期中国共产党召开的一次极为重要的会议,是遵义会议的继续和发展。它总结了两次国内革命战争的基本经验,批评了"左"倾关门主义,解决了遵义会议没有来得及解决的党的政治策略问题,制定了抗日民族统一战线的策略路线,有力地推动了全国抗日民主运动的发展。

四、左翼文化运动与社会性质论战

20世纪20至30年代,随着社会主义思潮宣传的深入与共产党影响力的扩大,代表无产阶级革命文化的左翼文化运动开始兴起。

20年代,以成仿吾、郭沫若、蒋光慈、钱杏邨等为中坚的文学革命团体创造社、太阳社相继成立。他们高举"无产阶级革命文学运动"的旗帜,反对封建文化、复古思想,崇尚天才,主张自我表现和个性解放,积极宣传马克思主义文艺思想,倡导无产阶级文学革命,成为"五四"以后文学革命的一支生力军。但是,他们却教条式地照搬马列主义词句以及来自苏联的"左"倾文艺思潮,错误地批评鲁迅、叶圣陶等为代表的五四新文学,并把其看作资产阶级文学甚至"封建余孽",进行批判与攻击。面对批评,鲁迅做了反批评。鲁迅指出,革命文学派误解了马克思主义的精神实质,不了解中国社会及其革命的性质,过分夸大了文艺的政治作用。鲁迅在对革命文学派进行批评的同时,也总体肯定了其积极作用。

1930 年 2 月,创造社、太阳社的代表与鲁迅一起参加了"清算过去和确定目前文学运动底任务"的讨论会,决定停止争论与相互攻击,共同发起成立左翼作家联盟。1930 年 3 月 2 日,中国左翼作家联盟正式成立,简称"左联"。大会推选鲁迅、田汉、夏衍、钱杏邨、郑伯奇、洪灵菲等为执行委员。

1930 年 5 月 20 日,中国社会科学家联盟在上海成立,简称"社联"。先后创办了《社会科学战线》、《研究》、《新思潮》、《社会现象》、《时代论坛》等刊物,传播马克思主义的文化理论。

1930 年 7 月,中国左翼美术家联盟成立。1931 年 1 月,成立了中国左翼戏剧家联盟。

1930 年 10 月,中国左翼文化界总同盟在上海正式成立,简称"文总"。先后参加的有:中国左翼作家联盟、中国社会科学家联盟、中国左翼美术家联盟、中国左翼新闻记者联盟以及教育、音乐、美术、世界语小组等8 个团体。"文总"团结了广大的进步文化工作者,在更广的范围内结成了进步文化工作者的统一战线,为粉碎国民党的文化"围剿",促进进步文化工作的繁荣作出了积极的贡献。其中,中国社会科学家联盟以其所办刊物为理论阵地,直接参与了当时关于中国社会性质的大论战,推动了马克思主义社会科学的发展与建立。

关于中国社会性质问题论战由来已久。1927 年大革命失败后,人们对于中国革命的性质及其前途感到困惑,对于确定中国革命性质的主要根据——中国的社会性质,即对中国国情的认识产生了分歧。陈独秀认为,中国资产阶级民主革命任务已经基本完成,经过1925年至1927年的大革命,封建势力已"受了最后打击","变成残余势力之残余",进而认为中国社会已经是资本主义占优势,无产阶级只有等待资本主义发展到某种程度的时候再去进行所谓的社会主义革命,当前只能进行以"国民议会"为中心,进行巩固与发展资本主义的合法运动。赞同陈独秀观点的一派人被称为"托陈取消派"或曰"托派"。1930年3月,李立三撰写了《中国革命的根本问题》一文,发表在中国共产党机关刊物《布尔塞维克》上,全面论证了中国共产党对于中国社会性质的分析,认为中国社会性质是半殖民地半封建社会,批判了"托陈取消派"的观点。1931年,任曙、严灵峰先后出版《中国经济研究》、《中国经济问题研究》,进行反击,认为中国社会已经是资本主义性质。

中共党内的论战很快扩展到党外,成为一场涉及社会各界的大论战。以陶希圣为代表的新生命派(因《新生命》杂志而得名),以汪精卫为代表的国民党改组派,以胡适为代表的资产阶级改良派,纷纷撰文发表自己的观点或主张。有的提出"中国封建制度崩坏论",把秦汉至清朝称之为"商业资本主义社会",而鸦片战争后中国社会的性质"是帝国主义压迫之下的商业资本主义社会";有的否认中国有封建阶级和封建制度;有的认为中国的问题全在于"五鬼(即贫穷、疾病、愚昧、贪污和扰乱)闹中华"。尽管派别不同,但他们都认为中国已是资本主义社会。中国社会科学家联盟在其创办的《新思潮》杂志上刊发了"中国经济研究专号",批判了上述各种论点。他们认为,在西方帝国主义的侵略与压迫下,中国社会虽然具备了许多资本主义的因素,但是从总体来看,封建关系仍然在整个中国经济中占据优势。他们着重从帝国主义和中国经济的关系、民族资本在中国经济中的地位、农村土地关系等方面,分析了中国经济的性质,认为封建的半封建的经济在中国社会经济中占支配的地位,中国是半封建半殖民地社会。马克思主义者从各方面论证和说明了近代中国半封建半殖民地的社会性质和反帝反封建的资产阶级民族民主革命性质,认为马列主义完全适用于中国。

1939年12月,毛泽东在《中国革命和中国共产党》一文中明确指出:"中国现时的社会,是一个殖民地、半殖民地、半封建性质的社会。只有认清中国社会的性质,才能认清中国革命的对象、中国革命的任务、中国革命的动力、中国革命的性质、中国革命的前途和转变。所以,认清中国社会的性质,就是说,认清中国的国情,乃是认清一切革命问题的基本的根据。"[①]这就为持续多年的关于中国社会性质的论战,作出了科学的结论。

第五节　国共两党政策的调整　西安事变　全国团结抗日局面的基本形成

一、国民政府实施法币政策和公布《五五宪草》　国民经济的复苏

中国在实行法币政策以前,一直是银本位国家,银两和银元是货币的主体,银两是中国几千年的货币制度,以白银重量计值,以两为计算单位,故称银两。但银两的成分极为复杂,使用也很不便,所以,到后来只作记账单位而不作为货币到市场流通了。1929年,中国曾聘请美国著名货币专家甘末尔教授来华,帮助国民党政府讨论制定了《金本位制条例草案》,

---

① 《毛泽东选集》第2卷,第633页。

但因发生世界性经济危机而未实现,继续实行银本位制。为了统一币制,国民党政府在 1933 年 4 月 6 日,公布了《废两改元》的训令。训令规定:所有公私款项之收付及一切交易一律改用银币,不得再用银两。1934 年 6 月,美国宣布实施《购银法案》,授权其财政部以高价购买国外白银。此举造成国际银价飞涨,中国汇价因此而激升,白银大量外流。据统计,1934 年 7 月 1 日到 10 月 15 日,仅仅三个半月时间,中国白银外流量就有 2 亿元之多。银行停业或倒闭,通货奇缺,物价持续低落,经济萧条,国民经济遭受严重损害。同时,也损害了在中国投资最多的英国的经济利益。1934 年 10 月,蒋介石在汉口秘密召集宋子文、孔祥熙进行磋商,决定实施法币改革,彻底废除银本位制。1935 年 9 月,英国政府派遣其财政专家、政府首席经济顾问李兹·罗斯爵士来到上海,秘密协助国民政府制定法币改革方案。

1935 年 11 月 3 日,国民党政府颁布了《财政部改革币制令》。财政部长孔祥熙发表了宣言,开始实施法币政策。法令分 6 条,要点有四个:

第一,统一钞票发行权。钞票发行权收归中央、中国、交通三大银行,1936 年又增加了中国农民银行。自法令颁布后,其他银行一律不准发行钞票。其他银行发行的、现在正流通市面的纸币,逐渐以中央钞票换回,停止使用。

第二,废除银本位制,法币为惟一货币。规定中央、中国、交通等行发行的钞票为法币。国内"所有完粮纳税,及一切公私款项之收付,概以法币为限,不得行使现金。违者全数没收,以防白银偷漏"。凡银钱行号、公私机关或个人持有银币生银等类者,应即兑换法币使用。

第三,实行白银国有,作为法币准备金。布告规定:"法币准备金之保管及其发行收换事宜,设发行准备管理委员会办理,以昭确实而固信用。"凡银钱行号、商店及其他公私机关或个人持有银币和银类者,均必须交发行准备管理委员会或指定之银行兑换法币。"如有故存隐匿,意图偷漏者,应准照危害民国紧急治罪法惩治。"把全部白银收归国有,作为法币的准备金。

第四,规定法币对英镑的汇价。布告规定:"为使法币对外汇价按照目前价格稳定起见,应由中央、中国、交通三银行无限制买卖外汇。"根据中国货币近5年来对英镑的平均汇价规定,法币1元等于英镑1先令2.5便士。其他货币按照英镑的国际汇率套算,如美汇为29.5美分。法币本身没有法定的含金量,也不能兑换银币,但它以外汇为本位,信用由外汇的价格决定,是一种汇兑本位制。

英国夺取了中国货币的控制权,美国当然不肯罢休。于是美国立即采取停止在伦敦购银,降低银价的办法,向国民党政府施加压力,迫使其就范。因为,中国靠出卖白银换取美元做法币的外汇准备金,美国降低银价,停止在伦敦购银,直接影响了法币准备金的来源和汇价的稳定,这对英国和国民党政府都是一个沉重的打击。于是,国民党政府立即派驻美公使施肇基,向美政府求救。美财政部长摩根索马上密电上海的花旗和大通两行代替美财政部向中国政府购进白银2500万盎司。1936年5月,又派上海商业储蓄银行总经理陈光甫为代表,与美国政府正式签订《中美白银协定》,以中国人民数千年来血汗的结晶品白银,向美国合法输送为条件,求得了法币同美元的固定联系。协定规定,由美国按照市场平均银价大量购买中国的白银,价格为每盎司白银合0.45美元,价款以美元交付,存放纽约,中国还不得把白银卖给其他国家,以防银价涨落。这样,法币又同美元发生了固定的比价,从而成了英镑和美元的共同附庸。法币政策是在英美帝国主义直接操纵和支持下产生和实行的,它不可避免地被打上了深深的殖民地性质的烙印。

尽管如此,法币政策的实施还是有积极意义的。统一货币,有利于商品经济的发展,促进了国内统一市场的形成;实行白银国有,稳定法币汇价,有利于稳定国内金融业,促进了中国对外贸易的发展与增长;增加货币流通量,刺激物价上升,有利于工商业的发展,直接促进了中国国民经济的复苏。

1936 年 5 月 5 日,南京国民政府公布《中华民国宪法草案》。因为是5 月 5 日公布,又称《五五宪草》。1932 年 12 月,国民党第四届第三次中央执行委员会召开,孙科等提议依孙中山《建国大纲》的规定,应从速起草宪法,召开国民大会,要"结束党治,还政于民"。1933 年 1 月,宪法起草委员会成立,对中央全体会议通过的 25 条原则经过研究,反复修改七次,完成了《中华民国宪法草案》的制定。

《五五宪草》分为"总纲"、"人民之权利义务"、"国民大会"、"中央政府"、"地方制度"、"国民经济"、"国民教育"、"宪法之实施和修改"共八章 148 条。其主要特点是:第一,实施"权能分治"原则,即"政府有能、人民有权"的原则。第二,实行"五院制",以国民大会执掌中央政权,以"总统"及行政、立法、司法、考试及监察五院执掌治权。行政院对"总统"负责,"总统"对"国民大会"负责。《五五宪草》本应交"国民大会"决议,但抗战爆发后,"国民大会"一直延期到抗战胜利才召开。比较 1931 年公布的《中华民国训政时期约法》的八章 89 条,内容与精神方面都有一定程度的进步。

但是,这部宪法草案有许多局限性。《五五宪草》总纲第一条规定:中华民国国体"为三民主义共和国"。国民党如此规定的目的,是为了维持其"一党独裁"统治。具有国民党官方背景的萨孟武在《中华民国宪法草案之特质》一文中,就毫不讳言地指出:《五五宪草》的特质之一,是"一党专政",因为宪草第一条开宗明义规定中华民国国体"为三民主义共和国",凡不信仰三民主义的政党都不能允许其存在。有了这条规定,不仅在宪政开始之前,中国只能有一个政党,即国民党;就是在宪政开始之后,"中国仍只有一个政党,即是中国国民党"。《五五宪草》在有关人民居住、迁徙、言论、著作、出版、通信、宗教信仰、集会结社等权利条款上,采用的是法律限制主义,有关条文后都写有"非依法律,不得限制之"的附加条件。从中央与地方的权限划分来看,《五五宪草》采取的是中央集权主义,没有给省规定任何权力,财政权集中在中央,省预算成为中央预算的一部分。1946 年,在此草案修订的基础上,国民政府正式颁布了《中华民国宪法》。

1935 年 4 月 1 日,蒋介石发表《国民经济建设运动之意义及其实施》,宣布推行"国民经济建设运动"。4 月 3 日与 7 日,宋子文和汪精卫分别发表公开谈话,表示积极响应,并预祝国民经济建设运动之成功。1935 年 9 月 22 日,国民政府主席林森在国父纪念周上作了《国民经济建设的重要》之讲演,号召"全国民众一致起来,共同努力",积极投身于国民经济建设运动之中。1935 年 12 月,国民党五届一中全会通过了《确立国民经济建设实施大纲案》,对于国民经济建设,做了更为具体的规定。1936 年 7 月 8 日,国民经济建设总委员会成立大会在南京实业部大礼堂正式召开,会长蒋介石作了动员报告。总会的任务是:协助推行中央及地方政府经济建设计划;倡导社会各种经济建设事业;培训各种经济建设人才;研究发展全国农工副业及地方特殊商品;倡导节约,推行国货。国民经济建设运动的总目的:增加生产总量,解决生活需要;增加工作机会,解决失业问题;增加输出产品,借谋贸易平衡;保障投资安全,鼓励生产活动。

国民经济建设运动的主要内容是:1. 提倡征工。即动员老百姓做义务劳动,凡筑路治河,修整堤坝,培植森林,开辟疆地,均以征工制度行之。2. 振兴农业。包括增加农产,活跃农村金融,流畅农产运销,推行农村合作,以达粮食自给并力求增加工业原料等。3. 鼓励垦牧。一切公私荒地要尽量开垦,对地广人稀之处,要实行大规模的移民屯垦,经营畜牧,并实行屯田制,以实现地尽其利。4. 调节消费。以最大之努力,尽量节约消费,调剂供求。5. 振兴工业。对农产品加工,提倡就农村或其附近发展,对一般工业应由政府实行保护和奖励的政策,对于那些地方上无力举办的大工业,应由政府、企业一致进行。6. 开发矿产。政府应采取积极的保护及奖励政策,调查各地矿产,改进采掘方法,禁止地方政府与任何特殊势力把持矿产,与民争利。并欢迎外国投资。7. 流畅货运。一方面尽量发展全国各处的道路交通,改进水陆货运的办法;另一方面又在各地设立主要农作物的公共仓库和运输机关,以便囤积和转运。8. 调节金融。鼓励储蓄,设置完备之农村借贷制度,并要全国人民绝对赞助国家关于货币汇兑之政策。

在国民经济建设运动的推动下,加上大规模内战基本停止,中国的国民经济在 1936 年开始出现复苏,中国民族资本主义经济的发展也达到中国历史上的最高峰。1936 年,除四川、河南、广东三省受灾减产外,全国农业生产均获丰收,农业产值达法币 56 亿元,比 1933 年至 1935 年的平均产值高出 17 亿元,增加了将近 45%。其中,棉花增加 78.4%,小麦增加 8.3%,大豆增加 3.8%,稻子、高粱、芝麻、烟叶等也比历年的产量有不同程度的提高。农业生产的增长,提升了农民的购买力,促进了工商业的发展。1936 年的工业品总产值为法币 122 亿元,比 1935 年增加 11%。其中,棉纱增加 29%,水泥增加 26.2%,火柴增加 18.8%,电力供应增加 8.1%。1936 年的工农业生产总值比 1935 年增加了 8%。另外,1936 年对外贸易入超大为减少,出口增加。但是,经济复苏的好景不长,日本帝国主义发动全面侵华战争,打断了这一良好的发展势头。

二、国民党"五大"和对日政策的变化　国共两党开始接触

1935 年 11 月 12 日至 23 日,中国国民党第五次全国代表大会在南京召开。与会的中央执行委员、监察委员 103 人,各地党部代表及列席者 405 人。阎锡山、冯玉祥因蒋介石亲赴太原、泰山相邀,前来与会。陈济棠、李宗仁派代表出席大会。会上,蒋介石作政治报告,孙科作中央执行委员会工作报告,张继作中央监察委员会工作报告,何应钦作军事报告,于右任作主席团工作报告。11 月 19 日,蒋介石发表对外关系的演说。大会先后通过了《召集国民大会及宣布宪法草案案》《对于党务报告之决议案》《第五次全国代表大会宣言》。12 月 2 日,召开五届一中全会。

大会系统阐述了国民党的治国理念与政治措施,涉及政治、经济、文化各个方面。其中,最为引人注目的是,明确规定次年 5 月 5 日公布宪法草案,11 月 12 日召开国民大会,逐步实施宪政。大会做了组织与行政人事调整,将中央政治会议改为中央政治委员会,为政治之最高指导机关,由 27 人组成,汪精卫为主席,蒋介石为副主席。中央常务委员会由 9 人组成,胡汉民任主席,蒋介石任副主席。会议推选林森连任国民政府主席,蒋介石任行政院长,孙科任立法院院长,居正任司法院院长,戴季陶任考试院院长,于右任任监察院院长。

综观国民党第五次全国代表大会的全过程,一个突出的变化是对日外交政策从软弱趋于强硬。这个变化,主要表现在以下几个方面:第一,在整个人事安排中,基本上排除了带有亲日色彩的人选,汪精卫派在五全大会中央委员选举中遭遇惨败,在新政府中只有顾孟余担任交通部长,形单影只。第二,国民党蒋介石的对日态度发生明显变化。蒋介石在对外关系的演说中指出:"和平未到完全绝望之时,决不放弃和平;牺牲未到最

后关头，亦不轻言牺牲。以个人之牺牲事小，国家之牺牲事大；个人之生命有限，民族之生命无穷故也。果能和平有和平之限度，牺牲有牺牲之决心，以抱定最后牺牲之决心，而为和平最大之努力，期达奠定国家复兴民族之目的，深信此必定为本党建国唯一之大方针也。"①大会接受了蒋介石提出的外交方针，把此精神写入《第五次全国代表大会宣言》。

蒋介石这次演讲及国民党"五大"宣言的发表，标志着国民政府对日政策的转变，国民党开始改变其"不绝交、不宣战、不讲和、不订约"的"四不"方针。自此以后，南京国民政府再也没有与日本签订诸如《秦土协定》、《何梅协定》等类似协定。

1936 年 1 月 13 日，日本政府制定了《第一次处理华北纲要》，1936 年 1 月 21 日，日本首相广田弘毅发表"日本对华三原则"，1936 年春，日本开始向华北增兵。

对于日本的一系列侵略行动，南京国民政府外交部或中国驻日大使快速作出反应，提出强烈抗议。1936 年 7 月，蒋介石在国民党五届二中全会上指出："中央对外交所抱的最低限度，就是保持领土主权的完整。任何国家要来侵扰我们的领土主权，我们绝对不能容忍，我们绝对不订立任何损害我们领土主权的协定，并绝对不容忍任何侵害我们领土主权的事实。"②国民党"五大"后，国民党军事委员会拟定国防计划大纲，划分战区，构筑系列国防工事与防线，已经开始对日作战的全面准备。

随着国民党对日态度的强硬，国共关系逐渐趋于缓和，国共双方开始接触。1935 年 10 月 19 日，蒋介石召见苏联驻华大使鲍格莫洛夫，希望改善中苏关系，而且期望中苏缔结"有实质性的协定"。12 月，蒋介石派陈

---

①　蒋介石：《如何改善中日关系》，《东方杂志》第 32 卷第 24 号，第 108 页。

②　蒋介石：《救亡御侮之步骤与限度》，《先总统蒋公思想言论总集》第 14 卷，第 381 页。

立夫为特使赴苏,秘密商谈对日军事同盟。1936 年 1 月,蒋介石命令中国驻苏联大使馆武官邓文仪火速返回莫斯科,与中共驻共产国际负责人取得联系。在莫斯科,邓文仪先后会见了王明、潘汉年,双方就国共两党关系初步交换了意见,但没有达成共识。1935 年 11 月,蒋介石指令陈立夫、曾养甫等人在国内寻求与共产党的联系。通过谌小岑、翦伯赞、吕振羽等人的牵线,陈立夫、曾养甫与中共北平市委负责人周小舟取得联系,周小舟还应二人之邀去南京商谈。1936 年 1 月,宋子文还通过宋庆龄的关系,与原属中共特科系统的董健吾、张子华接触,并让他们去陕北,向中共中央传递信息。

通过商谈与沟通,国共两党互相表态。国民党方面答应:国民党欢迎共产党的武装队伍参加对日作战,与中央军同等待遇;共产党方面如有政治上的意见,可以通过即将成立的民意机关提出,供中央采择;共产党方面可以选择一地区试验其理想。共产党方面提出四项具体条件:释放政治犯,开放出版、言论、集会、结社的自由;组织各党派各阶层的联合抗日政府与联合的抗日军队;让南方的红军游击队集中并划定防区;在承认现在苏区民主政府合法地位的前提下,中共可以停止土地改革。这样,中断多年的国共两党开始接触。

三、中共政策的调整及其对东北军、西北军的统战工作

为了尽快适应抗日救亡、团结御侮的形势,中共中央开始调整政策与策略。1935 年 12 月 6 日,中共中央发表《关于改变对富农策略的决定》,改变了过去反对富农与排斥富农的政策,以达成广泛的农民统一战线。1936 年 2 月,中共中央决定,以红军主力组成中国人民红军抗日先锋军,毛泽东任总政治委员,彭德怀任总司令,东渡黄河,进入山西,站在抗日最

前线。

1936 年 6 月 20 日,中共中央致信国民党五届二中全会,正式提出立即停止内战、合作御侮救亡的倡议。9 月 1 日,中共中央向全党发出《关于逼蒋抗日问题的指示》,正式将"反蒋抗日"改为"逼蒋抗日"。9 月 17 日,中共中央政治局会议作出《关于抗日救亡运动的新形势与民主共和国的决议》,决定用民主共和国的口号代替苏维埃人民共和国的口号。

1935 年底,毛泽东致信国民党第十七路军总指挥、陕西"绥靖"公署主任杨虎城将军,提出西北大联合的主张,沟通了中共中央与西北军的关系。1936 年 5 月,红军与第十七路军围绕互不侵犯、互派代表、建立电讯联系以及双方其他互利问题达成协议。1936 年 1 月 25 日,红军将领公开发表《为愿意同东北军联合抗日致东北军全体将士书》。其中指出,东北军的主要敌人不是红军,而是日本帝国主义与蒋介石,"围剿"红军、进攻苏区不是东北军的出路,只有"抗日反蒋"才是东北军"唯一的出路"。红军愿意同东北军联合起来,组成国防政府与抗日联军,共同抗击日本帝国主义。此信发出后,在东北军内部引起巨大反响,特别对张学良确定联共抗日政策产生很大影响。

2 月 21 日,中共中央派李克农、钱之光到达洛川,与东北军六十七军军长王以哲将军会谈,签订了东北军与红军的第一个协定。其中规定:两军一致抗日,互不侵犯,放行交通运输,物资上互通有无。3 月 4 日,张学良到洛川会见李克农等人,双方围绕抗日民族统一战线、蒋介石地位、对日战略等问题交换了意见,达成了许多共识。

4 月 9 日,周恩来代表中共中央赴东北军驻地肤施(延安)与张学良举行秘密会谈。会谈内容涉及:中国的出路问题;对蒋介石的政策问题;大西北在抗战中的作用问题;抗日的准备和对日作战战略问题;联合苏联问题等。张学良表示,接受中国共产党停止内战、共同抗日的政治主张,但不同意"反蒋抗日"，主张"逼蒋抗日"。这次会谈，双方还在贸易、军需、经济互助、培训抗战干部等方面达成了协议。随后，中共中央派叶剑英、刘鼎分别以军事代表与中共中央代表常驻西安，加强与张学良及东北军的联系。

东北军大批入陕，使得西北军与东北军之间难免产生一些矛盾。中共中央在分别做两军统战工作的同时，注意消除两军之间的误会、猜疑，积极化解矛盾，使两军和睦相处，密切合作，关系融洽。这样，红军、东北军与十七路军之间形成了三位一体的抗日民族统一战线，极大地影响了国内政局，推动了第二次国共合作。

四、两广事变与绥远抗战　全国抗日救亡运动的新发展

所谓两广是指广东与广西以陈济棠、李宗仁为代表的地方实力派，胡汉民是其精神领袖。两广地方实力派自1931年以来即处于独立、半独立状态，与南京中央政权相对峙。可是由于相当长一段时间里，南京国民政府的重心在"剿共"和应付日本的蚕食进攻，一直没有对两广地方实力派采取行动，而是希望通过羁縻策略，消除其精神领袖胡汉民的敌意，提升胡汉民的政治地位，如提议胡汉民出任国民党中央常务委员会主席，邀请胡汉民到南京就任，目的是瓦解陈济棠、李宗仁为首的地方实力派。但是，胡汉民拒不领情，始终坚持与蒋介石为敌，继续支持陈济棠、李宗仁，抨击南京政府的内外政策。这让蒋介石十分头疼，却无可奈何。1936年5月12日，胡汉民突发脑溢血去世。蒋介石当即转守为攻，要求两广取消1932年成立的西南执行部与西南政务委员会，改组广东省政府。

1936年6月1日，陈济棠为维持广东半独立局面，联合李宗仁、白崇禧，利用民众对蒋介石在抗日上妥协退让的不满情绪，祭起抗日大旗，出

兵北上,以进为退,逼迫蒋介石承认两广现状。6 月 2 日,两广成立军事委员会和抗日救国军,以陈济棠为委员长兼总司令,李宗仁为副总司令,进兵湖南。蒋介石一面调集军队入湖南防御,一面利用地位、金钱收买陈济棠的部属。7 月 9 日,粤军第一军军长余汉谋通电拥护南京政权,就任蒋介石委任的广东绥靖主任兼第四路军总司令职。7 月 13 日,国民党五届二中全会通过决议,宣布撤销西南执行部和西南政务委员会。同时,任命李宗仁为广西绥靖主任,白崇禧为副主任,免去陈济棠本兼各职,一升一降,意在分化瓦解。7 月 18 日,粤空军司令黄光锐率飞机 72 架、150 名飞行员叛陈投蒋,陈济棠不战自败,7 月 18 日通电下野赴港。

广东瓦解,广西立即陷入孤立。李宗仁、白崇禧表示愿意接受蒋介石的任命,以求广西自保。但是,蒋介石随即撤销了以前的任命,改任李宗仁为军委常委,白崇禧为浙江省政府主席。这引起李宗仁、白崇禧的不满。双方剑拔弩张,蒋介石调动 10 万大军从广东、湖南、贵州、云南四面包围广西。广西也征集上十万军队把守边关,摆出决斗架势。与此同时,李宗仁、白崇禧下达全民动员令,各路反蒋团体与个人先后进入广西,扬言组织独立的抗日政府。形势十分紧张。9 月,经过程潜、居正、朱培德等人居间调解,加上国内反对内战的巨大舆论压力,国民政府发布命令,改任李宗仁为广西绥靖主任,白崇禧为军委常委,黄旭初为广西省政府主席。9 月 17 日,蒋介石与李宗仁在广州会晤,达成谅解。至此,两广事变和平解决。

绥远省为中华民国一级行政区,位置在今内蒙古自治区中部。清朝为归绥道,属山西省。1914 年,袁世凯政府将之分出山西,建立绥远特别区,1928 年改称绥远省(1954 年并入内蒙古自治区),省会为归绥,即现在的呼和浩特市。时任省政府主席的是傅作义。

1933 年 7 月,日军侵占了内蒙古绥远部分地区后,蒙古族上层反动分子德穆楚克栋鲁普(德王)公开投降日本。1936年初,在日本的支持下,蒙古德王成立伪蒙古军司令部,自任总司令,李守信任副总司令。5月12日,在嘉卜寺组织伪蒙古军政府,以云端旺楚克(云王)为主席,德王为总裁。同时,日本将伪军王英部编为"西北蒙汉防共自卫军",后改称"大汉义军"。

11月初,日本策动和指挥伪蒙军分三路进攻绥远:以李守信的伪蒙军第一军部署在兴和一带为左翼;伪蒙军第二军部署于绥北土木尔台以北,并以伪蒙军第七师驻百灵庙为右翼;另以王英部为主力,进攻陶林的红格尔图。计划先攻取红格尔图,然后左、右两翼同时出动,一举攻占归绥,再分兵进占绥东集宁与绥西包头、河套。11月15日,王英率部5000余人,在日军飞机、大炮掩护下向红格尔图发起猛攻。国民党绥远省政府主席兼三十五军军长傅作义亲临前线指挥作战,奋起还击,取得了红格尔图战役的胜利,并乘胜收复百灵庙与大庙。绥远抗战,击毙日军顾问20余人,伪军500余人,俘虏敌人600多人。伪蒙军两个旅反正。全国掀起援助绥远抗战运动。

绥远抗战是中国军队自1933年长城抗战以来取得的又一次胜利,极大地鼓舞了全国人民的抗日斗志。

"一二·九"运动后,全国抗日救亡运动不断高涨,出现了几个显著的特点:一是广泛性、深入性,由学生运动扩大到工农、文化、商业、妇女各界。1936年2月,在平津学生南下扩大宣传团的基础上,成立了中华民族解放先锋队,这是中共领导下的革命青年团体。1936年5月,全国学生救国联合会在上海成立。12月17日,上海文化界救国会成立。同月,上海妇女救国联合会成立。

二是全国各界的救国团体走向联合。1936年5月,全国各界救国联合会在上海正式成立,发表了《全国各界救国联合会成立大会宣言》、《抗日救国初步政治纲领》等文件。这是"一个全国统一的联合救国阵线"，任务是"促成全国各实力派合作抗敌"。宣言倡议：各党各派立刻停止军事冲突；各党各派立刻释放政治犯；各党各派立刻派遣正式代表，人民救国阵线愿为介绍，进行谈判，建立一个统一的抗日政权；人民救国阵线愿以全部力量保证各党各派对于共同抗敌的纲领的忠实履行。7 月 15 日，救国会主要领袖沈钧儒、陶行知、章乃器、邹韬奋四人联名发表《团结御侮的几个基本条件与最低要求》，建议立即组成全民族共同参与的救亡联合战线。11 月 23 日，国民政府以所谓的"危害民国"罪名，悍然下令逮捕了全国各界救国联合会领袖沈钧儒、章乃器、邹韬奋、李公朴、王造时、沙千里、史良 7 人，造成了震惊全国的"七君子事件"。在全国舆论压力和救援运动的强力推动下，1937 年 7 月 31 日，沈钧儒等 7 人获释出狱。经过这场逮捕与营救的较量，也推动了抗日救亡运动的新发展。

三是随着抗日救亡运动的开展，各地救亡刊物大量涌现，总计不下千余种。如邹韬奋主编的《大众生活》，每期发行量高达 15 万份。

五、西安事变及其和平解决

1936 年 12 月 12 日，张学良、杨虎城在古城西安实行兵谏，武力扣留蒋介石及其随行要员，迫使蒋介石同意停止内战，联共抗日，这就是震惊中外的"西安事变"。又称"双十二事变"。

1936 年 10 月，红军与东北军、十七路军三方在共同抗日的前提下实现了联合，形成了三位一体的抗日民族统一战线。对此，蒋介石深感不安。两广事变一解决，他就匆匆飞到西安、洛阳，立即部署军事"剿共"。10 月下旬，蒋介石调遣嫡系部队 30 个师，集结待命于平汉线汉口至郑州段、陇海线郑州至灵宝段，准备开入陕甘，一面"围剿"红军，一面防范东北军、十七路军。12 月 4 日,蒋介石飞抵西安,亲自督战。而且向张学良、杨虎城提出,不"剿共"就将东北军和十七路军调往福建和安徽,让出地盘,由中央军开进陕甘"剿共"。这不但破坏了张、杨在西北的联共抗日计划,而且危及到了东北军和十七路军的生存。

7 日,张学良到临潼华清池会见蒋介石,声泪俱下地再一次要求停止内战、联共抗日,遭到蒋介石的严厉拒绝。12 月 9 日,西安 1 万多名学生为纪念"一二·九"运动一周年举行请愿游行,蒋介石指令张学良用武力镇压。张学良赶到灞桥劝阻学生,并为慷慨陈词的学生的爱国热忱所感动,又于 12 月 10 日、11 日两次向蒋介石进谏,竟被斥为"犯上作乱"。在这种情况下,张学良、杨虎城决定实行兵谏,逼蒋抗日。

12 月 12 日凌晨,张学良的卫队营在营长孙铭九的率领下,包围华清池,扣留了蒋介石;与此同时,十七路军控制了西安全城,囚禁了从南京来的几十名国民党军政要员。当天,张学良、杨虎城等 18 位高级将领署名发表《对时局宣言》,提出八项抗日主张:改组南京国民政府,容纳各党派共同负责救国;停止一切内战;立即释放上海被捕之爱国领袖;释放全国一切政治犯;开放民众爱国运动;保障人民集会、结社自由一切之政治自由;确定遵行孙总理遗嘱;立即召集救国会议。

西安事变的发生,引起国内外和国民党内部各种政治势力的强烈反应。广大爱国民众纷纷要求严惩蒋介石,以谢国人。中间阶级反应激烈,大多数人谴责张、杨,以胡适、傅斯年等人为代表。在国民党内部,亲日派调兵遣将,积极策动"讨伐"张学良和杨虎城,轰炸西安,企图取代蒋介石的统治地位;亲英美派则主张设法营救蒋介石,反对立即"讨伐"。地方实力派的态度也与国民党政府一样,明显分为支持与反对两派。日本政府指望乘机挑起中国大规模的内战,以实现其灭亡中国的野心。英美政府从本身的利益出发,主张缓和空气,以便打击日本的侵略势力。苏联在事变发生后,《真理报》《消息报》均发表社评,坚决支持中国抗日,希望事变早日和平解决,反对公审蒋介石。一时局势复杂,斗争激烈。

西安事变发生后,12月15日,毛泽东、朱德、周恩来等联名发表《关于西安事变致国民党国民政府电》,表示支持张学良、杨虎城提出的八项主张,既反对亲日派借机"讨伐"张、杨,发动大规模内战,又改变了"罢免蒋氏,交付国人裁决"的主张。18日,中共中央又致电国民党,进一步提出了停止内战、一致抗日、和平解决西安事变的五项条件。12月19日,中共中央召开政治局扩大会议,全面分析了西安事变的性质和发展前途,从中华民族和中国人民的长远利益出发,确定了和平解决西安事变的基本方针。同日,中共中央发出《关于西安事变及我们的任务的指示》,明确指出事变发展的两种前途:或者爆发新的内战,削弱全国抗日力量,推迟全国抗战的发动,这是日本帝国主义及中国亲日派所欢迎的;或者结束"剿共"内战,使停止内战、一致抗日的主张得到早日实现,使抗日民族统一战线更迅速地建立起来,这是全国人民和抗日救国的各党各派各军各界所拥护的。

与此同时,应张、杨两位将军的邀请,中共中央派出周恩来、博古、叶剑英组成的代表团赶赴西安。17日周恩来到达西安,于当晚和第二天同张学良、杨虎城分别会商。张学良、杨虎城完全接受中国共产党所提出的关于和平解决事变的正确方针、基本条件及军事部署。

南京方面在经过一段惊慌与混乱后,局势逐渐稳定下来。特别是在得知张、杨和共产党希望和平解决事变的态度后,于12月22日正式派出宋子文、宋美龄到西安谈判。23、24日,周恩来代表中国共产党和红军,张学良代表东北军,杨虎城代表十七路军,同蒋介石的代表宋子文、宋美龄进行了谈判。由于中国共产党和张、杨两位将军坚持和平解决西安事变的方针,谈判中又表明反对内战寻求和平的诚意,由于宋氏兄妹营救蒋介石心切,怕拖下去南京方面节外生枝,所以在谈判中没有设置障碍,双方于 24 日达成"改组国民党和国民政府"、"释放上海爱国领袖,释放一切政治犯,保证人民的自由权利"、"停止'剿共'政策,联合红军抗日"、"决定抗日救亡方针"等六项协议。蒋介石被迫接受了停止内战、联共抗日的条件。但他要求不采取签字形式,而以他的人格担保履行这些条件。至此,西安事变宣告和平解决。

25 日下午,张学良决定释放蒋介石,并陪同蒋介石乘飞机离开西安回南京。一到南京,蒋介石立刻扣留张学良。消息传出后,西安出现动荡不安的局势,东北军中坚决主张联共抗日的王以哲军长被东北军中一部分过激分子杀害,内战危险重新出现。周恩来在极端艰难的情况下,坚定而细致地进行工作,巩固了红军和东北军、十七路军的团结,基本上保持了和平解决西安事变的成果。

西安事变的和平解决是各种社会政治因素合力作用的结果。西安事变和平解决之后,内战基本停息,国共关系得到迅速发展,从而开始了国内和平的新时期;西安事变的和平解决对国共两党的再次合作,团结抗日起了重大的推动作用,为抗日民族统一战线的建立准备了必要的前提,成为由国内战争走向抗日民族战争的转折点,成为时局转换的枢纽。

六、国共两党会谈和全国抗战局面的基本形成

西安事变后,中共中央代表与国民党代表围绕建立国共合作的抗日民族统一战线,先后在西安、南京、杭州、庐山等地举行了一系列会谈,商讨国共合作的具体事宜。

1937 年 1 月到 2 月初,中共中央代表潘汉年与国民党代表张冲、陈立夫、宋子文等在西安、南京两地就国内实现和平问题进行商谈,中心议题

围绕蒋介石离开西安时口头答应的"六项协议"展开,具体内容有:南京方面从西安附近撤军问题,释放张学良问题,红军的驻地与给养问题,西路军问题。南京停止对西安的军事进攻,国内和平局面的最后奠定,是此次国共会谈的主要成果。

1937 年 2 月到 3 月中旬,中共代表周恩来、博古、叶剑英与国民党代表顾祝同、贺衷寒、张冲在西安举行高级会谈。西安会谈的主要议题有:政治问题,红军改编问题,苏区改制问题,西路军问题。这次西安会谈,除西路军问题毫无成效外,其他问题均获得共识,并由周恩来起草了谈判协议,主要内容如下:1. 中国共产党承认并服从三民主义的国家和国民党的领导地位,彻底取消暴动政策和没收地主土地政策,停止赤化运动;国民政府分批释放监禁中的中共党员,容许共产党在适当时期内公开。2. 取消苏维埃政府及其制度,将目前红军驻在地区改为陕甘宁行政区,执行国民政府统一法令与民选制度,其行政人员经民选推荐,由国民政府任命;行政经费由行政院及省政府规定。3. 取消红军名义,改编为国民革命军,服从国民政府军事委员会及蒋介石的统一指挥。4. 中共派代表参加国民大会及国防会议。5. 现有红军改编为 3 个国防师。红军改编后的经费、给养补充,享受国军同等待遇。

1937 年 3 月 16 日,周恩来、潘汉年与蒋介石、张冲在杭州举行更高一级会谈。会谈主要集中在苏区改制和红军改编两个问题上。关于苏区改制,周恩来重申了西安会谈谈判协议中的立场与原则,并强调指出:边区必须是一个整体,不许分割,其行政人员由地方推荐,中央任命。蒋介石指出,边区可以是一个整体,不予分割。但是,边区的主要行政长官要由南京派人,此人可以由中共在国民党中挑选,其他副职均由中共推荐,国民党不来干涉。关于红军改编问题。蒋介石表示,军队人数不要争论,总司令部也可以设立,副佐人员也可以不派,但南京要向改编后的红军派遣联络人员。关于红军的给养，一定设法解决。杭州会谈总的来说比较顺利，也取得一定成果。

1937 年 6 月，周恩来与蒋介石在庐山举行谈判。蒋介石建议，成立国民革命同盟会，自己担任主席，两党一切对外行动及宣传由同盟会讨论决定；毛泽东、朱德离开红军"出洋"；陕甘宁边区政府的正官长由共产党推荐国民党人担任；共产党可以指定代表参加国民大会；在中共发表与国民党的合作宣言后，红军改编为国民革命军 3 个师，人数 4.5 万人；被关押在狱中的共产党人，由国民党分批释放等。周恩来拒绝了要求毛泽东、朱德"出洋"和国民党人担任边区正长官等意见。至于组建国民革命同盟会的问题，他表示需要请示中共中央。7 月初，由周恩来执笔，完成了《中共中央为公布国共合作宣言》。7 月 14 日，周恩来再上庐山，将此文本面交蒋介石。但是，蒋介石迟迟没有发表。

1937 年 8 月，周恩来、朱德、叶剑英与国民党何应钦、张冲、邵力子等人在南京举行会谈。8 月 19 日，国民党同意将红军改编为国民革命军第八路军，朱德为总指挥，彭德怀为副总指挥。8 月 22 日，国民政府军事委员会正式公布了红军改编的命令，按照抗战军队序列，改称八路军为国民革命军第十八集团军。

与国共两党举行会谈的同时，1937 年 2 月 15 日，国民党五届三中全会在南京召开。宋庆龄、何香凝、冯玉祥等人向全会提出"恢复孙中山先生手订的三大政策案"，国民党的内外政策发生了明显变化，对共产党的政策由"武力剿共"改变为"和平统一"。这说明国民党实际上接受了国共两党合作抗日的政策，标志着国共合作的抗日民族统一战线的初步形成。随后国共两党会谈在苏区改制、红军改编等方面逐渐达成共识。9 月 22 日，国民党中央通讯社发表了《中共中央为公布国共合作宣言》。9 月 23 日，蒋介石在庐山公开发表了由陈布雷起草的《对中国共产党宣言的谈话》,承认了中国共产党的合法地位。这两个文献的发表,标志着第二次国共两党合作正式形成。1937 年 3 月,国民党中央决定成立国防委员会。国民政府军事委员会拟订了《1937 年度国防作战计划》,划分了国防区域、阵地线与兵力部署,并开始对陆、海、空三军进行整建。经过国共两党的共同努力,全国团结抗日的局面基本形成。

第五章

抗 日 战 争

第一节　日本发动全面侵华战争　中国全国抗战开始

一、从"七七"事变到"八一三"事变　全民族团结抗战局面的正式形成

华北事变后,日本继续加紧对华北的侵略。1936 年 4 月,日本内阁将华北的中国驻屯军予以升格,列于与日本关东军同等地位,将原有兵力从1700 人增加到 5574 人,增加三倍多。同时规定,华北驻屯军的任务是确保从渤海湾到北平的交通,必要时可对该地区动武。日本军部还制订了1937 年对华作战具体计划。其中规定:华北方面用 8 个师团占领北平、天津、青岛、济南、海州及附近要地;华中方面用 2 个师团从杭州湾登陆,目

标是太湖南面,用 3 个师团占领上海,然后两军策应,攻占国民政府首都南京;华南方面动用 1 个师团占领福州、厦门与汕头。为了实施这个计划,日本陆军省编制了《军备充实计划大纲》,决定从 1937 年到 1942 年间,陆军扩大到 40 个师团,空军扩充到 140 个中队,海军增建各种军舰 66艘、27 万吨,其中包括当时世界上最大的战舰"大和"、"武藏"号的建造计划。为了保证扩军计划的实现,日本内阁通过了 1937 年度军事预算。1937 年,日本的年度财政预算总额达 30.4 亿日元,其中军费 14 亿日元,占财政预算支出总额的 46%。同时,增发公债 8 亿日元①。到战争爆发前夕,日本陆军兵力 38 万人,空军飞机 2700 架,海军舰艇 190 余万吨。1936年,广田弘毅上台,日本内阁全面法西斯化。从 1937 年起,为了适应战备需要,日本将行政、教育以及国民经济进一步军事化,使其进入了随时发动大规模侵略战争的轨道,战争一触即发。

1937 年 7 月 7 日晚,驻扎丰台的日本华北驻屯军第一联队第三大队第八中队,在大队长清水节郎的率领下,开往北平西南宛平县境内的中国守军驻地卢沟桥附近进行实弹演习,意在挑衅,中国守军保持克制。22 时40 分,日军声称演习地带传来枪声,并有一名叫志村菊次郎的日本士兵"失踪",要求强行进入中国守军驻地宛平城搜查,遭到中国第二十九军第三十七师第一一〇旅第二一九团的严辞拒绝。7 月 8 日凌晨 5 时左右,日军突然发动炮击。守卫卢沟桥和宛平城的第二一九团第三营在团长吉星文和营长金振中的指挥下奋起抗战。全民族抗战从此开始。

日军发动"七七"事变后,在全中国引起强烈反响。"七七"事变的第二天,中国共产党中央委员会就通电全国,呼吁:"全中国的同胞们,平津危急! 华北危急! 中华民族危急! 只有全民族实行抗战,才是我们的出

路!"并且提出了"不让日本帝国主义占领中国寸土!""为保卫国土流最后一滴血!"的响亮口号。

7月8日,蒋介石致电宋哲元、秦德纯等人:"宛平城应固守勿退,并须全体动员,以备事态扩大。"7月17日,蒋介石在庐山发表谈话,阐明了国民政府对"七七"事变的态度与立场:(一)任何解决,不得侵害中国主权与领土之完整;(二)冀察行政组织,不容任何不合法之改变;(三)中央政府所派地方官吏,如冀察政务委员会委员长宋哲元等,不能任人要求撤换之;(四)第二十九军现在所驻地区,不能受任何约束。蒋介石强调:"这四点立场,是弱国外交的最低限度。"蒋介石指出,国民政府已经确定了"应战而不求战"的方针:"我们希望和平,而不求苟安;准备应战,而决不求战。我们知道全国应战以后之局势,就只有牺牲到底,无丝毫侥幸求免之理。如果战端一开,那就是地无分南北,年无分老幼,无论何人,皆有守土抗战之责任,皆应抱定牺牲一切之决心。"①

国共两党发表的讲话与表态,坚定了全国民众的抗战信念。7月26日下午,日本华北驻屯军向第二十九军发出最后通牒,要求中国守军于28日前全部撤出平津地区,否则将采取行动。宋哲元严正拒绝,并于27日向全国发表自卫守土通电,坚决守土抗战。7月28日上午,日军按预定计划向北平发动总攻。第二十九军驻南苑部队约8000余人浴血抵抗,第二十九军副军长佟麟阁、第一三二师师长赵登禹壮烈殉国。29日,日军占领北平,30日,占领天津。

日军在占领北平、天津后,开始在华东方面展开军事部署,目标是占领上海、南京。7月底,日本政府下令撤出在中国长江沿岸的日本侨民。8月9日,日本海军陆战队西部派遣队队长大山勇夫中尉与一名水兵,驾车

---

① 《卢沟桥事变史料》,第4页。

至上海虹桥机场附近,不服警告命令,越过警戒线,被中国保安队当场击毙,即虹桥机场事件。事件发生后,日本立即紧急调动2个师团的兵力及军舰30余艘,集结在吴淞一带。13日上午,日军越过租界,强占八字桥、持志大学等地,并向我军前沿阵地射击,同时用舰炮轰击上海市中心区。面对日军的侵略,京沪警备司令张治中率领第九集团军向日军发起总攻击,淞沪抗战开始。8月14日,南京国民政府发表《自卫抗战声明》,向中外社会宣告:"中国为日本无止境之侵略所逼迫,兹已不得不实行自卫,抵抗暴力……中国决不放弃领土之任何部分,遇有侵略,惟有实行天赋之自卫权以应之。"

由"七七"事变开始的中日战事,到"八一三"中日开战,已经扩展为两个国家之间的战争。两个事变的相继发生,民族危机感以及"兄弟阋于墙,外御其侮"的历史文化传统,促使中华民族的空前团结,国共两党停止内战,携手抗敌;中央地方捐弃前嫌,齐心救国;工农商学兵全民总动员,全民族团结抗战局面正式形成。

二、国共两党对于抗战战略的不同主张

国民党与共产党合作抗日,目标一致,但是在抗战战略上有所不同,存在政府抗战与全民抗战的不同。

1937年8月7日,国民政府在南京召开国防会议。会议根据敌强我弱的现实状况,确定以"持久消耗战"作为中国抗战的战略方针,即军事上采取持久战略,"以空间换时间",逐次消耗敌人,以转变敌我优劣形势,争取最后胜利。8月20日,国民政府以大本营的训令颁发战争指导方案和作战指导计划,确定以"持久战"为抗日作战的指导方针。这一战略,就是面对强大敌人的疯狂进攻,不能实行速战速决,而是利用国家优势之人力与广大的国土,进行持久消耗战,一面力保要地,消耗疲惫敌人,一面培养国力,俟机转移攻势,击破敌人,争取战争最后的胜利。这种战略总体是正确的,符合实际的,但也有局限性。这种"持久战"、"持久消耗战"战略,主要不是通过自己的积极作战改变敌我力量总的对比,以达到最后战胜敌人的目的;而是拖延时间,等待国际形势的有利变化,依靠国际力量形成对敌优势,最后取得胜利。同时,这种持久战略仅仅分为战略防御与战略进攻两个阶段,即经过第一阶段的战略防御作战后,就立即进入转守为攻、转败为胜的阶段,忽略了持久抗战中一个十分关键的战略相持阶段。而实现持久战略的途径,也主要是依靠政府军的正面防御作战,即阵地防御战。

关于抗战初期具体的战略安排,南京国防会议决定:集中相当兵力于华北,在平绥、平汉、津浦沿线各要点,重叠配置,多线设防,逐次抵抗,特注意确保山西之天然堡垒,最后确保山西、山东,力求争取时间,牵制消耗敌人;国军主力集中华东,攻击上海之敌,力保吴淞要地,掩护首都南京;迅速扫荡浙、沪敌海军根据地,阻止后续敌军登陆,乘机歼灭之;以最小限度兵力守备华南沿海各要地①。

1938年3月,国民党在武汉召开临时全国代表大会。4月1日,大会通过了《抗战建国纲领》,内容包括抗战的军事、政治、经济、外交等方面的政策。这个纲领对人民作了某些让步,如规定组织国民参政机关,许诺给予人民言论、出版、集会、结社自由。同时,这个纲领还吸收了中共《抗日救国十大纲领》的某些精神,对抗战战略也作了一些修订,从单纯强调政府军的正面防御作战转为同时"指导及援助各地武装人民,在各战区司令长官指挥之下,与正式军队配合作战,以充分发挥保卫乡土捍御外侮之效

---

① 何应钦:《日本侵华八年抗战史》,台北黎明文化事业公司1983年,第13页。

能;并在敌人后方发动普遍的游击战,以破坏及牵制敌人之兵力"①。

全国抗战开始后,中国共产党不失时机地提出了自己的抗战战略。7月底至8月初,在日军占领平津并准备发动大规模进攻的形势下,中共中央强调,"总的战略方针暂时是攻势防御,应给进攻之敌以歼灭的反攻,决不能是单纯防御";并提出"正规战与游击战相配合"、"发动人民的武装自卫战"等主张。随后,中共中央还拟定了《全国抗战之战略计划及作战原则案》,提交南京国民政府军事机构。其主要内容是:1.我之战略方针为持久的防御战,战略上是持久战,但战役战斗上应为速决战;2.基本作战原则是运动战,即在适当时机,集中优势兵力实行决然突击,避免单纯的阵地消耗战;3.在必要的战略要点和政治经济中心设立坚强工事,布置足够兵力,以钳制敌人;4.阵地构筑,应狭小其正面,伸长其纵深,守备部队应机动灵活,防止单纯死守;5.战略上我居于内线作战,但在战役指导上应为外线作战,以求歼敌;6.在敌之左右前后,开展广泛的游击战,造成主力运动歼敌之有利时机。8月11日,出席国民政府军事会议的周恩来、朱德等中共代表在会上分别发言,对中共提出的战略方针与作战原则做了补充说明。

1937年8月22日至25日,中共中央在陕西省洛川县城北10公里处的红军指挥部驻地冯家村召开中央政治局扩大会议,史称"洛川会议"。会上通过了毛泽东起草的《中国共产党抗日救国十大纲领》。其要点是:打倒日本帝国主义;全国军事的总动员;全国人民的总动员;改革政治机构;抗日的外交政策;战时的财政经济政策;改良人民生活;抗日的教育政策;肃清汉奸卖国贼亲日派,巩固后方;抗日的民族团结。会议还通过了《关于目前形势与党的任务的决定》。会议认为:中国的抗战是艰苦的持

---

① 《中国国民党历次代表大会及中央全会资料》下册,光明日报出版社1985年,第488页。

久作战,必须经过持久作战,才能取得最后的胜利。会议决定了中国共产党在各方面的具体政策:必须坚持抗日战争中的无产阶级领导权;在敌人后方放手发动群众,独立自主地广泛开展游击战争,使游击战争担负起配合国民党正面战场,开辟敌后战场,建立敌后抗日根据地的战略任务;在国民党统治区,放手发动抗日的群众运动,和国民党的片面抗战路线作斗争;在有利于动员全国人民参加抗战的前提下,争取全国人民应有的政治经济权利,以减租减息作为抗战时期解决农民土地问题的基本政策;八路军的具体战略方针是独立自主的山地游击战。

洛川会议后,中共中央和许多领导人对游击战的战略战术作了进一步的论述和发展,在山地游击战的基础上,提出了平原游击战,丰富了游击战的内涵。

1938 年,毛泽东先后发表了《抗日游击战争的战略问题》、《论持久战》等文章,对中国共产党的抗日战略做了系统的梳理与总结。第一,中国抗日战争必须经过持久抗战才能取得胜利。抗日持久战将经过敌之战略进攻、我之战略防御;敌之战略保守、我之准备反攻;敌之战略退却、我之战略反攻三个发展阶段。其中,战略相持阶段的时间将相当长,遇到的困难也将最多,但是它是整个战争胜负转变的枢纽。中国能否胜利,关键取决于全民族在这个阶段努力的程度。如果能够坚持持久抗战,中国将在此阶段中获得转弱为强的力量。第二,确定了抗战的作战方针和作战形式,论述了抗日游击战争的战略地位。关于作战方针,必须主动地、灵活地、有计划地执行"防御中的进攻,持久中的速决,内线中的外线",才能达到"积小胜为大胜"、"以空间换时间"的目的。关于作战形式,在战略防御阶段,运动战是主要的,游击战与阵地战是辅助的;在战略相持阶段,游击战上升到主要地位,运动战与阵地战是辅助的;在战略反攻阶段,运动战再次上升为主要形式,而辅之以阵地战与游击战。第三,确定了人民战争的抗战路线。中共的抗战战略,不仅指导了敌后战场的胜利进行,而且对抗日战争的整个进程也产生了极其重要的影响。

三、八路军出师与平型关大捷

1937 年 8 月 25 日,中央革命军事委员会发布红军改编为国民革命军第八路军的命令,将红军前敌总指挥部改为八路军总指挥部,任命朱德为总指挥、彭德怀为副总指挥,叶剑英为参谋长、左权为副参谋长。中央军委总政治部改为八路军政治部,任弼时为主任、邓小平为副主任。下辖三个师:第一一五师,师长林彪,副师长聂荣臻,参谋长周昆,政训处主任罗荣桓,副主任萧华。第一二〇师,师长贺龙,副师长萧克,参谋长周士第,政训处主任关向应,副主任甘泗淇。第一二九师,师长刘伯承,副师长徐向前,参谋长倪志亮,政训处主任张浩,副主任宋任穷。9 月 11 日,国民政府军事委员会按全国陆海空军战斗序列,将八路军改称第十八集团军,八路军总部改称第十八集团军总司令部。朱德改任总司令,彭德怀改任副总司令。9 月 14 日,朱德、彭德怀发布八路军改为第十八集团军的通令。但此后仍沿用八路军的番号。红军改编后,一一五师、一二〇师、一二九师分别在陕西省泾阳县云阳镇、富平县庄里镇、泾阳县石桥镇举行抗日誓师大会,之后即开赴山西抗日前线。第一一五师挺进晋东北,第一二〇师进驻榆次,第一二九师进入晋北。短短一个多月时间里,八路军三大主力挥师东进,气势如虹。

八路军出师华北挺进山西之际,日军第五师团在察哈尔派遣军的配合下,正沿平绥路进攻长城沿线,企图南下进攻太原,夺取山西腹地,并从右翼配合华北方面军在平汉路的作战。中国第二战区制订了沿长城各隘阻击日军的作战计划,在平型关地区,决心集合重兵歼灭来犯之敌,并请求八路军配合侧击日军。

1937年9月14日,根据作战计划,八路军——五师开赴平型关附近的大营镇。平型关位于山西省东北部,是晋东北的一个咽喉要道,两侧峰峦迭起,陡峭险峻,左侧有东跑池、老爷庙等制高点,右侧是白崖台等山岭。在关前,是一条由西南向东北延伸的狭窄沟道,是伏击歼敌的理想战场。第一一五师的具体部署是:以师独立团和独立营插到灵丘—涞源—广灵之间地区,牵制和打击增援之敌;以第三四三旅两个团担任主攻,第六五八团占领老爷庙以东高地,截击敌人先头部队;第六八六团占领小寨至老爷庙以东高地,分割歼灭沿公路开进之敌;以第三四四旅第六八七团占领西沟村、蔡家峪、东河南村以南高地,断敌退路并阻击敌人增援部队;第六八八团为预备队,部署在东长城、黑山村地区。作战计划报告中共中央军委与第二战区司令长官批准以后,第一一五师马上急电在大营镇待命的部队连夜开赴平型关东南的山地隐蔽,并对敌人断绝交通,封锁消息。

22日,日军第五师团第二十一旅团一部,由灵丘向平型关进犯,并占领东跑池地区。23日,第一一五师召开连以上干部会议,进行深入的战斗动员,决定抓住日军骄横、疏于戒备的弱点,利用平型关东北的有利地形,以伏击手段歼敌。24日深夜,第一一五师利用暗夜和暴雨,秘密进入白崖台等预置好的战斗阵地。25日拂晓,日军第五师团第二十一旅团后续部队乘汽车100余辆,附辎重大车200余辆,沿灵丘—平型关公路由东向西开进。7时许,该部全部进入第一一五师预伏阵地。第一一五师抓住战机,立即命令全线开火,并乘敌陷于混乱之际,适时发起冲击。第一一五师一部歼敌先头,阻断敌人沿公路南窜之路;一部分割包围日军后尾部队,断其退路;一部冲过公路迅速抢占老爷庙及其以北高地;一部阻断先期占领东跑池的日军回援;一部阻断日军第五师团派出的增援部队。经过激烈战斗,全歼被围日军,大获全胜。

此次战役,八路军第一一五师共击毙日军 1000 余人,击毁汽车 100 余辆,马车 200 余辆,缴获步枪 1000 余支,机枪 20 余挺,火炮 1 门,战马 50 余匹,以及大批军用物资,取得了全国抗战开始以来中国军队的第一个大胜利。

平型关大捷在日军长驱直入、国民党军队节节后退的形势下,有力打击了日军的嚣张气焰,打破了日军不可战胜的神话,使全国人民看到了中华民族的希望,从而极大地振奋了全国的民心、士气。消息传开,全国各界莫不欢欣鼓舞,纷纷发来贺信贺电,大大提高了共产党和八路军的威望。同时在战略上,为忻口会战赢得了准备时间,有效地钳制了日军第五师团的行动,并且从侧翼支援了平汉路的作战。

四、淞沪会战　太原会战　南京沦陷及日军在南京的大屠杀

"八一三"事变发生后,日军向中国驻军发起攻击,我军奋起还击,淞沪会战正式打响。淞沪地区,北控长江口,南领杭州湾,东临东海,西屏南京,战略地位极为重要,且为中国工商业中心。日军如果占领淞沪地区,可使中国经济与财政遭受严重打击,而且日军由此西进,直接威胁南京。因此,此地为敌我双方必争之地。淞沪会战是抗战初期首次重要会战,双方集中了大量主力部队。日军以松井石根大将为总司令,共投入 12 个师团及海空军、特种兵部队 30 余万人的兵力,并有海军、空军及重炮与战车部队的火力援助。中国军队先以冯玉祥为总司令,后由蒋介石兼任,共投入 6 个集团军 70 余个师 70 余万人的兵力。

中日军队自 1937 年 8 月 13 日开始至 11 月下旬,激战 3 个多月,经历了三个阶段:第一阶段,时间自 8 月 13 日至 8 月 22 日,是中国军队的攻势

阶段。目的是在日军增援主力没有到达上海之前,一举歼灭日本在上海的海军陆战队,同时拔除日军在上海市区的几个据点。战斗主要在上海市区进行。双方空军也参加战斗。

第二阶段,时间自8月23日至11月4日,是中国军队的防御阶段。8月23日,日本上海派遣军强行登陆,进入上海,中国军队由进攻转入防御。战斗已经扩大到整个淞沪地区。这一阶段,中国军队与日军先后进行了罗店攻防战、宝山战役、温藻浜战役,中国军人以血肉之躯英勇抵抗日军的疯狂进攻,上演了营长姚子青壮烈牺牲,团副谢晋元率领800壮士坚守四行仓库,视死如归的悲壮活剧。尽管如此,由于敌人武器精良,火力凶猛,加上海军、空军的强力支援,我军步步后退,始终处于被动。

第三阶段,时间自11月5日到11月12日,为中国军队撤退时期。11月5日,日军援军在杭州湾成功登陆,然后沿沪杭铁路向上海方向推进。11月9日,日军占领松江城,对上海地区的中国守军从侧后构成严重威胁,形势对我军极为不利。加上近3个月的长期作战,我军消耗严重,后勤供给匮乏,战斗队形开始混乱。在这种情况下,中国军队撤出上海,开始战略退却。淞沪会战遂告结束。

淞沪会战中,中国军队伤亡高达25万人,日军在此役中共伤亡4万多人。淞沪守军浴血奋战,使日军被迫转移战略主攻方向,打破了日本3个月灭亡中国的迷梦,为中国沿海工业的内迁赢得了时间,激发了全国人民的斗志,有利于全国总动员。同时也向世界表明了中国持久抗战的决心和信心。

淞沪会战激战正酣,华北战场中日军队围绕山西省府太原展开了一场大会战。1937年10月1日,根据日本参谋本部"以一部兵力在山西省北部作战占领太原"的指示,日军第五师团长坂垣征四郎率领3个师团共计7万余人集结代县,向太原发起进攻。

为了挽救山西战局危机,保卫太原,蒋介石和阎锡山决定进行忻口会战,实行正面防御,阻止敌人南下。

忻口东托太行山,西倚云中山,地势险要,自古以来为战略要地,是太原北面的最后一道门户。中国军队的具体部署是:以卫立煌率领的第十四集团军组成中央兵团,扼守原平至忻口一带;以朱德的第十八集团军在五台山至峪口一线设防,阻止敌人;以杨爱源的第六集团军在宁武山区的黑峪村至阳方口一线布防;以傅作义的第七集团军为预备兵团,控制定襄、忻县、太原一线并机动。10月13日晨,日军出动5000余人,在30余架飞机、坦克及火炮的掩护下,对中国军队忻口防线南怀化阵地发起猛烈进攻,企图从中央突破。14日,南怀化至灵山的主阵地被敌人突破。16日,卫立煌调5个旅反攻南怀化。郝梦龄率部向占领南怀化之敌奋勇反击,阵地得而复失,失而复得,战斗异常激烈。经过昼夜激战,占据南怀化以南的日军,被我军一度全歼。此次战役,敌我双方军队均伤亡数千人。第九军军长郝梦龄、第五十四师师长刘家麒、第五旅旅长郑廷珍等,均壮烈殉国。随后,卫立煌又对部队部署作了调整,固守待援,形成拉锯战。战至11月1日,我军阵地巍然屹立。10月26日,娘子关失陷,太原东边门户洞开,晋东战局急转直下。11月1日,阎锡山命令忻口作战部队放弃阵地,向太原城北转移,协助傅作义防守太原。11月6日,晋北、晋东之敌集结太原城下,从三面向太原发起猛攻。敌机轮番轰炸,太原城内一片火海,守军伤亡惨重。11月7日,日军东、北两路大军在太原会师,对太原形成四面包围。11月8日,太原失陷。

忻口、太原会战历时一个多月,中国军队奋勇杀敌,毙伤日军2万多人,给日军精锐部队坂垣师团以沉重打击,振奋了民族精神。

日军占领上海后,进攻目标直接指向国民政府首都南京。11月17日,日军成立最高统帅部——大本营,直接受命于日本天皇。日军上海派遣军兵分三路，水陆并进，进攻南京。11 月 20 日，南京国民政府迁往重庆，军事委员会迁往武汉。24 日，军事委员会任命唐生智为南京卫戍司令，统辖 10 万军队，实施南京保卫战。南京防守分为复廓阵地与外围阵地两个层次，分兵部署。12 月 7 日，日军突破外围防线，南京守军集结复廓阵地，拼死抵抗。

1937 年 12 月 13 日，南京被日军占领。日军在华中方面军司令官松井石根的指挥下，在南京地区烧杀淫掠，无所不为。

12 月 15 日，日军将中国军警人员 2000 余名，解赴汉中门外，用机枪扫射，焚尸灭迹。同日夜晚，又有市民和士兵 9000 余人，被日军押往海军鱼雷营，除 9 人逃出外，其余全部被杀害。

16 日傍晚，中国士兵和难民 5000 余人，被日军押往中山码头江边，用机枪射死，抛尸江中，只有数人幸免。

17 日，从南京少数外国侨民组织成立的"南京安全区国际委员会"划定的"安全区"搜捕的数万青年被日军绑缚下关煤炭巷，予以集体屠杀，尸体被投入江中，江水被鲜血染得殷红。

18 日，日军将从南京逃出被拘囚于幕府山下的难民和被俘军人 5.7 万余人，以铅丝捆绑，驱至下关草鞋峡，先用机枪扫射，复用刺刀乱戳，最后浇以煤油，纵火焚烧，残余骸骨投入长江。令人发指者，是日军少尉向井和野田在紫金山下进行"杀人比赛"。他们分别杀了 106 名和 105 名中国人后，"比赛又在进行"。

在日军进入南京后的一个月中，全城发生 2 万起强奸、轮奸事件，无论少女或老妇，都难以幸免。许多妇女在被强奸之后又遭枪杀、毁尸，惨不忍睹。与此同时，日军遇屋即烧，从中华门到内桥，从太平路到新街口以及夫子庙一带繁华区域，大火连天，几天不息。全市约有 1/3 的建筑物和财产化为灰烬。无数住宅、商店、机关、仓库被抢劫一空。"劫后的南京,满目荒凉"。中华民族在经历这场血泪劫难的同时,中国文化珍品也遭到了大掠夺。日本侵略者占领南京以后,派出特工人员330人、士兵367人、苦工830人,从1938年3月起,花费一个月的时间,每天搬走图书文献十几卡车,共抢去图书文献88万册。

后来发表的《远东国际法庭判决书》中写道:"日本兵完全像一群被放纵的野蛮人似的来污辱这个城市",他们"单独的或者二三人为一小集团在全市游荡,实行杀人、强奸、抢劫、放火",终至在大街小巷都横陈被害者的尸体。"江边流水尽为之赤,城内外所有河渠、沟壑无不填满尸体"。

被日军集体屠杀的中国人的尸体

据1946年2月中国南京军事法庭查证:日军集体大屠杀28案,19万人,零散屠杀858案,15万人。日军在南京进行了长达6个星期的大屠杀,中国军民被枪杀和活埋者达30多万人。南京大屠杀震惊中外,激起中华民族的极大愤慨,全国上下,同仇敌忾,坚定了抗日到底的决心与斗志。

五、敌后抗日民主根据地的创建

1937年9月,根据国共会谈的有关协议,陕甘宁革命根据地苏维埃政府改名为边区政府,林伯渠任主席。12月,成立八路军留守兵团,担负保卫陕甘宁边区的任务。八路军、新四军离开苏区，开赴抗日最前线。在配合国民党军队抗敌作战的同时，先后创建了多处敌后抗日民主根据地。

晋察冀抗日根据地 1937 年 10 月，平型关战役后，八路军第一一五师主力南下，聂荣臻率独立团及军政干部 3000 人留守五台山，在晋北、察南、冀西广泛发动群众，武装群众开展游击战争，创建了第一个敌后抗日根据地——晋察冀抗日根据地。11 月 7 日，根据中共中央决定，成立了以河北阜平、山西五台山为中心的晋察冀军区，聂荣臻任军区司令员兼政治委员，下辖 4 个军分区。1938 年 1 月 10 日，在河北阜平召开全区军政民代表大会。会议经过民主选举，成立了晋察冀边区行政委员会，宋邵文为主任委员，胡仁奎为副主任委员。各级政权进行了改选，统一了政策法令，改编了当地的抗日武装，部队迅速扩大。2 月，边区军民粉碎了日寇 2 万多兵力的八路围攻，恢复了晋北、冀西、冀中、察南的 50 余县。1938 年春，派出邓华支队，深入平西一带，开辟了平西根据地。吕正操率领军队转入冀中，4 月成立冀中行政主任公署，建立了冀中根据地。6 月，宋时轮支队进入冀东。7 月，配合当地的党组织，在冀东 7 县发动武装起义，并在17 个县开展了大规模的游击战争，开辟了冀东根据地。这些根据地的开辟，使晋察冀边区更加扩大。

晋绥抗日根据地 1937 年 9 月下旬，八路军第一二〇师在贺龙、关向应领导下，挺进晋西北管涔山地区，发动群众抗日，开展游击战争，建立了晋西北抗日根据地。1938 年 2 月，日军乘第一二〇师开赴同蒲路作战之机，调集万余人兵力向晋北进攻，侵占宁武等 7 个县城。第一二〇师闻讯，星夜回师，经 20 多天激战，收复了 7 个县城，打垮了日军的第一次围攻，歼灭敌人 1500 多人，巩固了晋西北抗日根据地。同年 8 月，第一二〇师李井泉支队越过平绥线，北上绥远，进入大青山地区，与当地的抗日武装相配合，发动了绥东、绥西、绥南以及察哈尔的游击战争，开辟了大青山抗日根据地。以后,大青山区和晋西北区统一为晋绥抗日根据地。

晋冀豫抗日根据地 1937 年 11 月,八路军第一二九师主力一部,在刘伯承、张浩率领下进入晋东南,以太行山为中心开辟抗日根据地。1938 年春,利用游击战争,先后进行了长生口伏击战、神头岭战役和响堂铺战役,歼敌约 2000 人,焚毁汽车 180 余辆。4 月,日军 3 万余人分 9 路进攻晋东南地区。第一二九师等部在长乐村歼敌 2200 余人,又乘胜追击,粉碎了敌人的围攻,共歼敌 4000 余人,收复县城 18 座。4 月下旬,晋冀豫军区正式成立,第一二九师参谋长倪志亮兼任司令员,黄镇任政治委员。随后,第一二九师分兵进入冀西、冀南、豫北等平原地区,发动群众,打击日军,建立政权。8 月中旬,成立冀南行政主任公署,杨秀峰任主任,宋任穷为副主任。在豫北,8 月下旬至 9 月上旬,第一二九师一部为了牵制日军进攻潼关、洛阳,进行了漳南作战,歼灭伪军 1400 多人,巩固和发展了晋冀豫抗日根据地。

山东抗日根据地 抗战爆发后,从 1937 年 10 月至 1938 年 6 月,中共山东省委先后在盐山、乐陵、文登、长山、徂徕山等地发动起义,建立抗日武装,开展游击战争,并逐步开辟了 10 个抗日根据地。1938 年 9 月,第一一五师政治部主任萧华率领第三四三旅司令部和政治部百余名干部到达乐陵,成立冀鲁边区军政委员会、八路军东进抗日挺进纵队,萧华任书记、司令员兼政治委员,以宁津、乐陵为中心,创建了冀鲁边平原抗日根据地。12 月,成立八路军山东纵队,张经武为总指挥,黎玉为政治委员,江华为政治部主任。统一指挥山东地区的部队,共计 2.5 万余人。八路军山东纵队的成立,为巩固和发展山东抗日根据地,坚持长期抗战起了重大作用。

华中抗日根据地 1938 年 1 月,新四军军部在江西南昌正式成立。军长叶挺,政委兼副军长项英。下辖第一、二、三、四支队。第一支队司令员陈毅,第二支队司令员张鼎丞,第三支队司令员张云逸,第四支队司令员高敬亭。同时,成立中共中央东南分局,项英任书记。1938年2月,各支队开始向皖南、皖中集中。4月,军部由南昌移到皖南岩寺,7月再移到皖南泾县云岭。4月下旬,粟裕率领新四军先遣支队首先进入苏南。6、7月间,陈毅、张鼎丞分别率领新四军第一、第二支队随后挺进苏南敌后,开辟了以茅山为中心的苏南根据地。两个支队广泛开展游击战争,牵制了向华中内地侵犯的敌人。1939年11月,第一、二支队领导机关合并,成立新四军江南指挥部,由陈毅、粟裕任正副指挥。谭震林率领的第三支队在策应第一、二支队挺进苏南以后,进入皖南前线抗战,在芜湖、宣城等地开辟了皖南根据地。1938年4月,高敬亭率领的第四支队挺进皖中敌后,开展游击战争。1939年5月成立江北指挥部,由张云逸、徐海东任正副指挥,开辟了津浦路东、西根据地。1938年6月,中共河南省委组织了豫东游击第三支队等抗日武装。10月,该支队与新四军游击支队合编,东渡黄泛区,11月在睢(县)杞(县)太(康)地区取得多次胜利,初步打开了豫东抗战局面。

　　华北抗日根据地与华中抗日根据地的创建,抢占了战略要地,开辟了敌后战场,牵制了日军大量兵力,配合了正面战场,对中国持久抗战发挥了重要作用。

　　六、国民政府战时体制的建立

　　卢沟桥事变后,中国抗日战争进入战略防御阶段,国民党称之为"第一期抗日作战"。具体口号是"以空间换时间,以时间换空间"。为了执行抗战路线,实现持久消耗战的战略方针,国民党迅速建立了战时体制。

　　第一,设立国防最高会议。1937年8月12日,国民党中央常务委员会决议撤销原国防会议和国防委员会,设立国防最高会议,作为全国国防最高决策机关,统筹抗日救亡大局。该会的职权是:决定国防方针、国防经费、国家总动员,以及其他与国防有关重要事项。该会的成员,涵盖了中枢党、政、军各方面的首脑人员。在党的系统:中央执行委员会常务委员、秘书长,各部部长;中央监察委员会常务委员;中央政治委员会秘书长。在行政系统:五院正副院长,行政院秘书长与各部部长。在军事系统:军事委员会委员,正副参谋总长,各部部长。以军事委员会委员长为主席,中央政治委员会主席为副主席。

国防最高会议突出之点有二:一是用法律形式授予主席特殊权力,规定"在作战期间关于党、政、军一切事项国防最高会议主席得不依平时程序,以命令为便宜之措施","这一条是最高统帅的紧急命令权"。二是国防最高会议和国民党中央政治委员会的关系。起初,该会对中央政治委员会负责,同年11月16日,中央常委会又决定国防最高会议代行中央政治委员会的职权。"国防最高会议的运作,有机密性,并与军事、外交、财政、经济、交通等有紧密的协作,富有战时体制的色彩"。

第二,改组军事委员会。抗战爆发后,"形势促使要组织一个军政府彻底从事对日抗战。军方认为,要有个大本营或司令部作为战时的政府。于是决议改组军事委员会为大本营"。8月12日,国民党中央常委会公推蒋介石为陆海空军大元帅,以军事委员会为最高统帅部。27日,中常会又决定授权军事委员会委员长蒋介石组织大本营,行使三军最高统帅权,并统一指挥党政。30日,蒋介石提出:"未经宣战不必另设名目,即以军委会主持战事可也。"从8月起,蒋介石着手改组军事委员会。改组后的军委会,权力更为集中,取消了原来的两个副委员长,只设委员长一人,由海陆空军大元帅兼任。编制扩大了,职权范围也扩大了,这其中经过了一个不断调整的过程,起初将原军委会四厅三处扩大为第一部(作战)、第二部(政略)、第三部(国防工业)、第四部(国防经济)、第五部(国际宣传）、第六部（民众组训）、后方勤务部、卫生勤务部、国家总动员设计委员会等机构。10月，增设军法执行总监及农产、工矿、贸易三个调整委员会，并于此三个调整委员会之下设水陆运输办事处。这样，军事委员会不仅是一个军事机关，而且管辖到政治、经济、司法各方面。11月，军委会机构进行调整，将中央党部的组织、宣传、训练三部暂归军委会指挥；军委会第二部（政略）取消，其职权和总动员有关的事项则归国家总动员设计委员会负责；第五部（国际宣传）取消，其职权归中央宣传部负责；第六部与中央组织部、中央训练部合并。这样，中央党部的工作系统也纳入到军事委员会，达到党政军一元化的目的。

第三，划分战区。军方认为，日军将在或极有可能在以下五个方向发动全面进攻：一、平汉线北段平津至保定、正定一带。二、平绥线东段晋察绥边沿地区。三、京沪、沪杭两线和长江下游京沪杭地区。四、胶济线东段青岛、历城一带。五、陇海线最东段海州至徐州一带。至于闽、粤沿海方向，日军将以海空军进行骚扰，而陆军登陆作战则暂无可能。根据持久消耗战的战略方针，军事委员会制定的战略部署是："以国军一部集中华北，于平绥、平汉、津浦沿线各要点，重叠配备，多线设防，逐次抵抗，以牵制消耗日军，特注意确保山西之天然堡垒；国军主力集中于华东战场，攻击上海之敌，力保淞沪要地，掩护首都。"

为了实施上述战略部署，1937年8月20日，军事委员会发布作战指挥计划，将全国南北战场划分为5个战区：

第一战区（河北和鲁北地区），下辖第一、二、十四等集团军。

第二战区（晋察冀地区），下辖第六、七等集团军及预备军。

第三战区（宁沪杭地区），下辖第八、九、十、十五等集团军。

第四战区（闽粤地区），下辖第四、十二两集团军。

第五战区（鲁南和苏北地区），下辖第三、五两集团军。

另设第十七、十八两集团军及第一、二、三、四等预备军。

1938 年 1 月,战区调整为 6 个:

第一战区,下辖第一、二十两集团军。

第二战区,下辖南路前敌和北路前敌各军,以及第十八集团军。

第三战区,下辖第十、十五、二十三、二十八等集团军。

第四战区,下辖第十二集团军。

第五战区,下辖第三、十一、二十一、二十二、二十四、二十七等集团军。

第八战区,下辖第十七集团军。另设武汉卫戍总司令部,西安行营,闽绥靖公署,军委会直辖兵团。

1938 年 7 月,战区又调整为 7 个:

第一战区,下辖第六十九、三十九、九十七、九十一、二十七、四十等军及一九六师、八十七师。

第二战区,下辖第三十五、三十三、十四、三十一等军团、北路军、第七集团军,第十八集团军。

第三战区,下辖第十、三十三、二十三等集团军及新编第四军。

第四战区,下辖第四、十二两集团军。

第五战区,下辖第三、四兵团,第二、二十九、十一、二十六、三十一、二十四、二十七等集团军。

第八战区,下辖第十七集团军。

第九战区,下辖第一、二兵团,第九、二十、三、三十、三十一、二十六等集团军。

第九战区成立于 1938 年 6 月中旬,武汉会战以第九战区担任江南方面作战,以第五战区担任江北方面作战。

战区长官部的职权,除了统一指挥所辖地区的军事外,"可直接指挥辖区内的党政机构"。随后,又实施军政合一,"以战区司令长官兼辖区内的政府主席"。

第四，调整国民政府机构。1937 年 11 月,国民政府授权军事委员会委员长执行国民政府组织法第三条所规定,统率全国陆、海、空三军,并指挥全国军民,负国防之全责。1938 年 1 月 1 日,国民政府颁布《调整中央行政机构令》,暂行撤销海军部,其经管事务,并归海军总司令部办理;实业部改为经济部;建设委员会及全国经济委员会的水利部分,军委会的第三部(国防工业)、第四部(国防经济)并入经济部;铁道部及全国经济委员会的公路部分并入交通部;卫生署改隶内政部;全国经济委员会的卫生部分并入卫生署。这种调整,一方面裁撤了性质重复或机能相同的骈枝机构,或受战时影响而不能工作的机构,以减少行政单位,撙节经费开支;另一方面,划清行政机关和军事机关的权限,确定其隶属系统,以适合战时需要。

国民党战时体制的建立,是国民党当局为适应抗战需要——高度集中权力,加强统一指挥所采取的一项国防上的重要举措,是抗日积极性的一种表现。与此相联系,为了适应抗战的新形势,国民党的政治体制和军事体制也发生了某些变化——专制独裁政策有所调整。国民党在事实上承认中共和其他抗日党派、政治团体的合法地位。

1938 年,国民参政会在武汉成立,成为一个包括国民党、共产党及其他党派政治团体与无党派人士组成的"战时民意机构",它为各党派、各界的代表提供了一个公开发表政见的场所。国民党控制的从中央到地方的政权机构也有所开放,一些非国民党籍人士和国民党非蒋系人士及地方实力派的代表人物加入到国民党中央政府和各级地方政府中,有的国民党非蒋系人士担任了军事委员会副总参谋长、战区司令长官、省长等职务。从总的方面看,这一阶段的国民党战时体制对抗战产生了积极的影响,这是主要的一面。但同时,国民党一党专政的独裁制度并未根本改变,国民党政权的门只是微微开了一点缝,这种战时体制还远不能适应抗战的需要。

七、徐州会战与台儿庄大捷　武汉、广州陷落

徐州是江苏省西北部的一个重要城市,位处黄河、淮河两大河流之间,地处山东、河南、安徽、江苏四省要冲,是津浦、陇海两大铁路干线的枢纽,自古以来为兵家必争之战略要地。中国军队控制徐州,向北可威胁济南,向南可进逼南京,同时还可以控制两大铁路干线。日军为了迅速实现灭亡中国的侵略计划,打通南北战场,决定以南京、济南为基地,从南、北两个方向沿津浦铁路夹击徐州。然后沿陇海铁路西取郑州,再沿平汉铁路南夺武汉。日本大本营先后调集 8 个师团另 3 个旅团、2 个支队约 24 万人,分别由华中派遣军司令官畑俊六和华北方面军司令官寺内寿一指挥,实行南北对进,目标是直取徐州。中国军队由第五战区司令长官李宗仁指挥,先后调集 64 个师另 3 个旅约 60 万人,将主力集中于徐州以北地区,抗击北线日军南犯,一部兵力部署于津浦铁路南段,阻止南线日军北进,以确保徐州。

会战主要围绕徐州以南与徐州以北两个地区展开。徐州以南,1938 年 1 月至 3 月,敌我双方在淮河两岸展开激战,我守军以阵地战英勇抵抗,阻击敌人,多次打退敌人的进攻。至 3 月初恢复淮河以北全部阵

1938 年 3 月指挥台儿庄
战役的李宗仁

地。但是,淮河南岸被日军占领,双方隔河对峙。徐州以北,战争主要在山东临沂、滕县境内展开。1938 年 2 月,日军坂垣师团进逼临沂,企图与津浦路上的矶谷师团在台儿庄会师,一举拿下徐州。临沂为鲁西南军事重镇,徐州东北之屏障,第五战区右翼的重要据点。守卫临沂的是庞炳勋军团,庞炳勋据城死守,日军连续进攻,伤亡惨重,坚守一个多月。3 月,第五十九军军长张自忠率部驰援,先后两次打败日军,取得两次临沂保卫战的胜利,粉碎了坂垣、矶谷两个师团在台儿庄会师的计划,致使矶谷师团孤军深入台儿庄,形成我军围歼的契机。西路日军矶谷师团从济宁地区西渡运河,向嘉祥进攻,遭第三集团军顽强抵抗,进攻受挫,沿津浦铁路南进,3 月 14 日由邹县两下店兵分 4 路进攻滕县。守军第二十二集团军第四十一军英勇抗击,伤亡甚重,苦战至 17 日,该军守城的第一二二师师长王铭章壮烈殉国,滕县失守。日军逼近台儿庄。

台儿庄为山东南部峄县境内的一个小镇。位于津浦线台枣(庄)支线和台潍(坊)公路交叉点上,西临大运河,是徐州的门户,也是滕县失守后屏护徐州的最后一道防线,战略位置十分重要。为了确保徐州安全,战前中国守军在此构筑了一道防御工事,筑石墙两英里,内设碉堡 70 余座。3 月 20 日,日军第十师团濑谷支队南进连陷临城、枣庄、韩庄后,不顾第五师团和第十师团在其两侧进攻受阻,孤军深入,向台儿庄突进,企图一举攻占徐州。李宗仁令第二集团军总司令孙连仲率部固守台儿庄,第二十军团军团长汤恩伯率部让开津浦铁路正面,转入兰陵及其西北云谷山区,诱敌深入,待机破敌。3 月 23 日,日军由枣庄南下,在台儿庄北侧的康庄、泥沟地区与守军警戒部队接战。24 日起,日军反复向台儿庄猛攻,多次攻入庄内。第二集团军池峰城的第三十一师顽强抗击,与日军展开激烈的争夺战。第五战区以第二十军团主力向台儿庄机动,拊敌侧背,与第二集团军形成内外夹击之势,并令第三集团军进至临城、枣庄以北,断敌后路。

日军为解台儿庄正面之危,速以第五师团坂本支队从临沂驰援,进至兰陵北面的秋湖地区,即被第二十军团第五十二军包围。4月3日,第五战区发起全线反攻,激战4天,歼灭日军濑谷支队大部、坂本支队一部共万余人。其余日军残部于7日向峄城、枣庄撤退。

台儿庄战役失败后,日本统帅部迅速从华北、华东与华中调动13个师团、30多万重兵,兵分6路,形成会攻徐州态势。蒋介石也为台儿庄的局部胜利所陶醉,调动大军集结于徐州附近地区,试图与日军作战略决战,决一雌雄。4月下旬,日军进入郯城西南至台儿庄以东地区,守军重兵把守,顽强抵抗,战斗呈胶着状态。5月5日,日军开始从南、北两个方面向徐州西侧迂回包围。5月15日,中国最高军事会议决定放弃徐州。16日,第五战区命令各部队分别向豫、皖边界山区突围。19日徐州陷落。日军沿陇海铁路西进,6月6日占领开封。为阻止日军前进,蒋介石于9日下令在郑州东北花园口附近炸开黄河大堤,河水经中牟、尉氏沿贾鲁河南泛,日军被迫向黄泛区以东地区撤退。徐州会战结束。

徐州会战,特别是台儿庄会战,是中国正面战场取得的第一场胜仗,打破了日军"速战速决"战略企图,给抗战中的中国军民以极大鼓舞,使国民政府及统帅部进一步认识到日军并非不可战胜,坚定了持久抗战的信心和决心。战役历时5个月,是中国军队持久消耗战略的一次实践与检验,充分实现了以空间争取时间的目的,消耗了日军有生力量,迟滞了日军进攻速度,为部署武汉保卫战赢得时间。

日军侵占南京后,国民政府虽西迁重庆,但政府机关大部和军事统帅部却在武汉,武汉一时成为全国军事、政治、经济的中心。1937年12月13日,国民政府军事委员会拟定保卫武汉作战计划。在徐州失守后,即调整部署,先后调集约130个师和各型飞机200余架、各型舰艇及布雷小轮30余艘,共100万余人,利用大别山、鄱阳湖和长江两岸地区有利地形,组织防御，保卫武汉。具体部署是：由第五战区司令长官李宗仁指挥所部负责江北防务；第九战区司令长官陈诚指挥所部负责江南防务；以第一战区在平汉铁路的郑州至信阳段以西地区，防备华北日军南下；第三战区在安徽芜湖、安庆间的长江南岸和江西南昌以东地区，防备日军经浙赣铁路向粤汉铁路迂回。蒋介石为总指挥。为了占领武汉，日本大本营在此集结了 14 个师团的兵力，直接参战的有 9 个师团，约 25 万人，其中包括海军舰队、航空兵团等。具体部署是：5 个师团集结九江，沿长江南岸向武汉推进；4 个师团在安徽合肥集结，沿大别山向武汉进攻。战斗从 1938 年 6 月 12 日开始，持续到 10 月下旬。10 月 12 日，日军一部在大亚湾登陆，10 月 21 日广州沦陷。武汉抵抗已经失去战略意义。10 月 24 日，蒋介石下令放弃武汉。10 月 25 日，武汉沦陷。

武汉保卫战，是抗日战争战略防御阶段规模最大的一次战役。中国军队英勇抗击，死伤与被俘达 15 万多人，毙伤日军 3 万余人，迫使日军停止战略进攻，日军"速战速决"、一举摧毁中国的抵抗力量、完全占领全中国的狂妄计划彻底破产。此后，抗日战争进入战略相持阶段。

八、抗战初期中国的外交政策和对外关系

抗战初期，国民党在其制定的《抗战建国纲领》中，阐述了中国的外交政策：本独立自主之精神，联合世界上同情于我之国家及民族为世界之和平与正义共同奋斗。对于国际和平机构，及保障国际和平之公约，尽力维护，并充实其权威。联合一切反对日本帝国主义侵略之势力，制止日本侵略，树立并保障东亚之永久和平。依据这个外交政策，国民政府开展了一系列外交活动。

1937 年 8 月 21 日，《中苏互不侵犯条约》在南京签订。条约规定：

"倘两缔约国之一方,受一个或数个第三国侵略时,被缔约国约定在冲突全部期间内,对于该第三国不得直接或间接予以任何协助,并不得为任何行动,或签订任何协定,致该侵略国得用以施行不利于受侵略之缔约国。"在中日关系没有恢复前,苏联不与日本订立互不侵犯协定,中国不与第三国订立防共协定,苏联同意在3到6个月内,实行参战。9月初,中国以杨杰为团长的军事代表团访问莫斯科。随后,苏联将军朱可夫率领苏联军事顾问团回访中国。苏联政府开始向南京国民政府提供经济援助与军事援助。11月,苏联给予中国5000万美金借款,用来购买飞机。苏联空军志愿队"正义之剑"也到达中国,协助中国抗战。1938年6月,苏联再次给予中国5000万美金军火贷款,并派遣大批军事顾问参加军事委员会和各兵种的工作。同时,通过舆论、媒体及各种国际会议,呼吁全世界制裁日本,援助中国抗战。但是,关于苏联出兵一事,斯大林认为时机并不成熟,没有履行诺言,直到1945年才付诸实施。

卢沟桥事变发生后,蒋介石先后接见了英、美等西方国家的驻华大使,要求各国"主持公道",尤其对英、美寄予很高期望。但是,英国与美国并不想阻止日本的侵略,继续奉行"不干涉"政策与孤立主义,害怕卷入中日冲突。8月27日,美国驻日本大使格鲁在致美国国务卿赫尔的密电中,提出了美国对于日本侵略中国的态度与原则:"(1)避免卷入;(2)极力保护美国人的生命财产和权利;(3)在保持完全中立的同时,维持我们对交战双方的传统友谊。"①美国标榜中立,其实为日本提供了发动战争所必需的所有物资,包括汽油、钢铁、机器零件、橡胶及金工母机等。10月5日,美国总统罗斯福发表演说,呼吁建立反侵略的"防疫带"。10月6日,美国国务院发表声明,认为日本的行动破坏了《九国公约》和《凯洛格条

----

① 《中国近代对外关系史资料选辑》下卷,第2分册,上海人民出版社1977年,第24—25页。

约》,谴责日本侵略中国,但同时表示:"目前美国无意采取任何特殊步骤,还将继续现行的政策方针。"1938年春,美国还从中国上海与天津撤出军队。英、法政府担心希特勒挥兵西进,注意力集中在欧洲,在远东对日本则采取妥协方针,同美国的态度基本一致。

1937年9月13日,南京国民政府代表顾维钧在日内瓦正式向国际联盟提出申诉,要求国联采取措施,制止日本侵略中国。11月,由国联倡议召开的布鲁塞尔会议开幕。日本、德国拒绝参加。美国不肯挺身领导,英国态度消极,只有苏联支持中国。11月24日,国际联盟通过一项宣言,态度含糊暧昧,建议中日双方"停止敌对行动和采取和平方法",维持世界和平。宣言无关痛痒,于事无补。直到1939年9月,在国际联盟大会例行会议上,南京国民政府关于对日本采取经济制裁的建议,也遭到否决。

抗战爆发前,南京国民政府与德国的关系十分密切。日本侵略中国后,也希望通过德国牵线搭桥,诱使南京政府投降。11月5日,德国驻华大使陶德曼会晤蒋介石,转达了日本提出的7项和谈条件:(1)内蒙古自治;(2)在华北建立一个沿"满洲国"国境线的非军事区;(3)扩大上海的非武装地带,由日本控制公共租界的巡捕队;(4)停止抗日政策;(5)共同反对共产主义;(6)降低对日关税;(7)尊重外国权益。蒋介石表示:只要日本不恢复到"七七"事变以前的原状,他就不会接受日本的任何条件。12月2日,蒋介石会见了陶德曼,感谢德国为调停中日战争所进行的努力,并表示中国已准备接受调停。12月20日,日本政府与大本营召开联络会议,修改了原来的条件,提出了四项更苛刻的和平条件,包括"日满华合作",即承认"满洲国","向日本作必要的赔偿"。对此,蒋介石断然拒绝。1938年1月10日,日本提出第三次对华和平条件,共9条,其条款更为苛刻,扼杀了中国接受和谈的一切可能。1月13日,王宠惠让陶德曼询问日方和谈条件的具体内容。日方认为中国故意拖延,于是在1月14日的内阁会议上达成了"不以国民政府为谈判对手"的一致意见,并在 1 月 17 日下午发表《对华政策声明》(即第一次"近卫声明"),彻底终结了中日媾和的一切可能。陶德曼调停以失败告终。

第二节 抗日战争进入战略相持阶段 敌后战场成为中国抗战的主战场

一、日本侵华战略的调整

1939 年 9 月 1 日,德国发动侵略波兰的战争。9 月 3 日,英、法对德宣战,欧洲战争正式爆发。欧洲战争爆发后,英、美等国更加急于对日妥协,不断给中国政府施加压力,劝告中国"及时对日媾和"。国际形势依然对中国不利。

1938 年 10 月,日军占领广州、武汉以后,抗日战争开始进入战略相持阶段。在发动全面侵华战争的初期,日本企图通过速战速决、闪电战战略,在尽可能短的时间内和有限的空间里,摧毁中国的战争意志与战争力量,实现其征服中国的目的。但是,经过近 16 个月的战争,日本不但没有达到既定目标,反而陷入内外交困的窘境,速战速决的战略方针彻底宣告破产。因此,日本政府被迫对其侵华战略作出重大调整。

政治方面,决定对重庆国民政府实行政治诱降为主、军事打击为辅。1938 年 11 月 3 日,日本首相近卫文麿发表《东亚新秩序的声明》(即第二次"近卫声明"),改变了他年初声明中提出的"不以国民政府为谈判对手"的强硬立场,希望通过政治谈判,彻底解决中国问题。《声明》宣称:"此种新秩序的建设,应以日、满、华三国合作,在政治、经济、文化等各方面建立连环互助的关系为根本,希望在东亚确立国际正义,实现共同防共,创造新文化,实现经济的结合。"这就是日本所谓的东亚新秩序。声明提出:"如果国民政府抛弃以前的一贯政策,更换人事组织,取得新生的成果,参加新秩序的建设,我方并不予以拒绝。"①其前提是蒋介石下台。

12月22日,日本政府发表第三次"近卫声明",具体提出了中日两国相互善邻友好、共同防共、经济合作的"三原则"。要求中国政府承诺:(1)消除以往的偏狭观念,放弃抗日的愚蠢举动和对"满洲国"的成见,同"满洲国"建立完全正常的外交关系;(2)签订日华防共协定,在特定地点驻扎日军,并以内蒙为特殊防共地区;(3)实现经济提携,中国承认日本臣民在中国内地有居住、营业的自由,特别在华北和内蒙资源的开发利用上向日本提供便利。

这些表态足以说明,日本利用种种诱饵,加强了对重庆国民政府的政治诱降攻势,把以往对国民党和国民政府实行的以军事打击为主、政治诱降为辅的方针,改变为以政治诱降为主、军事打击为辅的方针。也就是说,日本在坚持灭亡中国方针不变的前提条件下,在策略上作了重大改变,政治、军事双管齐下,以实现单凭军事进攻所达不到的目的。日本在选择政治诱降对象时,有两方面的考虑:一方面,直接逼迫蒋介石及国民政府彻底屈服,整体投降日本。1939年2月,华北方面军特务长喜多诚一在其所拟订的"和平计划"中,表示"尊崇蒋介石上将的地位而给予崇高的位置"。3月初,日本新任首相平沼骐一在国会演说时声称:"蒋介石将军与其领导之政府,假使能重新考虑其反日态度,与日本共同合作,谋东亚新秩序之建立,则日本准备与之作中止敌对行为之谈判。"另一方面,是在重庆国民政府之外寻求政治诱降对象,扶植亲日势力,谋求建立"新中

---

① 复旦大学历史系编译:《日本帝国主义对外侵略史料选编》(1931—1945),第278—279页。

央政府",实现"以华治华"。

军事方面,在继续正面战场对国民党主力进行打击的同时,将进攻重点转向敌后战场。1938 年 12 月 6 日,日本陆军省和参谋本部发布的《昭和十三年秋季以后对华处理办法》,对新的军事战略提出以下几个要点:第一,实行持久战略,准备长期战争。第二,基本上不扩大占领区,限制战争的规模和区域。第三,将军事打击的重心移向后方的抗日游击战争,进一步做好确保占领地区的治安和自主的建设。第四,确定了政略与谋略工作与军事工作的相互配合。这样,日本就从以前的速战速决、闪电战战略转变为持久战略。

经济方面,日本决定"以战养战",在占领区进行基本建设,疯狂掠夺中国资源,以弥补消耗,保证战争持久化的物资供应。对此,日本政府提出:"对华经济,主要的是首先应采取紧急对策,以满足总动员和军队之急需。"日本的"以战养战",打着"经济合作"的幌子,极力搜刮中国的人力物力资源,以供给其侵略战争的物质需要。

1938 年 11 月,日本设立"兴亚院",由首相担任总裁,外相、藏相、陆相、海相担任副总裁,统一处理有关侵略中国的政治、经济与文化事务。"兴亚院"先后在北平、张家口、上海、厦门分别设立华北、蒙疆、华中、华南四个事务部,以加强对占领区的政治统治、经济掠夺与奴化教育。

二、汪精卫集团叛国投敌

汪精卫(1883—1944),原名汪兆铭,字季新,号精卫,广东番禺人。汪精卫是一个野心与领袖欲极强的政客,因为他革命资历很老,又是孙中山遗嘱的执笔人,所以经常以孙中山的继承者自居。对于蒋介石的后来居上,他心里一直不服气,长期与蒋介石争权夺势。国民党内政争不断,汪精卫起了很大作用。抗日战争爆发前后,汪精卫尽管当上了国民党中央政治会议主席、国防最高会议副主席、国民党副总裁、国民参政会议长,位处巅峰。但是他仍不满足。抗日战争爆发后,汪精卫极力主张对日妥协,认为中国政治、经济、军事均不如日本,抵抗没有意义,牺牲是无谓的牺牲,鼓吹"战必大败、和未必大乱"的民族失败主义论调,认为只有求和降日才是惟一出路。因此,他授意周佛海等人发起成立"低调俱乐部"与"艺文研究会",一方面继续散布失败论调,攻击主张抗战者是"唱高调"、吹牛;另一方面,利用"艺文研究会"在香港设立机关,暗中与日本接触。

1938年初,汪派成员、外交部亚洲司第一科科长董道宁与日本"满铁"驻南京事务所主任西义显接上关系,商谈促进中日"和平"。此后,在西义显的安排下,董道宁与日本有关人士频繁接触,探听日本人的态度。7月5日,汪派干将、外交部亚洲司司长高宗武到达日本东京,在日本参谋本部军务课长影佐祯昭的安排下,先后会见了日本首相近卫文麿、陆相坂垣征四郎、参谋次长多田骏及国会众议员犬养健等要人,希望开展"和平运动"。日方希望由汪精卫出面,实现中日"和平"。11月,高宗武、梅思平在上海虹口"重光堂"与日本参谋本部中国课长今井武夫举行秘密会谈,达成最终协议。协议规定:汪精卫及其部属接受日本提出的"和平"条件之后,设法离开重庆去昆明,公布日、华和平解决条件,并由汪精卫发表声明,同蒋介石及其国民政府彻底断绝关系,然后乘飞机赴越南河内,再转香港,与日方配合发表收拾残局声明。同时配合云南、四川地方军将领在西南地区建立新政府,发布日、华合作政策,推进"和平运动"。

经过与其死党的紧急商议,汪精卫接受了上述方案。12月18日,汪精卫与周佛海、陶希圣等人先后到达河内,公开叛国投敌。12月22日,日本首相近卫文麿发表第三次对华政策声明,提出中日实现"相互善邻友好、共同防共和经济合作"的"和平三原则"。汪精卫立即作出积极回应。

12 月 31 日,汪精卫在香港《南华日报》发表了个人致重庆中央党部、蒋介石等人的"和平建议"电报,即所谓"艳电"。"艳电"称日本对中国没有领土要求,"和平三原则"反映了日本的诚意;"以上三点,兆铭经熟虑之后,以为国民政府应即以此为根据,与日本政府交换诚意,以期恢复和平"①。"艳电"的发表,表明汪精卫集团彻底走上背叛民族、出卖国家的不归之路。同时,也表明国民党内的重大分裂。

汪精卫"艳电"发表后,立即引发了全国民众的一致声讨与谴责。1939 年 1 月 2 日,周恩来在重庆发表谈话,《新华日报》发表《汪精卫叛国》的社论,强烈谴责汪精卫集团的叛国行径。重庆国民政府试图通过私人劝说、武力暗杀等行动,阻止汪精卫集团叛国投敌,均没有效果。1939 年 1 月 1 日,国民党中常会通过决议,永远开除汪精卫国民党党籍,撤销其一切职务,并下令通缉。

1939 年 4 月 16 日,日本政府秘密护送汪精卫到上海。6 月 2 日,汪精卫率周佛海、高宗武抵达东京,与日本首相平沼骐一、前任首相近卫文麿及陆、海、外、藏四大臣举行会谈。6 月 6 日,日本五大臣会议通过了《建立新中央政府的方针》及《对汪精卫工作指导草案》的附件。汪精卫完全接受了这一方案,随后返回国内。

1939 年 8 月 28 日,汪精卫在上海主持召开伪国民党第六次全国代表大会。大会通过了一系列反共卖国议案,汪精卫被推举为主席,决定"还都",成立"中央政府"。12 月底,汪精卫与日本秘密签订卖国的《日支新关系调整纲要》。纲要规定:"东北割让给日本;将蒙疆、华北、长江下游和华南沿海岛屿定为国防上、经济上的日支强度结合地带",由日本军队长期占领。伪政权从中央到地方政府均配置日本顾问及职员进行监督,禁

---

① 黄美真、张云编:《汪精卫集团投敌》,上海人民出版社 1984 年,第 374 页。

止一切抗日活动,共同反共。

在日本的一手导演下,傀儡政府——汪伪南京"国民政府"于1940年3月30日在南京宣告成立。"国民政府"主席:林森(汪精卫代),行政院院长:汪精卫,立法院院长:陈公博,司法院院长:温宗尧,监察院院长:梁鸿志,考试院院长:王揖唐,外交部部长:褚民谊,海军部部长:汪精卫(兼),军政部部长:鲍文越,财政部部长:周佛海,教育部部长:赵正平,司法行政部部长:李圣五,工商部部长:梅思平,农矿部部长:赵毓松,铁道部部长:傅式说,交通部部长:诸青来,社会部部长:丁默邨,宣传部部长:林伯生,警政部部长:周佛海(兼),最高法院院长:张韬行,政法院院长:林彪,审计部部长:夏奇峰,铨叙部部长:江亢虎,参谋本部部长:杨揆一,军事参议院院长:任援道,军事训练部部长:萧淑萱,政治训练部部长:陈公博(兼)。一批失意政客与无耻文人,依附在日本的卵翼下过了一把正职官瘾。其可耻行径被永远钉在历史的耻辱柱上。

三、相持阶段前期正面战场的作战 敌后游击战争的广泛开展

1938年11月25日至28日,国民政府军事委员会在湖南南岳召开军事会议。会上,蒋介石提出了"两个时期"的战略判断,即从"七七"事变到武汉、岳阳失守为第一时期,主要是消耗敌人,防御作战;此后是第二时期,是"转守为攻,转败为胜"的时期。因此,国民政府对军事、政治方针作了适当调整:抗战必须政治重于军事,民众重于士兵,精神重于物质,训练重于作战,游击战重于正规战。根据这一精神,会议决定要继续实施持久消耗的战略方针,重视游击战与运动战,以迂回包围战术转守为攻,牵制消耗敌人。同时重点放到整训军队,提高军队素质,强化军队战斗力上来,以迎接对日战争总反攻阶段的到来。会议还制定了全面整训部队的

方针和原则,决定设立战地党政委员会,重新划分战区。以此次会议为标志,国民政府完成了由战略防御向战略相持阶段的过渡,正面战场的抗战进入一个新的阶段。

南昌会战。1939年2月6日,日本华中派遣军下达《对南昌作战要领》,目的是"割断浙赣铁路,切断江南的安徽省及浙江省方面敌之主要联络线",维护长江中下游交通,巩固对武汉地区的占领。从3月17日开始,日军调动3个师团及海军陆战队、坦克部队、航空部队等兵种,由赣北向南昌发起攻击。中国第九、第三战区集结10个军20余万兵力实施抗击。3月26日,中国守军撤出南昌。4月上旬,国民政府军事委员会命令罗卓英将军统帅第三、第九战区各一部共10个师反攻南昌,一度攻克南昌东侧的飞机场与南昌火车站,逼近南昌。5月7日,日军在飞机支援下不断反击,固守南昌外围。第二十九军军长陈安宝中将牺牲,攻击受挫。5月9日,中国军队停止反击,与日军形成对峙。

随枣会战。武汉陷落后,中国第五战区主力在李宗仁指挥下,在湖北西北随县、枣阳地区发起进攻,破坏平汉铁路,逼近武汉外围。日军于5月初调动3个师团的兵力,分别由钟祥和应山地区出发,向随枣一带发动进攻,占领随枣。5月中旬,李宗仁下令第五战区实行反击,经过激烈交战,日军向东南退却,国民党军队先后收复随县、枣阳。此次战役给日军以沉重打击,基本上达到了预期的作战目的。

枣宜会战。1939年冬,中国军队在河南南部、湖北北部发起冬季攻势,对武汉日军构成威胁。1940年2月,日军发动枣(阳)宜(昌)会战。这次会战分为两个阶段。第一阶段从5月初至5月下旬,战争主要在枣阳地区。中、日军队在枣阳以东唐县镇展开激烈厮杀,中国第一七三师师长钟毅及大部官兵壮烈牺牲。5月8日,日军占领枣阳。5月10日,中国军队进行反击,战斗异常激烈。第三十三集团军总司令张自忠壮烈殉国,成为抗战爆发以来战死沙场的中国军队级别最高的指挥官。第二阶段从 5 月 31 日至 6 月中旬,战争主要在宜昌地区。6 月 12 日,日军占领宜昌。6 月 16 日,中国军队向日军发起反击,于 17 日收复宜昌。当日,宜昌再次失守。此后,中、日双方军队在江陵、宜昌、荆门、信阳一线形成对峙。

第一次长沙会战。1939 年 9 月中旬,日军调集 10 万余人,从赣北、鄂南、湘北三个方面向长沙发起进攻。第九战区以 17 个军共计 24 万人参战。会战从 9 月 14 日开始,到 10 月 15 日结束。在会战中,中国空军出动飞机 29 架,两次轰炸汉口日军机场,击落日军飞机 3 架,炸毁日军飞机 70 余架,给地面部队作战以空中援助。这次会战,是中、日双方在进入战略相持阶段后第一次大规模的军事较量,日军承认此次会战颇有"决战之势"。在中国军队的顽强抵抗下,日军在逼近长沙近郊后被迫撤退,没有实现其占领长沙的战略意图。这次战役,日军伤亡 2 万余人,中国军队伤亡 3 万余人。

这一时期,中国军队与日军还先后进行了桂南会战、豫南会战、上高会战、中条山会战等战役。这一时期会战与战略防御阶段有所不同,即中国军队不是一味被动防御,而是根据"发动有限度之攻势与反击"的指导方针,发起了有限的攻势作战。

与此同时,在敌后战场,八路军与新四军按照中共中央"巩固华北,发展华中"的战略方针,开展了广泛的游击战争。1939 年 1 月至 1940 年 3 月,日军在华北分三期进行了"治安肃正"作战,频繁地向各抗日根据地"扫荡"进攻。在反"扫荡"斗争中,根据地军民广泛开展了敌后游击战争,消灭敌人,壮大自己。1939 年 2 月,一二九师三六八团在香城固伏击战中歼灭日军一个加强中队。4 月,一二〇师和冀中部队在齐会战斗中歼灭日军一个步兵大队。5 月,一一五师在山东陆房防御战中消灭敌人

白洋淀上的游击队

1300 余人。9 月,晋察冀军区部队与一二〇师三五九旅在边区重镇村庄,消灭日军独立混成第八旅团包括少将旅团长水原重义等 1200 多人。11 月,又进行了雁宿崖战斗与黄土岭战斗,歼灭敌人 2000 多人,日本独立混成第二旅团中将旅团长阿部规秀也被击毙。1939 年冬到 1940 年春,一二〇师连续发起邯(郸)长(治)战役、白(圭)晋(城)战役、武(安)沙(河)战役,歼灭敌人 1700 多人。这些战斗的胜利,粉碎了日军对根据地的"扫荡",巩固了边区。

　　1940 年 8 月 20 日至 12 月初,为了打破日军依托公路、铁路封锁与分割抗日根据地的"囚笼政策",振奋军民抗战士气,消除妥协危险,八路军总部在彭德怀指挥下,在华北地区对日军发动了一场大规模的进攻。参战部队达到 105 个团,约 20 多万人,被称为"百团大战"。这次战役经历了两个主动进攻阶段和一个反"扫荡"阶段。8 月 20 日至 9 月 10 日是第一阶段,中心任务是交通破袭战,重点是破击正太铁路。9 月 22 日至 10 月上旬是第二阶段,中心任务是扩大战果,继续破击交通线,作战的主要目标是攻击交通线两侧与深入根据地内的日军据点。10 月 6 日至 1941

年1月24日,中心任务是反"扫荡"作战,通过游击战争与空室清野,坚决消灭进犯之敌。百团大战持续时间长达4个多月,八路军各部队共计进行大小战斗1820多次,战绩卓著,毙伤日、伪军2.5万多人,俘虏日军280多人、伪军1.8万多人,破坏铁路470多公里,公路1500多公里,毁坏车站、桥梁、隧道260多处,缴获一批武器弹药与军用物资。

百团大战有力地回击了日军的"囚笼政策"与侵略气焰,迟滞了日军北攻苏联、南攻英美的战略计划,鼓舞和增强了全国军民抗战到底的信心,提高了共产党和八路军的威望。

四、国民党的消极抗日、积极反共政策　中共坚持抗战、团结、进步的方针

进入战略相持阶段以后,国民党在调整其军事战略方针的同时,也调整了政治策略方针。1939年1月21日至30日,国民党五届五中全会在重庆召开。会议的中心议题是"继续抗战"和"防共"、"溶共"。五届五中全会具有两重性:一方面是宣布"继续抗战和联共抗战",努力"提高抗战信心";另一方面是制造反共舆论。随着日本军事压力的减轻,国民党的反共倾向日益明显地暴露出来。会议秘密制定了《防止异党活动办法》,设立了"防共委员会"。会后又制定了《异党问题处理办法》、《沦陷区防范共党活动办法》等一系列反共文件。1939年3月12日,国民政府颁布国民精神总动员纲领,提出了3个目标:国家至上、民族至上,军事第一、胜利第一,意志集中、力量集中。5月,国民政府发起了全国精神总动员运动。这一运动也表现了国民党既抗日又反共的两面性。

五届五中全会后,国民党不断加强反共摩擦,袭击八路军、新四军等抗日武装和后方留守机关,捕杀共产党员和抗日干部,连续制造了山东博山惨案、冀中深县惨案、湖南平江惨案与河南确山惨案。11月,国民党五

届六中全会进一步确定了"军事限共为主、政治限共为辅"的方针。在此方针指导下,从 1939 年底到 1940 年春,国民党掀起了第一次反共高潮。国民党修筑了 5 道封锁线,对陕甘宁边区进行包围和封锁,袭击并占领了八路军驻防的枸邑(今旬邑)、宁县、镇原、正宁、淳化 5 个县城,挑起陇东事件。国民党绥德专员何绍南纠集保安队专门从事袭击八路军的活动,袭扰边区。1939 年 12 月,阎锡山制造了"晋西事变",进攻晋西南决死队第二纵队,杀害牺盟会干部,并向共产党领导下的山西新军发起攻击。1939 年底和 1940 年春,国民党冀察战区石友三、朱怀冰部进攻八路军总部与一二九师,制造了一系列反共军事摩擦。

1940 年夏,国民党在华北制造的第一次反共高潮被八路军打退后,又在华中掀起了针对新四军的第二次反共高潮。1940 年 7 月 16 日,国民党在国共谈判中提出了所谓的"中央提示案":要求取消陕甘宁边区政府,代以"陕北行政公署",归陕西省政府领导;要求缩编八路军、新四军,并限制其防地;要求把活动在江南和整个华北的新四军、八路军都集中到黄河以北冀察两省及鲁北、晋北这一狭窄地区内。共产党拒绝了这一"提示案"。10 月,国民党苏北韩德勤部企图袭击新四军,被新四军在黄桥打败。10 月 19 日、12 月 8 日,国民政府军事委员会正副参谋总长何应钦、白崇禧两次致电八路军朱德总司令、彭德怀副总司令及新四军叶挺军长,要求大江南北坚持抗战的八路军、新四军立即全部开赴黄河以北。12 月 9 日,蒋介石发布命令,限长江以南的新四军 12 月 31 日前开到长江以北地区,黄河以南的八路军、新四军于翌年 1 月 30 日前开到黄河以北地区。

1941 年 1 月 4 日,奉命向北移动的新四军军部及其所属皖南部队9000 多人,从云岭驻地出发,绕道北上。6 日,行经泾县茂林地区,突然遭到国民政府第三战区司令长官顾祝同、第三十二集团军总司令上官云相等事先布置的 7 个师 8 万多人的包围袭击。新四军英勇拼杀,血战 7 个昼夜，终因寡不敌众，弹尽粮绝，除 2000 多人突围外，大部被俘、失散或牺牲。军长叶挺在前往和国民党谈判时被扣押，政治部主任袁国平牺牲，副军长项英、参谋长周子昆突围后不幸被叛徒杀害。1 月 17 日，蒋介石反诬新四军"叛变"，宣布取消新四军番号，叶挺交付"军法审判"。这就是震惊中外的"皖南事变"，也是国民党第二次反共高潮的最高峰。一时国共关系到了十分危险的境地。

进入相持阶段后，中共正确分析了当时的国内形势，指出：中国抗战出现了中途妥协和内部分裂两大危险，但由于中日民族矛盾仍然是主要矛盾，中国同时存在着团结抗战和分裂投降两种可能。中共的任务是要清醒地认识时局的严重性，组织上准备自己，准备舆论，发动群众，随时应付可能发生的突然事变。同时竭尽一切可能，团结一切抗日力量，进行坚决斗争，维护团结抗战的局面，争取时局的好转。

1939 年 7 月 7 日，中共中央为纪念抗战两周年发表对时局宣言，强调"坚持抗战到底，反对中途妥协"，"巩固国内团结，反对内部分裂"，"力求全国进步，反对向后倒退"，形成了中共坚持抗战、团结、进步的方针。根据这个方针，中共领导根据地军民广泛开展游击战争，坚决抗击日本侵略者的军事进攻，声讨汪精卫集团的叛国投敌罪行，开展强有力的反投降斗争。在处理与国民党的关系上，根据蒋介石集团既动摇妥协又不敢公开放弃抗日，既积极反共又不敢使国共合作彻底破裂的两面态度，中共采取了革命的两面政策：一方面，坚持团结抗战，维护国共合作，帮助和推动国民党进步，使局势向好的方向发展；另一方面，对国民党的妥协动摇与倒行逆施，进行坚决的斗争，以斗争求团结。

对于国民党军向根据地制造的军事摩擦与进攻，中共根据"人不犯我，我不犯人，人若犯我，我必犯人"的原则，针锋相对，自卫反击，决不轻言让步。如面对国民党对陕甘宁边区的进攻与摩擦，八路军三五九旅回师边区,驱逐了国民党摩擦专家何绍南,控制了绥德地区五县,使陕甘宁边区与晋西北根据地连成一片。同时依据"有理、有利、有节"的原则,打击有限度,有节制,不至于使国共关系恶化、破裂,如针对阎锡山制造的"晋西事变",在武力打退了阎锡山的进攻后,中共中央派萧劲光、王若飞赴秋林会晤阎锡山,表示"赞助新旧团结,拥阎抗日"。经过谈判,双方停止军事行动与政治攻击,划界分区抗战。在消灭石友三、朱怀冰部主力,取得太行山反摩擦战役的胜利后,主动休战,朱德总司令亲自到洛阳与国民党第一战区司令长官卫立煌谈判,取得谅解。即使是国民党发动皖南事变,国共合作面临破裂的危机关头,中共依然以抗日的大局为重,始终坚持既联合又斗争、以斗争求团结的方针,在军事上严守自卫,在政治上坚决反击。

1941 年 1 月 20 日,中共中央革命军事委员会发布命令,在江苏盐城重建新四军军部,以陈毅为代理军长,刘少奇为政治委员,继续在长江南北坚持抗战。同时,通过舆论与政治方式,对国民党提出强烈抗议,使国民党在政治上、国际上处于被动。

五、抗日民主根据地的建设

进入相持阶段后,中共在领导八路军、新四军进行抗日游击战争的同时,充分利用相对稳定的时局,开展了根据地的各项建设。

建立抗日人民政权,进行民主政治建设。

1939 年 1 月 7 日至 2 月 4 日,陕甘宁边区首届参议会在延安召开,经过民选的参议员出席了会议,其中包括工人、农民、知识分子、商人和地主出身的参议员。会议制定了《陕甘宁边区抗战时期施政纲领》,通过了调整各级政府机构、巩固国共合作等多项提案。会议选出 15 名边区政府委员,林伯渠当选为陕甘宁边区政府主席,高自立当选为副主席。会议选举高岗为陕甘宁边区参议会议长,张邦英为副议长。

1940 年 3 月,中共中央发出《抗日根据地的政权问题》的指示,指示界定了抗日根据地政权的性质,指出中共在华北、华中等地建立的抗日民主政权,是统一战线性质的政权,是各个革命阶级联合起来对于汉奸和反动派的民主专政。指示明确规定:在抗日民主政权工作人员的构成中,共产党员、非党的左派进步分子和中间派应各占 1/3,实行"三三制"。指示提出了抗日人民政权的施政方针:"应以反对日本帝国主义,保护抗日的人民,调节各抗日阶层的利益,改良工农的生活和镇压汉奸、反动派为基本出发点。"指示还规定抗日人民政权的选举政策:"凡满十八岁的赞成抗日和民主的中国人,不分阶级、民族、男女、信仰、党派、文化程度,均有选举权和被选举权,抗日统一战线政权的产生,应经过人民选举。其组织形式,应是民主集中制。"①

根据这一指示精神,中共北方局于 1940 年 8 月公布了《晋察冀边区施政纲领》,规定了"三三制"的具体实施办法。边区、县、区、乡或村都设有民意机构,区代表会由各村按比例选出代表组成,县和边区参议会则由下一级区域选出的代表组成,各级民意机构没有隶属关系。在乡村这一级,除了以前的村民(或乡民)大会外,设立了村民代表会,作为村民大会的常设机构,村民代表会由村长和各个公民小组选出的代表组成,平时有权过问村里的一切事务,并监督村公所的工作,凡公民小组认为不合格的代表,公民小组可以随时撤换,只是村长必须由村民大会改选,过半数以上的公民小组同意,可以随时召开临时村民大会。在选举过程中还规定可以竞选,县和边区的参议员可以通过集会和媒体进行竞选为自己拉票,

---

① 《毛泽东选集》第 2 卷,人民出版社 1991 年,第 743 页。

而乡村选举的候选人也会到台上表示自己将要做些什么。在竞选过程中,台下的老百姓尽可以对他们品头论足,说三道四。

林伯渠在陕甘宁边区第一次政府工作报告里曾说:"当着候选名单公布以后,每个乡村都热烈地参加讨论,有的批评某人对革命不积极,某人曾经反对过革命,某人曾经贪污过,某人曾经是流氓,某人曾吸食鸦片,等等。有的选民则公开涂掉其名字。"根据地的投票方式有票选法、画圈法、画杠法、画点法、投豆法、烧洞法、投纸团法、背箱子和乍胳臂等。比较普遍的农村选举方式是红绿票法和豆选法。

通过民主选举,在各个根据地产生了由边区到村级的各级抗日民主政权,充分调动了各方面的积极性,促进了根据地各项建设事业的发展。

在进行政权建设的同时,大力开展经济建设。

边区经济主要是小农经济,分散、落后,再加上日本的破坏和摧残,更是雪上加霜。因此,发展农业生产,提高农业产量,便成为边区经济建设的当务之急。为了激发农民生产的积极性,各个根据地依据中共《抗日救国十大纲领》减租减息的基本政策,先后予以实施。1938年2月9日,晋察冀边区政府率先颁布《晋察冀边区减租减息单行条例》,规定减租额为25%,年利率不超过10%,并规定废除正租之外一切杂税及各种名目的高利贷。晋冀豫、冀鲁豫边区各地先后作出了"五一减息"、"二五减租"和"半分减息"的规定。经过减租减息,大大提高了农民生产的积极性,推动了农业生产的发展。

工业生产方面,主要是食品、日用品生产,小型服装加工和军械维修等。生产方式以手工劳动为主,木制铁制机器并用。在发展公营工业的同时,着重发展合作工业、私营工业与家庭手工业,并鼓励企业家与华侨来根据地投资办厂,地主创办工业也予以奖励。为了保证边区工业的顺利发展,抗日民主政府还出台了相关调整劳资关系、改善工人待遇、维护工人权利的政策和措施,有利于根据地工业的发展。

商业方面,中共制定了"对外调剂,对内自由"的方针,各个根据地对内实行贸易自由,积极发展公营、私营和合作商业,对外实行贸易统制,交换根据地所必需的用品,使根据地商业贸易有了新的发展。抗日民主政府还大力发展涉及生产、供销、消费、信用等领域的合作社,使合作社成为边区经济的重要组成部分,活跃了抗日根据地的经济。

金融方面,开始对法币采取保护和有计划的使用政策,同时先后在主要抗日根据地设立银行,逐步建立起统一的本币市场,以此改变货币混乱、伪钞扰乱市场的状况。这对稳定金融,保护与促进各个根据地生产建设事业,改善人民生活,支持敌后抗日游击战争,均起了积极作用。

文化教育建设也是抗日民主根据地的一项重要内容。

抗日战争开始后,中共在延安先后创办了中国人民抗日军事政治大学、中央党校、陕北公学、自然科学院等各类学校,培养了一大批军事、政治、经济、科技人才。同时,积极扶植与振兴地方中小学教育,开办夜校、冬学、识字班等多种教育形式,提高教育与普及教育相结合,提升了边区民众的思想文化素质,特别使一些世世代代目不识丁的农民开始学习文化科学知识,关心抗日与国家大事。民众综合素质的提高,也促进了边区的民主建设。

在延安,中共还先后创办了《解放日报》、《解放》周刊、《八路军军政杂志》、《共产党人》、《中国工人》、《中国文化》等报纸、杂志,开拓了新民主主义新闻出版事业的新领域。这些报刊的出版与发行,对反对日本侵略、宣传抗战,传播中共的思想与理论,启蒙民众,均发挥了积极作用。此外,以诗歌、戏剧、小说、报告文学和美术作品为形式的抗战文艺,通过反映战争现实、揭露敌人罪行、表现战时社会生活,也取得一定成就,丰富了广大边区人民的精神生活。

中共领导下的各个抗日民主根据地进行的政治、经济、文化教育建设，深刻改变了农村根据地的落后面貌，使根据地呈现出前所未有的新气象，从而形成了政治上、军事上、经济上、文化上的先进的巩固的阵地，成为敌后游击战争得以长期坚持并取得最后胜利的基石。

六、日本在沦陷区的殖民统治

日本占领东北、华北后，通过扶植傀儡政权、经济掠夺、推行奴化教育等形式，开始了在沦陷区的殖民统治。

政治上扶植傀儡政权，日本通过建立伪满洲国、华北自治政府、维新政府、南京汪伪政府等，实行"以华治华"的政治统治。在沦陷区强化保甲制度，即对居民10户编为一甲，若干甲编为一保，设立保长。若干保编为一乡或一镇，设立乡镇长。若干乡镇编为一区，设置区长。居民发给"良民证"。所有车辆船只必须登记，外出运输必须领取特许证方可通行。与此同时，日本还操控建立了各种伪民众团体与反动组织，配合伪政府进行殖民统治。1937年12月，日本仿照东北的"协和会"，在北平成立"中华民国新民会"，由华北汉奸头子王克敏兼任会长。1938年7月，日本在上海成立了"大民会"，不久迁移南京，由梁鸿志兼任总裁。另外，日本还在武汉成立了"正义会"等组织。这些团体与组织，利用各种理论或主义，为日本军国主义侵略中国做辩护，迷惑和麻痹中国人民的抗日斗志。在基层，日伪在实行保甲制度的同时，还建立"维持会"、"自卫团"、"爱乡会"、"政工团"、"特种教育委员会"等组织，从事抽查保甲、监视居民、巡逻报信、站岗放哨、支差服役、宣传教育等活动，严密监视沦陷区人民的言行。

为了弥补日军兵力的不足，日本在沦陷区编练大量伪军。在华北，组建"华北治安军"，齐燮元任总司令，下辖3个集团军。1940年10月改称

"华北绥靖军"，扩大到 4 个集团军。在内蒙古地区组建伪蒙军，由李守信任总司令，下辖 9 个师。在华中，组建伪绥靖军，由任援道任总司令。1939 年 12 月，在上海举办军官训练团，培训伪军骨干，汪精卫自任团长。1940 年 3 月，汪精卫伪中华民国国民政府成立后，组建了最大的伪军——"和平救国军"，汪精卫兼任委员长。在华南，1940 年底成立了"广东和平建国军"，黄大伟任总司令。这些伪军建立后，直接受日军控制和指挥，主要任务是担任警备及协助日军作战，特别是在对占领区的"治安肃正"作战中充当了日军的帮凶。

　　日军同时对沦陷区开始了大规模的经济掠夺。日本把中国工矿企业分为统制事业与自由事业：统制事业包括矿山、钢铁、交通、通讯、公用事业等，由日本政府、军阀、财阀垄断经营；自由事业主要包括轻纺、面粉、造纸、火柴、水泥、烟草、肥料、商业等，主要由日本的私人会社控制经营。1937 年 12 月，日本在中国建立了满洲重工业开发会社，统制了东北的 21 种轻、重工业，疯狂掠夺东北矿产资源。从 1937 年开始，日本先后在东北实施两个"产业开发五年计划"，重点开发东北的煤炭与生铁。东北生产的原煤有 22800 万吨、生铁有 1200 万吨被运往日本。1938 年 11 月，日本同时成立了"华北开发公司"和"华中振兴公司"两大"国策公司"，以"中日合作"的形式，目的是"以战养战"，掠夺中国资源。按照条文规定："华北开发公司"所属各企业，中国投资 45%，日本投资 55%；"华中振兴公司"所属各企业，中国投资 51%，日本投资 49%，实际上企业经营权完全归日方所有，大部分利润也被日方占有。"华北开发公司"由日本政府与北平"临时政府"合资兴办，经营范围涉及各行各业，子公司有 29 个，主要以"二黑二白"，即煤、铁与盐、棉为重点，是日本在华北进行经济掠夺的最大垄断组织。"华中振兴公司"由日本政府与南京"维新政府"合资开办，子公司 13 个，控制了华中地区煤炭、钢铁、电力、水产、蚕丝等行业。此外,日本在华南还建立了橡胶、制糖等公司,进行经济掠夺。

对沦陷区农村,日本殖民统治的方式是:第一,强占土地。其方式主要有:强行圈占和没收土地,用于其修筑兵营、仓库、公路、机场、碉堡、封锁沟等;通过分配给移民土地达到对中国土地的占有,将近100万的日本移民,占领了中国大片土地;"中日实业公司"没收了军粮城、茶堤两大农场的土地5万多亩,日伪合办的"垦殖公司"圈占冀东沿海土地达7万顷。其次,地方伪政权任意征收苛捐杂税,加重了对农民的盘剥。第三,强行以低价收购农产品。第四,日伪军直接抢掠粮食、牲畜及各种财物。

日本在沦陷区扶植伪政权的同时,还成立了银行,发行货币。如张家口的蒙疆银行发行"蒙疆券",北平的中国联合准备银行发行"联银券",上海的中央储备银行发行"中联券"。这些几乎全是没有准备金的不兑现纸币,仅仅靠武力维系其"信用"。日军还从1938年11月起发行"军用票"。日本在中国设立的各种银行,通过发行伪钞、收兑法币、套取中国外汇基金等形式,破坏中国的金融体系,引发了通货膨胀,导致物价飞涨。

推行奴化教育与宣传也是日本在沦陷区进行殖民统治的重要环节。日本先后在中国沦陷区建立"蒙疆学院"、"新民学院"、"建国青年学院"等高等院校,目的是为各级傀儡政权培养后备梯队。中等教育主要以"务实"教育为主,培养为日本侵略中国的技术人才与师资队伍。日伪还强令中小学把日语列为必修课程。教学内容主要是进行反共、媚日与卖国教育,篡改和歪曲中国历史与文化,宣扬"日中同文同种"、"中日满亲善"以及汪精卫集团的"和平"汉奸理论,用中国文化典籍中的章句来解释汉奸理论"新民主义",提倡尊孔读经,倡导"建设大东亚新秩序"。此外,日伪还通过其创办的100多种期刊、报纸以及广播电台,进行奴化宣传,夸大日军的军事胜利,制造日本必胜、中国必败的舆论,目的是彻底消除中国人民的抗日思想,以实现其完全征服中国的野心。

第三节　太平洋战争爆发　敌后军民艰苦抗战
国民党统治日趋腐败

一、太平洋战争爆发　国际反法西斯同盟的形成

1939年9月1日,德国进攻波兰,欧洲战争爆发。1941年6月22日,德国正式对苏联宣战,苏德战争开始。此时的日本,正陷入中国持久抗战的汪洋大海之中,欲胜不能,欲退不甘,焦躁不安。为了摆脱侵华战争的困境,日本希望借助德国进攻苏联的时机,夺取东南亚。

1941年8月9日,日本军方经过激烈争论,放弃了北上配合德国进攻苏联的主张,决定实行南进战略。9月6日,日本御前会议通过《帝国国策施行要领》,"抱定不惜对美(英、荷)开战之决心,以10月下旬为目标,完成战争准备"①。10月中旬,近卫内阁辞职,东条英机受命组阁,战争步伐加快。此时,日本与美国的谈判正在进行,美国坚持日本必须从中国全部撤兵,放弃在华各种特权;日本则坚持按照"近卫三原则"解决中国问题,不许美国干预,并保留其在太平洋地区行使武力、称霸这一地区的权利,双方矛盾不可调和。11月初,谈判最后破裂。日本御前会议决定向美、英、荷开战,发动武装进攻的时间定为12月初。

1941年12月8日黎明,日本出动飞机约360架、军舰55艘,由南云忠一率领,连续两次偷袭珍珠港的美国军舰和机场,击沉、击伤军舰19艘,其中

---

① 《日本帝国主义侵华资料长编》上,第670页。

有战列舰8艘,击毁、击伤飞机260余架。美军猝不及防,太平洋舰队主力几乎全被摧毁,死伤3000多人。8日,美、英对日宣战。11日,德、意对美宣战,太平洋战争爆发。太平洋战争初期,英、美军队陷于被动。日军在不到半年内,侵占了香港、马来西亚、菲律宾、关岛、新加坡、缅甸、印度尼西亚等原属美、英、法、荷的殖民地,处于暂时的军事优势。

苏德战争与太平洋战争爆发后,澳大利亚、荷兰、加拿大、新西兰、南非联邦、哥斯达黎加、古巴、尼加拉瓜、巴拿马、萨尔瓦多、"自由法国"、波兰政府也相继对日宣战。12月9日,中国也正式对日宣战。这样,东西方反法西斯战争连成一片,法西斯阵营与反法西斯阵营开始泾渭分明。1941年7月12日,苏联与英国在莫斯科签订了"苏英对德作战联合行动协定",为建立国际反法西斯同盟迈出了坚实的一步。1941年8月9日至12日,美国总统罗斯福与英国首相丘吉尔在停泊于加拿大纽芬兰岛海面的双方军舰上举行会谈。8月14日发表联合宣言,即著名的《大西洋宪章》,强调维护国际社会和平的基本原则,其中主要包括:不追求领土扩张,不承认法西斯国家侵略所造成的领土变更,尊重各民族自由选择政府形式的权利,等等。9月24日,15个国家的代表在英国伦敦举行同盟会议,一致赞同《大西洋宪章》的宗旨与原则。9月29日至10月1日,苏、美、英三国在莫斯科举行会议。会议宣告三个国家在反法西斯战争中采取联合行动和互相援助。莫斯科会议的召开,标志着国际反法西斯同盟的初步形成。

太平洋战争爆发后,1942年1月1日,由中国、美国、英国、苏联四国领衔26个国家在华盛顿签署《联合国家宣言》。宣言规定:加盟各国应该尽其兵力与资源,以打击共同之敌人,各国保证不同敌国单独缔结停战协定或和约。《联合国家宣言》的发表,标志着国际反法西斯同盟的正式形成。

二、中国战区成立　中国远征军入缅作战　正面战场的对日作战

1941 年 12 月 23 日,中国、美国、英国联合军事会议在重庆举行。美国代表是勃里特少将,英国代表是英国驻印度军总司令韦维尔,中国代表是参谋总长何应钦。蒋介石主持会议。会议初步决定在重庆设立中、美、英三国军事会议,加强对日作战之协调。会议还签订了中英《共同防御滇缅路协定》,中、美、英从此结成军事同盟。

开赴缅甸作战的中国远征军

1941 年 12 月 22 日至 1942 年 1 月 14 日,美、英两国首脑在华盛顿举行会议,商讨反法西斯战争的战略问题。美国参谋首长联席会议提议设立中国战区。12 月 31 日,美国总统罗斯福致电蒋介石,建议设立中国战区,该战区包括中国、越南和泰国,由蒋介石担任中国战区最高统帅。1942 年 1 月 2 日,蒋介石复电罗斯福,表示接受中国战区最高统帅的职

位,同时希望美、英两国迅速派定代表来渝,以便早日组成联合作战参谋部。美国政府派史迪威任美国驻华军事代表和中国战区参谋长。3月8日,蒋介石正式委任史迪威为中国战区参谋长。

1942年3月12日,中国正式组编中国远征军第一路军。中国远征军由杜聿明的第五军、甘丽初的第六军及张轸的第六十六军组成。以卫立煌为司令长官,后改为罗卓英,杜聿明任副司令长官。3月11日,蒋介石命中国战区参谋长史迪威指挥中国远征军第五、第六军入缅作战。

1942年3月23日,戴安澜师长率领第二○○师在缅甸东吁与日军展开血战,阵地战、肉搏战、巷战频繁转换,激战13天,给日军以沉重打击。日军承认,这是其南进以来首次受挫,是缅甸战役中最艰苦的战斗。4月5日,中国远征军在弃守东吁后,准备在彬文那(今内比都,缅甸首都)与日军决战。第五军新编第二十二师在师长廖耀湘指挥下,利用斯瓦河沿岸南北狭长地带迟滞日军,造成主力在彬文那进攻日军的优势。面对东吁日军的猛烈攻击,廖师官兵尽管伤亡很重,仍然英勇抵抗,坚守不退。激战十余日,廖师逐次阻击,16日转移到彬文那以西,继续打击敌人。4月16日,日军绕至英军后方,占据仁安羌油田,切断英军退路,将英国驻缅军第一师全部及装甲第七旅一部包围于仁安羌以北地区,被围英军弹尽粮绝,饮水缺乏,危急万分。中国远征军司令长官罗卓英应英军请求,派新编第三十八师第一一三团前往救援。在师长孙立人、团长刘放吾的部署与指挥下,全团官兵奋勇杀敌,激战两昼夜,占领仁安羌,救出被围困的英缅军第一师7000多人,并将从日军手中缴获的英军辎重百余辆全部交给英军。仁安羌战役,中国远征军以1个团的兵力击败了日军两个联队,毙伤日军1200多人,该团伤亡500多人,是中国抗日战争中罕见的以少胜多的胜利战绩,令英、美军界刮目相看。

缅东方面,由中国远征军第六军防守。4月6日,日军进攻茂奇,第六军退到雷列姆。21日，日军进攻雷列姆和东枝。远征军急令第五军第二〇〇师增援东枝。但是，援军还没有到达，日军已经占领东枝。最后中国远征军第六十六军集结缅北重镇腊戍，迎击日军。28日，日军发起猛烈攻击，29日，日军占领腊戍，阻断了中国远征军退回国内的主要通道。5月7日，中国远征军下达撤退命令，一部分退回云南境内，一部分转入印度境内。中国远征军此次入缅作战，伤亡过半，损失惨重。第二〇〇师师长戴安澜在后撤途中遭日军伏击受伤后殉国。滇缅公路也被日军切断。日军一度进至怒江东岸，被中国军队打败，形成两国军队隔怒江对峙的局面。

退往印度的中国远征军，加上后来从国内运去的军队，组编为中国驻印军。退回云南西部的中国远征军与新加入的部队，于1943年春重新组建中国远征军司令长官部，二次入缅作战，并取得胜利。

在中国远征军入缅作战的同时，中日军队先后进行了第三次长沙会战、浙赣会战、鄂西会战与常德会战。中国军队在装备、战力处于劣势的条件下坚持抵抗，打破了日军的战略企图。

第三次长沙会战　1941年12月8日，日军从广东进攻香港。25日，日军占领香港。为了策应香港方面作战，打通粤汉铁路，12月24日，日军调集3个多师团，12万余兵力，在第十一军司令官阿南惟畿的指挥下，以空军为掩护，对长沙发动了第三次进攻。中国军队在第九战区司令长官薛岳的指挥下，以13个军、37个师17万余兵力防御。1942年1月1日，日军第三、第六师团向长沙以东迂回，并向长沙外围猛扑，中国第十军在岳麓山炮兵支援下重创日军。日军第四十师团急援长沙外围，遭第二十军顽强阻击，激战数日，日军未获进展。此时，赣北日军企图增援长沙，但由南昌进犯上高之第三十四师团主力被新三军击退于上高杨公圩、村前地区，由武宁西犯修水之第十四独立旅团一部也被第七十二军击退于三都地区。4日，长沙外围日军发起进攻，第九战区将士英勇奋战，日军被迫北撤。中国军队全线反击,分别从北、东、南方向围歼日军。至15日,日军撤至新墙河以北地区,双方恢复到战前对峙态势。

浙赣会战 浙赣铁路是中国南部横穿东西的交通大动脉,沿线建有中国许多空军基地,战略地位十分重要。太平洋战争爆发后,中、美两国共同对日作战。1942年4月18日,美军16架B－25型轰炸机从太平洋上的美军航空母舰起飞,轰炸了日本东京、横须贺、横滨、名古屋、神户等城市后,飞往位于我国浙江省的空军机场降落。日本本土第一次遭到美机轰炸,朝野震惊。为此,日军大本营于4月21日决定进行以摧毁浙赣两省飞机场为目标的浙赣作战。

5月15日,浙赣路东段方面日军第十三集团军4个师团分别由奉化、上虞等地,沿浙赣铁路及其两侧向西南发动进攻。第三战区第二十五集团军及第二十八军一部,在新昌、安华等地逐次抵抗后,以一部转入敌人后方游击,主力向金华、兰溪撤退。25日,日军向金华、兰溪攻击,中国守军以第七十九师固守金华,第六十三师固守兰溪,依托阵地,顽强抵抗,与日军形成对峙。27日,日军攻陷龙游,金华、兰溪守军陷入孤立,于28日放弃该地转移。中国军队在金、兰地区的防守作战,使日军遭受严重损失。日军第十五师团师团长酒井直次郎中将被地雷炸死。6月3日,日军集结兵力向衢州发起进攻,守军第八十六军与优势日军浴血奋战四昼夜后,衢州失陷,守军向南突出重围。11至14日,江山、玉山、广丰、上饶等地连续失守。7月1日,日军打通浙赣铁路,于是转取守势,大肆破坏机场,拆毁铁路,掠夺物资。在日军从东面的奉化、绍兴、余杭向西发起进攻后,西面驻南昌的日军于5月31日在崇仁、宜黄一带与中国守军发生激战。6月12日以后,该敌主力转向浙赣线,在攻占鹰潭、贵溪后,7月1日与东路日军会师。7月28日,日军大本营令其中国派遣军停止浙赣作战,确保金华附近日军各部队于8月中旬撤出,浙赣会战遂告结束。

鄂西会战　1943 年 5 月,日军为消灭鄂西中国军队,打通宜昌至岳阳段的长江航线,使宜昌附近的船舶驶向下游用于军事运输,令第十一集团军司令官横山勇指挥 3 个师团、1 个独立混成旅团、5 个支队和 1 个飞行战队,分别集结于长江两岸的城陵矶、石首、弥陀寺、宜昌等地区,准备进攻鄂西守军。中国第六战区代司令长官孙连仲指挥 4 个集团军和长江上游江防军共 14 个军 41 个师,在空军一部配合下,先依托既设阵地逐次抗击日军,待敌进至渔洋关、石牌间聚歼。战斗从 5 月 5 日开始,激战数十日。24 日日军先后攻占渔洋关、长阳等地。25 日起,日军在飞机掩护下向江防军阵地发起猛攻。是日,蒋介石令江防各部队坚守石牌,以控制川东门户。27 日,日军将宜昌附近的 53 艘船舶驶向汉口。江防军在石牌、曹家畈、易家坝一线与日军激战,尤其是第五、第十一、第十八师为确保石牌要塞奋力血战,毙敌甚多。至 29 日,日军攻势受挫。6 月 10 日,日军退回原驻地,会战结束。

常德会战　1943 年 10 月,日军为配合其南方军在太平洋作战,牵制中国军队向滇西方面增援,在华容、石首、藕池口、沙市、弥陀寺和江陵一带,集结日军 5 个师团的兵力,在伪军 4 个师的配合下,发起常德会战。11 月 2 日,日军向第六战区第二十九、第十集团军守备的南县、公安、松滋一线阵地发起全面进攻。10 日,日军进逼津市,守军许国璋师与日军展开巷战,迫使日军退出城内。12 日,日军向澧水南岸石门挺进,守军彭士量师固守石门,与日军展开血战,该师几乎全部壮烈牺牲,彭士量师长于此役殉国。17 日,津市、澧县、石门先后失守,日军分三路向常德逼进。第六战区则以主力转至慈利以西地区,侧击由石门、澧县南下的日军。21 日,日军以伞降部队袭占桃源。24 日,日军对常德进行围攻。中国守军第七十四军第五十七师利用城郊阵地,顽强抵抗。25 日,日军从常德四面发起总攻,守军依托阵地与敌激战。27 日,日军一部突入城内,与守军展开巷战。此时,第六战区各路反击部队由沅江、澧水两岸向常德逼近,对日军突施包围,并先后收复慈利、桃源等地。30 日,第十军曾攻克德山及常德南站。12 月 3 日,日军对常德继续猛攻,并施放毒剂,终于攻陷该城。第六战区常德外围部队向常德日军发起反击,8 日收复常德,并向撤退的日军展开追击,恢复战前态势。

三、日伪的"治安强化运动"和"清乡运动" 敌后军民的艰苦抗战

太平洋战争爆发后,为将中国变成其巩固的后方基地,日军对华北、华中抗日根据地和占领区分别推行了"治安强化运动"与"清乡运动"。

1941 年 1 月,日军提出《大东亚长期战争指导纲要》和《对华长期作战指导计划》,决定在对华进行长期持久战争的前提下,"以维持治安、肃正占领地为主要目的,不进行大规模进攻作战,在必要时进行短时间的短促突击作战。但以退回原驻地,不扩大占领区为原则"。将治安战的作战行动,由华北方面军实施,重点进行"剿共"。为此,日军在华北大规模地推行"治安强化运动"。

1941 年 2 月 15 日,侵华日军华北方面军参谋部第四课制定了《治安强化运动实施计划》。日军的"治安强化运动"的内容是:"七分政治,三分军事",其一切行动均以政治为中心,一切围绕在政治的周围,实行政治、军事、经济、文化一元化的"总力战"。"治安强化运动"的基本政治目的,是使中国殖民地化,奴役与掠夺中国人民。为了达到以上的基本政治目的,"治安强化运动"的政治口号是"反共"与"建立东亚新秩序"。此计划旨在加强对华北地区的治安整顿,加强伪华北政务委员会等伪组织的统治力量,"围剿"抗日根据地军民,并强调要"长期坚持","不断扩大战果"。

根据上述方针,日本侵略者将华北划分为"治安区"(即敌占区)、"准治安区"(即游击区)、"非治安区"(即抗日根据地)。针对不同区域,采取不同的治安肃正手段。在"治安区",加强汉奸伪组织力量,由华北伪行政机构代行管理,伪警力量承担治安工作。用圈村的办法,实行大编乡,清查户口,颁发身份证,强化保甲制度,推行连坐法,建立"治安军"、"保安队"、"警备队"等伪军组织,以消弭一切抗日活动。同时,宣传"王道乐土"等谬论,企图"掌握民心",进一步巩固对"治安区"的统治,日军争取早日撤出,转向"准治安区"推进。在"准治安区",部署固定的日军主力,在其指导、支援下建立并加强县警备队及保安团等,逐渐提高伪政权的政治军事力量,控制县政权。加强搜索与"扫荡"抗日力量,修筑封锁沟、墙、碉堡和据点,平毁村庄,制造无人区,隔断与根据地的联系,遏制其发展,使"准治安区"向"治安区"过渡。在"非治安区",不断进行有计划的讨伐作战,拆毁其设施和军需品,使中共抗战力量不能安身和进行建设,或者不能重新建设。日军可根据情况进驻,作分散部署,使"非治安区"向"准治安区"过渡。

从1941年至1942年,在日本华北方面军和伪华北政务委员会的统一领导下,以汉奸组织"新民会"为核心,其他日伪组织为配合,对华北连续进行了五次"治安强化运动"。重点是华北抗日民主根据地。1942年6月,日军在北平设立了"华北治安强化运动总本部",在各省、市设立常设支部,以强化其组织领导。对华北抗日根据地进行"扫荡",一次使用兵力在千人以上至万人的达132次,万人以上至7万人的27次。日军在"扫荡"过程中,实行烧光、杀光、抢光的"三光"政策,制造了一次又一次的血腥屠杀。

1941年1月,日军"扫荡"冀东丰润潘家峪,将全村男女老幼驱赶到一个大院内,集体枪杀1300余人,制造了"潘家峪惨案"。

1942 年 5 月,日军对冀中区的大"扫荡"中,残杀和抓走群众有 5 万余人。

在冀中定县北疃村,日军灭绝人性地施放毒气,毒死地道里的抗日军民 800 余人。

在长城沿线长约 1000 公里、总面积达 5 万平方公里的范围内制造"无人区"。仅 1939 年至 1945 年的 6 年中,除驱赶当地民众到日军控制地域居住,使 1.7 万村庄的 380 万间房屋被烧毁,39 万名劳工被奴役,屠杀中国民众约 30 万人。

日本在"治安强化运动"中投入的兵力之多、次数之频繁、手段之残忍,十分罕见,给抗日根据地造成了极大的破坏。

日本侵略军为了巩固其在华中地区的统治,授意汪伪政权于 1941 年 5 月成立清乡委员会,由汪精卫任委员长,陈公博、周佛海任副委员长,李士群任秘书长,负责指导"清乡运动"。"清乡运动"在军事方面由日军负责,伪军配合,在政治方面则均由汪伪政权负责。"清乡运动"以"军政并进,剿抚兼施"、"三分军事,七分政治"为方针,自 1941 年 7 月 1 日开始。首先从苏南地区开始,其次在太湖东南、上海郊区及苏淮特别区进行,接着又在镇江、苏北及浙江部分地区展开,最后在安徽、广东、湖北部分地区推行。

"清乡运动"的第一步是"军事清乡":日伪军在清乡地区修筑碉堡炮楼、封锁沟、封锁墙、竹木篱笆,拉设铁丝网、电网,分割和封锁抗日根据地,然后对抗日根据地实施"扫荡";第二步是"政治清乡":汪伪政权在清乡地区广泛宣传"中日亲善"、"和平建国",在对群众进行奴化宣传的同时,实行编组保甲、连坐联保,组建警察保安武装,推行自首和策动告密的方法,以强化法西斯统治;第三步是"经济清乡":汪伪政权在清乡地区实施严格的物资统制政策和物资封锁禁运政策,对抗日根据地实行经济封锁;第四步是"思想清乡":汪伪政权在清乡地区建立机构,控制学校,出版报刊,组织"青少年团",开展反共教育。

在敌人的猖狂进攻下,抗日根据地面积和人口迅速缩小,抗日武装力量锐减,再加上国民党顽固派的封锁和自然灾害的影响,粮食及生活必需品极端缺乏,敌后抗日根据地进入最艰难最困苦的阶段。

面对以上形势,中共中央、中央军委对武装力量建设、对敌斗争策略等方面作出新的部署,并提出一系列克服困难的政策。

在武装力量建设方面,1941 年 11 月 7 日,中央军委发出《关于抗日根据地军事建设的指示》,指出:"敌寇对我抗日根据地的残酷'扫荡',我军人力、物力、财力及地区之消耗,使敌后抗日根据地的敌我斗争,进入新的更激烈的阶段。""在这一新阶段中,我之方针应当是熬时间的长期斗争,分散的游击战争,采取一切斗争方式(从最激烈的武装斗争方式到最和平的革命两面派方式)与敌人周旋。"根据地军事建设,必须适应新的环境。为此,每个根据地的军事机构均应包含主力军、地方军、人民武装(即不脱离生产的自卫队及民兵),"目前军事建设的中心注意力,应放在地方军及人民武装的扩大与巩固上,而这方面恰恰是我们的弱点所在"。"主力军应采取适当的精兵主义"①。《指示》还规定了主力军、地方军、人民武装数量上的比例及其相互关系。太平洋战争爆发后,中共中央于 12 月 17 日发出《关于太平洋战争爆发后敌后抗日根据地工作的指示》,指出"太平洋战争的爆发,无疑的对于我国抗战是有利的"。因为,一方面,日本侵华的一些部队将调往太平洋战场,会减弱对中国的压力;另一方面,"敌人为供应太平洋战争,其榨取在华资源,巩固占领地之心必更切,因此敌人对敌后抗日根据地的'扫荡'仍旧是可能的,而对根据地财富之掠夺,对根据地经济之封锁亦必更强化与残酷"。根据上述估计,中共中央指示:"敌

---

① 《中共中央文件选集》第 11 册,第 753 页。

后抗日根据地的总方针应当仍旧是长期坚持游击战争,准备将来反攻。"《指示》提出必须普遍地实行"精兵简政",号召在敌后艰难困苦条件下英勇斗争的全体同志:"咬紧牙关,渡过今后两年最困难的斗争,同时准备一切条件(加强调查研究,加强学习,训练干部等),迎接全世界反法西斯的胜利与新的伟大时期的到来。"[①]

中共中央还先后提出开展生产运动,健全"三三制"民主政权,开展整风运动,实行精兵简政,以及加强党的一元化领导等克服困难的十大政策。

按照中共中央制定的方针政策,敌后抗日军民展开了战胜严重困难、打击敌人、坚持长期抗战的英勇斗争,取得了重大战果。第一,针对敌人的"总力战",敌后各抗日根据地军民展开了军事、政治、经济、思想文化的全面的对敌斗争。在党的一元化领导下,充分发挥党政军民整体力量,以军事斗争为中心,把军事斗争与政治斗争、经济斗争以及思想文化斗争紧密地结合起来,把公开的斗争与隐蔽的、合法的斗争有机地结合起来,从而有效地发挥人民战争的威力和广泛的、群众性的游击战争的作用,达到保存自己、消灭敌人和最终击破敌之"总力战"的目的。

第二,针对敌我之间的主要斗争形式是"扫荡"与反"扫荡"、"清乡"与反"清乡"、"蚕食"与反"蚕食"、"治安强化运动"与反"治安强化运动",在军事上实行"敌进我进"的对敌斗争指导方针,相应地采取武装工作队的组织形式。当敌人向我根据地进行"扫荡"、"蚕食"和推行"治安强化运动"时,我则派出武装工作队和小部队深入敌后之敌后,开辟解放区,组织领导群众,开展军事、政治、经济、文化的斗争,打击、分化瓦解伪军与伪政权,消耗、疲惫敌人,配合根据地军民反"扫荡"、反"蚕食"的斗争。这样,变内线为外线,变被动为主动,这一战略产生了极大效果。这

---

① 《中共中央文件选集》第11册,第797、799页。

是敌后抗日游击战争的重要创造。

第三,实行主力军、地方军和民兵三结合的武装力量体制,促进广泛的群众性游击战争的开展。敌后抗战进入严重困难时期后,八路军和新四军根据中共中央关于加强根据地军事建设和精兵简政的指示精神,普遍实行"精兵主义",精减主力军,实行主力军地方化,加强地方军和民兵的建设,提高其战斗力,以促进群众性抗日游击战争的广泛开展。地方军和民兵、自卫军在主力军的带领下,充分发挥其对本地区的地形熟悉,与人民群众有着血肉联系的优点,创造出了合乎本地区游击战的作战形式,诸如地道战、地雷战、交通破击战、麻雀战和水上游击战等。这对于打破敌人"扫荡"、"清乡"、"蚕食"和封锁,巩固抗日根据地,起了重要作用。实践证明,这种主力军、地方军和民兵的三结合武装力量体制,是实行人民战争最有效的组织形式。

民兵利用地道出击

第四,贯彻执行克服困难的十大政策。特别是开展整风、生产运动,提高了马克思列宁主义水平,加强了党性,增强了克服困难、坚持敌后抗战的物质力量,从而在思想、物质两方面为战胜困难奠定了基础。

敌后抗日军民在中共中央的正确领导下,经过多方面的艰苦斗争,克服了严重困难,又打退国民党顽固派发动的第三次反共高潮,坚持了敌后抗战。1941年至1942年,八路军、新四军和游击队、民兵共计作战4.2万余次,毙伤与俘虏日、伪军33.1万余人。自1943年下半年起,各抗日根据地首先是华北根据地开始进入恢复和再发展阶段。敌后游击战争的广泛开展,敌后解放区战场的开辟与巩固,不仅使日军以主力保守占领区的战略彻底破产,而且把日军主力吸引到自己周围,停止日军主力向国民党战场实施战略进攻,解救了国民党战场的危机,有力地支持和配合了正面战场,支持了长期抗战。1943年,解放区战场抗击60%以上的侵华日军和90%的伪军,并使中国抗战的局面发生了有利的根本变化。事实说明,中国共产党领导的抗日武装力量在全民族抗战中发挥了中流砥柱的作用。

四、国民党官僚资本的膨胀和大后方经济由发展到衰退

抗日战争爆发后,随着沿海经济发达地区的相继沦陷,国民政府经济上面临很大困难。为了改变这一状况,国民党中央与国民政府于1941年至1942年间,对经济行政、经济政策和经济计划进行了大规模的调整。具体措施是:首先,制订大后方工业建设计划,继续调整工业体制,逐步加强国家资本的注入,奖励和扶植轻工业与乡村工业,使工业经济得到恢复与发展。其次,调整与坚持有利于农业发展的政策。一是改变田赋征收办法,将抗战以前的田赋由地方征收、地方支配变为由中央政府征收并管理。二是继续推广农业合作社运动,鼓励农民开垦荒地,扩大耕地面积。收效很大,保障战时军用需要。三是通过完善"四联总处",进一步强化了战时金融统制体制,对稳定金融起了一定的作用。四是继续强化战时财

政税收措施。除将地方田赋划归中央接管外,对盐、糖、火柴、卷烟实行国家专卖制度,并开征战时消费税。同时,将省级财政收入划入中央财政收支系统。五是放弃限制进口政策,鼓励进口。这些政策与措施的实施,取得了明显成效,促进了大后方经济的发展,保证了战时经济的正常运转,使长期抗战得以坚持。

但是,这些政策与措施的实施,特别是专卖、国家资本的大量注入,使官僚资本迅速膨胀,官僚资本在整个国民经济中开始居于垄断地位。国民党官僚资本的迅速膨胀,主要是通过以下几种手段实现的:

第一,举借外债与发行公债。据统计,自1937年至1944年,国民政府先后向苏、美、英、法等国借债共计10.478亿美元、1.5亿英镑、10.3亿法郎、1.2亿法币。政府以所借外债为担保,大量发行国内公债。从1938年至1944年,国民政府财政部发行内债18种,总计法币1519.2亿元,关金1亿单位,英镑2000万,美元21000万。发行公债绝大多数是以总预约券的方式向银行抵押,再由银行垫款给政府。银行则利用它作为发行纸币的准备,发行不兑现的钞票。公债发行便成为官僚资本发财的机会与手段。

第二,垄断金融,滥发纸币。抗战初期设立了中、中、交、农四银行联合办事总处,作为国民政府统一的金融管理机构。蒋介石自任总处理事会主席,"总揽一切事务"。1942年7月,国民政府又规定全国货币的发行都集中统一于中央银行,从而进一步加强了国民党官僚资本在全国金融业中的垄断地位。国民政府从1938年3月起实行外汇管制,从此官价外汇被垄断,黑市交易随之兴起。伴随法币的贬值,官价与黑市之间的差额越来越大。抗战期间,外汇中美元与法币的兑换率一直是1:20,而黑市1943年12月为1:85.4,1944年12月为1:542.2,超过官价27倍以上。官僚资本利用特权,以官价买进大量外汇和黄金,以黑市价格抛出,转手之间牟取了惊人的暴利。抗战8年中,国民政府共计发行纸币高达

103190亿元,平均每年增加一倍左右。8年时间几乎增加了400倍之多。滥发纸币,造成恶性通货膨胀,对本来就脆弱的国民经济无疑是雪上加霜。

第三,增加捐税。由于沿江沿海经济发达地区相继沦陷,关、盐、统三税收入大为减少。为了应对税收的减少,国民政府决定扩大征税范围,增加税率,将统税扩大为货物税,形成几乎无物不税的状况。1941年下半年,实行田赋征实。1943年10月开征食盐附加税。另外诸如保安捐、保甲捐、壮丁捐、兵役捐更是名目繁琐,不计其数。加重税负,竭泽而渔,严重破坏了社会生产力。

第四,实行专卖制度。1941年3月,国民党五届八中全会通过了"盐糖烟酒茶叶火柴等消费品专卖以调节供需平准市价案"与"粮盐专卖制度基础案",成立专卖事业管理局,从1942年初开始,先后对食盐、糖、卷烟、火柴、茶叶、酒等六类物品实行专卖。这一制度,使国民政府收入大增,实现了官僚资本对商业的垄断。官僚资本利用特权,采取低价收购、高价出售的办法,大发横财。但是却加重了人民的负担,打击了生产者的积极性,伤害了经济的正常发展。

第五,统购统销。1937年9月,国民政府成立贸易委员会,下设复兴公司、富华公司、中国茶叶公司三大公司,对国统区的桐油、猪鬃、茶叶等主要出口物资,实行统购统销,后来扩大到羊毛和丝。钨、锑、锡、汞等主要出口矿产品,则由资源委员会统购统销。1943年2月,成立物资局,对棉纱实行统购。在统购统销政策下,国民政府实行低价强制收购,然后高价出售,利用买卖之间的差价获取重利。以棉纱为例,1942年重庆纱厂一包棉纱的生产成本是1.3万元,而政府的收购价只有8580元。再以桐油为例,1942年收购价比内销市场价每担差100元,1943年差价高达1100元。结果是民营工业只好关门倒闭,官僚资本实现了对工业的垄断。

国民政府上述政策及做法,对解决战时财政开支起了一些临时性作用,但是,它严重打击了大后方经济的发展。首先,导致社会财富更加集中到国民党官僚资本手中,民众生活日益贫困。其次,民族工业举步维艰,大批企业停产、关闭甚至破产,几乎到了崩溃的边缘。再次,农业生产出现萎缩,农村经济严重滑坡。加上自然灾害与通货膨胀的影响,一度发展势头良好的大后方经济,从此一蹶不振。

五、不平等条约的废除和中国国际地位的提高

晚清以来,中国在西方列强的打压下,被迫签订了一系列不平等条约。废除不平等条约一直是一代又一代中国人的期盼与追求。中国军民在抗日战争中的英勇抗战,赢得了西方国家的尊重,为不平等条约的废除创造了历史契机。

1940 年 7 月,英国首相丘吉尔与美国代理国务卿韦尔斯分别在不同场合表示,战争结束后,英国和美国可以通过政府谈判废除在中国的"治外法权"、交还租界及修改条约。太平洋战争的爆发,中国抗战的战略地位突显,英、美两国加快了这一进程。1942 年 3 月,美国国务院远东司司长汉密尔顿建议,由远东司和商务条法司成立一个小型委员会,在严格保密的情况下进行废约的准备工作,并负责起草向中国政府提出的新约初稿。美国国务院接受了这个建议。

1942 年 3 月,中国社会掀起了一股要求立即废除不平等条约的热潮。此时正在美国访问的外交部长宋子文要求美国政府立即废除旧约,签订新约。4 月 23 日,宋美龄在《纽约时报》上发表《如是我观》一文,强烈谴责列强在中国的领事裁判权等特权,呼吁有关国家尽早予以放弃,以结束中国国家和人民的屈辱状态。这篇文章激起了美国舆论的较大反响,在美国形成了一股同情中国的舆论潮流。10 月 4 日,蒋介石在接见来华访问的美国共和党领袖威尔基时,明确向美方提出废除不平等条约的要求。英、美经过一番磋商,终于就立

即废约达成共识。10 月 10 日,英、美发表声明,公开宣布与中国政府就废约问题进行谈判的决定。

1942 年 10 月 24 日,美国国务卿赫尔利向中国驻美大使魏道明提出了美国方面的草案。中美废约谈判正式开始。10 月 30 日,英国驻华大使将新条约草案面交中国外交部政务次长傅秉常。中英谈判也随后进行。中美两国的谈判比较顺利,12 月 18 日,美国政府向中国提交照会,认为谈判已经取得一致认识,建议于 1943 年元旦在华盛顿正式签署条约和换文,中国立即表示赞同。由于英国仍然坚持保留部分殖民利益,坚决拒绝讨论归还香港和九龙租借地等问题,使谈判出现曲折。中方一再交涉无果,为了维护盟国的团结,速定新约,在保留意见的基础上作了让步。1943 年 1 月 11 日,中国同美、英分别签订了两个条约,即《中美关于取消美国在华治外法权及处理有关问题之条约与换文》和《中英关于取消英国在华治外法权及其有关特权条约及换文》,简称《中美新约》和《中英新约》。5 月 20 日,换文批准,条约正式生效。这项活动在历史上又被称为“四三年废约”。

中美新约共有八条,主要内容有: (一)废除美国在华领事裁判权,关闭在华美国法院及领事法庭。美国公民在中国,按国际法受中国政府管辖。(二)废除《辛丑条约》,终止其给美国的特权。美国愿协助中国与其他有关政府订立相关协定,将北平使馆租界区之行政与管理,连同使馆租界区之一切官有资产与官有义务移交于中华民国政府。(三)美国同意终止在上海、厦门租界特权。美国愿意协助中国与其他有关各国政府订立相关协定,将上海及厦门公共租界之行政与管理,连同官有资产、官有义务,移交于中华民国。(四)美国放弃关于在中国通商口岸制度的一切现行条约权利,废除使用外国人引水等特权。(五)美国放弃美国军舰进入中国领水的特权,中美两国军舰互访,应照国际惯例相互给予优礼。(六)美国放弃给予美国船舶在中国领水内关于沿海贸易及内河航行的特权。条约还规定新约未涉及的问题,如有影响中国主权者,应由中美两国政府代表会商,依照普遍承认的国际公法原则及近代国际惯例解决。

中英平等新约基本与中美平等新约内容一致。随后,其他一些享有在华特权的国家,也相继与中国签订了平等新约。

新约的签订,全部废除了一百年来列强强迫订立的不平等条约,恢复和实现了完整独立的国家主权,结束了半殖民地历史,在中国近代史上具有划时代的意义。《新华日报》发表评论说:"签订了这两个条约,才把我国百年来在国际不平等的地位废除!"《解放日报》在评述废约的意义时指出:"百年来我国由于南京条约、辛丑条约之缔结而受到的桎梏,已一扫而空。"

1942年1月1日,以美国、英国、苏联、中国依次领衔,由26个国家共同签署的《联合国家宣言》发表,标志着世界反法西斯同盟的正式形成。中国与美国、英国、苏联等大国同时亮相于国际舞台,表明中国的国际地位在逐渐提升。1943年10月30日,中国驻苏联大使傅秉常代表中国外交部,与美、英、苏三国外长在莫斯科共同签署了《关于普遍安全的宣言》(即《莫斯科宣言》)。《宣言》向世界宣告:四国将采取联合行动,继续对轴心国的战争,直到其无条件投降。为了保证由战争迅速而有秩序地过渡到和平,并建立与维持国际和平与安全,宣言呼吁并倡导建立一个普遍性的国际组织。四个大国这一宣示,奠定了联合国成立的基础。四国宣言的发表,确认了中国作为盟国四大国之一的地位。

1943年11月23日至26日,蒋介石与美国总统罗斯福、英国首相丘吉尔在埃及开罗举行三国首脑会议。三国首脑表示,要对日本施加无情压力,直到其无条件投降。12月1日,《开罗宣言》正式发表。《宣言》庄严宣告:"我三大盟国此次进行战争之目的,在于制止及惩罚日本之侵略。三国决不为自身图利,亦无拓展领土之意思。三国之宗旨在剥夺日本自1914年第一次世界大战开始以后在太平洋所夺得或占领之一切岛屿,在使日本所窃取于中国之领土,例如满洲、台湾澎湖群岛等，归还中国。日本亦将被驱逐出于其以武力或贪欲所攫取之所有土地。"①开罗会议上中国首脑与美英首脑以平等身份会晤，共商国际事务，体现了中国国际地位的提高。

1944 年 8 月至 9 月，美、英、苏、中四国代表在美国敦巴顿橡胶园举行会议。会议就创建新的国际组织达成了内容广泛的协议，其要点有：建议新的国际组织命名为"联合国"；新国际组织应包括大会、安全理事会、国际法院和秘书处 4 个主要机构，安理会是维护世界和平与安全的主要权力机构；美、英、苏、中、法 5 国应拥有常任理事国地位，在安理会中享有永久的代表权。协议规定中国作为未来联合国的 5 个常任理事国之一，使中国的大国地位获得进一步确认。

六、《中国之命运》的发表和中共对它的批判

1943 年 3 月 10 日，蒋介石发表了《中国之命运》一书。全书共分八章：中华民族的成长与发达；国耻的由来与革命的起源；不平等条约的影响之深刻化；由北伐到抗战；平等互惠新约的内容与今后建国工作之重点；革命建国的根本问题；中国革命建国的动脉及其命运决定的关头；中国的命运与世界的前途。

《中国之命运》极力礼赞中国传统社会制度及思想文化，认为"父子、夫妇、兄弟、朋友之道，上下尊卑、男女长幼之序"，"实为社会生活不变的常理"，家族、保甲以及乡社是最完备的基层社会组织，是中国社会的基石。中国固有的文化精神"经过孔子的创导，孟子的阐扬，汉儒的训释，自成为崇高的体系"，

---

① 　《反法西斯战争文献》，第 163 页。

"中国固有的人生哲学"，"比之世界上任何派别的哲学实有过之而无不及"①。蒋介石俨然以中国历代统治的正统传人和继承者自居，他大肆宣扬中华民族的所谓"固有的德性"、"中国人的思想、中国人的精神、中国人的情感、中国人的品性"，说西方文化的入侵使中国原有的优越伦理和宗族社会组织被破坏。蒋介石的用意在于指责近代中国产生的共产主义思想与资产阶级民主主义难逃其咎。为此，他对五四运动以后流行的自由主义与共产主义大肆攻击："五四以后，自由主义与共产主义的思想，流行国内。他们对于中国文化，都是只求其变而不知其常的。他们对于西洋文化，都是只仿其形迹，而不求其以裨益中国的国计民生的"，"至于自由主义与共产主义之争，则不外英美思想与苏俄思想的对立。这些学说和政论，不仅不切于中国的国计民生，违反了中国的固有的文化精神，而且根本上忘记了他是一个中国人，失去了要为中国而学亦要为中国而用的立场"。

在该书出笼前夕，恰逢英、美等国家宣布废除中国的不平等条约。蒋介石在《中国之命运》中，对此大肆渲染，自我粉饰，自我吹嘘。蒋介石把近代中国之所以积贫积弱，"国家民族生存独立之大害"，"建国失败的主要原因"，只简单归结为西方列强与中国间订立的不平等条约。于是，国民政府废除旧约、签订新约自然是中国历史上划时代的大事件，中国从此开了"新机运"。

蒋介石在"平等新约的意义"一节中写道："要知道撤废不平等条约，是国民革命初步的成功。回想百年来，全国国民在不平等条约束缚之下，以雪耻图强为一致的要求。然而各种的主张，各种的运动，或因见解偏颇而失败了，或因时代错误而消灭了，或因民心背弃而失败了，或因动机不正而淘汰了……惟我国民革命，其主义出于大公，其动机本于至诚，而精神完全发于民族的正气。所以其中心组织之国民党，乃能兼容并包，以集中整个民族全体国民之中的革

---

① 秦孝仪：《总统蒋公思想言论总集》卷4，台北1984年，第42—43页。

命分子。其行动的试炼,乃至五十年以上的无数之艰难困厄,由事实演变证明,而始能内受国民之拥护,外为列强所认识,以达到今日初步之成功。"因此,蒋介石坚信:只有中国国民党及其所奉行的三民主义,才是中国"命运"之希望,"惟有三民主义"才是抗战的最高指导原则,只有中国国民党才是抗战的最高指导组织,"没有三民主义就没有抗战,没有中国国民党就没有革命,即任何党派,任何力量,离开了三民主义与中国国民党,决不能有助于抗战,有利于民族的复兴事业"①。标榜"中国国民党和三民主义青年团是与国家民族凝为一体的组织","中国国民党是国家的动脉,而三民主义青年团是动脉里面的新血轮"②。在吹捧国民党与三民主义的同时,蒋介石公然污蔑共产党和人民军队"割据地方"、"破坏抗战"、"妨碍统一",敌后抗日民主政权是"变相的军阀的新式的封建",应该予以武力铲除。鼓吹"一个党,一个主义,一个领袖",为国民党一党专制、蒋介石个人独裁制造舆论,蒋介石反共、反人民的真实企图跃然纸上。

中共以《解放日报》为舆论阵地,先后发表了毛泽东的《质问国民党》、《评国民党十一中全会和三届二次国民参政会》,艾思奇的《〈中国之命运〉——极端唯心论的愚民哲学》等文章和社论,周恩来发表《论中国的法西斯主义——新专制主义》的报告,陈伯达的《评〈中国之命运〉》一书,对蒋介石的《中国之命运》作了系统批判和有力驳斥。

周恩来在《论中国的法西斯主义——新专制主义》的报告中,对蒋介石《中国之命运》中所表现的中国法西斯主义的思想体系做了系统解剖,指出其哲学思想是极端的唯心论;历史观是复古的封建思想;民族观是大汉族主义;战争观是唯武力主义、新军阀主义;政党观是"一个党,一个主义,一个领袖";

---

① 秦孝仪:《总统蒋公思想言论总集》卷4,第66页。
② 秦孝仪:《总统蒋公思想言论总集》卷4,第124页。

民众观是"民可使由之，不可使知之"的愚民思想；经济观是农业中国工业外国的思想。周恩来指出："蒋介石的国家观，是伪托民族国家或全民政治之名，行大地主大资产阶级一党专政之实，更确切地说，是新专制主义的个人独裁，是法西斯主义的特务统治。他之所以走到这一步，就是因为他愈觉大地主大资产阶级之软弱无力，他就愈不敢采用资产阶级的民主方法，甚至连一党的专政也不敢采用，而愈要采用恐怖的手段，实行特务的统治和个人的独裁。"①

艾思奇在《〈中国之命运〉——极端唯心论的愚民哲学》一文中，从哲学与现实的高度，对蒋介石的《中国之命运》作了深刻批判。文章指出："《中国之命运》里的哲学思想，是一种极端不合理的唯心论。由于它的不合理，它和孙中山先生的'知难行易'思想里任何一点进步因素都是绝缘的。从马克思列宁主义的立场来看，孙中山先生的哲学思想，和科学的辩证法唯物论哲学是有很大距离的，它有着保守的唯心论的方面，但同时不能否认，它也有进步的唯物论的方面，但在《中国之命运》里，却完全抛弃了它的进步的唯物论的方面，并用种种附加的引申，扩大了它的保守的唯心论的方面。"②文章说："有些不合实际的思想，例如《中国之命运》里的反动思想，虽然自己夸张为'如日月经天样明白'，但如果把它拿到地上的民众的行动中间来考验，它就会失败得一塌糊涂。如果一个人，例如蒋介石，在他的政治主张里给民众提出了很多好听的空洞的诺言与计划，而在他的实际行动上却给民众带来了无限的穷困和灾难，那么，不管他的信心怎样高，这种思想，这种主张和计划之必然要破产，也正是'如日月经天样明白'的。"文章指出："蒋介石主张建国工作必须从心理建设开始，在他所举的五个要目——心理建设，伦理建设，社会建设，政治建设，经济建设中，他认为'心理建设与伦理建设，

①　《周恩来选集》上卷，人民出版社1980年，第147页。

②　《艾思奇文集》第1卷，人民出版社1981年，第678页。

实为各项建设的起点'，而把政治与经济建设放在程序的最后一步，这一个唯心史观的颠倒程序的意义，就是要把物质的诺言推到渺茫的将来，同时又梦想用这空洞诺言来换取国民今天的愚忠。'必须改变国民过去消极和被动的心理，与提高国民对国家和民族的道德。'这种说法，完全是似是而非的。"①艾思奇指出："明明是腐败政治摧毁了民众的抗战积极性，却说'国民'对国家民族的道德不够高尚。嘴上'公'，实际上是借此为私。嘴上说要'不知有私'，要打破个人利己主义，而反对的锋芒却是向着真正公忠体国的抗日党派和广大民众。"②说理、理性、联系现实，是艾思奇文章的特色。

陈伯达的《评〈中国之命运〉》一书，凝结了中共理论家的集体智慧。1943 年 7 月 21 日，毛泽东给董必武写了《关于公布"评〈中国之命运〉"一文》的书信。其中写道："我为彻底揭穿其阴谋并回答其自'皖变'以来的宣传攻势计，除已发之通电及解放社论外，并于本日公布陈伯达驳斥蒋著《评〈中国之命运〉》一书，以便在中国人民面前从思想上理论上揭露蒋之封建的买办的中国法西斯体系，并巩固我党自己和影响美英各国、各小党派、各地方乃至文化界各方面。"③并要求"搜集此文发表后的各方面影响，并将国民党回驳此文的文章择要电告，并全部寄来"。

陈伯达的批判，尖锐、辛辣，特别富有激情与战斗性。他指出："蒋介石企图对抗毛泽东的《新民主主义论》，依靠那个从日汪那里回来不久的陶希圣，写出一本反共反人民的《中国之命运》。这本遗臭万年的小册子，甚至还没有出版的时候，蒋介石的爪牙已在替他大吹大擂，肉麻兼有趣，简直说它是'古今中外惟一的伟大创作'，好像明末无赖巨奸魏忠贤的一

---

①　《艾思奇文集》第 1 卷，第 684 页。

②　《艾思奇文集》第 1 卷，第 686 页。

③　《毛泽东文集》第 3 卷，人民出版社 1996 年，第 49 页。

批狗党称颂魏忠贤作《三朝要典》并比拟于'孔子作春秋'一样。可是这一本中国法西斯主义的作品一出版,马上传笑全世界。蒋介石这本东西里面,反对共产主义与自由主义,鼓吹法西斯主义的血统论和法西斯主义的'一个党一个主义一个领袖',歌颂中国的封建主义,礼赞奴役中国的满清朝廷,崇拜勾结洋人洋兵镇压太平天国的汉奸刽子手曾国藩,并称说'今后的命运则全在内政','准备于两年内决定命运'。这是一本法西斯主义的内战宣言书,世界舆论把它叫做希特勒《我的奋斗》在中国的翻版。"①

第四节　抗战后期的对日作战　民主运动的新高涨

一、日本太平洋战线的崩溃　敌后战场转入局部反攻

太平洋战争初期,日本先后占领了菲律宾、马来西亚、印度尼西亚与缅甸,一直推进到澳大利亚附近。美、英军队步步后撤,日本处于军事攻势,美、英处于战略守势。太平洋战争初期的得势,冲昏了日本法西斯的头脑。但是,战争的发展完全出乎日本法西斯的意料。1942年5月,日本联合舰队在司令官山本五十六的指挥下,与美国太平洋舰队在中途岛展开大规模海战。结果,日本大败,损失航空母舰4艘、巡洋舰1艘、飞机285架,死亡官兵3500名。几乎与此同时,美军在珊瑚海战中也打败了日军的进攻,日军损失航空母舰2艘,飞机70多架。日本开始在太平洋战争中受挫。中途岛海战使太平洋战局发生逆转,成为太平洋战争的转折点。

---

① 　陈伯达:《人民公敌蒋介石》,人民出版社1948年,第120页。

1942年8月7日，美军在瓜达卡纳耳岛登陆，揭开了反攻的序幕。经过三次所罗门海战、萨傈岛海战、南太平洋海战，美军消灭日军2.5万人，击毁战舰24艘、飞机973架。此战以后，美军愈战愈勇，日军则节节败退。1943年2月，日本联合舰队向瓜达卡纳耳岛发起反击，被美军击退。4月18日，日本联合舰队司令官山本五十六被美军炮火击毙。5月12日，美军在阿留申群岛的阿图岛登陆，全部歼灭该岛日军2600多人。11月，美军占领吉尔伯特群岛的塔腊瓦岛和马金岛，全部歼灭两岛日军。随后，美军又先后占领了马绍尔群岛、特鲁克岛、马里亚纳群岛等太平洋战略要地，并进攻加罗林群岛，开始逼近日本本土。欧洲第二战场开辟后，美军在太平洋上实行"跃岛"进攻，相继占领塞班岛与关岛。日本太平洋战线全盘崩溃。

随着国际反法西斯战争的胜利发展，中国敌后抗日军民也战胜了严重的困难，根据地开始恢复与发展。1943年，在华北地区，八路军作战24.8万多次，攻克敌人据点740多个，毙伤日伪军13.6万余人。根据地人口达5000万人，八路军发展到33.9万余人，民兵150万余人。在华中地区，新四军作战5390多次，攻克敌伪据点200多处，新四军主力达18万人，民兵60万余人，根据地面积达12万平方公里，人口3000万人。华南地区，东江与琼崖两个抗日根据地逐步发展壮大，拥有近300万人口的广大地区。敌后抗日根据地的恢复与扩大，为日后的局部反攻准备了条件。

1944年初，日本从华北、华中方面军分别抽调出9个、8个师团的兵力，参加日军打通大陆交通线的作战与太平洋战场，给华北、华中敌后军民向日伪军发动进攻提供了有利时机。中共中央立即指示八路军、新四军与其他抗日武装：集中力量打击日伪军，巩固和扩大抗日根据地。根据这一指示，敌后军民主动向日军发起攻势作战，开始局部反攻。

八路军、新四军与华南抗日纵队先后于春、夏、秋三季，向日伪军发动了三次攻势作战,取得了一系列胜利。在晋察冀根据地,八路军采取武工队为先导,主力部队逐次跟进的方式向前发展,袭击河北重镇保定、望都、定县,威胁北平。攻克敌人据点1670多个,解放村庄9900多个,解放人口750多万,共计毙伤日伪军2.29万人,俘虏2.22万人。通过攻势作战,扩大了北岳区,巩固了平西区、平北区,恢复了冀中区,建立了冀东区。在晋冀鲁豫根据地,太行军区、太岳军区、冀鲁豫军区先后发起各种规模不等的作战,向晋南、豫北、平汉路西侧、鲁西南的敌占城镇展开了三次攻势,取得了一系列胜利。在晋绥根据地,晋绥军区于8月下旬发动秋季攻势,在对离(石)岚(县)公路沿线日伪军的攻势中,八路军主力与武工队、民兵密切配合,采用奇袭、强袭、伏击、围困、里应外合等战术,取得了攻势作战的胜利。在山东根据地,八路军先后发起沂水战役、莒县战役,解放沂水、莒县等多个县城,形成了渤海、胶东、鲁中、鲁南、滨海5个根据地。在华中根据地,新四军通过车桥战役、高杨战役及一系列破袭占、伏击战、攻坚战,巩固与扩大了根据地,形成淮北、淮南、苏北、苏南、苏中、皖中、浙东和鄂豫皖8个抗日根据地。同时,八路军和新四军按照中共中央的指示,向南发展,开辟新区,建立了豫东根据地、豫西根据地。11月,王震率领八路军一二〇师三五九旅主力4000多人组成南下支队,向湘南粤北敌后挺进。12月,粟裕率领新四军一师主力由江苏中部渡江南下,进军东南敌后。

在1944年的局部反攻中,敌后抗日武装共计作战1.13万多次,攻克敌人据点2580多个,攻克县城20多座,消灭日伪军近20万人,收复国土16万平方公里,解放人口1700多万。截至1945年春,八路军、新四军主力发展到90万人,民兵200万人,建立抗日根据地19个,根据地面积达95万平方公里,人口达9900多万。中共领导下的敌后抗日根据地,在全国范围内形成了对日军占领的大多数城市及主要交通线的战略包围态势,成为中国战场的主力,为随后发起的全国规模的战略反攻创造了极其有利的环境与条件。

二、日军发动豫湘桂战役　国民党军队的溃败

1944 年 1 月,侵华日军按照日军参谋本部的"一号作战纲要",集结 51 万兵力,向豫、湘、桂发起进攻,以打通纵贯南北的大陆交通线。具体计划是:第一,占领桂林、柳州,防止美国空军以此为军事基地进攻日本本土,确保本土防卫万无一失;第二,占领桂林、柳州,防止盟军经过印度、缅甸、云南向华南方面发动进攻;第三,在制海权丧失的情况下,确保大陆交通线的畅通;第四,威胁重庆,摧毁国民政府继续抗战的意志。

豫湘桂战役前后分为三个阶段:第一阶段是豫中会战,也称中原会战,战争主要在河南展开。日军出动 15 万兵力,由华北方面军司令官冈村宁次大将指挥。中国方面集结军队 40 万人,以第一战区副司令长官汤恩伯为总指挥。4 月 17 日,日军从河南中牟附近渡过黄河,突破中国守军阵地。19 日,日军攻占郑州,主力逼近新郑。24 日,占领密县。26 日起,中国军队主力向密县、马驹岭日军发起反击,压迫密县西北地区的日军改为守势。30 日,日军向禹县、许昌、襄城发起猛烈进攻,中国军队与日军展开激战。5 月 1 日,日军攻占许昌。5 月 7 日,日军占领漯河、遂平、西平。至此,平汉路南段被日军打通。5 月 14 日,日军向洛阳外围各县发起攻击。5 月 21 日,日军向陕县进攻。中国第三十六集团军总司令李家钰率部抵抗,壮烈殉国。5 月 25 日,经过三天激战,日军攻陷洛阳。豫中会战结束。此次会战,日军凭借坦克、骑兵等快速部队,横行于豫中平原,由北、东两面夹击进攻,打通了平汉线,击溃了中国第一战区,达到了作战目的。中国损失兵力 20 多万,丢失城市 38 座,河南全省几乎全部沦陷。

第二阶段是长衡会战,也称湖南会战。1944年5月下旬,日军为打通湘桂路、粤汉路,并摧毁铁路沿线的中美飞机场,按"一号作战计划"实施长衡会战。日军参战的总兵力达17万多人,是侵华以来进攻一个地区投入兵力最多的一次。由日本中国派遣军总司令官畑俊六指挥。中国军队调动50个师的兵力,由第九战区司令长官薛岳指挥。5月27日,集结在鄂南、湘北的日军兵分三路,分别从湖北崇阳,湖南岳阳、华容发起进攻。在浏阳,中国守军第四十四军与日军激战9昼夜,被迫撤退。6月19日,日军攻占长沙。随后,日军继续向粤汉、湘桂铁路枢纽和重要战略基地衡阳逼进。6月28日,日军对衡阳发动第一次大规模进攻,中国守军第十军英勇奋战,顽强抗击,日军伤亡惨重。7月11日,日军发动第二次进攻,在空军、炮兵部队配合下,连续攻击,而且施放毒气,但守军寸土必争,阵地形成犬牙交错,战斗十分惨烈。双方激战9天,日军再次停止攻击。7月29日,占领醴陵的日军继续东进,占领萍乡。中国军队实施反击,夺回萍乡,同时对耒阳附近日军加强围攻,并以一部渡过丰河,策应衡阳近郊之作战。8月4日,日军对衡阳实施第三次进攻,凭借空中打击与地面炮火支援,地面部队展开昼夜轮番攻击,激战数日。8月6日,日军从西北郊突入城内,守军与日军展开巷战。8月8日,衡阳守军第十军军长方先觉在率领官兵浴血奋战48天后,下令全军放下武器,率所属各师长向日军投降。日军占领衡阳,长衡会战宣告结束。这次会战中,日军伤亡6.6万人,中国军队伤亡9万多人,是历次会战双方伤亡比例最为接近的一次。

第三阶段是桂柳会战,也称广西会战。日军占领长沙、衡阳后,于9月1日分三路沿湘桂路、粤汉路进攻,桂柳会战开始。参战日军11万人,由第六方面军司令官冈村宁次指挥。中国军队共有21个师的兵力参战,并有18个师兵力防守黔桂湘边,由第四战区司令长官张发奎指挥。9月6日,日军占领零陵、东安,14日占领桂北重镇全州。9月22日,日军攻占梧州,28日攻占丹竹,桂柳地区已经处于日军的南北夹击之中。10 月下旬,日军两个集团军分别从北面与南面同时向桂柳地区推进。防守桂林的中国军队与日军激战 10 天,最后被日军突破阵地。11 月 10 日,桂林失陷。11 月 11 日,日军占领柳州。随后,日军挺进贵州独山,贵阳告急,重庆震动。日军因为已经完成作战任务,在遭到中国军队反击后,从独山撤退到河池。至此,豫湘桂战役结束。在豫湘桂战役中,日军在 8 个月的时间里,击溃了大约 100 万国民党军队,长驱直入,打通了纵贯大陆的 1500 公里的交通线。与此同时,国民党损失军队将近 60 万人,丧失国土 20 万平方公里,城市 146 座,造成抗日战争正面战场令人十分痛心的大败退局面。

三、民主运动的新高涨　美国对华政策的变化

1938 年 7 月 6 日,战时民意机构国民参政会在汉口成立。1939 年 2 月,在国民参政会一届三次会议上,周览等 50 名参政员提出《请确立民主法治制度以奠定建国基础案》,提案要求:政治行为应法律化;政府设施应制度化;政府体制应民主化。与此同时,董必武、张澜、罗文干也提出改善政治、推进民主的提案。1939 年 9 月 9 日,国民参政会一届四次会议在重庆召开。会议提案的主要诉求有:开放民主,保障各党派合法权利,启用各方贤才;召开国民大会,制定宪法,结束党治。会议经过激烈辩论与妥协,通过了《请政府明令定期召开国民大会制定宪法实施宪政案》。主要内容有:请政府明令定期召集国民大会,制定宪法,实行宪政;由议长指定参政员若干人,组织国民参政会宪政期成会,协助政府促进宪政。国民参政会议长蒋介石先后指定黄炎培、张君劢、周览等 25 人组成国民参政会宪政期成会,协助政府修改宪法,促进宪政。

以此次国民参政会为契机,在全国随即掀起了一场民主宪政运动。

10 月以后,由沈钧儒、张澜等参政员发起,在重庆举行了 8 次宪政问题座谈会。12 月 5 日,重庆各界宪政促进会正式成立。在各党派的推动下,1939 年 11 月 17 日,国民党五届六中全会通过《定期召集国民大会并限期办竣选举案》。会议决定:定于次年 11 月 12 日召开国民大会,在次年 6 月底前结束一切选举手续,确定全部代表名单。国民党这一许诺使人们对实施宪政充满期望。一时间,有关《五五宪草》的修订便成为热点话题。在听取各界意见的基础上,1940 年 3 月 20 日,宪政期成会召开了为期 10 天的修订宪草讨论会,提出了《中华民国宪法草案(五五宪草)修正草案》。该修正草案建议在国民大会闭会期间,设立一个名为"国民大会议政会"的机构,作为国民大会监督政府实施宪政和各种国策的常设机构。

1940 年 4 月 1 日,国民参政会一届五次会议在重庆开幕。该修正草案遭到国民党参政员的强烈反对,双方展开激烈争辩。最后送交政府决定,于是草案被束之高阁。4 月 18 日,国民政府公布《宪政问题集会结社言论暂行办法》,对宪政问题的讨论加以种种限制,宪政运动陷入低潮。9 月,国民政府进而宣布:各地交通因受战事影响,原定于本年 11 月 12 日召开的国民大会不能按期举行,何时开会,日期另行决定。第一次以宪政为中心内容的民主运动宣告结束。

1943 年,随着国民党政治统治的腐败,经济危机、军事失利,引发了人民特别是国统区民主人士的强烈不满,一致要求结束国民党一党专制与个人独裁,实施民主宪政。于是一度遭受压制的宪政运动又逐渐兴起。1941 年 3 月成立的中国民主政团同盟成为促进宪政的重要力量,开始发挥积极作用。1943 年 7 月 6 日,中国民主政团同盟主席张澜致信蒋介石,表示"必须实行民主",才能"挽救危局,复兴国家"①。为了表达对国民党压制民主的

---

① 龙显昭主编:《张澜文集》,四川教育出版社 1991 年,第 183 页。

不满,民盟主要领导人张澜、张君劢、左舜生等长时间拒绝出席国民参政会,以示抗议。7 月 13 日,黄炎培面告蒋介石:"建国从民治下手,自是康庄大道①"。同时,美国总统罗斯福也告诫蒋介石:"中国宜从速实施宪政。"美国的这种态度,对国民党不能不产生影响。

面对国内外的双重压力,1943 年 9 月,国民党五届十一中全会通过了《关于实施宪政总报告之决议案》,决定"战争结束后一年内,召集国民大会,制定宪法而颁布之,并由国民大会决定施行日期"②。9 月 18 日,张澜公开发表《中国需要真正民主政治》的小册子,要求国民党立即放弃一党专制,结束党治,取消党化,从速准备实施宪政。9 月 26 日,国防最高委员会决定设置"宪政实施协进会",12 月 11 日正式成立。

1944 年,民主宪政运动全面高涨。

1 月 1 日,宪政实施协进会发出《为发动研讨宪草告全国人民书》,立法院院长孙科发表《认识宪政与研究宪政》的广播讲话。随后,以讨论宪政为中心内容的杂志,如《宪政月刊》、《民宪》、《中华论坛》、《民主周刊》先后创刊,要求结束一党专制、实行民主宪政的呼声再次高涨。

3 月 1 日,中共中央发出《关于宪政问题的指示》,决定中共参加这一运动。

4 月,重庆各民主党派负责人联合举行文化界招待会,要求国民党彻底进行民主改革,切实实行言论自由、思想自由与学术自由。

5 月,中国民主政团同盟发表《对目前时局的看法和主张》,反对将实施宪政推到战后,要求从速实施。该文指出:"中国必须成为一个道地的民主国家,这已经超过了理论的阶段,而须从事实上予以切实的表现,并

---

① 《黄炎培日记摘录》,中华书局 1979 年,第 39 页。
② 《中国国民党历次代表大会及中央全会资料》下册,第 843 页。

且民主体系的形成已刻不容缓,万万不可向战后推宕。"①与此同时,民主宪政实施协进会、民主宪政促进会、民主宪政座谈会、宪政研究会先后在重庆、成都、昆明成立。

6月20日,张澜在成都民主宪政促进会上提出切实实行民主、刷新政治、实施全民动员等10项主张。

此后,社会各界纷纷投入争取民主宪政的运动之中,包括国民党民主派代表人物李济深、何香凝、柳亚子,大学教授与青年学生以及民族工商业家等。在社会各界的共同努力下,民主宪政运动取得了初步成果。国民参政会从法理上获得了国家预算审议权,并在保障言论自由、保护公民人身安全方面取得一定进展。

太平洋战争爆发后,美国迫切需要中国坚持抗战,把日本陆军主力牵制在中国战场,以减轻美英在太平洋战场的巨大压力。同时,为了增强国民政府的实力和中国军民抗战必胜的信心,美国政府的对华外交政策发生了变化,改变以前名义中立、实际偏袒日本的政策,扩大了对中国的经济与军事援助。1942年2月,美国政府决定向中国提供5亿美元贷款。6月,又根据《租借法》签订了《中美互助协定》。1941年12月成立中国战区,并指派史迪威将军来华,帮助中国抗战。在滇缅公路被日军截断后,美国又开辟了一条从印度东北飞跃喜马拉雅山险阻到达昆明的"驼峰"援华运输线。1943年美国与中国废除旧约,签订平等新约,放弃了在中国的一切特权,并在国际舞台上提升中国的地位。

1944年6月,美国副总统华莱士访问中国。访华期间,华莱士以国共关系为中心,与蒋介石举行了五次会谈。蒋介石对中共的强硬态度令华莱士失望。不久,中国战区总司令蒋介石与美参谋总长史迪威围绕指挥

---

① 《中国民主同盟历史文献 1941—1949》,第18页。

权限问题、援华物资的分配问题等矛盾激化，酿成"史迪威事件"。华莱士访华观感与史迪威事件，使美国对华政策发生了微妙变化，即在继续支持国民政府的同时，开始重新审视中共政权。

1944年7月22日和8月7日，美军观察组在团长包瑞德上校的率领下分两批抵达延安，对中共及其领导下的军队进行了比较客观的考察。通过考察，美方认为美国与中国共产党进行军事合作具有可行性。这对美国的对华政策产生了一定影响。1944年9月，美国总统特使赫尔利访问中国。11月7日，赫尔利访问延安。11月10日，赫尔利与中共在延安王家坪达成了关于建立民主联合政府、联合军事统帅部以及承认中共合法地位的5项协定。这5项协定遭到蒋介石的拒绝。随后，赫尔利接替执行史迪威路线的美国驻华大使高斯，出任新任驻华大使。以此为契机，美国对华政策发生变化，即从太平洋战争初期援蒋抗日逐渐向扶蒋反共的转变。美国先后帮助国民党设立了战时生产局、战时运输管理局与中国陆军总司令部等联合机构，从政治、经济和军事上全力扶植蒋介石及其国民党政权，以保证其在战后与中共的较量中占据绝对优势。

四、国共两党对中国前途的不同主张

随着国际反法西斯联盟在军事战线的节节胜利，中国战场的局势开始发生重要变化，日本灭亡、中国胜利已经成为必然。于是，关于战后中国的政治前途与基本政治架构，成为国共两党乃至其他政治力量普遍关注的焦点。

1944年9月4日，中共中央指出："目前我党向国民党及国内外提出改组政府主张的时机已经成熟，其方案为要求国民政府立即召集各派各军，各地方政府，各民众团体代表开国事会议改组中央政府废除一党统治,然后,由新政府召开国民大会实施宪政,贯彻抗战国策实行反攻"。"这一主张,应成为今后中国人民中的政治斗争目标"①。9月15日,林伯渠在国民参政会三届二次会议上代表中共提出废除国民党一党专政,召开各党派会议,成立民主联合政府的主张。10月10日,周恩来在延安各界庆祝双十节集会上发表题为《如何解决》的讲话,指出:"为挽救目前危机,为配合盟邦作战,并切实准备反攻起见,我们中国共产党人主张由国民政府立即召集全国各方代表,开紧急国事会议,取消一党专政,成立联合政府,改弦更张,以一新天下之耳目。"②周恩来还提出建立联合政府的具体步骤与办法:召开各党派参加的紧急国事会议;国事会议应由国民政府在最近期间召开;国事会议要根据孙中山的三民主义原则制定挽救危机的施政纲领;成立各党派的联合政府,取代目前国民党一党专政的政府;改组统帅部,由联合政府筹备真正普选的国民大会。

1945年4月至6月,中共七大召开

1945年4月23日至6月11日,中国共产党第七次全国代表大会在

---

① 《中共中央文件选集》第14册,中共中央党校出版社1992年,第323—324页。
② 《中共中央文件选集》第14册,第364页。

延安召开。出席七大的代表共 755 名，其中正式代表 547 名，候补代表 208 名，代表全党 121 万党员。会上，毛泽东作了题为《两个中国之命运》的开幕词、《论联合政府》的政治报告和《愚公移山》的闭幕词；朱德作了《论解放区战场》的军事报告；刘少奇作了《关于修改党章的报告》；周恩来作了《论统一战线》的讲话。毛泽东指出："我们共产党人提出结束国民党一党专政的两个步骤：第一个步骤，目前时期，经过各党各派和无党无派代表人物的协议，成立临时的联合政府；第二个步骤，将来时期，经过自由的无拘束的选举，召开国民大会，成立正式的联合政府。总之，都是联合政府，团结一切愿意参加的阶级和政党的代表在一起，在一个民主的共同纲领之下，为现在的抗日和将来的建国而奋斗。"①

大会总结了中国共产党领导中国民主革命曲折发展的历史经验，特别是总结了 8 年抗战的丰富经验，制定了打败日本侵略者，建立新中国的正确路线、纲领和政策。为争取光明的前途，克服黑暗的前途，大会所制定的政治路线是："放手发动群众，壮大人民力量，在我党的领导下，打败日本侵略者，解放全国人民，建立一个新民主主义的中国。"毛泽东在政治报告中，还着重阐述了中国共产党在新民主主义革命时期关于政治、经济和文化的一般纲领，并提出具体的纲领和政策。

中共关于建立民主联合政府的建议，得到了包括民主党派在内的广泛的一致的好评与拥护。但是，这一主张被蒋介石及其国民政府彻底否定。1945 年 5 月 5 日至 21 日，中国国民党第六次全国代表大会在重庆召开。正式代表 600 人，列席代表 162 人出席了大会。会上，国民党中央党部秘书长吴铁城代表第五届中央执行委员会作了《党务检讨报告》，国民政府文官长吴鼎昌作了《政治报告》，经济部长翁文灏作了《经济报告》，代参谋总长程

---

① 《毛泽东选集》第 3 卷，第 1068—1069 页。

潜作了《军事报告》，潘公展作了《关于中共问题之报告》。蒋介石在会上作了《军事、政治、经济、党务之现状与改进的途径》的总报告。

在政治上，这次大会明确拒绝中共及各民主党派要求召开党派会议、结束国民党一党专政、成立民主联合政府的主张。大会通过的宣言以及《关于国民大会召集日期案》等文件，打着"还政于民"的幌子，决定于1945年11月12日召开国民大会，实施宪政。但出席国民大会的代表却是抗战前由国民党中央指定或包办"选举"出来的。国民大会将通过的宪法，也是国民党政府于1936年公布的维护大地主大资产阶级利益的《五五宪草》。国民大会的职权，也要由国民党中央决定。由此可见，大会宣扬的所谓"还政于民"，只是抵制联合政府的一个骗局。

在国共关系上，就是动员国民党的力量，抢夺抗战胜利果实，继续反共，并准备发动内战。蒋介石在会上一再强调："今天的中心工作，在于消灭共产党！日本是我们国外的敌人，中共是我们国内的敌人，只有消灭中共，才能达成我们的任务。"①潘公展在《关于中共问题之报告》中表示："与中共之斗争无法妥协，今日之急务，在于团结本党，建立对中共斗争之体系。当前对中共之争论，应集中于反驳联合政府，反驳抗日战争中有两条路线的论调，反驳中共具体纲领与反对解放区人民代表大会，为此，大会成立了"特种审查委员会"，专门讨论反共方案。大会通过的《对中共问题之决议案》和《本党同志对中共问题之工作方针》，大肆诬蔑中国共产党"一贯坚持武装割据，借以破坏抗战"、"企图颠覆政府"。国民党准备内战之意，昭然若揭。大会最后以全体起立的方式推举蒋介石为国民党总裁，并改总裁"代行"总理职权为"行使"总理职权，使蒋介石进一步独揽大权。

---

① 荣孟源：《蒋家王朝》，中国青年出版社1980年，第244页。

抗战胜利前夕,中国共产党与中国国民党分别召开了各自的全国代表大会,制定了各自的路线、方针与政策。中共提出建立民主联合政府的主张,顺应了时势,赢得了人心,在政治上取得主动。国民党拒绝建立民主联合政府,独裁专断,反共内战,逆时代潮流而动,从而失掉民心,在政治上处于被动,埋下了其最后失败的种子。

五、抗战时期的文化、思想与学术

抗战时期既是中华民族遭受日本军国主义侵略奴役的苦难岁月,同时也是中国人民奋起反抗外来侵略、实现民族复兴的历史机遇。多难兴邦,忧患意识,历史反省,造成了战时文化的繁荣与发展。

抗战时期的文化,主要表现在以下三个方面。

第一,抗战文化成为时代的主旋律。为了激励全民族抗战,文化艺术界作了系统整合,于 1938 年 3 月在汉口成立了中华全国文艺界抗敌协会,直接领导广大作家、艺术家、戏剧家、作曲家、诗人,积极投身到抗日救亡的文化斗争之中,创作了一批群众喜闻乐见、通俗易懂的文艺作品,为全民族抗战提供了充足的精神食粮。戏剧方面,主要是现代话剧与历史剧,有现代题材,也有历史题材。现代题材方面,主要有集体创作的《保卫卢沟桥》,罗荪、锡金的《台儿庄》,崔嵬、王震的《八百壮士》,夏衍的《心防》、《法西斯细菌》,曹禺的《蜕变》、《北京人》,宋之的的《雾重庆》,张骏祥的《小城故事》、《边城故事》、《山城故事》、《万世师表》,陈白尘的《魔窟》、《乱世男女》、《结婚进行曲》,老舍的《残雾》、《国家至上》、《张自忠》、《面子问题》、《桃李春风》等。历史题材方面,主要有郭沫若的《棠棣之花》、《屈原》、《虎符》、《高渐离》、《孔雀胆》,欧阳予倩的《忠王李秀成》,阳翰笙的《李秀成之死》,于伶的《大明英烈传》,阿英的《郑成功》等。

小说方面,特别是短篇小说在抗战期间取得了骄人的成就。主要有艾芜的《两个伤兵》,姚雪垠的《差半车麦秸》,萧乾的《刘粹刚之死》,端木蕻良的《风陵渡》,荒煤的《支那傻子》,罗烽的《横渡》,雷加的《一支三八式》,张天翼的《华威先生》,沙汀的《在其香居茶馆里》,赵树理的《小二黑结婚》,孙犁的《荷花淀》、《芦花荡》,丁玲的《我在霞村的时候》、《在医院中》等。中篇小说与长篇小说方面,主要有赵树理的《李有才板话》,茅盾的《第一阶段的故事》、《腐蚀》,老舍的《四世同堂》等。报告文学方面,主要有丘东平的《第七连》、《我们在那里打了败仗》、《把三八枪夺过去》,骆宾基的《东战场别动队》,曹白的《这里,生命也在呼吸》,丁玲的《孩子们》,徐迟的《大场之夜》,以群的《台儿庄战场散记》等。

诗歌方面,主要有郭沫若的《女神》,高兰的《我的家在黑龙江》,艾青的《向太阳》,田间的《给战斗者》,冀汸的《跳动的夜》,亦门的《雾》,戴望舒的《元日祝福》、《狱中题壁》,臧克家的《淮上吟》、《向祖国》、《古树的花朵》等。散文方面,茅盾的《白杨礼赞》,以象征手法热情歌颂了北方军民顽强抗战的精神与意志。

音乐方面,主要有贺绿汀的《游击队之歌》,冼星海的《到敌人后方去》、《二月里来》、《黄河大合唱》,夏之秋的《歌八百壮士》,吕骥的《抗日军政大学校歌》、《凤凰涅槃》,向隅的《打到东北去》,郑律成的《八路军进行曲》、《八路军大合唱》,马可的《南泥湾》,马思聪的《控诉》,曹火星的《没有共产党就没有新中国》等。电影方面,中央电影摄影厂、中国电影制片厂与西北影业公司先后拍摄了反映抗战的纪录片《卢沟桥事变》、《克复台儿庄》、《东战场》、《抗战实录》、《抗战特辑》、《华北是我们的》等。故事片方面,主要有《保卫我们的土地》、《胜利进行曲》、《热血忠魂》、《八百壮士》、《东亚风光》、《塞上风云》、《中华儿女》、《风雪太行山》等。这批文化艺术作品,从现实、历史、社会等不同视角,讴歌正义、礼赞英雄,鞭挞丑恶,有力配合了中华民族的伟大抗战,发挥了非物质文化的巨大力量。

第二,社会文化思潮的涌动与争论。民族抗战需要恢复民族自信心,振兴民族精神,时代需求促使学者去重新审视中华文化,出现了冯友兰为代表的"新理学"、贺麟为代表的"新心学"等思想流派,系统反思中国传统文化。

抗战期间,冯友兰先后撰写了《新理学》、《新事论》、《新世训》、《新原人》、《新原道》、《新知言》6 本书,作者自称为"贞元六书"或"贞元之际所著书",主要内容"是对于中华民族的传统精神生活的反思"。《新理学》一书承袭了南宋朱熹哲学"理在气先"、"理在事先"的唯心主义命题,把朱熹的"理世界"与"实际底世界"分别标为"真际"与"实际",认为"真际"是超时空的,先有"真际",后有实际事物,"真际"是实际事物的主宰和创造者。同时把"气"看作"无一切性,故不可名状,不可言说,不可思议"的精神实体,并以此作为"真际"与实际事物之间的桥梁。冯友兰将现代西方新实在论与程朱理学糅合起来,建立了唯心论与形而上学的哲学体系。《新事论》的副标题是"中国到自由之路",以《新理学》关于共相殊相的讨论为基础,重点探讨文化与社会问题。该书对晚清以来的东西文化讨论作了评析,认为"中西之分大部分都是古今之异",具体来说,西方是以社会为本位,而中国则是以家为本位的社会。所谓"中西之分",其实就是乡村与城市的差别。他认为,共产主义与社会主义"都真正是不合国情,都是空谈无补"。强调恢复传统儒家的"仁义礼智信",另外辅之以西方的知识、技术与工业,中国就能够走向自由之路。《新世训》强调理性、忠恕、中庸、敬诚等概念是"施诸四海而皆准,行诸百世而不悖"的永恒真理,在任何时代、任何地方都可以实行。《新原人》提出人生观从低级到高级有四种境界:自然境界、功利境界、道德境界、天地境界。天地境界属于最高境界，处于天地境界的人，知天、事天、乐天、同天，与"理世界"相通，因此可以超越成败，超越顺逆，超越贵贱，超越生死。

　　以研究德国哲学而闻名的哲学家贺麟提出重建儒家精神，复兴儒家文化。他在《抗战建国与学术建国》中指出：现在的抗战建国运动，既不是义和团式的不学无术的抗战，也不是袁世凯式的不学无术的建国。抗战最后的真正的胜利，必是文化学术的胜利。真正完成的建国，必是建立在新文化、新学术的研究、把握、创造、发展和应用上，必应是学术的建国，必定要在世界学术文化上取得一等国的地位。在这种认识的基础上，贺麟提倡"文化救亡论"。他认为，近代以来的民族危机，根本上还是一种文化危机；解决中国目前的根本出路，固守传统与"全盘西化"均不可取，而是要有计划、有目的地吸收、容纳西方文化的精华，提升与彰显最能够代表中国特色的儒家文化，为"儒家思想的新开展"奠定坚实的学术基础。在《儒家思想的新开展》一文中，贺麟指出："中国当前的时代，是一个民族复兴的时代。民族复兴不仅是争抗战的胜利，不仅是争中华民族在国际政治中的自由、独立和平等，民族复兴本质上应该是民族文化的复兴。民族文化的复兴，其主要的潮流、根本的成分就是儒家思想的复兴，儒家文化的复兴。假如儒家思想没有新的前途、新的开展，则中华民族以及民族文化也就不会有新的前途、新的开展。"[1]且认为传统儒学能否在未来获得新进展，儒学能否从根本上扭转中国文化乃至中华民族的危机，除了正面阐释儒学的功能与意义外，另一个特别迫切的问题就是必须直面并回应西方文化的挑战。贺麟的应对是"整体超越"说。他认为，这个问题的关键在于中国人是否能够彻底真切、原原本本地了解并把握西方文化。在贺麟看来，认识就是超越，理解就是征服。只有真正认识和彻底理解了西

---

　　①　贺麟：《文化与人生》，商务印书馆1947年，第2页。

方文化,才能够超越西方文化,在吸收、转化、利用、陶熔西方文化的基础上形成新的儒家思想、新的民族文化。儒家思想的新开展,是建立在西方文化大规模输入之后,重建自主的中国文化。而所谓文化的自主,也就是争取恢复文化上的失地,争取文化上的独立与自主。

以冯友兰与贺麟为代表的现代新儒家的出现,对中国传统思想与文化作了新的诠释,有助于弘扬中国文化,树立民族自信心,有其合理价值与时代意义。但是,冯友兰的"新理学"与贺麟的"儒家思想的新开展"的文化主张与思想建构,带有浓厚的政治色彩。他们的思想在适应国民党"抗战建国"的正统思想和伦理思想宣传的同时,反对马克思主义,无形中又起到了伤害中国民主革命进程的消极作用。对此,以胡绳、陈家康为代表的进步学者对他们的思想作了批判与抨击。

抗战期间,具体说是 20 世纪 40 年代,以陈铨、林同济、何永佶、雷海宗为代表的一批教授学者,以《战国策》半月刊与《大公报》"战国"副刊为阵地,借用西方汤因比的文化形态学说与叔本华、尼采的强力意志论,公开宣传法西斯主义,反对民主与宪政,主张建立独裁政府,成为战时一股政治文化逆流。被时论称之为"战国策派"。

"战国策派"的主要思想观点是:第一,战国时代论。他们认为,凡是自成体系的文化,都经过了三大阶段:封建阶段,列国阶段,大一统帝国阶段。在他们看来,20 世纪 40 年代,无论是中国还是整个世界,都是"又一度的战国时代","战国时代重演"。他们把第二次世界大战期间的中国、美国、苏联、英国、德国、意大利、日本七国比作中国古代的"战国七雄";把国内的中国共产党与中国国民党的斗争称作是"齐秦之争"。既然是战国时代,因此问题的中心便是战争与实力,战争决定一切,战为中心,战成全体,战在歼灭。"人人皆兵,物物皆械"就是这个时代的真实写照。他们认为:"国与国对峙的局面,根本上即为'力'与'力'对峙的局面,在这'力'

与'力'不断相争的前进中，人们遂没有功夫再如从前那样视'力'为手段，而今视为目的。在国与国群向大一统奋斗的当儿，显然的，'力'为最主要的政治条件，最急于提倡急于培植的法宝，其被视为纯粹一种目的，自属理之固然……在这种局面下，'力'的哲学，'力'的讴歌，与乎国力政治自必应运而兴"①。

第二，反对民主宪政政治，主张建立独裁政府。林同济说："民治政治应有不应有，再也不是你我哲理上较长比短所能决定，真正关键全看民治与全体战的关系如何，民治而有助于全体战，民治可以存在；民治而有碍于全体战，民治必须取消。"②陈铨说："在目前紧迫的政治下，我们需要一个强有力的政府，能够对于军事、政治、经济、教育彻底计划，提倡民族意识，准备长久战争，鼓舞全民族生存意志和权力意志，训练每一个青年配作一个战士，整个的国家配作一个强有力的战斗单位。遥远的政治理想，外交官的辞令，暂时不必对民众宣传，先实行能够应付时代环境，争取中华民族独立自由的理想政治。"③

针对"战国策派"的反动观点，胡绳发表了《论反理性主义的逆流》，章汉夫发表了《"战国"派的法西斯主义实质》，李心清发表了《"战国"不应作法西斯主义的宣传》等文章，对他们的英雄史观及其法西斯主义思想进行了系统批判。

第三，历史研究取得长足进步。在西南大后方重庆、成都、昆明、桂林甚至宜宾李庄，活跃着一批从北平、上海、南京内迁的著名学者。他们在致力民族抗战的同时，潜心治学，在各自领域取得了丰硕成果。特别突出

---

① 何永佶：《论国力政治》，载《战国策》，第13期，1940年11月1日。
② 林同济：《战国时代的重演》，载《战国策》，第1期，1940年4月1日。
③ 陈铨：《政治理想与理想政治》，载重庆《大公报》"战国"副刊，第3期，1941年12月17日。

的是历史学的研究。这一时期，郭沫若先后完成了《十批判书》、《青铜时代》与《历史人物》等学术著作。范文澜的《中国通史简编》，侯外庐的《中国古典社会史论》、《中国古代学说史》，吕振羽的《中国原始社会史》、《中国社会史诸问题》、《中国历史论集》，翦伯赞的《历史哲学教程》、《中国史纲》，吴泽的《中国历史研究法》、《中国古代史》等，都是马克思主义新史学的代表作。马克思主义新史学将原本以帝王将相为主线、以唯心史观为基本特征的旧史学进行了根本改造，使其成为一门科学，完成了中国历史学的转型。

与此同时，旧史学也发展到最高水平，涌现出了像陈垣、陈寅恪、吕思勉、钱穆、顾颉刚、罗根泽等为代表的一批历史学家。他们的研究，分为以下几个类型：一类是以钱穆的《国史大纲》、熊十力的《中国历史讲话》等著作为代表，他们从中国宏观历史的角度，倡言五族共和，提倡民族精神，断言日本决不能灭亡中国，中国一定会取得战争的最后胜利，为抗战建国、民族复兴提供历史与文化依据；另一类是将研究重点集中到宋金、宋元之际、明清之交、晚清等异族入侵的特殊历史时期，出版了诸如陈垣的《旧五代史辑本发覆》、《明季滇黔佛教考》，陈寅恪的《建炎以来系年要录》，周远君的《徽钦北徙录》，萧明扬的《明太祖平胡录》，吴重翰的《明代倭寇犯华史略》，孟繁华的《明代两浙倭寇》，陈之安的《南明诸王的复国运动》，萧一山的《清史大纲》，钱亦石的《中国怎样降到殖民地》，郑鹤声的《中国近世史》，陈安仁的《中国近代民族复兴史》等。历史学家基于日本侵略的强烈刺激与感同身受，希望通过对中国历史上危亡时期的发掘与研究，以史为鉴，告诫国人，失败与困难是暂时的，最后胜利肯定是中国的。以此鼓励国人坚持抗战，树立民族自信心。

第五节　抗日战争的胜利及其意义

一、中国军民的大反攻　抗日战争的胜利

　　1945 年 2 月 4 日至 11 日,美、英、苏三国首脑罗斯福、丘吉尔、斯大林在苏联克里米亚半岛雅尔塔举行会议,即雅尔塔会议,又称克里米亚会议。会议除讨论德国问题、波兰问题和联合国组织问题外,还讨论了苏联出兵对日作战问题。会议通过的《雅尔塔协定》规定:苏联承诺在欧洲战争结束后 2 到 3 个月内参加对日作战。苏联参战的条件是:维持外蒙古的现状,库页岛南部及邻近岛屿交还苏联,大连商港国际化,苏联租用旅顺港为海军基地,苏、中共同经营中东铁路和南满铁路,千岛群岛交予苏联。此次会议巩固和维护了美、英、苏三国战时联盟,对协调盟国对德、日作战,加速反法西斯战争的胜利进程和促进战后和平稳定局面的形成起到重要积极作用,为联合国的建立奠定了基础。但会议的某些协议未经有关国家同意,具有浓厚的大国强权政治的色彩,严重损害了中国等国的主权和利益。美、英、苏三大国在会议上作出的战后世界秩序的安排被称为"雅尔塔体系",对战后长期冷战局面的形成也有负面影响。

　　1945 年 4 月,盟军进抵易北河一线。5 月 2 日,苏军攻克柏林。5 月 8 日,德国宣布无条件投降,欧洲战争结束。1945 年 7 月 26 日,中、美、英三国签署《波茨坦公告》,促令日本无条件投降。《波茨坦公告》重申"开罗宣言之条件必将实施",并且明确无误地确认了中国对台湾的主权。

　　国际反法西斯战争的胜利进展,给中国军民的大反攻提供了有利条件。国民政府军事委员会通过部队整训、青年从军、重新组编、划分战区以及制订反攻作战计划,开始着手大反攻。1945 年 4 月到 7 月,反攻桂、柳,收复广西;同时收复福建、浙江、江西失地。

1945 年春,八路军、新四军对日军继续进行攻势作战。在华北,晋察冀部队发起任河、文新、饶安战役;晋冀鲁豫部队发起道清、豫北、南乐战役;晋绥部队对离(石)岚(县)公路和五(寨)三(岔)公路沿线日伪军据点发起攻势;山东部队发起讨伐伪军战役和蒙阴战役。在华中,苏北部队发起阜宁战役,控制了东(海)淮(阴)公路;淮南部队袭入金沟、黎城;淮北部队在津浦铁路路西和路东展开破击战;苏中部队渡江南进,创建了苏浙皖边抗日根据地。

到 1945 年春,全国已有陕甘宁、晋察冀、晋冀豫、冀鲁豫、山东、晋绥、冀热辽、苏北、苏中、苏南、浙东、淮北、淮南、皖江、豫西、鄂豫皖、湘鄂赣、华南、琼崖等 19 块抗日根据地,总面积约 95 万平方公里,人口 9500 万,八路军、新四军及其他人民军队发展到 91 万,民兵 220 万。解放区的不断扩大,在全国范围内形成了对日军占领的中心城市、交通线和沿海城镇的战略包围。

1945 年 8 月 6 日和 9 日,美国向日本广岛和长崎各投下一颗原子弹。8 月 8 日,苏联对日宣战。9 日,苏联红军出兵东北,对日本关东军发起进攻,加速了日本侵略者的失败。

8 月 9 日,中共中央主席毛泽东发表《对日寇的最后一战》声明,号召中国人民的一切抗日力量举行全国规模的反攻,彻底打败日本侵略者。8 月 10 日和 11 日,中国解放区抗日军总司令朱德连续发布对日军展开全面反攻及受降等七道命令。各解放区立即组织反攻大军,向日伪军发出通牒,并发起全面反攻。晋察冀解放区军民向平绥铁路东段、平汉铁路和津浦铁路北段进攻,解放察哈尔,包围北平、天津、保定等城市。晋绥解放区军民向同蒲铁路北段和平绥铁路西段进攻,解放绥远和山西北部广大地区,逼近太原、大同等城市。晋冀鲁豫解放区军民向道清铁路、平汉铁路中段和同蒲铁路南段进攻,解放邢台、焦作、邯郸等城市,逼近新乡、开封。山东解放区军民向胶济铁路和津浦铁路中段进攻,解放烟台、淄博等城市,逼近青岛、济南、徐州。新四军向平汉铁路和津浦铁路南段进攻,攻入芜湖,包围蚌埠,直逼南京、上海、宁波、信阳、武汉。华南抗日游击队向粤汉铁路南段和广九铁路进攻,解放广东、广西和海南岛部分地区。此外,八路军和新四军先后抽调11万余人的部队挺进东北,同东北抗日联军一起,配合苏军作战,迅速解放了东北全境。

在中国军民的全面反攻和苏联军队及美英盟军的打击下,日本的军事力量迅速土崩瓦解。8月14日,日本政府照会美、苏、英、中四国政府,表示接受《波茨坦公告》。8月15日,日本正式宣布无条件投降。1945年9月2日,日本国代表在东京湾美舰"密苏里"号上签字投降,第二次世界大战结束。9月3日,重庆、延安普天同庆,中国抗日战争取得最后胜利。

二、中国抗日战争在世界反法西斯战争中的地位

中国抗日战争是世界反法西斯战争不可或缺的组成部分,有极其重要的历史地位,为世界反法西斯战争的最后胜利作出了重大的历史性贡献。某种意义上说,如果没有中国战场的持久抵抗,世界反法西斯战争的胜利很有可能推迟。

第一,中国人民抗击日本侵略东北,揭开了世界反法西斯战争的序幕。19世纪末20世纪初,日本通过发动甲午战争,参加八国联军侵华战争,发动日俄战争等,先后强行割取和占据了中国台湾、澎湖列岛和旅顺、大连等地,同时掠夺了巨额战争赔款,使其经济和军事实力大大加强,成为世界列强中最富于侵略性的帝国主义国家和第一个战争策源地。1927年7月,日本内阁抛出"田中奏折"与大陆政策,将其征服中国、亚洲以至称霸世界的狂妄野心和侵略步骤进一步具体化。1931年9月18日,日本

突然发动侵略我国东北的战争,打破了第一次世界大战后建立起的凡尔赛—华盛顿体系,在远东形成第一个战争策源地。这从时间上比欧洲战争策源地的形成早两年多。随后,日本侵华战争不断升级。从"七七"事变发动全面侵华战争到太平洋战争与美英开战,几乎完全按照大陆政策所确定的侵略计划进行。这给中国社会的发展与世界和平构成严重威胁。

为抗击日本侵略东北的局部抗战,揭开了世界反法西斯战争的序幕。"九一八"事变发生后,东北人民和东北部分爱国官兵激于民族义愤,冲破重重阻力,在极端困难的条件下奋起抵抗,组成抗日义勇军和抗日联军,坚持开展抗日游击战争。各式各样的抗日武装遍布白山黑水,一度发展到 30 多万人。其中,中共领导的抗日武装到全国抗战爆发前发展到 4.5 万余人,成为东北抗日游击战争的中坚力量。东北三省的抗日游击战争从 1931 年到 1945 年的 14 年里歼灭日军 25 万余人,沉重打击了日本法西斯的殖民统治。因此,可以这样说,率先发起的中国东北抗日战争,揭开了世界反法西斯战争的序幕,并与整个世界反法西斯战争同呼吸共命运,为中国抗日战争的最后胜利作出了重大牺牲与贡献。

1937 年日本蓄意挑起"七七"事变,将局部侵华战争升级为全面侵华战争,开始全面实施其征服中国、征服亚洲进而"北进"或"南进"并称霸世界的大陆政策。"七七"事变发生后,中国开始全国性抗战,开辟了第一个反法西斯的新战场。中华民族在中国共产党倡导的、以国共合作为基础的抗日民族统一战线的旗帜下,实行全国总动员,同仇敌忾,奋勇杀敌,实行全民族持久抗战。在正面战场,中国军队先后进行了淞沪、忻口、徐州、武汉等大兵团作战,共计消灭日军 44 万余人,粉碎了日本"速战速决"、"闪电战",妄图 3 个月内灭亡中国的迷梦。在敌后战场,八路军、新四军充分利用和发挥游击战的优势,消耗敌人,牵制敌人主力,有力地配合了正面战场。正面战场与敌后战场协同作战,对日军构成战略夹击的态势,迫使敌人两面作战,疲于应付。1938 年 10 月,日本侵华既定战略彻底宣告破产,被迫停止战略进攻。此时,日本侵华兵力已达 32 个师团、海军 2 个舰队和 28 个航空中队,分别占其陆军总数的 94%、海军的 2/3 和航空兵力量的 60%。这一阶段,中国是世界反法西斯战争的主战场。

第二,中国人民的持久抗战,打破了德、意、日法西斯瓜分全球、称霸世界的侵略图谋。

1939 年 9 月,德国侵略波兰,第二次世界大战爆发。中国军民坚持持久抗战,抗击和牵制着日本的陆军主力,打破了日本的"北进"计划,推迟了日本的"南进"战略,使德国与日本东西夹击苏联和德日两军会师中东的既定计划无法实施。

中国军民的持久抗战打破了日本的"北进"计划,减轻了苏联远东地区的压力。1938 年 7 月和 1939 年 5 月至 8 月,日本关东军先后挑起张鼓峰事件与诺门坎事件,和苏军发生武装冲突,以武力试探苏联的虚实,以配合德国在欧洲的军事行动。由于中国抗战对日军主力的牵制,使日军两次与苏军的武装冲突均遭失败。日本之所以没有与苏联发生大规模军事冲突,实施其"北进"战略,而是通过外交谈判加以解决,主要原因是中国抗战对日本陆军主力的打击和牵制,日本无法从中国战场抽出足够的兵力与苏军开战。

希特勒在德国侵略苏联前夕曾经亲自接见日本访德考察团团长,希望日本从满洲打进西伯利亚,配合德国的西线进攻。日本外相松冈也力主对苏开战,以与德国配合,从东西两面夹击苏联。但是,日军从东线进攻苏联,需要从中国关内抽调 5 个主力师团。这个建议遭到日本军方的否定。日军参谋总长杉山元明确表示:"日本现在中国使用的兵力很大,北进对苏开战实际上办不到。"①日军大本营万般无奈,最后决定:"帝国政府将继续努力解决中国事变……暂不介入德苏战争。"②当德军兵临莫斯科城下时,德国再次向日本提出请求:"日德两国应迅速联合军事行动,从东西两面夹击苏联,在西伯利亚铁路上握手。"德国企图在寒冬到来之前,联合日本一举打败苏联。但此时日本主力正陷入中国战争的泥潭,无力顾及德国。据统计,1941 年 12 月初,日本陆军投入中国战场的兵力占其陆军总兵力的 80%。中国抗战牵制了日本陆军主力,使其无力"北进"。因此,苏联才能够从远东地区大量西调兵力,集中力量对付德国。其中仅莫斯科战役期间,苏联就从远东方面调出 15 个步兵师、3 个骑兵师及部分坦克、航空兵部队,加强了苏联西线对德作战的实力。对此,苏联元帅崔可夫曾感激地说过:"甚至在我们最艰苦的战争年代里日本也没有进攻苏联,却把中国淹没在血泊中,稍微尊重客观事实的人都不能不考虑到这一明显而无可争辩的事实。"③

中国持久抗战推迟了日本"南进"的侵略步伐,为美英在太平洋战场反攻赢得了时间。日本被迫放弃"北进"计划,而其"南进"企图也同样因其陆军主力深陷中国战场不能自拔而一再推迟。1940 年,德国进攻西欧,法国败降,英军被赶出欧洲大陆,德国称霸西欧。日本本来可以趁机南下,向太平洋地区扩张,以夺取英法等国在东南亚和太平洋地区的既得利益。德国也不断敦促日本南进,打垮英、法,与其在战略上相互策应。但此时八路军发起了百团大战,将日军主力牢牢牵制在中国战场。对此,日本访德特使无奈地承认:"中日战争不结束,南进是办不到的。"

---

① 服部卓四郎:《大东亚战争全史》,第 1 册,商务印书馆 1984 年,第 153 页。
② 赫伯特·菲斯:《通向珍珠港之路》,商务印书馆 1983 年,第 228 页。
③ 崔可夫:《在华使命》,新华出版社 1980 年,第 38 页。

日本在偷袭珍珠港之后,曾秘密制订了一个用 5 个师团攻打澳大利亚、夺取锡兰,与德国在印度洋上会师的狂妄计划。对此,德国表示赞同,鼓动日军进攻印度洋。1942 年 3 月,德国要求日本占领锡兰和马达加斯加等地,以配合德军向中东和高加索的进军。但是,愈战愈强的中国抗战,使日本陆军主力深陷于中国战场,力不从心。1942 年,美国总统罗斯福对中国战场的战略地位给予高度评价。他说:"假如没有中国,假如中国被打垮了,你想一想有多少师的日本兵可以因此调到其他方面来作战?他们可以马上打下澳洲,打下印度——他们可以毫不费力地把这些地区打下来,他们并且可以一直冲向中东……和德国配合起来,举行一个大规模的突击,在近东会师,把俄国完全隔离起来,割吞埃及,斩断通过地中海的一切交通线。"①

第三,中国战场牵制和毙伤日军主力最多、持续时间最长、付出代价最大。

"七七"事变爆发后,中国战场牵制了 100 万左右的日本陆军主力。据日本防卫厅战史研究所资料记载:1937 年,日本陆军共 24 个师团,其中 21 个师团投入侵华战争,占其陆军总兵力的 88% 以上,还有 50% 的空军和 40% 的海军力量用于侵华战争。1938 年,日本陆军共 34 个师团,其中 32 个师团用于侵华,占其陆军总兵力的 94% 。1939 年,日本陆军共 41 个师团,其中投入侵华战争 34 个师团,占其陆军总兵力的 83% 。1941 年太平洋战争爆发后,日本陆军共 51 个师团,其中 34 个师团和 44 个独立旅团、混成旅团用于侵华,占其陆军总兵力的 80% ,而用于南太平洋战场的陆军只有 10 个师团,不及侵华兵力的 20% 。一直到 1945 年,拥有 100 余万兵力的日本陆军王牌中国派遣军,在中国军民的不断打击消耗下,既不

---

① 　伊利奥·罗斯福:《罗斯福见闻秘录》,上海新群出版社 1947 年,第 49 页。

能回援太平洋战场，又不能返回日本本土"决战"，最后被迫在中国放下武器，无条件投降。美英盟军没有直接参加对日本中国派遣军的作战，而中国远征军却以 10 多个师的兵力两次入缅作战，有力支援了美英盟军。1945 年 8 月，日军向中国战区投降的兵力 128 万余人，这个数目超过了往东南亚及太平洋各岛的日军总和，大约相当于全部海外日军的 50% 以上，其中不含向苏联投降的日军数。

1931 年到 1945 年，中国抗战前后达 14 年之久，它是苏联、美国进行反法西斯战争时间的三倍半，是英国进行反法西斯战争时间的两倍半。中国战场毙伤和俘获日军 155 万余人，占日军在第二次世界大战中军队伤亡人数的 75% 以上。同时，中国人民也付出了巨大的民族牺牲和财产损失，中国军民伤亡 3587.9 万余人，其中军人伤亡 413 万余人，民众伤亡 2249.9 万余人，被侵华日军强掳的中国劳工 800 余万人，香港同胞 10 万余人、台湾同胞 115 余万人被日军致死、致病残等。中国直接经济损失 1000 亿美元，间接经济损失 5000 多亿美元[①]。

三、抗日战争胜利的原因和意义

中国抗日战争的最后胜利的原因很多，归结起来，主要有以下几个方面：
第一，中国抗日战争是一场正义的民族解放战争。
正义与民族解放成为抗日战争胜利的力量源泉。从国力来看，日本是一个强国，中国是一个弱国。日本在经济、军事方面强于中国，凭借其军事优势，可以暂时取得战略上的主动。但是，这种战略上的优势与主动是相对的，随时可以发生转换。决定战争胜负的关键是战争的性质与一

---

① 中国军事科学院：《中国抗日战争在世界反法西斯战争中的历史地位》，《人民日报》2005 年 8 月 15 日。

个国家的战时动员程度。纯粹从国力的较量上，似乎弱国必败，强国必胜。而这是单纯国力论或单纯军事论的观点。战争其实是交战国家综合力量的比拼。其中，非军事、非物质的民心向背、民族精神往往超过单纯军事与经济的较量。具体而言，抗战时的中国处于一个进步的历史时期。近百年来反对外敌入侵的斗争锻炼了人民，唤醒了民族意识与爱国热情。经过辛亥革命、五四运动、国民革命的洗礼，反帝和反封建、民主、科学、独立意识在民众思想中日益浓厚。中国共产党及其领导下的军队的诞生和发展，使这些进步因素大为加强，并成为这些进步因素的代表，成为抗日战争的中流砥柱。反观日本，这个具有浓厚封建性的帝国主义国家，对内实行法西斯专政，推行恐怖政策；对外发起掠夺性侵略战争，企图以此转移国内矛盾和解决经济危机。侵华战争本身是退步、野蛮与非正义的。中国对日抗战是一场正义的、反侵略的民族解放战争。战争的正义性，对内可以唤醒民族意识，激发民族情感，振奋民族精神，使全民族同心同德，同仇敌忾，众志成城；对外可以赢得世界所有爱好独立、和平与自由的国家与人民的同情与支持。这样，可以使弱势变为优势，愈战愈强，最后取得胜利。

第二，中国抗日战争的胜利，是全民族抗日统一战线的胜利。

抗日战争是在中国共产党倡导建立的，以国共合作为基础的抗日民族统一战线旗帜下，由中国各族人民和海外华侨广泛参加的全民族抗战。由于统一战线的存在，4亿5千万人民都动员起来，投身到反对日本法西斯侵略战争的洪流中，集中全国的财力物力于一个目标——抗击日本。因此，日本侵略者陷入中国人民战争的汪洋大海中，注定了它必然失败的命运。诚如1936年7月16日，毛泽东在接受美国记者斯诺采访时曾明确指出，中国战胜并消灭日本帝国主义，将主要依靠中国人民的大联合。

抗日民族统一战线促成了全民族抗战，使所有炎黄子孙，不分阶级、党派、民族、地区,不分宗教信仰,不分男女老幼,共同为抗日战争贡献力量。作为人民群众的主体的工人农民,流血流汗,为抗战付出了最大的牺牲。在全面抗战的 8 年中,国民政府征募壮丁达 1335 万余人,绝大部分是农民、工人;解放区战场的近百万主力军和 220 余万民兵,是以农民为主体;小资产阶级的知识分子积极参加统一战线,为抗日奔走呼号,在文化教育、宣传鼓动等方面献计献策,青年学生踊跃参军;民族资产阶级也表现出巨大的爱国热忱,长江下游和沿海地区的资本家,为避免资敌,将工厂企业大举迁往内地的大后方,支持了国家的战时经济。56 个民族都在以不同的方式抗战,成千上万支各民族的游击队、自卫队在和敌人作战,数不胜数的担架队、救护队、运输队等,在日以继夜地辛勤奔忙,形成各民族人民支持战争的滚滚洪流。各地方实力派也捐弃前嫌,从民族大义出发,同舟共济,积极出兵、出粮,如四川省派出了 100 余个师参战,1941 年至 1945 年出粮达 8443 万石。其他如云南、广东等各省军队,都在抗战中放弃对立,积极参战。散居在世界各地的华侨组织了大量爱国团体,通过捐钱捐物、回国参战等不同方式,支持祖国抗战。如著名的华侨商人陈嘉庚组建"南侨总会",发起抵制日货运动和募捐运动,派人回国参战。1937 年至 1942 年,华侨认购的救国公债达 11 亿元之巨。仅 1939 年,全国战费(不含敌后战场)为 18 亿元,当年华侨捐款及侨汇即达 13 亿元。在抗战头三年里,海外华侨捐献飞机 217 架,坦克 23 辆,救护车 1000 余辆,物资总数在 3000 批以上。1939 年初,仅菲律宾华侨就输送了 16 名飞行员回国参战。抗战期间先后加入东江地区抗日游击队的华侨及港澳同胞在 1000 人以上。印尼归国华侨李林,参加八路军后任一二○师第六支队骑兵营教导员,在作战中英勇牺牲,被誉为女英雄。

在抗日民族统一战线的旗帜下,中国战场上共产党领导的敌后战场,与国民党领导的正面战场紧密配合,将士团结协作,浴血奋战,陷敌于进退维谷的境地,粉碎了日本军国主义吞并中国的迷梦。

第三,中国抗日战争的胜利,是人民战争战略战术的胜利。

抗日战争中,正面战场和敌后战场采取了不同的战略战术。在正面战场,尽管也在有限的时间与有限的范围与程度上发动了人民群众,但主要是依靠政府与军队抗战;虽然也采用了一些运动战的战术,也试图开展游击战,但主要是进行阵地战。在正面战场,国民政府广大官兵浴血奋战,英勇杀敌,在屡次会战中大量杀伤和消耗日军,也打了像台儿庄战役的漂亮仗,但总体情况是被动挨打,大多数战役以失败结束。在敌后各抗日根据地,中国共产党始终坚持实行人民战争的抗战路线,积极发动群众、组织群众、武装群众,领导军民以军事斗争为中心,把武装的与非武装的,把政治的、经济的、文化的,以及公开的和隐蔽的,"合法的"与"非法的"等各种斗争形式相结合,实行全面的对敌斗争,充分发挥党、政、军、民的整体力量,打破日军推行的所谓"总力战"。在武装力量体制上,采取主力军、地方军和民兵游击队三结合的形式。主力军主要执行外线的和在有利条件下以运动战形式歼灭敌人较大兵团的作战任务;地方军、民兵游击队则主要执行内线的,本乡本土的保卫任务,以分散的多种形式的游击战与敌人周旋,配合主力军粉碎敌人的围攻、"扫荡"、"蚕食"、清乡等。根据战争形势的发展,这三种形式还可灵活变化,相互转变,相互支援。

中国共产党由于坚持人民战争,以仅有的几万余人开展游击战争,开辟了广阔的敌后战场,歼灭、牵制了大量日军,创建了 19 个抗日根据地,并使人民武装力量获得了飞速发展。在敌后战场上不断出击,主动、灵活、有计划地打击敌人,在相持阶段实行战略上的持久的内线防御作战,战役战斗上外线的进攻的速决战,不断地歼灭和消耗日军,使日军在敌后战场上陷入了被动地位。在作战形式上,重视游击战的战略地位,实行以游击战为主的作战方针。在战略防御阶段,游击战争担负着开辟敌后战场,创建根据地,牵制与打击敌人,配合正面战场作战的战略任务。在战略相持阶段,游击战争担负着坚持敌后抗战,发展与巩固根据地,消耗与削弱敌人,支援正面战场作战,并积蓄力量,逐步由游击战向正规战转变和准备反攻的战略任务。在战略反攻阶段,游击战争则转变为正规战,展开大规模反攻,恢复失地。

在整个抗战过程中,敌后战场的游击战与正面战场的正规战在战略上对敌人构成夹击态势,陷敌于两面作战的不利地位。历史已经证明,人民战争的抗战路线是弱国打败强国的惟一指导路线。

第四,国际社会的援助与支持,是中国抗日战争胜利的外部因素。

中国的抗日战争得到了世界各国人民广泛的支持和帮助。欧美各国以工人为主的各阶层人士组织了各种协会,以游行集会、罢工、抵制日货等方式同情和支持中国的抗日战争,向中国赠送了大量药材等物品并派出救护队。各国共产党、共产国际等友好党派,也组织力量支持中国,如加拿大和美国共产党联合派来的白求恩医疗队,印度国大党派遣的爱德华、柯棣华援华医疗队。著名的援华医生还有美国人乔治·海德姆(中国名为马海德)、德国人汉斯·米勒、朝鲜人禹铺、澳大利亚人富莱、联合国善后救济总署医疗部医生保尔舍克等。外国新闻界有斯诺、史沫特莱等著名记者向世界宣传中国的抗战,即使是日本共产党也在支援中国的抗日战争,组织了"日本共产主义者同盟"、"觉醒同盟"、"反战同盟",直接帮助中国抗战。

许多国家政府通过贷款、军事援助等形式,给处境艰难的中国抗战以重要的物质支持。从1937年至1944年,美、英、法等国向中国贷款分别约10.478亿美元,1.5亿英镑,10.3亿法郎。全国抗战的头四年,对华主要援助国是苏联。苏联共贷给中国国民党政府4.5亿美元,以供其购买苏式装备。据苏方统计,从1937年10月至1940年,苏联向中国提供了

1235 架飞机,82 辆坦克,1600 门火炮,1.4 万多挺轻重机枪,86 万发炮弹, 1.1 亿发子弹,16.5 万颗航弹,2050 辆卡车以及其他物资。苏联还派出了 6 个飞行中队的志愿航空队,协助国民党政府建设空军和参加对日空战, 苏联的物质援助持续到 1941 年 3 月。在军事行动上,苏军长期陈兵东北 的中苏边境,牵制了大量日军,有利于中国抗战。1945 年 8 月 9 日,苏军 发起远东战役,歼灭了日本数十万精锐之师的关东军,更是以直接的军事 行动援助了中国。美国是在第二次世界大战中援华最多的国家,美国的 第一笔援华贷款始于 1938 年 12 月 15 日,大笔的援华物资和贷款是在 1941 年后。美国帮助国民党重建了空军,并派第 14 航空队直接参加中国 战区的作战。此外,还向国民党军队提供大量的美械装备和美式训练。 中国远征军赴缅作战的胜利很大程度上正得益于装备的改善和训练水平 的提高。

国际上的对华援助,对中国抗战起了壮大抗日力量、鼓舞中国民心士 气的作用,特别是对于防止蒋介石政府的妥协投降、坚持抗战起了良好的 作用。中国抗日战争的最后胜利,主要是中国军民持久抗战的结果,国际 社会的援助,是外部的辅助性因素。

中国人民抗日战争,是近代以来中国反抗外敌入侵第一次取得完全 胜利的民族解放战争。中国人民抗日战争和世界反法西斯战争的胜利, 是 20 世纪人类历史上的重大事件,对于中国社会发展和世界文明进步都 具有重大而深远的意义。

第一,中国人民抗日战争的胜利,彻底打败了日本侵略者,捍卫了中 国的国家主权和领土完整,使中华民族避免了遭受殖民奴役的厄运。抗 日战争的胜利,结束了日本在台湾 50 年的殖民统治,使台湾回到祖国怀 抱。中国参与发起成立联合国并成为联合国安理会常任理事国,显著提 高了中国的国际地位和国际影响。中国人民抗日战争胜利的历史表明,中华民族有同自己的敌人血战到底的气概,有在自力更生的基础上光复旧物的决心,有自立于世界民族之林的能力。中国人民抗日战争的胜利,成为中华民族走向复兴的历史转折点。

第二,中国人民抗日战争的胜利,促进了中华民族的觉醒,为中国共产党带领中国人民实现彻底的民族独立和人民解放奠定了重要基础。日本军国主义的侵略使中华民族面临亡国灭种的危险,生死存亡的考验使中国人民极大地觉醒起来,更加深入地思考中华民族的前途命运和实现民族振兴的正确道路。抗日战争烽火的洗礼,使中国人民在精神上、组织上的进步达到了前所未有的高度。中国人民深刻认识到,中国要实现民族振兴和人民幸福,必须首先实现民族独立和人民解放,必须建立人民当家作主的人民民主政权,真正掌握自己的命运。中国人民还深刻认识到,中国共产党提出的改造旧中国、建设新中国的主张,代表了历史发展的正确方向,符合中国人民和中华民族的根本利益。

第三,中国人民抗日战争的胜利,促进了中华民族的大团结,弘扬了中华民族的伟大精神。抗日战争使中国人民空前团结起来,使中华民族焕发出巨大凝聚力和旺盛生命力。在那场空前壮阔的伟大斗争中,中华民族进一步弘扬了以爱国主义为核心的伟大民族精神,并表现出许多鲜明的特点,这就是坚持国家和民族利益至上、誓死不当亡国奴的民族自尊品格,万众一心、共赴国难的民族团结意识,不畏强暴、敢于同敌人血战到底的民族英雄气概,百折不挠、勇于依靠自己的力量战胜侵略者的民族自强信念,开拓创新、善于在危难中开辟发展新路的民族创造精神,坚持正义、自觉为人类和平进步事业贡献力量的民族奉献精神。

第四,中国抗日战争是世界反法西斯战争的组成部分。中国人民抗日战争的胜利,对世界各国人民夺取反法西斯战争的胜利、维护世界和平的伟大事业产生了巨大影响。中国人民抗日战争是世界反法西斯战争历史的光辉一页。在世界反法西斯战争中,中国人民抗日战争开始最早、持续时间最长。中国战场长期牵制和抗击了日本军国主义的主要兵力,歼灭日军150多万,对日本侵略者的彻底覆灭起到了决定性作用。中国人民抗日战争在战略上策应和支持了盟国作战,配合了欧洲战场和太平洋战场的战略行动,制约和打乱了日本法西斯和德意法西斯战略配合的企图。中国作为亚太地区盟军对日作战的重要后方基地,为盟国提供了大量战略物资和军事情报。中国人民抗日战争的胜利,在全世界人民面前树立了一个以弱胜强的光辉范例,鼓舞了被压迫、遭侵略的民族进行解放战争的信心和勇气。中国人民为最终战胜世界法西斯反动势力作出了不可磨灭的历史贡献。

第五,中国人民抗日战争和世界反法西斯战争的胜利,不仅彻底摧毁了世界法西斯反动势力,而且成为世界发展的一个重大转折点。这一胜利,壮大了世界进步力量,有力地冲击了旧时代列强争霸的国际体系,动摇了世界殖民主义的基础,推动了殖民地、附属国争取国家独立和民族解放的斗争,为亚洲、非洲、拉丁美洲方兴未艾的民族解放运动开辟了广阔道路。这一胜利,挽救了人类文明,避免了历史倒退,广泛传播了自由、民主、平等、公正、和平的基本价值,促进了各国人民特别是殖民地半殖民地人民精神上的广泛觉醒,对人类文明进步产生了持久影响。这一胜利,促进了联合国的成立,推动制定了联合国宪章和其他国际关系基本准则,开始形成维护国际和平与安全的新机制,对战后世界局势的发展产生了深远影响。总之,中国人民抗日战争和世界反法西斯战争的胜利,是正义的胜利、和平的胜利、人民的胜利!

第六章

国民党政权的崩溃 新民主主义革命的胜利

第一节 国民党坚持独裁内战 中国人民争取和平民主

一、战后国际国内形势

第二次世界大战后,国际形势发生了深刻的变化。一方面,国际帝国主义势力受到削弱,只有美国在战争中发了横财,经济势力迅速增长;军事上,军队数量和军费开支猛增,1945 年 7 月 16 日试爆原子弹成功,成为世界上第一个拥有原子武器的国家。另一方面,社会主义国家苏联在战后国际影响扩大,经济迅速恢复;1949 年 8 月 29 日试爆原子弹成功,打破了美国的核垄断。东欧、亚洲出现一批人民民主主义国家,亚、非、拉原殖民地半殖民地国家和地区民族解放运动兴起,资本主义国家的工人运动和民主运动日益高涨。

战后国际形势总的方向是朝着和平和民主方向发展。但是,世界上仍存在复杂的矛盾和斗争。

1945年4月,美国总统杜鲁门一上任便声称:"全世界应该采取美国制度","不管我们喜欢与否,未来的(国际)经济格局将取决于我们。"美国欲称霸世界的野心昭然若揭。而苏联的强盛及其在世界范围内的影响使美国的扩张野心遇到了最大的阻碍。1946年3月5日,英国前首相丘吉尔在美国密苏里州的富尔顿发表"铁幕"演说。1947年美国又接连推出杜鲁门主义和马歇尔计划,发动了对苏联的"冷战",希冀运用除了军事手段以外的一切手段将苏联的共产主义"遏制"在其本国和东欧范围内。苏联也采取各种措施应对"冷战",不断巩固和壮大东欧人民民主主义国家。以美国为首的帝国主义阵营和以苏联为首的社会主义阵营之间的相互对峙成为战后世界的基本格局。

战后,美国对中国的策略是服务于其全球战略的,目的是控制中国,使中国成为其遏制和对抗苏联的重要阵地;基本政策是扶蒋反共,支持由亲美的蒋介石为首的国民党政府统一中国。苏联则重视中国在战后国际斗争中的地位,为了维护其在中国东北得到的利益,苏联表示支持蒋介石统一中国,要求中共交出军队参加蒋介石政府。美、苏在战后对华的政策严重影响了中国的政局。

抗日战争胜利后,国内阶级力量对比发生了很大的变化。

国民党政权在抗战中保存并扩充了军事实力,战后又接收了日伪大量军事装备,且得到美国的援助。至1946年6月,国民党军队总兵力达430万人,其中正规军200万人,有一部分完全由美国装备和训练。国民政府控制着全国人口3.39亿,占总人口71%,控制土地面积的76%,还控制着全国的大城市和主要交通线。国民党政权战后通过受降和接受日伪产业,国家垄断资本空前膨胀。战后国民政府接收了日伪的各种金融机构,至 1946 年 6 月,国统区共有银行 3489 家,其中官营银行达 2446 家,约占总数的 2/3。在工业方面,据经济部 1946 年 7 月统计,国民政府共接收敌伪工厂 2411 家,官僚资本总额在工业中的比重急速提高,至 1946 年达到 70% 至 80%。1947 年,资源委员会所属的官僚资本工矿企业在国统区工矿企业生产中所占比重,电力为 63%,煤为 33%,钢铁为 90%,水泥为 45%,糖为 90%[①]。官僚资本还在商业上确立了垄断地位。

国民党政权的经济接收以及国民党官僚的腐败行为使得社会生产受到很大破坏。大批工厂停产、商店停业,上百万工人和店员失业;国民党接收大员肆无忌惮地瓜分、盗卖、侵吞巨额财产和物资,大发接收财;国民政府以法币 1 元兑换伪币 200 元的比价,侵夺了大量人民的财产,结果引起物价飞涨,人民生活处于水深火热之中。

抗战胜利时,共产党领导的人民革命力量空前壮大。共产党员由抗战时的 4 万人增长到 120 多万人,解放区有 19 块,面积达到近 100 万平方公里,人口近 1 亿,人民军队发展到 120 多万人,民兵 260 万人。解放区的经济主要是农业和手工业,基本上没有现代工业,军工生产能力极弱。共产党的军事力量虽不及国民党军队,但政治声望大大提高,在中国社会中的地位和比重同抗战初期大不相同了。

二、三种不同的建国方案　民主党派的活跃

还在抗战后期,国内各个政治派别就建立一个什么样的国家提出各自的主张。抗战胜利后,面对新的政治形势,"建国"的问题成为现实的问

---

①　陈真:《中国近代工业史资料》第 8 辑,三联书店 1961 年,第 1445 页。

题,各个党派进一步阐明各自的方案,展开了政治较量,并召开了政治会议,通过了决议。在中国近代史上出现了一个短暂的特殊时期。

实行专制独裁是国民党的一贯方针。1945年9月3日,蒋介石在《庆祝抗战胜利对全国的同胞广播词》中,打着"和平建国"、"民主宪政"的幌子,宣称"国民革命的最高理想是全民政治,实现理想的最主要关键是还政于民,而国民大会是国民政府还政于民必经的阶段,也就是国民革命必须完成的重要程序",并说"宪政实施愈早愈好"。他还表示:"只要是在革命建国的最高原则三民主义不致动摇,中华民国国民政府的法统不致紊乱的前提下,一切问题无不可以推诚相见,共同商讨。"1946年元旦,蒋介石在《告全国军民同胞书》中宣布:"军令政令必须统一,军队必须一律归还国家统辖,任何割据地盘、破坏交通、阻碍复员的军事行动必须绝对避免,则是解决目前纷争不安的唯一先决条件。"显然,蒋介石是要把1936年国民党的一党包办选出的代表集合起来召开的"国大"及1936年的《五五宪草》,披上"民主"的外衣,继续坚持国民党一党专政和蒋介石的个人独裁。

中国共产党在战后的基本方针是和平、民主、团结。1945年8月13日,毛泽东在延安干部会议上做了《抗日战争胜利后的时局和我们的方针》的演讲,指出:"从整个形势看来,抗日战争的阶段过去了,新的情况和任务是国内斗争。蒋介石说要'建国',今后就是建什么国的斗争。是建立一个无产阶级领导的人民大众的新民主主义的国家呢,还是建立一个大地主大资产阶级专政的半殖民地半封建的国家?这将是一场很复杂的斗争。"揭露了蒋介石国民党的独裁专制的本质,提出了反对独裁专制斗争的方针。1945年8月25日,中共中央发表《对目前时局的宣言》,进一步指出"一个新的时期,和平建设的时期,已经来临了"。《宣言》提出:在新的时期,"巩固国内团结,保证国内和平,实现民主,改善民生,以便在和平民主团结的基础上,实现全国的统一,建设独立自由与富强的新中国,并协同英美苏及一切盟邦巩固国际间的持久和平"是全国人民的重大任务。宣言要求国民政府立即实施以下6条紧急措施:承认解放区的民选政府和抗日军队,撤退包围与进攻解放区的军队,以便立即实现和平,避免内战;划定八路军、新四军及华南抗日总队接受日军投降的地区,并给予他们以参加处置日本的一切工作的权利;严惩汉奸,解散伪军;公平合理地整编军队,办理复员,救济难胞,减轻赋税;承认各党派合法地位,取消一切妨碍人民集会、结社、言论、出版自由的法令,取消特务机关,释放爱国政治犯;立即召开各党派和无党派代表人物的会议,商讨战后各项重大问题,制定民主的施政纲领,成立举国一致的民主联合政府,并筹备自由无拘束的普选的国民大会。中共中央提出的6条紧急措施及"和平、民主、团结"的口号,符合国内形势发展的需要,得到了各阶层人民的拥护,从而在政治上争取了主动地位。

1945年8月12日,中国民主同盟主席张澜就时局发表谈话,要求国民党政府"立即予人民以民主的基本自由",反对蒋介石策划的于11月召开的所谓"国民大会",呼吁国共两党停止"足以促成大规模内战的一切摩擦",主张立即"召开党派会议,从事团结商谈"。15日,中国民主同盟发表《在抗战胜利声中的紧急呼吁》,提出了"民主统一、和平建国"的口号。10月1日至12日,中国民主同盟在重庆召开临时全国代表大会(民盟史上称第一次全国代表大会),通过了纲领、政治报告、宣言和章程等文件,增选了33名中央委员,继续选举张澜为主席。政治报告认为:民盟的任务,"就在研讨怎样把握住这个千载一时的机会,实现中国的民主","把中国造成一个十足道地的民主国家"。报告认为英美和苏联的制度各有优缺点,要综合二者之长创立中国式的民主。"拿苏联的经济民主来充实英美的政治民主,拿各种民主生活中最优良的传统及其可能发展的趋势,来创造一种中国型的民主,这就是中国目前需要的一种民主制度"。报告还指出,实行民主必先扫除障碍,当前要解决政治会议、联合政府、国民大会三大问题。大会的《纲领》提出,在政治制度方面,实行议会制、责任内阁制、司法独立制、地方自治制、文官考试制,国家应保障人民的各项基本自由,总统、副总统由人民直接选举;在经济方面,主张实行经济民主,平均财富,消灭贫富阶级,民主监督管理公司企业,"规定最高限度之土地私有额,通过合作农场及公营农场等方式,转化小农生产为工业化之现代生产","以法律节制私人商业上之中间剥削"。《纲领》还主张"军权及军队属于国家,禁止军队中之党团组织";实行"以保障国家之领土主权、民族之自由平等,与各国和平相处为原则"的外交方针;"确保人民享受教育之平等权利";"厉行劳工福利政策"和社会保险,等等。

中国民主同盟是一个阶级联盟性质的中间性政党。它的政治主张在各中间性党派中具有一定的代表性。

1945年12月16日,胡厥文、章乃器、施复亮、李烛尘等在重庆召开大会,正式成立中国民主建国会。大会通过了政纲和宣言,选举了理事和监事。民主建国会是以民族工商业者为主体的政治党派,基本政治观点是:对美、苏两国采取平衡政策,以求获得双方的亲善与协助;在国内政治上,主张各政党相忍相让,通过政治的民主化以达成军队的国家化;在经济上,主张有民主的经济建设,国家必须全力培养资本,用和平合理的手段解决土地问题,等等。宣言表示:"愿以纯洁平民的协力,不右倾,不左祖,替中国建立起来一个政治上和平奋斗的典型。"

12月20日,救国会改名为中国人民救国会,宣布了政纲,主张"建立一个以全国绝大多数为基础的联合战线的民主联盟的民主国家制度,即是建立一个独立自由平等的人民共和国"。沈钧儒当选为主席。

中国民主促进会1945年12月30日于上海成立。主要领导人是马叙伦、周建人等。1946年1月初,民主促进会发表时局宣言,要求国民党改革政权,还政于民,给人民言论、出版、集会、结社及人身自由,重新制定宪法等。

1945年9月3日,许德珩、涂长望、孟宪章等人举行会议,将1944年冬组成的民主科学座谈会正式改名为九三学社。1946年5月4日,在重庆召开成立大会,选举许德珩等16人为理事,卢于道等8人为监事,许德珩等7人为常务理事。同年秋,活动中心由上海转到北平。

以李济深和蔡廷锴为主,以十九路军旧部为基础的国民党民主促进会在1944年豫湘桂战役期间即已酝酿成立。1946年4月15日在广州正式宣布成立。

这些党派利用战后形成的短暂的特殊时期,积极提出他们的建国方针和政治主张,为建立其长期追求的资产阶级民主国家,进行了不懈的努力。他们在反对国民党独裁专制、实现民主政治上,与中国共产党联合,在促进政治协商会议召开,维护政协路线,反内战、争和平、反独裁、要民主的运动中,发挥了重大作用。

三、从重庆谈判到政治协商会议

抗战胜利后,全国人民迫切希望实现和平、团结、民主,建设自己的国家。国际上,英、美、苏三国表示不希望中国发生内战。国共两党重庆谈判和随后举行的政治协商会议就是在这个背景下举行的。日本宣布投降后,蒋介石于1945年8月14日、20日、23日,三次电邀毛泽东赴重庆"共同商讨""目前各种重要问题"。24日,毛泽东复电表示同意。

8月26日,中共中央向党内发出《关于同国民党进行和平谈判的通知》,明确阐述了中共对时局的态度和主张。《通知》指出:国民党"在内外压力下,可能在谈判后,有条件地承认我党地位,我党亦有条件地承认国民党的地位,造成两党合作(加上民主同盟等)、和平发展的新阶段"。在谈判中我们准备作必要的以不伤害人民根本利益为原则的让步,"如果国民党还要发动内战,它就在全国全世界面前输了理,我党就有理由采取自卫战争,击破其进攻。同时我党力量强大,有来犯者,只要好打,我党必定站在自卫立场上坚决彻底干净全部消灭之(不要轻易打,打则必胜),绝对不要被反动派的气势汹汹所吓倒"。在此前后,中共中央在政治、军事和组织上作了重要部署。8月23日,中共中央政治局扩大会议决定,毛泽东离开延安期间由刘少奇代理主席职务。之后,中共中央决定向东北派出1200人组成的干部团,相机进入东北。

毛泽东与周恩来等在赫尔利的
陪同下飞抵重庆机场

8月27日,国民政府军委会政治部部长张治中受蒋介石指派,与美国驻华大使赫尔利乘飞机抵达延安迎接毛泽东。28日下午,毛泽东、周恩来、王若飞在张治中、赫尔利的陪同下飞抵重庆。翌日,毛泽东与蒋介石进行商谈。之后的具体谈判在中共代表周恩来、王若飞和国民党政府代表王世杰、张群、张治中、邵力子之间进行。

蒋介石为国民党拟定了谈判三原则：（一）不得于现在政府法统之外来谈改组政府问题；（二）不得分期或局部解决，必须现时整个解决一切问题；（三）归结于政令、军令之统一，一切问题必须以此为中心。9月2日，毛泽东约见王世杰，对国共两党谈判提出8项原则性意见。9月3日，中共提出11项要点的谈判方案。9月4日，蒋介石亲拟《对中共谈判要点》，主要内容为：中共军队的组编以12个师为最高限度；承认解放区绝对行不通，省级行政人员可延请中共人士参加；将原国防最高委员会改组为政治会议，由各党派人士参加；原当选之国民大会代表仍然有效，中共如欲增加代表，可酌量增加名额。9月8日，张群等据此拟定了《对中共9月3日提案之答复案》，交给中共代表。双方的分歧很大。但经过毛泽东与蒋介石直接商谈，周恩来、王若飞同张群、张治中、王世杰、邵力子的多次具体商谈，历时43天，终于在10月10日达成《国民政府与中共代表会谈纪要》，即《双十协定》。

《纪要》有12条内容，达成共识者以"一致认为"、"双方同意"表述，未达成共识者以"中共方面提出"、"政府方面表示"来表述。在《纪要》中，双方一致同意和平建国的基本方针，认为"必须共同努力，以和平、民主、团结、统一为基础，并在蒋主席领导之下，长期合作，坚决避免内战，建设独立、自由和富强的新中国，彻底实行三民主义"。双方一致认为："政治民主化、军队国家化及党派平等合法，为达到和平建国必由之途径。"在《纪要》中，双方认为："应迅速结束训政，实施宪政，并应先采必要步骤，由国民政府召开政治协商会议"，协商国是，讨论和平建国方案及召开国民大会各项问题。双方一致认为："政府应保证，人民享受一切民主国家人民在平时应享受身体、信仰、言论、出版、集会、结社之自由。"

　　谈判中争论最多的是军队国家化和解放区政权问题。在军队问题上,共产党提出,政府应公平合理地整编全国的军队,确定分期实施计划,并重划军区,确定征补制度,以谋军令之统一。在此计划下,共产党表示愿意将其所领导的抗日军队由现有数目缩编至24个师至少20个师的数目。这一让步使共产党争取了政治上的主动。关于解放区政权问题,共产党主张"政府应承认解放区各级民选政府的合法地位",提出了4种解决方案,以现有解放区情形,重划省区和行政区,并即以原由民选之各级地方政府名单,呈请加委,以谋政令之统一。蒋介石向毛泽东表示:"全国政令军令统一以后,中央可考虑中共所荐之行政人选。"这一问题在谈判中未能达成一致意见,但双方同意继续协商。

　　重庆谈判期间,毛泽东、周恩来先后会见了许多爱国民主人士,广泛接触社会各界人士,向他们阐明共产党关于和平民主团结的方针,从而大大推动了全国和平民主运动的发展。

　　10月11日,毛泽东由张治中、王若飞陪同返回延安。周恩来、王若飞(到延安后随即返回)留在重庆同国民党继续商谈召开政治协商会议问题。

　　《双十协定》签订后,共产党履行诺言将长江以南的新四军撤往江北,表明了和平、团结的诚意。但国民党蒋介石却加紧做内战的准备。还在重庆谈判期间,8月29日,国民政府军委会参谋总长、陆军总司令何应钦下令印发蒋介石1933年编写的《剿匪手册》。10月13日,蒋介石向各战区下达"剿匪"密令,"督励所属,努力进剿,迅速完成任务"。国民党军迅速沿津浦、平汉、同蒲、平绥铁路展开。到《双十协定》签字后20天内,用于进攻解放区的军队已达80万人以上,还不包括包围陕甘宁边区的军队。面对国民党军的军事进攻,共产党根据"有来犯者,只要好打,我党必定站在自卫立场上坚决彻底干净全部消灭之"的精神,予以坚决的反击。

重庆谈判期间,国民党阎锡山部队进犯山西上党地区。晋冀鲁豫军区在刘伯承、邓小平的指挥下,歼灭来犯者 3.5 万人,遏制了国民党军队对解放区的进攻,加强了中国共产党在重庆谈判中的地位,对《双十协定》的达成起了重要作用。10 月中下旬,解放区的人民军队又连续进行了平绥、津浦、平汉(邯郸)三个战役,歼灭来犯的国民党军 11 万人。这些战役保卫了华北和其他解放区,延缓了国民党军进兵东北的行动。

这时候,美国采取了调解国共争端的政策。11 月 26 日,美国驻华大使赫尔利辞职。美国总统杜鲁门任命马歇尔作为特使赴华"调停"内战。12 月 15 日,马歇尔启程来华。同日,杜鲁门发表美国对华政策声明表示:南京国民政府应"加以扩大,容纳国内其他政治党派",修改"训政制度";"国民政府为中国唯一的合法政府","自治性的军队例如共产党军队那样的存在,乃与中国政治团结不相符合,且实际上使政治团结不能实现"。杜鲁门要求马歇尔"以适当而可行的方式,运用美国的影响",以达到国民党领导下的中国"统一"。12 月 17 日,赫尔利致电蒋介石称:"今后,马歇尔将军赞助阁下统一中国之全部军队使隶属于国民政府必不致遭美国官员之反对而能获得成功。"①这表明美国对华政策的实质是扶蒋反共。

为了维护国内和平,为召开政治协商会议创造条件,12 月 27 日中国共产党代表团向国民政府代表提出了关于无条件停止内战的三项提议:(一)双方应下令所属部队,在全国范围内均暂各驻原地,停止一切军事冲突;(二)凡与避免内战有关之一切问题,如受降、解除敌军武装、解散伪军、停止利用伪军、驻兵地区、恢复交通、运兵及解放区、收复区等问题,均应于军事冲突停止后经和平协商办法解决;(三)应在政治协商会议指导下,组织全国各界内战考察团,分赴全国发生战事区域,进行实地考察。

---

① 　南京国民政府档案,第二历史档案馆藏,转引自张宪文《中华民国史纲》,河南人民出版社 1985 年,第648页。

12月31日,国民政府代表回复同意上述提议。马歇尔抵华后,频繁接触各界人士,调解国共关系,参与中共代表与国民政府代表关于停战的谈判。经过几度商谈,1946年1月5日,中共代表团与国民政府代表团达成了《关于停止国内军事冲突办法的协议》。《协议》规定:停止国内各地一切军事冲突并恢复一切交通;因国内军事冲突及交通阻塞等事与我国对盟邦所负责之受降及遣送敌俘等义务有关,故应由政府与中共各派代表一人,会同马歇尔将军从速商定办法,提请政府实施;由国民参政会驻委会及政治协商会议各推定国共两党当事人以外之公正人士8人组织军事考察团,会同国共双方在发生冲突区域考察军事状况、交通情形以及其他与国内和平恢复有关事项,随时将事实真相提出报告并公布之。1月10日,国共两党由张群、周恩来签署了《关于停止国内冲突的命令和声明》,由双方向所属部队发出停战令,确定于1月13日午夜停火。

根据停战声明,1月7日成立由马歇尔、周恩来、张群(后为张治中、徐永昌)组成的三人小组。1月10日,军事调处执行部在北平成立。军事调处执行部设委员3人,各有表决及互商权,其中1人代表国民政府,1人代表中国共产党,1人代表美国,美国代表被邀任主席。国民政府的代表是郑介民,共产党的代表是叶剑英,美国代表是驻华使馆代办罗伯逊。1月14日,军调部在北平开始办公。

停战声明生效后,战争在全国范围内(除东北外)停止了一个时期,这使经历了长期战乱的中国人民看到了内战有可能停止的新的希望。

1月10日,在停战令发布的同一天,政治协商会议在重庆召开。国民党代表8人:孙科、吴铁城、张群、王世杰、陈布雷、陈立夫、张厉生、邵力子。共产党代表7人:周恩来、董必武、王若飞、叶剑英(后由秦邦宪代)、吴玉章、陆定一、邓颖超。青年党代表5人:曾琦、陈启天、杨永浚、余家菊、常乃惪。民盟9人:张澜、罗隆基、张君劢、张东荪、沈钧儒、张申府、黄炎培、梁漱溟、章伯钧。其他无党派人士 9 人：莫德惠、王云五、傅斯年、胡霖、邵从恩、钱永铭、缪嘉铭、李烛尘、郭沫若。共 38 人。蒋介石主持开幕会并致辞，他指出会议的宗旨是邀集各党派代表和社会贤达来共商国是，商讨国家由战时过渡到平时、由抗战进到建国的基本方案。他向与会代表作出"人民之自由"、"政党之合法地位"、"普选"、"释放政治犯"等 4 项保证。1 月 11 日、12 日，国共代表分别报告停止军事冲突商谈经过和国共重庆谈判的经过。14 日至 19 日，进行大会讨论和分组讨论。25 日至 31 日，会议先后通过了军事问题、宪法问题、和平建国纲领、政府组织、国民大会问题等 5 项协议。31 日，会议闭幕。

参加政协会议的五个方面实际代表着中国的三种政治力量。蒋介石、周恩来和张澜在开幕会中的致词就分别代表了三个政治集团的基本主张。随后，各方围绕改组国民政府、施政纲领、军事问题、国民大会、宪法草案五个问题，进行了激烈的斗争。

关于改组政府问题。国民党主张"扩大"政府而不是"改组"，认为要扩大国府委员名额，以便由其他党派或无党派人士充任，但国民党要具有"特定程度的多数"；国民政府委员由主席提出经国民党中央执行委员会通过；国民政府委员会无用人权；主席有紧急处置之权。共产党主张政府必须改组，承认国民党是第一大党，但国民党在政府中的人数不能超过1/3；国民政府委员人选不能由国民党中央通过；国民政府委员会应有用人权；政府改组要有共同纲领。会议通过的《政府组织案》规定：国民政府委员会为政府之最高国务机关，有权议决立法原则、施政方针、财政计划及预算、任免各部长官及任用立法委员等。国民政府委员名额为 40 人，国民党占一半，重要议案须经 2/3 以上委员通过。

关于施政纲领。共产党提出了《和平建国纲领草案》。吴铁城主张以《建国大纲》、《抗战建国纲领》、国民党六全大会政纲、民国三十五年施政方针为制定施政纲领的依据。章伯钧主张制定纲领要以国民党一大宣言、《约法》为依据，并参考共产党及其他政党纲领和意见。罗隆基认为共产党的议案"很切合需要，可作讨论依据"。最后，会议以共产党的方案为依据通过了《和平建国纲领》。

军队问题是斗争的焦点。国民党坚持先军队国家化再政治民主化的方针，强调"军令政令统一"。青年党提出"军队国家化为政治民主化的先决条件"，贯彻了国民党的意图。民盟主张"全国所有军队应即脱离任何党派关系，而归属于国家"。周恩来重申了共产党的主张，指出现在的政府还是一党专政的政府，把人民军队交出去，就会变为国民党的军队。他提出：我们同意军队国家化，但是不能"先有军队国家化，然后才能政治民主化"，必须二者同时并进。军队国家化就是要使军队成为人民的军队。最后，会议勉强达成了《关于军事问题的协议》，通过了"军队属于国家"、"军党分立"、"军民分治"、"以政治军"等原则规定，但未能解决实际问题。

关于国民大会问题。国民党坚持1936年召开的国民大会、制定的宪法和选出的国大代表仍然有效，另外"合理增加"名额。具体来说，国大代表总数1440名，前已选出950名，尚需选出490名，国民党指定其中的240名，余下的250名为共产党和其他党派选出。这一意见遭到了共产党和民盟等党派的强烈反对。最后达成的协议是：国大代表名额为2050名，其中新增党派和社会贤达代表700名；宪法的通过须经出席代表的3/4同意。这就基本上打破了国民党对国大的控制。

关于宪法草案问题。国民党坚持《五五宪草》仍然有效，遭到共产党、民盟等人士的强烈反对。经过争论，通过了《关于宪草问题的协议》，确定了对《五五宪草》的修改原则："立法院为国家最高立法机关"；"行政院为国家最高行政机关"，"行政院对立法院负责"；"省为地方自治之最高单位"，省长民选等。这样就确定了国会制、内阁制、省自治制的政治制度，而总统的权力受到较大的限制。

政治协商会议是中国近代史上一次十分突出的采取合法形式的斗争，是中国民主运动史上特殊的一幕。政协会议通过的各项协议是中国共产党和各派民主人士向国民党一党专制的统治进行合法斗争的结果，是民主阵线和反民主势力斗争的结果。虽然协议很快被国民党破坏，但是会议体现的和平民主建国的路线深入人心。

四、国民党破坏政协协议准备发动全面内战　解放区军民准备自卫战争

政治协商会议协议虽已达成，但这并不是国民党和蒋介石的本意。还在政协会议期间，国民党特务对在沧白堂举行的政协代表向各界人士报告进展情况会议进行捣乱破坏，致使会议被迫中断。2月10日，重庆各界召开庆祝政协会议成功的万人大会。国民党特务蓄意阻挠大会召开，并打伤李公朴、郭沫若、施复亮、马寅初等，伤及群众60多人，制造校场口惨案。此外，国民党还在北平、重庆等地煽动反共反苏游行，冲击北平军调部和重庆《新华日报》民生路营业部等。这些暴行和游行目的是破坏政协会议的进行以及会后出现的和平民主的政治气氛。

3月1日至17日，国民党在重庆召开六届二中全会。会上，国民党内的顽固分子激烈反对政协协议。蒋介石在几次讲话中一方面替国民党政协代表辩护，称政协会议的责任由他负责；另一方面支持和纵容攻击政协协议的观点，称宪草修改原则"有若干点实在与五权宪法的精神相违背"，要"多方设法来补救"。全会通过了《对政协报告之决议案》，对共产党提出单方面的要求："望中国共产党切实依照协议，在其所占区域内首先停止一切暴行，实行民主，容许人民有身体思想宗教信仰出版集会结社居住

迁徙通讯之自由，及各党派公开活动"；"'军队整编及统编中共部队为国军之基本方案'中国共产党务须切实履行"，"封锁围城，征兵扩军，及军队之调动，必须即刻停止"。对于宪草修改提出5条原则：（一）制定宪法应以建国大纲为最基本之依据；（二）国民大会应为有形之组织，用集中开会之方法行使建国大纲所规定之职权；（三）立法院对行政院不应有同意权及不信任权，行政院亦不应有提请解散立法院之权；（四）监察院不应有同意权；（五）省无须制定省宪。这次全会还决定撤销国防最高委员会，恢复中央政治委员会，由其指导国民政府的工作。同时决定各党推选的国府委员要拿到国民党中常会去选任。所有这些都推翻了政协的民主宪政原则。

中国共产党和各民主党派强烈批评国民党违反政协协议的行为。3月18日，周恩来在中外记者招待会上指出：国民党六届二中全会的决议动摇了政协会议的决议。国民党想"利用各党派承认的国大，反转过来反对政协决定的宪草修改原则，来动摇民主宪法的产生，这种违反民主的做法，是任何人不能忍受的"。他严正提出，政协的一切决议不能动摇和修改。谁要是破坏，谁就是破坏民主和平、团结统一。3月21日，张澜向记者发表谈话，表示民盟"为对国民负责计，不愿贸然参加政府"。其他民主党派也纷纷发表谈话，谴责国民党六届二中全会决议违反政协决议。

在破坏政协会议协议的同时，国民党蒋介石加紧进行发动内战的准备。在关内加紧进行军事部署，在关外实施大规模军事进攻。因而，1946年1月至6月，中国的基本状况是"关内小打，关外大打"。在东北，国民党实施"武力接收"政策，以"接受主权"为名扩大内战。1月至3月底，国民党军在美国第七舰队的支持下，运送了7个军的兵力到东北。3月13日，国民党军进入沈阳后，分兵进攻本溪、抚顺、四平等地。东北民主联军奋起反击，于4月18日、28日先后进驻长春、哈尔滨。4月中旬至5月18

日,国共双方军队在四平展开激烈争夺战。东北民主联军在战线过长、兵力过少的弱势下,以伤亡 8000 人的代价消灭了国民党军 1.6 万余人,之后撤离四平。5 月 22 日,民主联军撤离长春,双方隔松花江对峙。蒋介石为了巩固既得阵地,集中力量部署关内作战,以缓和国内外舆论压力,于 6 月 6 日宣布从 7 日正午起东北停战 15 天。之后,在共产党的一再建议下,蒋介石宣布延长停战至 6 月 30 日。

在关内,国民党蒋介石一再违背停战令,调动部队并向解放区进攻,至 6 月,已将其正规军的 80% 约 160 万人调至前线。从 1 月 10 日签订停战协定至 5 月 20 日,国民党军向关内各解放区发动大小进攻达 3675 次,调用兵力达 258 万余人。

中国共产党在坚持和平争取和平的同时,随时保持人民武装和对国民党发动内战的警惕性。1946 年上半年,共产党领导解放区军民加紧做好自卫战争的准备。

建立东北根据地是中共中央的重大战略决策。1945 年 6 月 10 日,毛泽东在中共七大上即已指出,从中国革命将来的前途看,东北是特别重要的,只要我们有了东北,那末中国革命就有了巩固的基础。1945 年 9 月 19 日,刘少奇为中共中央起草并下达《目前任务和战略部署的指示》,提出"向北发展,向南防御"的战略方针,调配兵力进入东北。9 月 30 日,中共中央决定进入东北地区的八路军使用"东北人民自治军"的番号。1946 年 1 月 14 日改称东北民主联军,林彪为司令员,彭真、罗荣桓为第一、第二政治委员。到 1945 年 12 月底,东北地区的部队有 27 万余人,其中主力部队 14 万余人。1945 年 11 月 20 日,中共中央向东北局发出指示,要部队让出大城市,"迅速在东满、北满和西满建立巩固的基础,并加强热河、冀东的工作"。这就是"让开大路,占领两厢"的指示。之后,东北民主联军在东北建立了东满、北满、西满根据地。四平战役后又建立了以通化、临江为中心的南满根据地。在建立东北根据地的过程中,东北各地发动群众,清算汉奸、伪军的罪行,实行减租减息,消灭土匪,建立起共产党领导下的地方民主政府,为最终战胜国民党奠定了基础。

解放区部队进行整编和扩大,开展练兵运动。1945 年 8 月下旬,针对国民党夺取胜利果实的行径,中共中央要求解放区军队迅速集中,脱离分散游击状态,组织成团或旅或师,形成正规兵团,集中行动。到 1946 年 6 月,共产党领导的军队共组成了 27 个野战纵队及 6 个野战旅,新建了野战军体制,同时还调整、加强了对部队的领导。1946 年 5 月 1 日,中共中央发出《关于练兵的指示》,要求造成练兵热潮,以练攻城、守城、夜战三大军事技术和政治上提高战胜敌军、保卫解放区的决心和信心为主要内容。通过练兵运动,提高了部队的军政素质,调整了后勤与军需工作,加强了军工生产,组建了炮兵和工兵。

各解放区开展减租减息和土地改革运动,积极发展生产。1946 年初,根据中共中央的指示,各解放区普遍开展群众性的减租减息运动。有些解放区还开展反奸、清算运动,清算日伪时期汉奸对人民的压迫和剥削。5 月 4 日,中共中央发出《关于清算减租及土地问题的指示》,通称《五四指示》。《指示》指出:坚决支持农民群众"从地主手中获得土地,实现耕者有其田";吸收中农参加土改,并使其获得利益,绝不可侵犯中农土地;"一般不变动富农的土地",在群众要求下,"不能不有所侵犯时,亦不要打击得太重";对于中小地主的生活应给以照顾,应与对待大地主、豪绅、恶霸的态度有所区别;"凡富农及地主开设的商店、作坊、工厂、矿山,不要侵犯,应予以保全",对待封建地主阶级与对待工商业资产阶级,应有原则区别等。根据这一指示,各解放区迅速开展土地改革运动。到 1947 年 2 月,解放区有 2/3 的地区解决了土地问题。土改运动极大地巩固了解放区,有力地支援了自卫战争。与此同时,中共中央强调减租和生产最终决定解放区军事政治斗争的胜负,各地不可忽视。1946 年初,各解放区动员群众开展了生产运动。主要措施有:发放贷款,用于农业生产;兴修水利;发动群众实行互助合作;改进生产技术,改良农作法;发放工矿业、商业贷款等。通过这些措施,粮食实现了增产,日用品供应充足;同时整理财政,改善人民生活,保障了军队的物质需要,为粉碎国民党的军事进攻奠定了物质基础。

第二节　全面内战的爆发

一、全面内战的爆发

1946 年 6 月 26 日,国民党军 22 万人大举进攻中原解放区,全面内战由此爆发。从 7 月初开始,国民党军对各解放区发动全面进攻。

中原解放区位于湖北、河南、安徽交界地区,横跨平汉铁路,活动区域近 60 个县。1945 年 10 月,中共中央成立中原局和中原军区。蒋介石将中原解放区视作心腹大患,以 30 万兵力实施包围。1946 年 1 月至 4 月间,进攻中原解放区达 200 多次。中原解放军被压缩到以宣化店为中心 60 公里的狭小地带。6 月,蒋介石下达严密封锁、分进合击、彻底消灭中原共军的密令。

鉴于中原解放军处于国民党军重兵包围,中共中央于 6 月 19 日指示中原解放军准备突围。此时中原解放区仅李先念、郑位三所部及地方部队 6 万余人。因南有长江阻隔,东面有国民党在津浦路布置的强大兵力,北渡黄河则附近地势危险,河川太多不能徒涉,突围方向只有向西一路。右路突围部队由中原军区司令员李先念、政委郑位三率领,于 6 月 26 日晚由宣化店向西北方向突围。在突破敌军的重重围堵后,进至秦岭以东,伏牛山以西,陇海路以南,汉水以北的广大区域,于8月初建立了鄂豫陕军区。右路突围部队的三五九旅继续北进,8月底到达陕甘宁解放区。左路突围部队在军区副司令员兼第一纵队司令员王树声的率领下,越过平汉线,于7月26日进入武当山地区,8月中下旬建立鄂西北军区。第一纵队第一旅皮定钧部率领东进部队完成迷惑、牵制敌人的任务,到达苏皖解放区。鄂东军区部队掩护主力突围后,积极活动于麻城、太湖、霍山等地。

中原解放军的成功突围,保存了主力部队约2万人,建立了两个游击根据地,有效牵制了国民党程潜、刘峙、胡宗南30万兵力,支援了华北、华东、东北的解放军部队。

国民党军在围攻中原解放区后,又发起对各个解放区的进攻。

华东解放区,北跨胶济线,东临黄海,西与晋冀鲁豫解放区相接,南临长江,战略地位十分重要。在围攻中原解放区的同时,国民党军集中58个旅进攻华东解放区。7月13日,国民党军向如皋、海安一带进攻。13日至16日,华中野战军在泰兴、宣家堡消灭敌人3000余人。17日至19日,歼灭进犯如皋的敌军近万人。7月30日至8月3日,重创敌人后主动撤出海安。随后,8月10日至11日在李堡,8月21日至22日在丁堰、林梓,8月25日至26日在如皋黄桥路,27日在如皋以西,均打败了敌军。在历时45天的作战中,华中野战军在苏中七战七捷,歼灭国民党军5万余人,打击了国民党军的进攻气焰,增强了解放军的作战信心,丰富了作战的经验。

晋冀鲁豫解放区,西起同蒲路,东抵津浦路,北至正太路和德(州)石(家庄)路,南跨黄河和陇海路,是国民党军进攻的重点地区之一。晋冀鲁豫野战军在司令员刘伯承、政委邓小平率领下,于8月10日至22日出击陇海路,歼敌1.6万余人。9月3日至7日,定陶战役消灭敌人1.7万人。

10月28日至31日,以远距离袭击战在山东鄄城消灭敌人;太岳部队在晋南,经过闻(喜)夏(县)、洪(洞)赵(城)、临(汾)浮(山)战役,歼敌1.9万余人。晋绥人民解放军配合晋南作战,控制同蒲路北段。

晋察冀和晋绥军区解放军先后发动晋北战役和大同集宁战役,歼敌近2万人,但未能达到预期的目的。9月18日以后,晋察冀解放军主力机动歼敌,在平绥路东段大量杀伤敌人,但未能阻止傅作义主力对张家口的迂回进攻,于10月11日撤离张家口。

国民党军占领张家口后,集中约50万人的兵力进攻华东的胶济路、淮南、苏中、淮北、鲁南等地。1946年12月14日至19日,由山东和华中野战军组成的华东野战军在宿迁以北消灭敌人2.1万余人;1947年1月2日至20日,在鲁南峄县、枣庄歼敌5.3万余人。2月20日至23日,华东野战军在陈毅、粟裕指挥下,在鲁中莱芜地区,歼灭李仙洲集团7个旅共计5.6万余人,生俘第二绥靖区副司令官李仙洲。

1946年11月至1947年1月晋绥人民解放军与太岳兵团发起晋西南战役,歼灭敌人2.2万余人。晋察冀人民解放军于1947年1月21日至28日,向平汉路保定以南出击,消灭敌人9600余人。

东北民主联军于1946年11月初在新开岭歼敌8000余人,重创进攻南满之敌。12月中旬至1947年3月间,为坚守以临江为中心的南满根据地,打破国民党军先南后北、各个击破的计划,东北民主联军进行了三下江南(南渡松花江)四保临江作战,歼敌3万余人。这几次战役结束了国民党军在东北的进攻。

面对国民党的全面进攻,共产党采取了积极的防御作战,在正面作运动防御,主动放弃部分城市和战略要地,集中优势兵力,选择敌人薄弱或孤立的部分,在运动战中歼灭。内战爆发前4个月,国民党军虽占领承德、张家口、安东、淮阴、菏泽等153座城市,但全面作战能力下降。全面出击导致后备枯竭,顾此失彼,难以集中机动兵力。共产党军队收复县城48座,歼敌29.8万人。从1946年11月至1947年2月,共产党军队逐步扩大歼灭战规模,歼灭国民党军队41万人。从内战爆发以来,共产党军队共歼灭国民党军队71万人。国民党兵力日益不足,用于第一线的兵力从1946年10月的117个旅下降到1947年2月的85个旅,军事进攻进一步受挫,丧失全面进攻、速战速决的能力,不得不改为重点进攻。

内战爆发后,马歇尔、司徒雷登仍在竭力调停国共关系,希望制止内战的蔓延。国民党一味坚持武力统一,提出苛刻的停战条件,只以谈判作幌子。共产党方面要求无条件停战,对国民党不抱幻想,也逐渐放弃对美国的信任。谈判没有任何积极成果。1946年3月9日美国军事顾问团成立,协助蒋介石策划内战。6月28日,美国国会决定延长对华租借法案期,美国移让给国民政府总值7.81亿美元的物资。此后,美国通过赠送和出售将大量军事物资交予国民政府。同时,美国派兵帮助国民党军运送兵力,守护大城市,还直接助蒋进攻解放区。8月10日,马歇尔与7月11日就任驻华大使的司徒雷登发表声明,宣布"调处"失败。1947年1月7日,马歇尔被任命为美国国务卿。8日离华返美。1月21日,马歇尔正式就任美国国务卿。在和杜鲁门总统就军调部问题作了磋商后,29日,美国国务院宣布美国政府决定退出三人小组,并从军事调处执行部撤回全部美方人员。2月7日,军调部美方工作人员及眷属300人经塘沽登轮回国。至此,美国的调解完全失败。

在发动全面内战的同时,国民党蒋介石残酷镇压国内人民群众的反内战运动,以卑劣手段暗杀民主人士。1946年6月23日,上海各界5万人集会,欢送上海人民团体联合会及上海学生团体派出的代表赴南京请愿。马叙伦、盛丕华、雷洁琼、阎宝航等当晚抵达下关车站时,遭到国民党特务、暴徒的围攻、劫掠、殴打达5个小时,制造了"下关惨案"。7月11日,国民党特务在昆明暗杀了民主人士李公朴。15 日又暗杀了西南联合大学教授、著名诗人闻一多。国民党反人民打内战的面目昭示天下。

二、国民党军对解放区重点进攻的失败

从 1947 年 3 月开始,国民党军队在全面进攻受挫的情况下,决定集中绝对优势兵力对解放区的两翼陕北和山东采取重点进攻。人民解放军此时总兵力发展到 168 万人,在战场上则采取积极防御的作战方针。

延安是中共中央和人民解放军总部所在地。国民党军队投入重兵进攻陕甘宁解放区,旨在摧毁解放区的党、政、军神经中枢。1947 年 3 月 13 日,国民党军胡宗南部约 15 万兵力,伙同西北的马步芳、马鸿逵所部共 25 万人进攻陕甘宁解放区。当时解放军在西北兵力仅 6 个旅 2 万多人,仅为国民党军队的 1/10。为保卫解放区,中共中央成立了西北野战军,彭德怀兼任司令员和政治委员,同时成立西北军区,贺龙任司令员。

在陕北,西北野战军组织 5000 人的小部兵力,在延安以南节节抵抗,迟滞第一线敌人 8 万多人的猛烈攻击,掩护中央机关转移。国民党军受阻后每日推进不足 10 公里,于 3 月 19 日在中共中央主动撤离后占领延安。之后,中共中央与人民解放军总部一直坚持留在陕北,指挥全局作战,稳定、鼓舞了各个根据地的军心民心,在军事上也牢牢地吸引了胡宗南部的主力,减轻了其他战场的压力。撤离延安后,中共中央决定以书记处书记刘少奇、朱德以及一部分中央委员组成中央工作委员会,到华北进行中央委托的工作。书记处多数成员毛泽东、周恩来、任弼时率中共中央和人民解放军总部机关继续留在陕北,指挥全国各个战场作战。叶剑英、杨尚昆主持的中央后方委员会,则转移到晋西北统筹后方工作。

胡宗南占领延安后,急于寻找西北野战军主力进行决战。此时的西北野战军主力集结于延安东北的青化砭地区,给敌人设下伏击圈,于3月25日消灭胡宗南整编第三十一旅近3000人,活捉旅长李纪云。青化砭一战后,国民党军发现西北野战军主力在延安东北地区,于是集中董钊、刘戡部猛扑过来。西北野战军以一支兵力牵住敌人,主力在相反方向潜伏待机。董、刘部在扑空后转而向西,再次扑空,来回走了400多里路,一无所获。而西北野战军主力部队经过休整,于4月14日在羊马河伏击国民党军第一三五旅,歼敌4700余人,代旅长麦宗禹被俘。羊马河战役后,国民党军错误判断西北解放军主力有东渡黄河的可能,遂令大部兵力追击。西北野战军以一部分兵力诱敌北上,主力秘密南下,突然包围国民党军重要补给地蟠龙,歼敌6700余人。此后,西北野战军出击陇东,歼灭马鸿逵整编八十一师主力及骑兵第八旅一部4400余人。不久北上,收复三边,进攻榆林,歼灭榆林外围守敌5200余人。8月20日,在沙家店歼灭胡宗南部整编三十六师6000余人。至8月间,西北野战军以“蘑菇战术”,把国民党军胡宗南部10多万大军拖得疲于奔命,屡屡被动挨打,在7次作战中歼敌3.1万余人,粉碎了敌人对陕甘宁的重点进攻。

进攻山东的国民党军由顾祝同坐镇徐州统一指挥,约45万人。华东野战军以陈毅为司令员,拥有27万人的兵力。1947年4月6日,汤恩伯、王敬久、欧震兵团约25万兵力,向鲁中新泰、蒙阴地区进攻。华东解放军主力从敌人阵线两端予以反击,4月22日至26日,攻克泰安,消灭敌人2.4万余人。5月11日,国民党军队再度由临沂、泰安一线,分三路北犯。13日至16日,陈毅、粟裕所部之第四纵队由陶勇、王集成率领,担任正面进攻,与友邻第一、第六、第八、第九各纵队,共同包围孟良崮山区,与蒋介石嫡系部队、整编第七十四师展开激战。经过两天三夜的激战,七十四师弹尽粮绝,全部被歼,师长张灵甫被击毙。此役共歼灭国民党军整编七十四师及八十三师一个团共3.2万余人。蒋介石把七十四师的灭亡,看成是"最可痛心、最可惋惜的一件事"。这一战役,标志着山东战局的开始转变,人民解放军开始取得战争主动权。6 月 25 日,国民党军采取"密集平推"的战术,再次以 25 万的兵力向沂蒙山区推进。之后,随着晋冀鲁豫野战军南渡黄河,国民党军后撤西援,对山东解放区的重点进攻基本上被粉碎。

在陕北、山东解放军英勇奋战的同时,东北、晋察冀、晋冀鲁豫解放军也给国民党军以沉重的打击。到 1947 年 7 月,人民解放军歼灭国民党军队正规军 78 万人,非正规军 34 万人,总计 112 万人。这时,国民党军的总兵力,由战时的 430 万人下降为 373 万人,正规军由 200 万人降为 150 万人。而人民解放军虽然损失了 3.58 万人,但总兵力发展到 195 万人,其中正规军 100 万人以上,且不需分散兵力巩固后方供应线和城市,因此实际运用于战场的机动兵力反优于国民党军队。

国民党蒋介石实行重点进攻的结果,造成中原及江南兵力部署上的空虚,这就为人民解放军突破其薄弱环节,由战略防御转入战略进攻创造了条件。1947 年 7 月 21 日至 23 日,中共中央前委扩大会议在陕西靖边县小河村召开。会议分析了第一年的作战形势,阐述了人民解放军第二年的作战任务。毛泽东在会上首次提出计划用五年时间(从 1946 年 7 月算起)从根本上打垮国民党蒋介石的目标。

三、《中美商约》的签订　国统区经济危机的加深

1946 年 11 月 4 日,《中美友好通商航海条约》在南京签订。国民党政府外交部长王世杰、外交部条约司长王化成与美国驻华大使司徒雷登、驻天津总领事史密斯分别代表两国政府签字。

《中美商约》共 30 条,主要内容有:"缔约此方之国民,应许其进入缔

约彼方之领土,并许其在该领土全境内居住、旅行及经商","从事商业或从事科学、教育、宗教及慈善事业","从事于非专为所在国国民所保留之各种职业",并为此而"取得保存建造或租赁及占有适当之房屋,租赁适当之土地,选用代理人或员工,而不问其国籍"。"缔约此方之种植物、出产物或制造品,于输入缔约彼方领土时,凡有关内地税之一切事项,应给予不低于现在或将来所给予缔约彼方之同样种植物、出产物或制造品之待遇"。"缔约此方之船舶,应与任何第三国之船舶,同样享有装载货物前往缔约彼方现在或将来对外国商务及航业开放之一切口岸、地方及领水之自由"。商约还规定,缔约此方之船舶倘遇"气候恶劣或因任何其他危难"时,可以开入缔约彼方"对外国商务或航业不开放之任何口岸、地方或领水",军舰、渔船等同样适用。商约自互换批准书之日起发生效力,并自该日起在五年期限内,继续有效。

《中美商约》从表面上看是平等互惠的,中国可以在美国享受类似美国在中国的一切权利。但是,当时的中国经济落后,根本无力去美国投资经商,更没有船舶和军舰可以去美国各口岸、内河航行。实际上美国在中国享受了片面的最惠国特权,拥有了在中国政治、经济、军事和思想文化方面的特权。国民党政府在《中美商约》谈判过程中遮遮掩掩,外界根本不了解内情。当商约签订并公布后,立即引起社会各界的反对。经济学家马寅初在大夏大学发表演讲,认为"中美商约是一种大骗局"。他指出:"工业国与农业国间,如施行自由贸易如美国所期望者,利在工业国,其害在农业国,这是显而易见之事。""中国是一个农业国家,以农业国与工业国相互交易,农业国必吃亏。""据今日的中美商约,美国的资本固可流入中国,而中国的劳工却仍受移民律之限制,不能自由流入美国。美国的剩余资本固有出路,而中国的剩余劳力则被排斥,犹美其名曰平等互惠,岂非自欺欺人之谈。"①1947年2月1日,为了挽救国家危机,维护国家权益和政治协商的尊严,中共中央发表声明:"对于1946年1月10日以后由国民党政府单独成立一切对外借款、一切丧权辱国条约及一切其他上述的协定、谅解,与今后未经政治协商会议通过或未经征得本党和其他参加政治协商会议各党派同意的一切同类外交谈判,本党在现在和将来均不承认,并决不担负任何义务。"

《中美商约》签订以后,国民党政府又陆续与美国签订了一系列不平等条约:《中美航空协定》、《青岛海军基地秘密协定》、《国际关税与贸易一般协定》、《中美救济协定》、《美国在华教育基金协定》、《中美海军协定》、《中美关于经济援助协定》(即《中美双边协定》)、《中美农业协定》等等,把《中美商约》进一步扩大和具体化。通过这些条约,美国独占了中国的商品市场和投资场所,控制了中国的农业、对外贸易、交通运输和海关大权。

由于国民党官僚资本的大肆掠夺,发动反人民内战的大量消耗,再加上美国经济侵略的不断加深,致使国统区百业凋零,工人失业,市场萧条,国统区国民经济出现严重危机。

首先,财政上赤字严重。由于国民党发动全面内战,造成军费激增,1946年,全年财政总收入为19791亿余元(法币),而被大大缩小的支出数字为55672亿元,赤字有3.5万余亿元,占支出总额的64%。1947年财政总收入为13万亿元,支出为40万亿元,赤字27万亿元,占支出总额的67.5%。为了弥补巨额财政赤字,国民党政府滥发纸币,造成通货膨胀,物价飞涨。1947年7月物价较之抗战前上涨了6万倍,到年底更是上涨至14.5万倍,有的地方上涨得更高。其次,国统区工商业大量倒闭。由

---

① 马寅初:《我以何反对新订的中美商约》,《文汇报》1946年12月30日。

于物价飞涨,捐税繁重,加之美国独占了中国市场,美货泛滥,致使民族工商业举步维艰,大量停工、减产和倒闭。据不完全统计,自 1946 年下半年到 1947 年底,上海、天津、重庆、汉口、广州等 20 多个城市,工商业倒闭达 2.7 万多家,国统区的工商业陷于严重的瘫痪状态,从而加速了整个国民经济的崩溃。再次,农业产量急剧下降。由于美国大量倾销农产品,使得中国农业受到严重打击,加之苛捐杂税多如牛毛,造成土地荒芜,人口外流,耕畜死亡,再加上灾荒频繁,使国统区农业生产受到严重破坏,农业产量急剧下降。1946 年稻谷总产量比 1936 年减少了约 7720 万担,1947 年又比 1946 年减少约 1420 万担;小麦总产量 1946 年比 1936 年减少了约 4995 万担,1947 年又比 1946 年减少了许多。

国统区严重的经济危机,造成工人和公教人员大量失业。1947 年,上海失业及半失业人数近 200 万,重庆失业工人达 10 万,天津、青岛各为 7 万。人民生活日益恶化。农村农民的遭遇则更惨,1946 年逢数十年未有之饥荒,灾民达数千万之多,饿死 1000 万人。1947 年各地饥民达 1 亿以上。国统区严重经济危机使国统区人民掀起了反对国民党蒋介石的斗争高潮,加剧了国民党统治的最终崩溃。

四、国民党"制宪国大"和"改组政府"

按照政治协商会议决议及其程序与精神,国民大会必须在停止内战、修正宪草、结束训政、改组政府之后才能召开。但是,政协会议之后,国民党对政协决议未曾丝毫付诸实施。1946 年全面内战爆发后,蒋介石为了维护其独裁统治,为了取得美援和尽快给其反动统治披上"合法"、"民主"的外衣,于 7 月 3 日单方面决定在 11 月 12 日召开国民大会。10 月 11 日,国民党军占领张家口。蒋介石于当日下令如期召开国大。为了诱骗各党派参加国大,欺骗民众,11 月 8 日蒋介石发布所谓"停战令",宣布保留中共和其他党派国大代表名额。11 月 12 日又宣布国大延期 3 天,声言等候共产党交出国大代表名单。11 月 15 日,国民党拉着民社党、青年党及个别"社会贤达",在南京召开"国民大会"。12 月 25 日,会议通过《中华民国宪法》后闭幕。因这次大会是制定宪法,故称"制宪国大"。

这部《宪法》共 14 章,175 条。它抄袭了欧美资产阶级宪法中的一些"自由"、"平等"之类的条款,也糅合了一些政协宪草决议的词句,但实质上仍是 1936 年《五五宪草》的翻版,完全违背政协决议的精神。其根本目的在于以宪法的形式,确认蒋介石个人独裁统治。在第二章"人民之权利义务"中逐条承认人民享有各项权利义务之"自由",但在第二十三条中又规定:"以上各条列举之自由权利,除为防止妨碍他人自由,避免紧急危难,维持社会秩序,或增进公共利益所必要者外,不得以法律限制之。"实质上把对人民的自由权利的保障又取消了。这个"宪法"虽表面维持国会制、责任内阁制、地方自治原则,规定行政院长的任命须经立法院同意,行政院对立法院负责等。但立法委员之选举却违背了"由选民直接选举之"的政协宪草修改原则,代之以立法委员之选举由"法律定之",从而丧失了立法委员代表民意的性质,使立法院起不了代议制的作用。同时,《宪法》规定行政院仍受总统指挥,实质上仍是维持总统独裁制。1947 年 1 月 1 日,国民政府公布了这部宪法,决定于同年 12 月 25 日施行。

中国共产党和民盟等民主党派坚决反对国民党一手炮制的"制宪国大"和通过的《宪法》。11 月 16 日,周恩来在南京发表书面声明,严正指出:"这一'国大',是违背政协决议与全国民意,而由一党政府单独召开的。中国共产党坚决反对。""所谓空出名额等待中共参加,既系破坏政协,又属完全骗局。""这一党'国大'还要通过一个所谓宪法,把独裁'合法'化,把内战'合法'化,把分裂'合法'化,把出卖国家与人民利益'合法'化。照这样做下去,中国人民一定要陷入苦痛的深渊。我们中国共产党人坚决不承认这个'国大'。"①国民党的一意孤行阻断了国共两党的商谈渠道,11月19日,周恩来率中共代表团离开南京返回延安。民盟一些领导人也坚决拒绝国民党的利诱。11月12日,民盟中央作出决议,坚决维护政协协议,宣布"一切行动均以此为唯一的依据"。12月23日,民盟中央决定将参加国大的民社党清除出盟。12月21日,中共中央发言人声明中国人民决不承认蒋记伪宪法。31日,民盟发表书面谈话,对"国大"通过的宪法"保留接受权利"。同日,民主建国会等11个团体发表联合声明坚决不承认"国大"通过的"宪法"。

1947年3月15日,国民党在南京召开六届三中全会。出席开幕式的有国民党中央执、监委员和候补中央执、监委员共254人,各省市党部主任委员及三青团各支团干事长100余人列席了会议。会议的主题是研讨如何结束训政,促进宪政,做好行宪的各项准备。24日会议闭幕。会议通过了《宪政实施准备案》、《政治改革案》、《经济改革案》和《对于军事报告之决议案》等文件。会议声言结束一党训政,还政于民,进行政治、经济改革,但是其实质仍是一党专政。会议在《现阶段的党务方针决议案》中强调:"今日党派虽多,舍本党而外,实更无任何一党担负得起建设三民主义新中国的责任。""中国盛衰兴亡的关键,不操于任何一党之手,实操于本党之手。"在会上,蒋介石竭力攻击共产党,指责共产党拒绝参加国大和否认宪法,声称政治解决的途径已经绝望,要迅速解决中共,以"消除统一障碍,巩固国家基础"。国民党六届三中全会虽打着民主、自由、宪政的旗号,但实质仍然是坚持内战、独裁和分裂的政策。

---

① 《对国民党召开"国大"的严正声明》(1946年11月16日),《周恩来选集》上卷,人民出版社1980年,第242—244页。

4月17日,国民党公布修改后的《国民政府组织法》。18日,宣布改组政府,公布国民政府委员和五院院长名单。改组后,蒋介石任国民政府主席,孙科任副主席;张群任行政院长,孙科任立法院长,居正任司法院长,于右任任监察院长,戴季陶任考试院长。国民政府委员共29人,其中国民党17人,青年党4人,民社党4人,社会贤达4人。4月23日,张群宣布组阁名单,任命王云五为行政院副院长,王世杰为外交部长,白崇禧为国防部长,俞鸿钧为财政部长,张厉生为内务部长,李瑛为经济部长,左舜生为农林部长,甘乃光为行政院秘书长。

国民政府改组后,国民党宣称“多党政府”已经成立,已经实践“还政于民”的诺言,但实际上权力仍掌控在国民党蒋介石手中。4月22日,新华社发表社论指出:“蒋介石这一‘改组政府’的把戏,不过是继承袁世凯旧筹安会的一个新筹安会,其媚外、残民、打内战、走死路等特点,将无一而不相像。”4月25日,民主同盟在宣言中称:改组后的政府,既不是根据政协精神产生的,也不是促进和平、实现民主的政府,只是一个扩大分裂、三党“共同负责与共产党作战的政府而已”。国民党左派李济深、何香凝、蔡廷锴等人发表声明指出:“事实上,国民党员在国民政府内仍占压倒多数”;“被邀参加政府的中国青年党和民社党也不能代表中国真正的自由主义者”;“这样的政府改组是和政协决议显然极端背谬的”。

五、反蒋第二条战线的兴起和发展

全面内战爆发以来,国民党蒋介石政治上更加专制独裁,对人民呼吁和平、反对内战的要求,大肆镇压;经济上官僚资本横征暴敛,极度膨胀,导致国统区经济危机,人民生活极度贫困。与此同时,美国采取扶蒋反共、助蒋内战的政策,侵害中国主权;驻华美军到处横行不法,危害民众。

所有这些激起人民的极大愤怒。在解放区军民与国民党军展开激烈军事斗争的同时，在国统区的人民群众掀起了声势浩大的反美反蒋爱国民主运动。毛泽东在 1947 年 5 月 30 日为新华社撰写的题为《蒋介石已处在全民的包围中》的评论中提出："中国境内已有了两条战线。蒋介石进犯军和人民解放军的战争，这是第一条战线。现在又出现了第二条战线，这就是伟大的正义的学生运动和蒋介石反动政府之间的尖锐斗争。""学生运动是整个人民运动的一部分。学生运动的高涨，不可避免地要促进整个人民运动的高涨。"①以 1946 年 12 月底爆发的抗议美军暴行运动为标志，以学生为先锋的爱国民主运动同国民党反动派的斗争，逐步形成了反美反蒋的第二条战线。

1946 年 12 月 24 日，在北平东单操场发生美军强奸北京大学女学生的事件。消息传出，立即引起全国人民的愤怒，由此触发了一场全国规模的声势浩大的抗暴运动。

12 月 27 日，北京大学各系学生代表和各社团代表开会，提出"严惩暴徒及其主管长官"、"驻华美军当局公开道歉"和"美军立即退出中国"三项要求。当天成立北京大学学生抗议美军暴行筹备会。12 月 30 日，北平 8 所大学上万名学生举行示威游行，沿途高呼"抗议美军暴行"、"美军退出中国"、"维护主权独立"等口号。游行队伍直奔军调部，将"美国佬滚回去"的标语贴在大门上。北平学生的抗暴运动很快扩展到全国，天津、上海、南京、杭州、重庆、昆明、武汉、广州、福州、台北等大中城市的 50 多万学生相继举行罢课和示威游行，抗议美军暴行。这一爱国运动迅速得到各界人民群众的支持。许多大学教授、学者和社会知名人士纷纷发表谈话，声援学生的行动，认为这是"替个人争人格，替国家争国格"。各民

---

① 《毛泽东选集》第 4 卷，人民出版社 1991 年，第 1224 – 1225 页。

主党派和工商界人士也表示支持和声援,由此形成了全国范围的抗暴运动的高潮,有力地推动了爱国民主运动的发展。

国民党由于发动内战,加大军费开支,财政入不敷出,遂挪移本已为数甚少的教育经费,造成教育危机。由此引发一些大学的抗议风潮。1947 年 5 月 4 日,上海学生举行示威游行,喊出"反饥饿、反内战、反迫害","要饭吃、要和平、要自由"的口号。南京学生到行政院和教育部请愿,提出增加副食费等要求,以挽救教育危机。平津学生也为了反饥饿、反内战而举行罢课。国民党对学生运动异常恐慌,5 月 18 日颁布《维护社会秩序临时办法》,禁止 10 人以上的请愿以及一切罢工、罢课和游行。这一禁令遭到各地学生和各界人士的强烈反对。

北平学生在天安门前举行反饥饿反内战游行示威

5 月 20 日,适值国民参政会四届二次大会开幕,京、沪、苏、杭地区 16 所专科以上学校 6000 多学生在南京举行联合请愿大游行,高喊"反饥饿、反内战、反迫害"的口号。当游行队伍行至珠江路口时,遭到军警、特务的殴打,100多人被打伤,20多人被捕,这就是震惊国内的"五二〇惨案"。惨案发生后,全国60多个大中城市的学生相继举行罢课、示威游行,运动一直持续到6月中旬。

学生运动的高涨,促进了国统区人民反对国民党暴政的斗争。由于粮价暴涨,人民生活困苦,1947年3月至4月,国统区38个城市发生抢米风潮,约有17万人参加。1947年,有20个大中城市约320万工人罢工。在农村,许多地方的农民反抗抓丁、征粮和征税。武装民变遍及17个省300多个县,起义民众达100万。

1947年2月28日,为了反抗国民党的暴政,台湾人民举行了武装起义。起义从台北市发展到台湾全省。蒋介石抽调参加内战驻扎在江苏境内的第二十一军,前往台湾镇压起义,数以万计的台湾同胞被害。

国统区以青年学生为中坚力量,包括各阶层人民参与的爱国民主运动,形成了反美反蒋的第二条战线。这使得蒋介石政府处在全民包围之中,陷于彻底孤立的境地,加速了国民党反动统治的崩溃,加速了中国革命的胜利进程。

六、第三条道路的主张及其幻灭

抗战胜利后,国内出现暂时的和平以及国共两党相对均衡的局面,使得民主党派中的一些人和一部分民主人士的活动异常活跃。他们希望在以国民党为代表的大地主大资产阶级专政和共产党为代表的人民民主专政之外,建立英美式的资产阶级共和国。这一政治幻想,即是第三条道路或中间路线的主张,代表了民族资产阶级和小资产阶级上层的利益。

第三条道路的鼓动者积极整顿发展组织,利用报刊、集会和政协的讲坛,发表文章和演讲,极力宣传第三条道路的政治主张。张东荪在1946年6月出版的《再生》第118期上发表《一个中间性的政治路线》一文,认为"中国必须于内政上建立一个资本主义与共产主义中间的政治制度","在政治方面比较上多采取英美式的自由主义与民主主义;同时在经济方面比较上多采取苏联式的计划经济与社会主义"。"采取民主主义而不要资本主义,同时采取社会主义而不要无产专政的革命。我们要自由而不要放任,要合作而不斗争。不要放任故不要资本家垄断,不要斗争故不要阶级斗争"。

11月25日,民盟负责人罗隆基、章伯钧、张申府在南京会见记者并发表书面谈话,表示:民盟愿保持在内战环境中超然独立的第三者地位,在调解武力党争上继续尽其最大的努力,建立中国的真宪政,实现中国的真民主。

民主建国会负责人之一施复亮是这一时期积极宣传第三条道路的代表性人物之一。他主张在政治上必须实现英美式的民主政治,而不是少数特权阶级所独占的民主政治,必须把它变成多数平民共治的民主政治,使人民"能行使主人的权力,真正做国家政府的主人"。在经济上则主张:"我们应当创造第三条路线。我们应当根据本国的现实环境和别国的历史经验来创造一条适合于自己的经济建设的正确路线。这第三条路线,应当综合英美和苏联双方的宝贵经验,接受一切先进国家的优良办法,采用自由经济和计划经济的大部分或全部优点,并使我们的经济建设很顺利地从资本主义的阶段进展到社会主义的阶段。"[1]在军事上,他主张制止内战,希望国共双方彼此不付诸武力。施复亮认为,中间派在行动上的态度是和平的、改良的,不赞成暴力的革命的行动。"政协的路线是一条企

---

[1]　施复亮:《战后中国经济建设中几个根本问题》,《中国经济建设的路线》,世界日报社1946年,第29—30页。

图用和平合作的方式来实现政治民主化、军队国家化和经济工业化的政治路线"。"政协路线就是这样一条'中间路线'。在今天的中国,也只有这样的路线才是真正的民主路线"。

但是,第三条道路在中国是根本行不通的。以国民党为代表的大地主大资产阶级决不允许建立资产阶级民主共和国。以共产党为代表的广大人民也反对走这条道路。国共两党的实力远远超过了中间党派,他们只能在国共两党之间选择一方,要么跟国民党走,要么跟共产党走,不可能有第三条道路。

国民党对中间势力一方面进行分化瓦解,拉拢了青年党和民社党,另一方面进行镇压,疯狂地摧残和迫害民盟等民主党派。1947 年 5 月 3 日,国民党中央社发表了一个捏造的《中共地下斗争路线纲领》,诬蔑民主同盟、民主建国会、民主促进会及三民主义同志联合会等团体"已为中共所实际控制,其行为亦均循中共意志而行",成为"中共之新的暴乱工具"。5 月 31 日,国民党在成都、重庆、沈阳、西安、桂林等地逮捕民盟中央委员和盟员数百人。10 月 7 日,著名的爱国民主人士、民盟中央常委、西北总支部主任委员杜斌丞被杀害。28 日,国民党政府内务部公开宣布民主同盟为"非法团体"。11 月 6 日,民盟被迫以主席张澜的名义发表了解散公告,即日起停止政治活动,解散总部。同时,其他民主党派和民主人士也遭到迫害,不能在国统区存在和活动。民盟的解散宣告了第三条道路政治幻想的彻底破灭。此后,各民主党派重新制订了政治纲领,抛弃了第三条道路。

第三节　中国革命战争的历史转折　人民解放军 转入战略进攻

一、人民解放军转入战略进攻

经过一年的内线作战,人民解放军歼灭国民党军 112 万人,双方军事力量对比发生重大变化。国民党军队总兵力由 430 万人下降到 373 万人,其中正规军由 200 万人下降到 150 万人;由于战线延长,大部分兵力用于守备,机动作战力量减少,战斗力大大削弱。与此同时,人民解放军总兵力由 127 万人发展到 195 万人,虽然在数量上暂时还处于劣势,但机动作战兵力比国民党军多,军队的装备也得到改善,开始掌握了战争的主动权。中共中央和毛泽东根据战争形势的变化,制定了第二年的作战任务,即由战略防御转入全国性的战略进攻,以主力打到外线去,将战争引向国民党区域,在外线大量歼灭敌人;同时,以一部分主力和广大地方部队继续在内线作战,歼灭内线敌人,收复失地。

为了实现这个战略转变,中共中央确定中原地区为战略进攻的突破口,选择大别山地区为战略进攻的目标。大别山位于鄂、豫、皖三省交界处,战略地位十分重要。占据大别山就可以东慑南京,西逼武汉,南扼长江,钳制中原,迫使国民党军进攻山东和陕北的军队回援。为了实现这一战略计划,中共中央和毛泽东确定了"三军配合、两翼牵制"的部署:以刘伯承、邓小平指挥的晋冀鲁豫野战军主力为中路,实施中央突破,直奔大别山;以陈毅、粟裕指挥的华东野战军主力为东路,挺进苏鲁豫皖地区;以陈赓、谢富治指挥的晋冀鲁豫野战军一路为西路,挺进豫西。三路大军,相互策应,在江淮河汉之间布成"品"字形阵势,互为犄角,逐鹿中原。同时,以西北野战军出击榆林,吸引进攻陕北的国民党军胡宗南部北上;以华东野战军山东兵团在胶东展开攻势,将进攻山东之敌引向海边。

按照上述部署,刘伯承、邓小平率领晋冀鲁豫野战军 4 个纵队于 6 月 30 日夜突破黄河天险。蒋介石慌忙调集部队,企图利用黄河、运河三角地带,迫使刘邓大军在鲁西南与其决战。刘、邓乘势发起鲁西南战役,歼敌 9 个半旅,共 5.6 万人。随后,蒋介石从山东、陕西调兵合围鲁西南。8 月 8 日,刘邓大军遵照中央军委不与敌纠缠、不要后方、直击大别山的指示,甩开敌人,挥师南下,横跨陇海路,越过黄泛区,渡过沙河、汝河、淮河等大小河流,排除前进途中的一切困难,千里跃进,于 8 月 27 日到达大别山地区,初步完成了预定任务。

与刘邓大军相配合,陈赓、谢富治率领晋冀鲁豫野战军一部于 8 月下旬,在晋南强渡黄河,挺进豫西地区,经过 3 个月的作战,共歼敌 4 万余人。陈毅、粟裕率领华东野战军主力,8 月初挺进鲁西南地区,9 月展开攻势作战,挺进豫皖苏。至此,"品"字形阵势已经形成,三路大军协同作战,共歼敌 19.5 万余人,解放县城 100 余座,在 4500 万人的江淮河汉广大地区建立了中原根据地。12 月底,三路大军在豫南遂平、西平两地区会师,实行大规模的机动作战,纵横驰骋于江淮河汉之间,调动和吸引了国民党军南线全部兵力 160 多个旅中的 90 个旅。国民党在战争中的战略形势,从此陷于被动。

与此同时,处于内线作战的人民解放军各部也先后转入反攻。由彭德怀、贺龙、习仲勋率领的西北野战军三次北上攻打榆林。8 月 20 日在米脂县沙家店歼敌整编三十六师 2 个旅,共 6000 余人。9 月初,华东野战军山东兵团在许世友、谭震林指挥下在胶东发起攻势作战,至 12 月底歼敌 6.2 万余人,打破了国民党军占领胶东半岛的计划。9 月中旬,林彪、罗荣桓率领的东北野战军在长春、吉林和四平地区发动大规模的秋季攻势,至 11 月 5 日歼敌 6.9 万人,截断了主要交通线,迫使敌军困守于长春、吉林、沈阳、锦州等狭小地带。10月至11月，聂荣臻率领的晋察冀野战军先后进行了大清河北战役、清风店战役及石家庄战役，解放华北军事重镇石家庄。徐向前率领的晋冀鲁豫野战军于1947年底解放了整个晋南三角地区，随后解放了山西大部地区。由此晋察冀和晋冀鲁豫解放区连成一片。

人民解放军在外线和内线各个战场的攻势，构成了全国规模的战略进攻的总态势，迫使国民党军由战略进攻转为全面防御。这是解放战争形势的根本转变，"这是一个历史的转折点。这是蒋介石的二十年反革命统治由发展到消灭的转折点。这是一百多年以来帝国主义在中国的统治由发展到消灭的转折点。这是一个伟大的事变"。"这个事变一经发生，它就将必然地走向全国的胜利"①。

在人民解放军转入战略进攻的形势下，1947年10月10日，中国人民解放军总部发表《中国人民解放军宣言》（又名《双十宣言》）。《宣言》提出了"打倒蒋介石，解放全中国"的口号，宣布中国共产党的八项基本政策：联合工农兵学商各被压迫阶级、各人民团体、各民主党派、各少数民族、各地华侨和其他爱国分子，组成民族统一战线，打倒蒋介石独裁政府，成立民主联合政府；惩办内战罪犯；没收官僚资本，发展民族工商业，实行耕者有其田；各少数民族有平等自治权利；废除一切卖国条约；与世界上一切以平等待我之民族共同奋斗等。《宣言》适应革命形势发展的需要，向全国人民提出了解放全中国、建立新中国的总目标。

二、解放区的土地改革和各项政策的实施

随着人民解放军转入战略进攻的新形势，在解放区更普遍深入地开

---

① 《目前形势和我们的任务》(1947年12月25日)，《毛泽东选集》第4卷，人民出版社1991年，第1244页。

展土地改革运动,实施各项政策成为必然的要求。

从 1946 年 5 月中共中央发布《五四指示》到 1947 年下半年以来,解放区已有 2/3 的地方基本解决了土地问题,但还有 1/3 的地方没有进行土地改革。已经进行土改的地方,有的在没收和分配土地方面进行得不够彻底。为了彻底消灭封建土地制度,充分满足农民对土地的要求,鼓舞广大农民参军支前,1947 年 7 月 17 日至 9 月 13 日,中共中央工作委员会在河北平山县西柏坡召开全国土地会议,刘少奇受中央委托主持会议并作了报告。会议总结了解放区土地改革的经验,制定了《中国土地法大纲》。

《大纲》共 16 条,规定:"废除封建性及半封建性剥削的土地制度,实行耕者有其田的土地制度";"废除一切地主的土地所有权";"废除一切乡村中在土地制度改革前的债务";乡村中一切地主的土地及公地,由乡村农会接收,连同乡村中其他一切土地,按乡村全部人口,不分男女老幼,统一平均分配土地,在土地数量上抽多补少,质量上抽肥补瘦,使全乡村人民均获得同等的土地,并归各人所有;乡村农会接收地主的牲畜、农具、房屋、粮食及其他财产,征收富农的上述财产的多余部分,分给缺乏这些财产的农民及其他贫民,并分给地主同样的一份;分配给人民的土地,由政府发给土地所有证,承认其自由经营、买卖及在特定条件下出租的权利;保护工商业者的财产及其合法的营业不受侵犯。10 月 10 日,中共中央公布了《中国土地法大纲》。

《中国土地法大纲》得到了亿万农民的热烈拥护。全国土地会议以后,解放区各级党政领导机关派出大批土改工作队深入农村,发动群众,组织贫农团和农会,控诉地主罪行,惩办恶霸,没收地主土地等。广大农村迅速形成了土地改革的热潮。到 1948 年秋,全国解放区约有 1 亿农民获得了土地。土地改革的实行,极大地提高了农民的政治热情和生产积极性,从而使人民解放战争得到了农民有力地支援。

在开展土地改革运动的同时,中国共产党在党内开展了整党运动,通过以查阶级、查思想、查作风,来整顿组织、整顿思想、整顿作风。整党运动中运用党内党外结合等方法,解决农村基层党组织的思想作风及成分不纯问题,提高了党员的阶级觉悟,端正了思想作风,密切了党和群众的关系,增强了党的战斗力。1947 年冬至 1948 年春,人民解放军遵照中共中央的指示,利用作战间隙开展了新式整军运动,主要内容是学习党的各项政策,进行诉苦和三查(查阶级、查工作、查斗志)的阶级教育,发扬政治、军事、经济三大民主,开展群众性的练兵运动。经过大规模的新式整军运动,从政治、思想、组织、军事上全面加强了军队建设,增强了人民解放军的战斗力。

为了制定解放全中国的具体行动纲领,研究制定新形势下的具体政策和策略,1947 年 12 月 25 日至 28 日,中共中央在陕北米脂县杨家沟召开会议,通称"中共中央十二月会议"。毛泽东、周恩来、任弼时、陆定一、彭德怀、贺龙等 19 人参加会议。毛泽东在会上作了《目前形势和我们的任务》的报告。报告分析了人民解放战争的形势,提出革命战争转入战略进攻以后所需要解决的军事、经济、政治等方面的方针政策问题。在军事方面,报告总结了人民军队长期作战的经验,以及解放战争一年多来的新经验,提出了十大军事原则。该原则的主要内容是:先打分散和孤立之敌,后打集中和强大之敌;以歼灭敌人有生力量为主要目标,不以保守或夺取城市为主要目标;不打无准备之仗,无把握之仗等。原则的核心是"集中优势兵力,各个歼灭敌人"。这是人民军队在以往作战中一贯遵循的基本原则。

在经济方面,报告提出新民主主义革命的三大经济纲领:"没收封建阶级的土地归农民所有,没收蒋介石、宋子文、孔祥熙、陈立夫为首的垄断资本归新民主主义的国家所有,保护民族工商业。"报告分析了官僚资本的性质,指出四大家族为代表的资本是垄断资本,垄断了全国的经济命脉。"这个垄断资本,和国家政权结合在一起,成为国家垄断资本主义。这个垄断资本主义,同外国帝国主义、本国地主阶级和旧式富农密切地结合着,成为买办的封建的国家垄断资本主义。这就是蒋介石反动政权的经济基础。"报告还提出封建主义和垄断资本主义是新民主主义革命所要消灭的对象,对于民族资本必须坚决地给予保护,它是整个国民经济不可缺少的一部分。民族资本主义即使在革命胜利后的一个长时期内,还是必须允许存在的。报告指出发展新民主主义经济的指导方针是"发展生产、繁荣经济、公私兼顾、劳资两利"。一切离开这个总目标的方针、政策、办法,都是错误的。

在政治方面,报告重申《双十宣言》的基本政治纲领,即"联合工农兵学商各被压迫阶级、各人民团体、各民主党派、各少数民族、各地华侨和其他爱国分子,组成民主统一战线,打倒蒋介石独裁政府,成立民主联合政府"。"中共中央十二月会议"和毛泽东的报告,为夺取全国胜利在政策上作了充分的准备。

"十二月会议"以后的半年多时间里,中共中央集中全力,研究解决新形势下党的各项具体政策和策略问题。针对在土改中出现的侵犯中农利益,在工作步骤上存在急性病、乱打乱杀及侵犯民族工商业者等倾向,中共中央重新公布了《怎样分析农村阶级》和《关于目前土地斗争中的一些问题的决定》两个文件,发出了由毛泽东起草的《关于目前党的政策中的几个重要问题》,转发了任弼时在西北野战军前线委员会扩大会议上作的《土地改革中的几个问题》的报告。经过全党的努力,到1948年春,土改中的"左"倾错误基本上得到纠正。

随着一些大中城市的先后解放,中国共产党面临着如何解决城市中的新问题。由于许多干部长期生活和战斗在农村,不熟悉城市工作,造成一些混乱,如侵犯民族资产阶级,片面强调工人的眼前利益,破坏城市的生产设施等。针对这种情况,中共中央先后转发《中央工委关于收复石家庄的城市工作经验》、《东北局关于保护新收复城市的指示》、《接收沈阳后的经验》等文件。1948 年 4 月,毛泽东为中共中央起草了《再克洛阳后给洛阳前线指挥部的电报》。上述文件明确指出:城市工作的方针是建设,而不是破坏;决定在新占领城市实行短期的军事管理制度,"采取各按系统,自上而下,原封不动,先接后分"的办法完整接收城市;接管城市后,解决好恢复电力供应、稳定金融物价、收缴敌警枪支、发布政策稳定人心、发放工资等关键问题;最重要的是,必须做好入城部队的纪律教育等。由于采取了一系列正确的政策,新解放城市的社会秩序都很快趋于稳定,生产得到迅速的恢复和发展,对支援解放战争,繁荣解放区经济发挥了重大的作用。

为了保证党的路线和各项方针、政策严格地得到贯彻执行,1948 年 4 月 1 日,毛泽东在晋绥干部会议上作了重要讲话。他指出:许多同志之所以在工作中发生"左"的和右的倾向,是因为他们在执行具体工作路线和具体政策的时候,"往往记住了我党的具体的个别的工作路线和政策,忘记了我党的总路线和总政策"。就此,毛泽东阐述了党在新民主主义时期的总路线和总政策,即"无产阶级领导的,人民大众的,反对帝国主义、封建主义和官僚资本主义的革命";党在土地改革工作中的总路线和总政策是"依靠贫农,团结中农,有步骤地、有分别地消灭封建剥削制度,发展农业生产"。各地党组织根据中央指示,结合本地区情况,及时纠正了"左"的和右的错误倾向,使党的各项政策得到正确贯彻,保证了新民主主义革命的稳步推进。

三、国民党的"戡乱总动员"和"行宪国大" 国统区人民革命运动的新高潮

面对人民解放军转入战略进攻的战争态势,国民党感到异常惊恐,遂召开各种会议研究对策。1947年6月30日,国民党召开中央常务委员会与中央政治委员会联席会议。会上,蒋介石作了《当前时局之检讨与本党重要之决策》的讲话,提出"党团组织合并"与"戡乱总动员"的两项决议,给共产党加上了"武装叛乱,割据地方,破坏统一和平,危害国家民族"的罪名。会议提出"采取全国总动员的方式,动员全国人力物力,以加强剿匪军事的力量"的方针。

7月4日,国民党政府在南京举行第六次国务会议,通过了蒋介石提交的《厉行全国总动员,以戡平共匪叛乱,扫除民主障碍,如期实施宪政,贯彻和平建国方针案》,并于次日下达了总动员令。根据该令,7月5日,蒋介石向全国发表了戡乱动员的广播讲话,要求国民党人警觉"覆巢"的严重危机,统一意志,集中力量,一致奋起,肃清"匪患"。7月18日,国民党政府又颁布《动员戡乱完成宪政实施纲要》等一系列法令。国民党政府实施"戡乱总动员",是要征用国统区一切人力、物力、财力,为其"戡乱"服务,同时打击爱国民主人士。

"总动员令"下达后,国民党政府到处征粮、抓丁、派款,镇压爱国民主人士。仅10月在上海、北平、广州、西安、杭州等地,惨遭杀害的爱国民主人士就达2100余人。为了实现国民党内集中统一,7月9日发布了"党与团统一组织"指令。9月9日至13日,国民党六届四中全会与中央党团联席会议在南京召开。会议通过了《国民党当前组织纲领》、《统一中央党部团部组织案》,将三青团的中央干事、监事转为国民党的中央执委、监委,实现了党团合并。

这一时期,国民党实行军事、政治、经济三位一体,以军事力量掩护政治,以政治经济力量配合军事的"总体战"方案。从1947年底到1948年初,由于人民解放军战略进攻的不断胜利,国民党不得不放弃全面防御,实行"分区防御",将整个军事战场分为南北两线:北线包括东北、华北两大地区;南线包括大巴山以东,长江以北、黄河以南广大地区。把全国划分为若干个绥靖区,绥靖区司令长官掌管辖区内的党政军一切大权。1947年12月,裁撤保定、张家口两绥署,设立"华北剿匪总司令部",傅作义任总司令。1948年5月又正式撤销北平行辕,由傅统一掌握华北军政。1947年8月,撤销东北保安司令长官部,由东北行辕负政治军事全责,陈诚任行辕主任。1948年又任命卫立煌为行辕副主任兼东北"剿匪"总司令。之后蒋介石任命何应钦为国防部长,白崇禧改任华中"剿匪"总司令,刘峙任徐州"剿匪"总司令。但是,无论蒋介石是进行"总动员"还是实行"总体战",都不能挽救军事上的颓势。1948年春季到秋季,人民解放军在各个战场上发动了更大规模的攻势,粉碎了蒋介石苦心经营的"分区防御"战略。

中国国内局势的变化以及国民党政府的腐败让美国政府深感不安。1947年7月,美国总统杜鲁门派魏德迈作为特使来华调查,对"中国现在及未来的政治、经济、心理和军事作一个估量",以便考虑今后的美援及加强对中国政府的控制。7月22日至8月24日,魏德迈在华调查一个月。返美后,魏德迈向杜鲁门提交长篇报告,建议给国民政府以军事经济援助,国民政府必须进行财政、经济和军事改革。报告还提议将满洲置于五强监护制度之下,或按照联合国宪章置于托管制度之下。但恐激起中国人民的反对和世界舆论的谴责,报告未公之于众。

国民党在积极"戡乱"的同时也加紧进行"行宪",以挽救危局。1948年3月29日至5月1日,国民党在南京召开"行宪国大",选举总统、副总统。这次会议实质上是一场闹剧,暴露了国民党内部的矛盾。会前围绕代表资格问题闹得不可开交,按照原先的决议,代表由国民党中央圈定和民社、青年两党提名,然后经民选产生,国民党员非经提名不得当选。但各地未经提名却在贿选中由所谓"选民"签署选出的国民党代表就有600多名,挤掉了民社、青年两党的名额。蒋介石命令他们让给曾经提名的党员和民社、青年两党。这些人拒不退让,组织请愿和绝食。直到开幕日由军警强行拖走,大会才得以召开。会上,蒋介石假意不参选总统,实际是嫌总统权力受到限制。张群遂串联党内代表提出"赋予总统以紧急处置权"的建议。由此蒋接受提名参选并在4月19日当选为总统。

而副总统的选举则展开了更为激烈的争夺。根据公告,孙科、于右任、李宗仁、程潜、莫德惠、徐傅霖等6人为副总统候选人。其中,李宗仁和孙科是有力的竞争者。经两轮投票,6人中无人达到当选票数。蒋介石要求程潜退出竞选,并令将选票改投孙科。程潜愤而发表声明,退出竞选。李宗仁也声明说,国大代表不能自由投票,放弃竞选。孙科也放弃竞选。这样,副总统选举陷于瘫痪。在无奈之下,蒋介石只好促成李宗仁重新参加竞选,经28、29日两次投票,李宗仁以微弱多数击败孙科,当选为副总统。5月17日,孙科、陈立夫当选为立法院正、副院长。20日,蒋介石、李宗仁分别就任总统、副总统。24日,蒋介石任命翁文灏为行政院长。

正当国民党政府积极"戡乱"和加紧"行宪"的时候,国统区人民反蒋的革命运动掀起了新高潮。1947年10月下旬,浙江大学学生自治会主席于子三被非法逮捕,惨死狱中。这一暴行激起了浙大学生及教职工的愤怒,他们举行罢课,以示抗议。浙大校长竺可桢挺身而出,向国民党当局抗争,支持学生们的抗议斗争。这一事件成为全国反蒋斗争的新起点。11月6日,北平各大中学校学生5000余人在北大民主广场举行于子三追悼会,并在校内示威。北平各大学163名教授联名发表宣言,支持学生。

接着,天津、上海、武汉等12个大城市的10万学生罢课声援。这是继"五二〇"运动之后又一次大规模的反蒋政治运动。

1948年初,上海申新九厂工人为生活所迫举行罢工,遭到军警镇压,3名工人被打死,重伤数十人,造成"申九血案"。1月29日,上海同济大学学生为抗议国民党当局大批开除进步学生实行罢课,决定赴南京请愿,遭到军警镇压,数百人受伤,造成"同济血案"。4月21日,上海发电厂工会常务理事王孝和被非法逮捕,狱中惨遭酷刑,后被杀害。4月间,平、津等地师生提出"向政府要饭吃"的口号并实行总罢课,在北平形成知识分子罢教、罢职、罢工、罢研、罢诊、罢课的"六罢"运动。5月至6月间,国统区爆发了声势浩大的"反美抗日"运动。投入这一运动的不仅有学生、教职员,还有其他各界人士。6月4日,司徒雷登出面为美国政策辩护并对中国人民进行威胁,更激起国人的民族义愤。6月5日,上海5000多学生在外滩举行反美游行。北平437名大学教授联名向司徒雷登发出抗议书。朱自清、张奚若、吴晗等百余知名人士发表声明,拒购美援平价面粉,退还配给证。轰轰烈烈的反美爱国运动,进一步孤立了美帝国主义和国民党反动派。此后,国统区人民停止大规模的群众运动,转入护厂、护校,配合人民解放军解放大城市的斗争。

各民主党派在这个时期积极开展各种活动。1947年2月以后,李济深、蔡廷锴、谭平山、何香凝等人加紧组党活动。11月12日,以李济深、蔡廷锴为首的国民党民主促进会,以谭平山、郭春涛、陈铭枢为首的三民主义同志联合会,以及以王昆仑、许宝驹为首的民主革命同盟等,在香港召开国民党民主派联席会议,成立中国国民党革命委员会。1948年1月1日,发表成立宣言,正式宣告成立。宋庆龄被推举为名誉主席,李济深为主席。中国国民党革命委员会的行动纲领是:以实现革命的三民主义,建设独立、民主、幸福之新中国为最高理想;以中国国民党一大之对外对内政策为基本原则;当前之革命任务为推翻蒋介石卖国独裁政权,实现中国之独立、民主与和平。

民盟被迫解散后,一部分成员转入秘密活动。1948 年 1 月 5 日至 19 日,沈钧儒、章伯钧、邓初民等在香港召开民盟一届三中全会,会议宣布不接受解散的决定,恢复民盟总部。会上通过《三中全会宣言》,分析了在当前形势下,"欲实现中国的和平民主已不可能由谈判妥协中求之。我们必须粉碎一个独裁反动贪污腐化的政权,才能建立一个和平民主廉洁有效能的新政权"。《宣言》表示:必须与目前政见相同的政党及一切民主人士真诚携手合作,否定了在民主与反民主之间有"中间路线"存在的可能。

其他民主党派,包括中国民主建国会、中国民主促进会、中国农工民主党、九三学社、中国致公党、台湾民主自治同盟等,也纷纷表示坚持反蒋的民主斗争,向共产党靠拢。

四、人民解放军在各战场的继续进攻　中共召开新政　协成立联合政府的号召和各民主党派的响应

1948 年春夏,各战场的人民解放军展开大规模攻势。中原战场的国民党军虽处于防御地位,但尚有 6 个兵团 66 万余人,有能力进行战役性进攻。按照中共中央军委的战略部署,挺进中原的三路大军同国民党军展开激烈争夺。3 月 8 日至 4 月 5 日,陈(士榘)唐(亮)兵团和陈(赓)谢(富治)兵团两次攻克豫西重镇洛阳,切断了敌西北和中原的铁路联系。5 月,陈赓受命指挥 3 个纵队和桐柏军区部队发动宛(南阳)西战役,歼敌 2.1 万余人,掩护了刘邓主力的休整。6 月 17 日至 7 月 6 日,粟裕率领华东野战军在中原野战军一部的配合下发动了豫东战役(包括开封战役和睢杞战役),一度攻克开封,歼敌 1 个兵团部、2 个整编师、4 个整编旅和 2 个保安旅,共 9 万余人。在此前后刘邓统一指挥华东、中原野战军发动了

皖东战役和襄樊战役，予敌张轸兵团和胡琏兵团重大杀伤，俘获第十五绥靖区司令康泽。洛阳、开封、襄阳的解放，进一步巩固了中原解放区，打乱了国民党军在中原的防御体系。

3月初至7月中旬，华东野战军山东兵团先后发动了胶济路西段、中段和津浦路中段战役，歼敌14万余人。苏北兵团发动了益林、盐南等战役，歼敌2.5万余人，有力地配合中原野战军的作战。晋察冀野战军于1月在涞水以东歼灭傅作义的三十五军军部及新编三十二师；3月至4月，在察南、绥东歼敌1.8万余人，6月至7月间发动晋中战役，生俘太原绥署副主任、野战军总司令赵承绶，歼敌7万余人，孤立了太原。1947年12月至1948年3月，东北民主联军（1948年1月1日改称东北人民解放军）发动冬季攻势，攻克和收复四平、吉林、营口等18座城市，歼敌15.6万余人，将东北敌军压缩在长春、沈阳、锦州等几个孤立城市。西北野战军于1948年2月24日至3月3日发动宜川战役，全歼整编二十九军军部及所属部队2.9万余人，击毙中将军长刘戡。4月21日，延安收复。

战争局势的有利变化，使中共中央面临筹划建立新中国以及中央政府的历史性任务。1948年3月23日，中共中央和毛泽东、周恩来、任弼时等从陕北吴堡县川口东渡黄河，经晋绥解放区进入晋察冀军区所在地河北阜平县城南庄。4月23日，周恩来、任弼时等抵达河北平山县西柏坡，与中央工委会合（毛泽东于5月27日抵达西柏坡）。

4月25日，毛泽东致电刘少奇、朱德、周恩来、任弼时，提请讨论邀请港、沪、平、津等地各中间党派及民众团体的代表到解放区，商讨召开人民代表大会并成立临时中央政府的问题。27日，他又致信晋察冀中央局城市工作部长刘仁，将拟召集各民主党派、各人民团体的代表会议，拟称为"政治协商会议"。4月30日，中共中央书记处扩大会议（即城南庄会议）讨论并公布了庆祝"五一"国际劳动节口号，共23条，第5条提议："各民主党派、各人民团体、各社会贤达迅速召开政治协商会议,讨论并实现召集人民代表大会,成立民主联合政府!"(即"五一号召")翌日,毛泽东写信给李济深、沈钧儒,指出"加强各民主党派、各人民团体的相互合作,并拟订民主联合政府的施政纲领,业已成为必要,时机亦已成熟"。"一切反美帝反蒋党的民主党派、人民团体,均可派代表参加。不属于各民主党派、各人民团体的反美帝反蒋党的某些社会贤达,亦可被邀参加此项会议"。

5月5日,各民主党派领导人和著名民主人士李济深、何香凝(中国国民党革命委员会),马叙伦、王绍鏊(中国民主促进会),陈其尤(中国致公党),彭泽民(中国农工民主党),李章达(中国人民救国会),蔡廷锴(中国国民党民主促进会),谭平山(三民主义同志联合会),郭沫若(无党派)响应中国共产党的号召,联名致电毛泽东并通电国内外,指出"五一号召""适合人民时势的要求,尤符同人等之本旨"。以陈嘉庚为代表的海外侨胞中的民主团体亦致电毛泽东,表示赞同"五一号召"。

8月1日,毛泽东复电各民主党派、各人民团体负责人及无党派民主人士,对他们赞同共产党的主张,"并热心促其实现,极为钦佩"。他指出:"现在革命形势日益开展,一切民主力量亟宜加强团结,共同奋斗,以期早日消灭中国反动势力,制止美帝国主义的侵略,建立独立、自由、富强和统一的中华人民共和国。"此后,各民主党派和民主人士以香港为中心开展了新政协运动。各民主党派还纷纷单独发表声明,响应"五一号召"。在港、沪及其他地方的民主人士在共产党邀请与安排下,从1948年8月至1949年春分期分批北上进入东北和华北解放区,与共产党共同筹备新的政治协商会议,共商建立新中国的大计。

第四节　国民党南京政权的覆灭　中华人民共和国的成立

一、人民解放军的战略决战

从 1946 年 6 月到 1948 年夏秋的两年间,人民解放军在各战场共歼敌 264 万人,国共双方军事力量对比发生了显著变化。人民解放军的总兵力达到 280 万人,正规军 149 万人,且军政素质有了很大提高,拥有了相当强大的炮兵和工兵。国民党军总兵力 365 万人,正规军 198 万人;但是除去后方守备兵力外,能够集中于前线作战的只有 170 万人。国民党军虽还有强大的兵力,但在战略上被人民解放军分割为 5 个孤立集团:东北"剿总"4 个兵团约 55 万人,分布于长春、沈阳、锦州三个孤立地区;华北"剿总"4 个兵团约 55 万人,分布于归绥、张家口、新保安、北平、天津、塘沽、唐山、山海关等地;徐州"剿总"4 个兵团 4 个绥区约 60 万人,分布于以徐州为中心的陇海、津浦铁路的十字架上;华中"剿总"75 万人,分布于以汉口为中心的地区;西北胡宗南集团 30 万人,分布于以西安为中心的关中一带。

为了检讨此前作战失利的原因,确定新的作战方针,1948 年 8 月 3 日至 6 日,国民党在南京召开军事检讨会,决定作战重点为黄河以南、长江以北地区,同时在东北地区确保辽东、热河,以巩固华北。

由于国共双方力量对比的变化,与国民党进行战略决战的条件趋于成熟,1948 年 9 月 8 日至 13 日,中共中央在河北平山县西柏坡召开政治局会议,提出建设 500 万人民解放军,在大约 5 年的时间内(从 1946 年 7 月算起),从根本上打倒国民党反动统治的总任务。会议决定:第三年度中人民解放军仍然在长江以北和华北、东北作战,歼敌主力于长江以北,并决定把战略决战的首战放在东北。从 1948 年 9 月开始,人民解放军先后在各个战场展开了规模空前的秋季攻势,先是攻取济南,然后发动了具有战略决战性质的辽沈、淮海、平津三大战役。

驻守济南的国民党军是第二绥靖区司令官王耀武统率的14个师10万人,蒋介石调集徐州地区的三个兵团23个师约17万人伺机北援济南。华东野战军组成14万人的攻城兵团,于9月16日午夜发起全线进攻。经过8天的连续猛攻,解放济南,歼灭守敌3个整师、9个旅,王耀武被俘。国民党整编九十六军军长吴化文率所部3个旅2万人起义。从徐州北援的国民党军因害怕被歼,行动迟缓,至济南解放时仍未到达预定位置。

济南战役后,菏泽、临沂、烟台等地的国民党军纷纷弃城而逃。山东境内除青岛及南部少数据点被国民党军占领外,其余地区全部解放。解放区南至陇海线,北至平、津、保地区,东至东海之滨,西至豫陕边境,连成了一片。济南战役的胜利,切断了国民党军华东、华北两大战略集团的陆上联系,有力地配合了辽沈战役的进行,为随后进行的淮海战役创造了条件。

1948年9月12日至11月2日,东北人民解放军在中共中央和毛泽东的战略部署指导下,发动了战略决战的第一大战役——辽沈战役。

战略决战的地点首选东北,是因为在全国各个战场中,人民解放军在东北战场上处于有利地位。一是兵力上占优势。人民解放军有正规军70万人,地方军30万人,是全国五大战场中惟一超过国民党军的战场。二是东北的国民党军被分割在长春、沈阳和锦州三个互不相联的地区,占地狭小,补给困难,并且在或撤或守上摇摆不定。三是人民解放军后方巩固,支援战争的物质力量雄厚。把战略决战方向首先指向东北,就可以将初战的胜利置于稳妥可靠的基础之上。歼灭东北敌军后,解放军便可挥师入关,这将有利于华北和华东战场的作战。东北由此也可以成为人民解放战争的战略总后方。因此,东北战场战略决战的胜利,是全国战局发展的关键。

辽沈战役开战之前,中共中央军委和毛泽东确定了把战役主攻方向指向北宁线的作战方针。毛泽东在为中央军委起草的电报中指出:"应该准备使用主力于该线,而置长春、沈阳两敌于不顾,并准备在打锦州时歼灭可能由长、沈援锦之敌。"电报还指出"这一切的关键是争取在一星期内外攻克锦州",要求东北野战军"中心注意力必须放在锦州作战方面,求得尽可能迅速地攻克该城"。但是,林彪顾虑重重,提议先攻长春,后经中央军委和毛泽东再三指正才确定南下北宁线的决心。

9月10日,东北野战军作了南下北宁线的部署:以1个纵队和9个独立师围困长春;以6个纵队和3个独立师南下北宁线;以3个纵队配置于沈阳以西黑山、大虎山地区,以2个纵队置于沈阳以北地区,共同对付沈阳之敌,并防止长春守敌突围。

9月12日,辽沈战役打响。东北人民解放军奔袭北宁线锦唐段,连克昌黎、滦县、北戴河、绥中、兴城、义县等地。至10月1日,完全切断了华北国民党军从陆上增援东北的道路,把锦州、锦西、葫芦岛分割成三块,将锦州团团包围。为解锦州之围,9月30日蒋介石飞抵北平,10月2日又飞赴沈阳,召集紧急军事会议,决定以锦西、葫芦岛的4个师及从华北海运来的5个师组成东进兵团,由侯镜如指挥沿铁路东进,猛攻塔山;另以沈阳主力5个军11个师及3个骑兵旅组成西进兵团,由廖耀湘指挥西进,进占彰武、新立屯,妄图截断解放军后方补给线。10月10日,两路敌军东西对进支援锦州。东北野战军两个纵队顽强阻击东进之敌,敌军轮番进攻6昼夜,死伤万余人,也不能前进一步。

从10月9日起,东北人民解放军经过5昼夜的战斗,扫清了锦州外围据点。10月14日,对锦州发起总攻。经过31个小时的激战,全歼守敌10万余人,俘虏东北"剿总"副总司令兼锦州前线指挥所主任范汉杰,锦州解放。在人民解放军强大的攻势和政策的感召下,17日长春守军国民党军第六十军军长曾泽生率部 2.6 万人宣布起义。其余守军无路可走，19 日在国民党东北"剿总"副总司令郑洞国率领下缴械投降，长春解放。

为了扭转败局，蒋介石严令廖耀湘兵团与锦西方面侯镜如指挥的 11 个师相配合，南北夹击，企图夺回锦州，打通关内外联络。同时令沈阳的第五十二军南下强占营口，占取海上退路。东北人民解放军一部在黑山、大虎山以北阻击敌军，主力部队于 20 日起由锦州地区秘密迅速地向东北方向回师，将廖兵团包围在黑山、北镇、大虎山及其以东纵横不到七八十里的狭小地带。从 26 日至 28 日，经过两天一夜的激战，将廖耀湘所率国民党军最精锐的 5 个军：新一军、新三军、新六军、七十一军和四十九军共 10 万余人全部歼灭，俘虏了廖耀湘。

廖兵团被歼后，东北人民解放军迅速攻占新民、辽阳、鞍山、海城等地。11 月 2 日，解放沈阳、营口，歼敌 14.9 万人，残敌 1 万余人从营口由海上逃跑。

辽沈战役前后历时 52 天，共歼敌 47.2 万人，东北全境解放。到 1948 年 11 月，随着辽沈战役和其他战场的胜利，全国的军事形势进入一个新的转折点，敌我力量发生了根本的变化。国民党军下降到 290 万人左右，人民解放军增至 300 余万人。毛泽东指出："这是中国革命的成功和中国和平的实现已经迫近的标志。""这样，就使我们原来预计的战争进程，大为缩短。""现在看来，只需从现时起，再有一年左右的时间，就可能将国民党反动政府从根本上打倒了。"①

为了适应战略决战的需要，1948 年 11 月 1 日，中共中央军委发布了全军整编的命令，将各大战略区的部队划分为野战部队、地方部队和游击

---

① 《中国军事形势的重大变化》(1948 年 11 月 14 日)，《毛泽东选集》第 4 卷，人民出版社 1991 年第，1360—1361 页。

部队；将野战军分为西北、中原、华东、东北、华北五大野战军。1949年初又依次编为第一、二、三、四野战军，华北野战军3个兵团直属中央军委。第一野战军下辖第一、二共2个兵团，彭德怀为司令员兼政治委员。第二野战军下辖第三、四、五共3个兵团和一个特种兵纵队，刘伯承为司令员，邓小平为政治委员。第三野战军下辖第七、八、九、十共4个兵团和一个特种兵纵队及两广纵队，陈毅为司令员兼政治委员。第四野战军下辖第十一、十二、十三、十四共4个兵团和一个特种兵司令部及一个铁道兵纵队，林彪为司令员，罗荣桓为政治委员。

辽沈战役后，国民党军在郑（州）汉（口）路以西、淮河以北的地区尚有李弥、黄伯韬、邱清泉、杜聿明、黄维等兵团，兵力达80万人。为歼灭敌军主力于淮河以北，防止敌人南逃，人民解放军发动了淮海战役。战役从1948年11月6日开始，至1949年1月10日结束。参加战役的有华东和中原两大野战军以及华北军区所属冀鲁豫区的地方武装共60万人。为统一领导，中共中央决定成立由邓小平、刘伯承、陈毅、粟裕、谭震林组成的总前委，邓小平为书记。

淮海战役进程可分为3个阶段。

第一阶段，从11月6日到22日，围歼黄伯韬兵团，孤立徐州之敌。战役开始，华东野战军由山东等地分3路南下，推进至陇海路徐海段和徐州外围，将国民党徐州"剿总"和徐州以东的黄伯韬兵团分割开来，把黄伯韬兵团的1个军2个师包围在窑湾，1个师包围在曹八集地区，其余4个军7个师都包围在碾庄的狭小地带。解放军一路南攻宿县，迂回到黄伯韬兵团南侧。经过16天的激战，至22日全歼黄伯韬兵团10万余人，黄伯韬被击毙。国民党第三绥靖区副司令官何基沣、张克侠率部2.3万余人起义，有力地配合了解放军的行动。

第二阶段，从11月23日到12月15日，中原野战军在华东野战军的配合下,在津浦路徐蚌段围歼黄维兵团。黄伯韬兵团被歼后,徐州守敌惊恐万分,迅速将邱清泉、李弥、孙元良3个兵团紧缩于徐州,加强防御。南线李延年兵团遭到打击,不敢北进。11月25日,中原野战军在宿县西南双堆集完成了对黄维兵团的包围。27日至29日,黄维调动4个主力师企图向南突围,没有得逞。蒋介石为解救黄维兵团,命令邱、李、孙3兵团由徐州南下,刘汝明、李延年2兵团由蚌埠北上。但在人民解放军的阻击下,亦未得逞。之后,蒋介石召杜聿明到南京商议,决定避开解放军津浦路防御正面,从徐州西南绕道南下,同时督促刘、李兵团再度北进,企图南北夹击解放军侧翼,以解黄维兵团之围。12月1日,杜聿明指挥邱、李、孙3兵团放弃徐州,向西逃跑。但是,华东野战军迅速追击,于4日将3个兵团包围于永城东北方圆不到20里的青龙集、陈官庄地区。孙元良兵团企图突围,被解放军全歼。

12月6日,中原野战军向黄维兵团发起总攻。在解放军的强大打击下,15日夜黄维兵团全部被歼,黄维被俘。在这个阶段,解放军歼敌11.5万人,解放徐州,完全孤立了杜聿明集团。

第三阶段,从1949年1月6日到10日,主要是消灭杜聿明集团。黄维兵团被全歼后,为了配合平津战役,防止蒋介石迅速决策海运平津敌人南下,毛泽东指示总前委在歼灭黄维兵团之后,两星期内对杜聿明残部不作最后歼灭之部署,部队进行休整。杜聿明集团被围困期间,粮草断绝,大批士兵冻死饿死,陷入绝境。人民解放军利用时机,向敌人展开强大的政治攻势,在前沿阵地上喊话、散传单并给饿以待毙的国民党士兵送饭吃。成排、成连甚至成营的官兵纷纷向解放军投诚。

1949年1月初,平、津诸敌已无逃跑可能。1月6日,华东野战军主力向拒不投降的杜聿明残部发起总攻。到10日全歼邱清泉、李弥两兵团,杜聿明被俘,邱清泉被击毙,李弥逃脱。至此,淮海战役胜利结束。

　　淮海战役历时 65 天,歼灭国民党军 5 个兵团、22 个军、56 个师,共55.5 万人。由此人民解放军基本解放了长江以北的华东、中原地区。国民党政府的统治中心南京已处在人民解放军的直接威胁之下。

　　平津战役自 1948 年 12 月 5 日至 1949 年 1 月 31 日,由人民解放军东北野战军和华北野战军发起。

　　在辽沈战役和淮海战役的震撼下,华北国民党军已是惊弓之鸟。此时华北国民党军有 60 万人,由华北"剿匪"总司令傅作义指挥,其中属于傅系有 17 个师,属于蒋系有 31 个师。蒋介石为挽回败局,企图利用傅作义集团固守原地,迟滞解放军南下,以便江南重整军力,同时又试图将该集团由海路运至江南,增援华东战场。傅作义为保存实力免遭覆灭,开始收缩和集中兵力。1948 年 11 月上旬,蒋介石和傅作义在南京军事会议上确定了"暂守平津,保持海口,扩充实力,以观时变"的方针。为稳住敌人,中央军委和毛泽东作出战略部署:一方面命令东北野战军在辽沈战役后迅速秘密入关,对华北之敌实施包围;另一方面为麻痹敌人,命令淮海战场对杜聿明残部在两星期内不作最后歼灭之部署。

　　根据中央军委的部署,东北野战军主力在辽沈战役结束后不久,从 11 月 23 日起,就提前结束休整,隐蔽地分别从喜峰口、冷口、山海关挥师入关。随后与华北军区第二、第三兵团一道,以神速动作,先用"围而不打"或"隔而不围"的办法,完成对北平、天津、张家口之敌的战略包围和战役分割,截断了他们南逃西窜的通路。人民解放军按照毛泽东"先打两头、后取中间"的指示,发起攻击。12 月 22 日,解放军一举歼灭新保安傅作义嫡系主力第三十五军 1.6 万人。24 日解放了张家口,歼敌第十一兵团部和第一〇五军 5.4 万余人。

　　1949 年 1 月 10 日,中共中央决定成立由林彪、罗荣桓、聂荣臻 3 人组成的平津前线总前委。为了控制出海口,切断和封闭敌人的退路,进一步孤立北平的敌人,人民解放军决定首先歼灭天津守敌,并向敌人发出了放下武器、和平解决的劝告。但是,天津守敌拒绝接受和平改编。1月14日,人民解放军以强大兵力发起对天津的总攻,经过29小时的激战,全歼守敌13万人,活捉国民党天津警备司令陈长捷。天津解放后,塘沽守敌乘船南逃。17日,塘沽解放。

新保安、张家口、天津、塘沽解放后,人民解放军云集北平周围。为了避免北平这座举世闻名的古都遭到破坏,平津前线司令部在围城后,向傅作义集团发出和平解放北平的通牒,同时派出代表同傅作义接触。由于解放军力量的强大和作战部署的迅速完成,也由于中共的耐心工作和各界人士的敦促,1月21日傅作义决定顺应人民的意志,接受和平解决北平问题的协议。1月22日,傅部开始移出城外,接受改编。31日,移动完毕,解放军进入北平。同日,平津卫戍司令部司令员聂荣臻、政委薄一波发出通告,宣布约法八章,北平市军管会(叶剑英为主任)、北平市人民政府(叶剑英为市长、徐冰为副市长)宣告成立。2月3日,人民解放军举行了隆重的入城仪式,北平宣告和平解放,平津战役胜利结束。平津战役历时64天,共歼灭和改编国民党军队52万余人,基本上解放了华北全境。

辽沈、淮海、平津战役,历时4个月19天,总共歼灭国民党军173个师,154万余人。国民党赖以发动内战的精锐主力部队几乎丧失殆尽。整个东北完全解放。华北及长江中下游以北地区,除太原、大同、新乡、安阳、归绥等几个孤立的城市外,全部解放。国民党的统治行将土崩瓦解。

二、国统区财政经济的崩溃和蒋介石集团在政治军事上的挣扎

国民党在军事上连连失败的同时,财政经济也陷入了总崩溃。国民党政府大量发行法币,引发恶性通货膨胀。至1948年8月21日,法币发

行额达到 6636946 亿元,较 1937 年 6 月增发了 47 万多倍。法币急剧贬值,造成物价急速上涨。从上海的米价来看,每担大米 1 月份值法币 150 万元,5 月份值 580 万元,8 月份值 6500 万元。上海的批发物价 1 至 8 月上涨了 50 倍至 100 倍。法币的价值已贬低到不抵自身的纸张和印刷费用了。恶性通货膨胀,美货的大量倾销,以及官僚资本的吞并和繁重的捐税,使得民族工商业处于极度困难的境地,不少工商企业纷纷停产或倒闭。1948 年,上海 3000 多家大工厂开工率只有 20%。天津市 8867 台布机,开工的只有 4867 台。青岛 1000 余家工厂,只有 1/4 处于半开工状态,其余全部停工。沈阳 3000 多家商号倒闭了 2000 家。广东 400 家工厂只有不到 100 家还在开工。由于普遍的停工或倒闭,工业总产量急剧下降。1949 年与 1936 年相比,重工业下降 70%,轻工业下降 30%,失业人数急剧增加,人民生活处于极度贫困之中。农村经济也濒于破产。1948 年,土地抛荒面积在河南、湖南、广东等省,分别占耕地面积的 20% 到 40%。各地耕畜减少了 15% 到 20%,主要农具减少了 30%。1949 年全国粮食总产值为 2263.6 亿元,较 1936 年降低了 24% 以上。

为了挽救财政经济的危机,国民党政府开始实施"币制改革"和"限价政策"。1948 年 8 月 19 日,颁布《财政经济紧急处分令》及四项挽救办法:(一) 发行金元券,以法币 300 万元折合 1 元兑换;(二) 限期收兑人民手中所有的黄金、白银和外币;(三) 限期登记管理本国人民存放国外的外汇资产;(四) 整理财政并加强管制经济。全国各地各种物品及劳务价格,应照 1948 年 8 月 19 日各该地价格,依兑换率折合金元券出售,由当地主管官署严格监督执行。推行紧急处分令,行政院成立经济管制委员会,在上海、天津、广州设立督导员,强制实行经济管制措施。国民党政府的"币制改革"和"限价政策"实质上是通过"经济戡乱"、"特别刑事法庭"等强制手段对人民进行搜刮。

　　蒋经国以上海副督导员的身份,强迫资本家将金银和外币兑换成金元券,并严厉惩治违令的资本家和舞弊的政府官员。在国民党政府高压政策之下,上海等地的民族资产阶级将手中的金银、外币兑换成金元券。到1948年10月,国民党政府共收兑金银价值2亿美元,仅上海一地就达1.7亿美元。

　　国民党政府对人民财产的大肆掠夺并未挽救其财政经济危机。限价措施仅仅维持了几个星期即告破产。商人们纷纷停业、歇业,囤积货物,藏匿物资。由于货物奇缺,物价上涨,黑市交易猖獗。10月2日,上海发生抢购风潮,呢绒、纱布、大米都是抢购对象。10月下旬,抢购风遍及全国各地。北平、上海、南京等地还发生抢米风潮,由此引起社会动荡,民怨沸腾。在此情况下,国民党政府被迫于11月10日宣布取消"限价"。12日又公布《修正金元券发行办法》,宣布金元券贬值10倍,并撤销了金元券发行20亿

国统区通货膨胀造成人们
要带着大捆钞票购买生活品

元的限额。"币制改革"和"限价政策"宣告失败。金元券发行额犹如溃堤的洪水,一发而不可收,仅11月的发行量就为33.94亿元,1949年1月发行量增至208.22亿元,至6月发行量竟达1303046亿元,为原定发行额的65152倍。至此,金元券和法币一样成为废纸,人们纷纷拒用金元券,物价上涨到了惊人的地步。如以1948年8月物价总指数为准,11月上涨25倍,12月为35倍,1949年1月为128倍。到1949年5月上海解放前夕,上海的物价与1937年相比,上涨了36807倍。至此,国民党政府通过

"币制改革"来摆脱经济危机的希望破产。经济的总崩溃更加速了国民党反动统治的灭亡。

在军事、政治、经济均濒临绝境的情况下,国民党政府希望通过"和平攻势"来挽救危机。

国民党的节节失败令美国政府十分不满,遂有"中途换马"之意。1948 年 10 月 23 日,司徒雷登向美国国务卿马歇尔建议:"我们可以劝告蒋委员长退休,让位给李宗仁或者国民党内的其他较有前途的政治领袖。"①11 月 9 日,蒋介石要求美国"迅速给予并增加军事援助,并发表关于美国政策之坚定的声明",以便"鼓舞军民士气,并巩固政府之地位",还希望"美国军事顾问参加指挥作战"。美国总统杜鲁门拒绝了蒋介石的要求。11 月底,宋美龄专程赴美游说,要求美国支持蒋介石,亦无收获。此时,李宗仁、白崇禧为首的桂系提出"和谈",并趁机企图逼蒋下台。12 月 24 日,白崇禧从武汉致电蒋,建议"请美、英、苏出面调处,共同斡旋和平","由民意机关向双方呼吁和平,恢复和平谈判","双方军队应在原地停止军事行动,听候和平谈判解决"。同时,白崇禧向外界透露,非蒋下野不能和谈。30 日,白再电蒋重申前意。与此同时,湖南省主席程潜、河南省主席张轸,以及湘、鄂、豫、桂四省的参议会也电蒋,要蒋立即"改弦更张","恢复和谈"。面对桂系的步步紧逼,蒋难以再战。

12 月 31 日,蒋介石召集李宗仁、孙科等 40 多位国民党高级官员开会。蒋出示一份文告,宣称愿与共产党"商讨停止战事,恢复和平的具体办法",但又提出"宪法不由我而违反,民主宪政不因此而破坏,中华民国的国体能够确保,中华民国的法统不致中断,军队有确实的保障"等谈判条件。蒋还表示:"和平果能实现,则个人的进退出处,绝不萦怀,而一惟

① 《美国与中国的关系》(白皮书)上卷,中国现代史资料编辑委员会翻印,第 232 页。

国民的公意是从。"1949年元旦,该文告公开发表。

蒋介石发表元旦文告后,一方面寄希望于国际社会出面促成国共和谈。1月8日,蒋授意行政院副院长兼外交部长吴铁城照会美、苏、英、法四国大使,希望四国利用各自影响促成和谈,但均遭拒绝。司徒雷登在致美国务院的报告中认为文告过于冠冕堂皇,表露出蒋仍在观望,不肯决然下台。另一方面,蒋为保住自己的地位积极进行活动。1月3日,蒋亲自到李宗仁私邸造访,要求李宗仁、白崇禧以大局为重。9日,张群受蒋命飞抵汉口,向白崇禧转达蒋的意见:引退必须由其主动,不接受任何方面的压力。

面对国民党的"和平攻势",共产党揭露了他们假"和谈"的面目。1948年12月25日,共产党宣布了43名国民党头等战犯名单,蒋介石、李宗仁、陈诚、白崇禧、何应钦等人一一在列。1949年元旦,毛泽东为新华社写了《将革命进行到底》的新年献词,向中外宣告人民解放军将渡江南进,把解放战争进行到底。1月14日,毛泽东发表《关于时局的声明》,指出蒋介石的所谓"和谈"建议是虚伪的;蒋介石所提出的条件是继续战争的条件,不是和平的条件。同时声明:虽然中国人民解放军具有充足的力量和充足的理由,在不要很长的时间内,彻底消灭国民党反动政府的残余军事力量;但是为了尽早结束战争,减少人民的痛苦,我们愿意同国民党反动派进行谈判,进行谈判有八项条件:(一)惩办战争罪犯;(二)废除伪宪法;(三)废除伪法统;(四)依据民主原则改编一切反动军队;(五)没收官僚资本;(六)改革土地制度;(七)废除卖国条约;(八)召开没有反动分子参加的政治协商会议,成立民主联合政府,接收南京国民党反动政府及其所属各级政府的一切权力。

毛泽东的声明得到了全国人民和各民主党派的热烈拥护,引起了国民党蒋介石的震动。1月19日,国民党政府行政院发表声明,愿与共方实现无条件停火,再派代表协商和平办法。1月21日,蒋介石被迫发表文告,以"因故不能视事"为由宣布"引退",总统职务由副总统李宗仁代行。当日,蒋介石由南京飞往浙江奉化溪口。而此前,蒋介石为控制实权已采取了多项措施:他命中央银行总裁俞鸿钧将国库价值3亿7千多万美元的黄金、白银和外汇移往台湾;命中央、中国两银行存于美国的外汇,化整为零,存入私人账户。蒋把亲信安置在重要位置上,他把原来的京沪警备司令部扩大为京沪杭警备总司令部,任命汤恩伯为总司令,以加强长江防线的防务;任命张群为重庆绥靖公署主任,朱绍良为福州绥靖公署主任,余汉谋为广州绥靖公署主任,薛岳为广东省主席,陈诚为台湾省主席兼台湾警备总司令,蒋经国为台湾省党部主任委员。同时,蒋介石还拟订了一项利用和谈争取3至6个月时间,在长江以南重新编练200万新军的计划。

三、中共七届二中全会的召开

为了将人民革命进行到底,夺取全国的胜利,1949年3月5日至13日,中国共产党在河北省平山县西柏坡召开七届二中全会。出席会议的中央委员34人,候补中央委员19人。毛泽东在会上作了报告。全会认可了1945年6月七届一中全会以来政治局的工作,认为中央的领导是正确的;批准了由中共发起,并协同各民主党派、人民团体及民主人士,召开没有反动分子参加的新政治协商会议及成立民主联合政府的建议;批准了1949年1月14日毛泽东的声明及与国民党政府举行和谈的八项条件。全会着重讨论了毛泽东的报告,并通过了相应的决议。

毛泽东在报告中提出了彻底摧毁国民党反动统治,夺取全国胜利的各项方针。报告指出:三大战役以后,国民党的作战部队只剩下100多万人了。解决这100多万人有三种方式:天津方式——用战斗消灭敌人;北平方式——和平改编国民党军队;绥远方式——保留一段时间再行改编。

所以,决定了人民解放军既是一个战斗队,又是一个工作队。随着战斗的逐步减少,工作队的作用就更增强了。报告中着重提出党的工作重心必须由乡村转到城市的问题,指出1927年以后,我们的工作重心放在乡村,在乡村积聚力量,以乡村包围城市,最后夺取城市,这个历史时期已经完结。从现在起,开始由城市到乡村并由城市领导乡村的时期。但是,城乡必须兼顾,决不可丢掉乡村。在城市工作中,"必须全心全意地依靠工人阶级,团结其他劳动群众,争取知识分子,争取尽可能多的能够同我们合作的民族资产阶级分子及其代表人物站在我们方面,或者使他们保持中立",必须把恢复和发展生产作为中心任务。如果我们不能使生产事业尽可能迅速地得到恢复和发展,首先使工人生活有所改善,并使一般人民的生活有所改善,我们就不能维持政权,我们就站不住脚,就要失败。

毛泽东在报告中还着重分析了中国的国情,阐述了新民主主义经济形态和党的经济政策。他指出:"中国的工业和农业在国民经济中的比重,就全国范围来说,在抗日战争以前,大约是现代性的工业占百分之十左右,农业和手工业占百分之九十左右。这是帝国主义制度和封建制度压迫中国的结果,这是旧中国半殖民地和半封建社会性质在经济上的表现,这也是在中国革命的时期内和在革命胜利以后一个相当长的时期内一切问题的基本出发点。"因此,在革命胜利后,必须没收官僚资本归人民国家所有,使它变为社会主义性质的经济,成为整个国民经济的领导成分。对于私人资本主义经济,必须采取利用和限制的政策。对于广大分散的个体农业和手工业,必须谨慎、逐步而又积极地引导它们经过合作社向现代化和集体化方向发展。毛泽东指出:"国营经济是社会主义性质的,合作社经济是半社会主义性质的,加上私人资本主义,加上个体经济,加上国家和私人合作的国家资本主义经济,这些就是人民共和国的几种主要的经济成分,这些就构成新民主主义的经济形态。"①

全国胜利以后国内外的基本矛盾问题是一个重要问题,毛泽东在报告中作了认真分析,指明我国由新民主主义发展到社会主义的总任务是:中国革命在全国胜利以后,还存在两种基本矛盾,国内是工人阶级和资产阶级的矛盾,国外是中国同帝国主义国家的矛盾。为了解决这些矛盾,在政治上必须加强"无产阶级领导的以工农联盟为基础的人民民主专政"的国家政权;在经济上必须迅速恢复和发展生产,使中国稳步地由农业国转变为工业国,把中国建设成为一个伟大的社会主义国家,实现由新民主主义社会发展到将来的社会主义社会的历史任务。

毛泽东在报告中告诫全党:夺取全国胜利,这只是万里长征走完了第一步;革命以后的路程更长,工作更伟大、更艰苦。他提醒全党,要警惕糖衣炮弹的攻击,务必使同志们继续地保持谦虚、谨慎、不骄、不躁的作风,务必使同志们继续地保持艰苦奋斗的作风。

根据毛泽东的提议,全会通过一项决议:禁止给党的领导祝寿,禁止用党的领导者的名字作地名、街名、企业的名字,以此防止对个人歌功颂德。

中国共产党的七届二中全会,是一次具有重大历史意义的会议。会议提出的重要理论思想,确定的各项方针政策,为党夺取全国胜利,以及胜利以后建设新民主主义社会,并进一步由新民主主义社会向社会主义社会转变,进行新中国现代化建设事业,具有重要的指导作用。

①　《在中国共产党第七届中央委员会第二次全体会议上的报告》(1949年3月5日),《毛泽东选集》第4卷,人民出版社1991年,第1433页。

四、北平和平谈判的破裂　解放南京

李宗仁上台后,自诩有美国的援助和尚存部分军事力量,可以与共产党"划江而治",因而对国共和平谈判持积极态度。1月22日,他在代总统文告中表示,"决本和平建国之方针,为民主自由而努力",宣称愿与中国共产党进行和平谈判。随后,李宗仁指派邵力子、张治中等五人为和谈代表,电邀李济深、章伯钧、张东荪等人共同策进和平运动,邀请宋庆龄、章士钊、黄炎培、张澜等人赞助和谈。同时采取一些和平姿态,提出七项"和平措施",如将"剿总"改称军政长官公署、取消全国戒严令、释放政治犯等。1月27日,李宗仁致电毛泽东,称南京政府"业已承认以贵方所提的'八项条件'作为和谈的基础"。

蒋介石下野后,仍以国民党"总裁"的名义坐镇奉化溪口,控制着党、政、军、特大权,对李宗仁的"和谈"计划,处处掣肘。2月初,蒋指使孙科将行政院迁往广州。同时国民党中政会、中常会也迁往广州办公,以此阻挠和谈的进行。2月13日,国民党中央宣传部发出《特别宣传指示》,宣称"与其无条件投降,不如作战到底"。19日,蒋介石指责李宗仁"以毛泽东之八项条件为和谈基础,直等于'投降'",并对李宗仁提出的"和平措施"进行破坏。

但是,李宗仁继续进行"和谈"的准备工作。2月13日,李宗仁派出由颜惠庆、章士钊、江庸、邵力子(以私人资格参加)组成的"上海人民和平代表团"到北平试探。22日,代表团前往西柏坡与毛泽东、周恩来就和谈交换意见,之后携带毛泽东致李宗仁的信于27日返回南京。3月24日,于前一天刚刚组成的何应钦内阁指定张治中、邵力子、黄绍竑、章士钊、李蒸为和谈代表(30日又增加刘斐为代表),组成南京国民政府代表团,张治中为首席代表。对于和谈的原则,李宗仁、何应钦等人确定为:(一)平等基础上的和谈,不接受不体面条件。(二)不同意建立以共产党为统治的联合政府;在两党控制区之间,划一条临时分界线。(三)不能接受中共八项条件,只同意在两方政府共存条件下,讨论八项条件。其最终目的是力求就地停战,与中共以同等名额组成联合政府,达到"划江而治"的目的。

对于李宗仁的"和谈",中国共产党采取了宽容的态度。3月26日,中共中央决定由周恩来、林伯渠、林彪、叶剑英、李维汉为和谈代表(4月1日加派聂荣臻为代表),组成代表团,周恩来为首席代表。4月1日,张治中率南京国民政府代表团抵达北平后,双方进行了广泛的接触并就一些重要问题交换了意见。4月8日,毛泽东、周恩来会见了张治中。毛泽东表示,为了减少南京代表团的困难,可以不在和平条款中提出战犯名单。4月12日晚,周恩来将《国内和平协定草案》提交南京国民政府代表团。当晚9时,双方举行第一次正式会议。周恩来对草案进行了概括说明,指出战争的责任在国民党,对国民党军队的解决有两种方式,一为武力消灭,一为和平方式改编;对国民党政权,也可能是和平接收,也可能是叛乱讨伐。张治中发言承认战争是国民党的一个"错误",也承认失败,但希望修改刺激性言辞。4月15日,在第二次正式会议上,周恩来将《国内和平协定(最后修正案)》提交南京国民政府代表团,并宣布以4月20日为签字最后期限。16日,黄绍竑携《协定》飞返南京请示。20日,国民党政府拒绝在协定上签字,谈判宣告破裂。张治中等谈判代表经共产党的真诚挽留,均未南返,之后参加了中国人民政治协商会议。

由于国民党政府拒绝在《国内和平协定》上签字,4月21日中国人民革命军事委员会主席毛泽东和中国人民解放军总司令朱德发布了向全国进军的命令。21日晨,人民解放军在西起湖口,东至江阴的长达1000余里的战线上,强渡长江。解放军中路集团于20日晚在强大炮兵的掩护下,率先在荻港附近突破敌人防线。至 21 日下午,西路集团在贵池、湖口间突破敌人防线。与此同时,东路集团强渡长江,歼灭守敌,占领了扬州、镇江、江阴。由于中共地下党的积极活动,国民党军江阴要塞守军起义,控制了江阴炮台,封锁了长江。至此,国民党苦心经营了 3 个半月的长江防线彻底崩溃。

人民解放军占领南京总统府

当人民解放军突破长江防线时,南京城内一片混乱。4 月 23 日晨,国民党政府代总统李宗仁逃往桂林,国民党政府逃往广州。当晚,人民解放军占领了国民党统治的中心南京,宣告国民党在大陆 22 年统治的覆灭。

南京解放后,人民解放军继续向江南挺进,追击国民党残余部队。5 月 3 日解放杭州。5 月 12 日发起淞沪战役,27 日解放了中国最大的城市上海。从渡江战役开始至淞沪战役结束,解放军先后解放城市 120 余座及苏、浙、闽、皖、赣、鄂等省的一部或大部地区。与此同时,华北人民解放军于 4 月下旬至 5 月上旬先后解放了太原、大同、安阳、新乡等城市,至此华北全境解放。西北人民解放军于 5 月 20 日解放了西安及渭水流域。

人民解放军渡江后,国民党军残余部队溃聚于华东沿海、中南、西南地区。在中央军委和毛泽东的指挥下,解放军先后进行衡宝战役、广州战役、漳厦战役、广西战役、西南战役以及向西北大进军,消灭了国民党军的残余部队。至 1950 年 6 月,全国除西藏、台湾以外都得到了解放。

五、中国人民政治协商会议和《共同纲领》的制定　中华人民共和国成立

人民革命战争的节节胜利,预示着一个新的中国行将诞生。这时候,国内外的敌人对即将成立的新中国进行恶毒的攻击和诬蔑。党内外也有人存在一些不清楚的问题,提出许多疑问。鉴于此,毛泽东于 1949 年 6 月 30 日发表了《论人民民主专政》一文,依据马克思主义国家学说,紧密结合中国的现实,阐述了人民民主专政的基本理论和政策,廓清了来自方方面面的疑虑,统一了全党和革命人民的思想。

毛泽东在文章中,首先提出人民民主专政的前途和国家的消亡问题,阐明了马克思主义关于阶级、政党、国家政权问题上的基本观点。他指出:阶级、政党、国家机器在将来都是要消灭的。资产阶级政党怕说消灭,"我们则公开声明,恰是为着促使这些东西的消灭而创设条件,而努力奋斗。共产党的领导和人民专政的国家权力,就是这样的条件"。

毛泽东总结了自 1840 年鸦片战争以来先进的中国人探索救国道路而屡遭失败,最终找到马克思列宁主义的历程。他说:"西方资产阶级的文明,资产阶级的民主主义,资产阶级共和国的方案,在中国人民的心目中,一齐破了产。资产阶级的民主主义让位给工人阶级领导的人民民主主义,资产阶级共和国让位给人民共和国。这样就造成了一种可能性:经

过人民共和国到达社会主义和共产主义,到达阶级的消灭和世界的大同。"

对于有人指责共产党搞"独裁",毛泽东回答道:我们正是这样。他说:"中国人民在几十年中积累起来的一切经验,都叫我们实行人民民主专政,或曰人民民主独裁。"他就民主和专政这个重要问题进行了阐述:"人民是什么? 在中国,在现阶段,是工人阶级,农民阶级,城市小资产阶级和民族资产阶级。这些阶级在工人阶级和共产党的领导之下,团结起来,组成自己的国家,选举自己的政府,向着帝国主义的走狗即地主阶级和官僚资产阶级以及代表这些阶级的国民党反动派及其帮凶们实行专政。"而对于人民内部,"则实行民主制度,人民有言论集会结社等项的自由权"。这种"对人民内部的民主方面和对反动派的专政方面,互相结合起来,就是人民民主专政"。

此外,毛泽东还就人民内部各阶级在国家中的地位,新中国实行"倒向社会主义一边"的策略及外交方针等重大问题,作出了明确的论述。

毛泽东总结了中国革命的基本经验,指出:"总结我们的经验,集中到一点,就是工人阶级(经过共产党)领导的以工农联盟为基础的人民民主专政。这个专政必须和国际革命力量团结一致。这就是我们的公式,这就是我们的主要经验,这就是我们的主要纲领。"①

毛泽东关于人民民主专政的思想,发展了马克思列宁主义国家学说,为建立新中国确定了基本指导思想。

在解放战争时期,国民党蒋介石集团尽管得到美国的各种支持,但仍未能摆脱失败的命运。美国国内就谁应该承担责任进行了激烈的争吵。以麦克阿瑟为首的反对派攻击和责难总统杜鲁门、国务卿艾奇逊等没有

---

① 《论人民民主专政》(1949 年 6 月 30 日),《毛泽东选集》第 4 卷,人民出版社 1991 年,第 1480 页。

给蒋介石更多的援助,致使蒋失败。为了说服对手,同时为自己的援蒋政策辩护,杜鲁门、艾奇逊决定公布有关美国援助蒋介石集团的真实材料。1949年8月5日,司徒雷登在离华返美途中,美国政府发表了《美国与中国的关系》白皮书。

白皮书以艾奇逊写给杜鲁门的一封信为序言,正文8章,另有186个附件(实为283件)。书中叙述了从1844年美国强迫中国签订《望厦条约》至1949年中国全国基本解放期间的中美关系,其中第5至8章列举了从1945年至1949年间美国对蒋介石集团的各项大规模军事和经济援助。白皮书把美国在中国的失败归结于国民党的腐败,而不是美国对华政策的失误,认为中国内战的不祥结局超出了美国政府的控制能力,美国的所作所为无法改变这种结局。

白皮书的发表,客观上成为美国政府干涉中国内政的自供状。这对于清除一部分中国资产阶级知识分子的崇美、亲美倾向是一个难得的好时机。为了帮助人们认清美国的本质,新华社从1949年8月12日到9月16日,接连发表了《无可奈何的供状》、《丢掉幻想,准备斗争》、《别了,司徒雷登》、《为什么要讨论白皮书?》、《"友谊",还是侵略?》、《唯心历史观的破产》6篇评论文章。除第一篇外,其余5篇均为毛泽东撰写。在评论中,毛泽东揭露了美国对华政策的帝国主义本质,揭示了帝国主义者和人民的不同逻辑:捣乱,失败,再捣乱,再失败,直至灭亡——这就是帝国主义和世界上一切反动派对待人民事业的逻辑。斗争,失败,再斗争,再失败,再斗争,直至胜利——这就是人民的逻辑,他们决不会违背这个逻辑的。评论还批评了国内一部分资产阶级知识分子对美帝国主义的幻想,并对中国革命的发生、胜利的原因作了理论上的说明。

上述评论,引起了全国各民主党派、各人民团体、各报社、各学校以及各界民主人士的广泛注意和讨论。各界人士纷纷发表声明、谈话或评论文章,对白皮书进行了批评和揭露。通过讨论,全国人民特别是那些对美国抱有幻想的资产阶级知识分子受到了极大的教育,大大地提高了他们的觉悟水平,在政治思想上清除了美国的影响,有助于团结全国一切爱国反帝的力量,巩固和发展了人民革命的胜利成果。

1949年3月23日,中共中央机关及毛泽东、周恩来等领导人离开西柏坡前往北平。25日到达北平,进驻香山双清别墅。在此前后,各民主党派负责人和著名民主人士先后抵达北平。他们对于中共中央在此前提出的"各民主党派、各人民团体、各社会贤达迅速召开政治协商会议,讨论并实现召集人民代表大会,成立民主联合政府"的号召,表示积极的响应和赞成。随着北平、天津、南京、上海、武汉、太原等全国大城市的解放,国民党反动派已经基本被打倒,召开新政治协商会议的时机已经成熟。

6月15日至19日,新政治协商会议筹备会第一次会议在北平中南海勤政殿召开。参加会议的是中国共产党和各民主党派、各人民团体、各界民主人士、国内少数民族,以及海外华侨代表人物,共23个单位134人。毛泽东主持了会议。会议通过了《新政协筹备会组织条例》、《关于参加新政协的单位及其代表名额的规定》等文件。根据《组织条例》,选出筹备会常务委员会,毛泽东为主任,周恩来、李济深、沈钧儒、郭沫若、陈叔通为副主任,李维汉为秘书长(后由林伯渠代理)。

9月17日,新政协筹备会第二次会议召开。会议决定把新政治协商会议改称为中国人民政治协商会议,通过了政协组织法草案、共同纲领草案、政府组织法草案等重要文件。

9月21日,中国人民政治协商会议第一次全体会议在北平中南海怀仁堂隆重召开。出席会议的代表662人,其中包括各单位代表510人,候补代表77人,特邀代表75人。毛泽东在会上致开幕词,宣告:"我们的工作将写在人类的历史上,它将表明:占人类总数四分之一的中国人从此站立起来了。""我们的民族将再也不是一个被人侮辱的民族了,我们已经站起来了。""随着经济建设的高潮的到来,不可避免地将要出现一个文化建设的高潮。中国人被人认为不文明的时代已经过去了,我们将以一个具有高度文化的民族出现于世界。"

9 月 27 日,代表们一致通过了《中华人民共和国中央人民政府组织法》和《中国人民政治协商会议组织法》。29 日,通过了《中国人民政治协商会议共同纲领》。30 日,分别选出由 180 人组成的以毛泽东为主席的第一届中国人民政治协商会议全国委员会,以及由 63 人组成的中央人民政府委员会;毛泽东为中央人民政府委员会主席,朱德、刘少奇、宋庆龄、李济深、张澜、高岗为副主席。会议决定:(一)中华人民共和国的国都定于北平,并改名北京;(二)采用公元纪年;(三)国歌未正式制定前,以《义勇军进行曲》为代国歌;(四)国旗为五星红旗,象征中国革命人民大团结。30 日下午 6 时,全体代表在天安门广场举行了隆重的人民英雄纪念碑奠基典礼。礼毕,代表们回到会场,听取选举结果报告并举行闭幕式。朱德副主席致闭幕词。

会议通过的《共同纲领》起着临时宪法的作用,是新中国第一部大宪章。除序言外,它有 7 章总计 60 条。"序言"明确指出:"中国人民解放战争和人民革命的伟大胜利,已使帝国主义、封建主义和官僚资本主义在中国的统治时代宣告结束。中国人民由被压迫的地位变成为新社会新国家的主人,而以人民民主专政的共和国代替那封建买办法西斯专政的国民党反动统治。"

《共同纲领》第一章"总纲"中涉及了新中国的性质、任务以及人民的权利和义务等内容。它规定:"中华人民共和国为新民主主义即人民民主主义的国家,实行工人阶级领导的、以工农联盟为基础的、团结各民主阶级和国内各民族的人民民主专政,反对帝国主义、封建主义和官僚资本主义,为中国的独立、民主、和平、统一和富强而奋斗。"①国家必须取消帝国主义国家在中国的一切特权,没收官僚资本归人民的国家所有,有步骤地将封建半封建的土地所有制改变为农民的土地所有制,"发展新民主主义的人民经济,稳步地变农业国为工业国"。它还规定:人民依法有选举权和被选举权。人民有思想、言论、出版、集会、结社、通讯、人身、居住、迁徙、宗教信仰及示威游行的自由权。废除束缚妇女的封建制度,妇女在政治、经济、文化教育和社会生活的各方面有与男子平等的权利。"中华人民共和国国民均有保卫祖国、遵守法律、遵守劳动纪律、爱护公共财产、应征公役兵役和缴纳赋税的义务"。

《共同纲领》第二至七章规定了新中国的政权机关、军事制度、经济政策、文化教育政策、民族政策和外交政策的总原则。关于政权制度,纲领规定:"中华人民共和国的国家政权属于人民。人民行使国家政权的机关为各级人民代表大会和各级人民政府。各级人民代表大会由人民用普选方法产生之。各级人民代表大会选举各级人民政府。""国家最高政权机关为全国人民代表大会。全国人民代表大会闭会期间,中央人民政府为行使国家政权的最高机关。"各级政权机关一律实行民主集中制。《纲领》还规定:中国人民政治协商会议为人民民主统一战线的组织形式。"在普选的全国人民代表大会召开以前,由中国人民政治协商会议的全体会议执行全国人民代表大会的职权"。

军事制度方面,《纲领》规定:"中华人民共和国建立统一的军队,即人民解放军和人民公安部队,受中央人民政府人民革命军事委员会统率,实行统一的指挥,统一的制度,统一的编制,统一的纪律。"实行民兵制度,并准备在适当时机实行义务兵役制。

① 《中国人民政治协商会议共同纲领》,《中共中央文件选集》第18册,中共中央党校出版社1992年,第585页。

在经济政策上，《纲领》规定："中华人民共和国经济建设的根本方针，是以公私兼顾、劳资两利、城乡互助、内外交流的政策，达到发展生产、繁荣经济之目的。"国家应在各个方面"调剂国营经济、合作社经济、农民和手工业者的个体经济、私人资本主义经济和国家资本主义经济，使各种社会经济成分在国营经济领导之下，分工合作，各得其所，以促进整个社会经济的发展"。

关于文化教育政策，《纲领》规定："中华人民共和国的文化教育为新民主主义的，即民族的、科学的、大众的文化教育。""提倡爱祖国、爱人民、爱劳动、爱科学、爱护公共财物为中华人民共和国全体国民的公德。"

关于民族政策，《纲领》规定："中华人民共和国境内各民族一律平等"，"反对大民族主义和狭隘民族主义，禁止民族间的歧视、压迫和分裂各民族团结的行为"。"各少数民族聚居的地区，应实行民族的区域自治"。人民政府应帮助各少数民族的人民大众发展其政治、经济、文化、教育的建设事业。

关于外交政策，《纲领》规定："中华人民共和国外交政策的原则，为保障本国独立、自由和领土主权的完整，拥护国际的持久和平和各国人民间的友好合作，反对帝国主义的侵略政策和战争政策。"

10月1日下午2时，中央人民政府委员会在北京中南海勤政殿举行第一次会议，宣布就职。会议一致决定接受《共同纲领》为本政府施政方针。会议推举林伯渠为中央人民政府秘书长；任命周恩来为中央人民政府政务院总理兼外交部长，毛泽东为中央人民政府人民革命军事委员会主席，朱德为人民解放军总司令，沈钧儒为中央人民政府最高人民法院院长，罗荣桓为中央人民政府最高人民检察署检察长。会议责成他们迅速组成各个政府机关并开始工作。会议通过中央人民政府公告，向世界各国政府宣布：中华人民共和国中央人民政府为代表中华人民共和国全国人民的惟一合法政府。凡愿遵守平等、互利及互相尊重领土主权等项原则的任何外国政府，本政府均愿与之建立外交关系。

下午3时，庆祝中华人民共和国中央人民政府成立典礼在北京天安门广场举行。典礼开始，军乐队奏《义勇军进行曲》，毛泽东按动电钮升起第一面五星红旗，同时54门礼炮齐鸣28响。毛泽东庄严宣布："中华人民共和国中央人民政府今天成立了！"接着，宣读了中央人民政府公告。朱德检阅了中国人民解放军陆、海、空三军。随后，朱德宣读了人民解放军总部命令，命令人民解放军迅速肃清国民党军队的残余武装，解放一切尚未解放的国土。此后，举行隆重的阅兵式。接着，参加大典的30万群众举行了游行，欢庆中华人民共和国诞生。

中华人民共和国的成立，标志着中国新民主主义革命的基本胜利。近代以来饱受列强欺凌的中华民族，从此站立起来了，半殖民地半封建时代一去不复返了。中国历史进入了一个从未有过的、人民群众成为国家主人的新时代，中国社会进入到新民主主义社会，开启了社会主义革命和建设的新的篇章。

中国人民革命的胜利是马克思主义普遍原理与中国革命具体实践相结合的胜利。中国革命的历史表明，只有社会主义能够救中国。中国革命的历史进程充分地证明了这一点。毛泽东思想作为马克思列宁主义与中国革命具体实践相结合的产物，是中国共产党人集体智慧的结晶，是中国革命胜利的伟大旗帜。建立一个马克思列宁主义理论指导的无产阶级政党，建立一支由这个政党领导的军队和建立一个由这个党领导的各革命阶级、各革命党派的最广泛的统一战线，是中国革命取得最终胜利的法宝。

中国人民革命的胜利是20世纪人类历史上最具影响的伟大事件之一。它增强了人民民主阵营的力量，打击了世界殖民体系，对于改变世界力量格局,支持被压迫民族的斗争,维护世界的和平事业,具有深远的影响。

毛泽东在开国大典上宣读中华人民共和国中央人民政府公告

中华人民共和国的成立,揭开了中国历史的新纪元,打开了中国通向现代化和走向社会主义社会的大门。正如毛泽东所说:"中国的命运一经操在人民自己的手里,中国就将如太阳升起在东方那样,以自己的辉煌的光焰普照大地,迅速地荡涤反动政府留下来的污泥浊水,治好战争的创伤,建设起一个崭新的强盛的名副其实的人民共和国。"①

---

① 《在新政治协商会议筹备会上的讲话》(1949 年 6 月 15 日),《毛泽东选集》第 4 卷,人民出版社 1991 年,第1467 页。